W0226820

INKA
PERU

3000 JAHRE
INDIANISCHE HOCHKULTUREN

VERLAG ERNST WASMUTH
TÜBINGEN

INKA – PERU
3000 JAHRE INDIANISCHE
HOCHKULTUREN

Eine Ausstellung im Haus
der Kulturen der Welt
John-Foster-Dulles-Allee 10
D-1000 Berlin 21

8. Mai bis 30. August 1992

Die Ausstellung wurde von den
»Musées royaux d'Art et d'Histoire«,
Brüssel,
und von der Verwaltung der
»Arts de la Communauté flamande de
Belgique« organisiert.

WISSENSCHAFTLICHES KOMITEE
Duccio Bonavia
Universidad Cayetano Heredia, Lima
Rosa Fung Pineda
Universidad Nacional Mayor de San
Marcos, Lima
Luis G. Lumbreras
Universidad Nacional Mayor de San
Marcos, Lima
Ramiro Matos Mendieta
Universidad Nacional Mayor de San
Marcos, Lima
Michel Graulich
Université Libre de Bruxelles
José Gutierrez
Université Libre de Bruxelles
Sergio Purin
Musées royaux d´Art et d´Histoire

ORGANISATIONSKOMITEE
Jean Bleus
Miriam Lambrecht
Sergio Purin (Europäischer Kommissar)
Bertha Vargas (Peruanischer Kommissar)
Viviane Xhignesse

Wissenschaftliche Konzeption
Sergio Purin

Objektauswahl
Sergio Purin
Bruno Hicguet

ORGANISATION IN BERLIN
Projektleitung
Wolfger Pöhlmann

Organisation
Elke Bujok (Assistenz)
Imke Folkerts
Annette Hulek
Cornelia Pilgram (Sekretariat)

Architektur und Gestaltung
M. Paul Vandebotermet

Realisation
Kai Reschke

KATALOG
Herausgeber
Haus der Kulturen der Welt, Berlin

Redaktion
Elke Bujok
Peter R. Fuchs (Lektorat)
Wolfger Pöhlmann
Kai Reschke

Wissenschaftliche Mitarbeit
Ulf Bankmann
Elke Bujok
Norbert Knossalla
Claudia Schmitz

Gestaltung und Produktion
Kurt Blank-Markard
Kai Reschke

Objektbeschreibungen
Paz Cabello Carro
Ana Mendizabal
Sergio Purin

Übersetzung aus dem Englischen
Ulf Bankmann

Übersetzung aus dem Französischen
Elke Jurtela, Adelheid Kling,
Norbert Knossalla, Waltraud Perfler,
Irmi Pilgerstorfer, Ursula Pum,
Claudia Schmitz, Ehrentraud Werl,
Karin Wienerroither

Gesamtredaktion des belgischen Katalogs
Sergio Purin

Redaktion des österreichischen Katalogs
Gunter und Heidelinde Dimt

Lithographie und Druck
Imschoot, Gent

Alle Rechte vorbehalten
© 1992 Herausgeber, Autoren und
Fotografen

Alleiniger Vertrieb der
Buchhandelsausgabe
Ernst Wasmuth Verlag Tübingen

ISBN 3 8030 3052 8

Die Berliner Ausstellung wurde
ermöglicht durch die Unterstützung
des Auswärtigen Amtes der
Bundesrepublik Deutschland,
der Senatsverwaltung für kulturelle
Angelegenheiten, Berlin,
und der Stiftung Deutsche Klassenlotterie
Berlin.

Das Gesamtprojekt wurde unterstützt
von den folgenden belgischen Firmen:
Credit General
Maertens International Transport
KLM Belgien
Imschoot, uitgevers.

INHALT

VORWORT

Am 12. Oktober 1492 erreichten die Schiffe des Christoph Columbus die Bahamainsel Guanahani. Zum 500. Jahrestag dieser Landung, die in Europa als Entdeckung Amerikas gefeiert wird, möchte das Haus der Kulturen der Welt mit der Ausstellung »Inka – Peru« jene Hochkulturen zeigen, die vor der Ankunft der Europäer in Amerika existierten und im Zusammenprall der Kulturen zerstört und an ihrer weiteren Entfaltung gehindert wurden.

Die Ausstellung trägt den schlagwortartigen Titel »Inka – Peru«, da diese letzte Epoche einem breiten Publikum als die vermeintlich beherrschende Kultur Alt-Perus bekannt ist. Der Untertitel »3000 Jahre indianische Hochkulturen« soll die Gleichsetzung Perus mit dem inkaischen Reich korrigieren und helfen, ein differenzierteres Bild zu vermitteln. Der territorialen Expansion der inkaischen Hochlandkultur ging eine Vielzahl von Regionalkulturen sowohl im Hochland wie in den Flußoasen des Küstensaums voraus, deren künstlerisches Schaffen über 3000 Jahre die Ausstellung exemplarisch nachzeichnet.

Heute sind die Kunstwerke Alt-Perus über die ganze Welt verstreut. Sergio Purin, dem Leiter der Amerika-Abteilung der Königlichen Museen in Brüssel, ist es gelungen, mit wertvollen Leihgaben aus europäischen, nordamerikanischen und peruanischen Sammlungen eine Ausstellung zu schaffen, in der erst- und wohl auch einmalig die Schätze altperuanischer Kunst wieder vereinigt werden, um dem Betrachter neue Eindrücke und Erkenntnismöglichkeiten zu bieten.

Nach Brüssel, Madrid, Rom und Linz ist Berlin die fünfte und letzte Station dieser Ausstellung, für die Sergio Purin nicht nur das wissenschaftliche Konzept erstellte, sondern auch die Leitung dieses organisatorisch höchst komplexen Unternehmens übernahm.

Ein belgisches Betreuerteam, unterstützt durch Konservatoren von Museen, die wertvollste Leihgaben beisteuerten, hat auch in Berlin die Einrichtung der Objekte übernommen. Die Planung der Ausstellungsarchitektur verdankt das Haus der Kulturen der Welt dem Brüsseler Architekten Herrn Vandebotermet. Ein großer Dank gebührt dem Leiter des Oberösterreichischen Landesmuseums, Herrn Dr. Gunter Dimt, auf dessen Erfahrungen bei der Präsentation und der redaktionellen Katalogvorarbeit aufgebaut werden konnte. Das Museum für Völkerkunde, SMPK, in Berlin stellte uns aus seinen Beständen herausragende Objekte und mit Frau Dr. Manuela Fischer eine kompetente und liebenswürdige Beraterin zur Verfügung.

Der Katalog zur Ausstellung erscheint, anders als die zweibändige, fast 1000 Seiten starke Vorlage, in einer kondensierten einbändigen Version, die chronologisch strukturiert wurde.

Eine so bedeutende Ausstellung wie »Inka – Peru« erwächst aus dem Bemühen und dem Engagement einer Vielzahl von Leihgebern, Wissenschaftlern, Gestaltern und Mitarbeitern im In- und Ausland; ihnen allen sei hier ganz herzlich gedankt.

Günter Coenen

		Nordküste	Nördliches Hochland	Zentrale Küste	Zentrales Hochland	Südküste	Südliches Hochland	Becken von Titicaca
Später Horizont	1533 1500 1450	INKA	INKA	INKA	INKA	INKA	INKA	INKA COLLAS
Späte Zwischenperiode		CHIMÚ LAMBAYEQUE	KUELAP PAJATÉN	CHANCAY/ ICHIMAY	CHANCA	ICA/ CHINCHA	KILLKE	SPÄTES TIAHUANACO
Mittlerer Horizont	1000	HUARI	HUARI	HUARI-PACHA-CÀMAC	HUARI	HUARI	HUARI	KLASSI-SCHES TIAHUANACO
Frühe Zwischenperiode	500 nach Chr. 0 vor Chr.	VICÚS MOCHE I II III IV V VIRÚ SALINAR	RECUAY CAJAMARCA	NIEVERIA LIMA	HUARPA	NASCA PROTO-NASCA NECROPOLIS	PLAYA GRANDE PUKARA	FRÜHES TIAHUANACO PUKARA
Früher Horizont	− 500 − 1000	CUPISNIQUE	CHAVÍN	ANCON		PARACAS		
Initial-Periode	− 1500	GUAÑAPE	KOTOSH	CURAYACU		OCUCAJE (CAVERNAS)		
Präkeramische Perioden	− 2000 − 2500 − 3000 − 3500 − 4000	HUACA PRIETA						

EINLEITUNG

Als Vasco Núnez de Balboa den Isthmus von Panama durchquerte und im Jahre 1513 den Stillen Ozean erreichte, hatte dies die Entdeckung Perus durch Europäer zur Folge. Als er nämlich seinen Fuß an die Küste dieses Ozeans setzte, erzählten ihm die Eingeborenen von einem unglaublich reichen Land, das etwas weiter im Süden lag.

1523 unternahm Pascual de Andogoya eine erste Expedition in dieses Gebiet. Nach mancherlei Widerwärtigkeiten und einem unfreundlichen Empfang durch die Indianer kehrte er nach Panama zurück. Dennoch berichtete er über die Existenz von Pirú; so wurde nämlich dieses Land, nach einem kleinen Fluß, der im äußersten Süden Kolumbiens fließt, genannt.

Im Jahr 1524 gründeten Francisco Pizarro und Diego de Almagro eine »Gesellschaft«, die die Entdeckung Perus zum Ziele hatte. Das Projekt mißlang. Zwei Jahre später finanzierte der Pater Don Hernando de Kuque (»der Narr«) ein neuerliches Unternehmen der beiden Partner. Nach vielen Hindernissen landeten sie in Tumbés – und hier fand die erste Begegnung zwischen den Menschen der Alten Welt und dem Reich der Inka statt. Aber auch dieses Abenteuer blieb erfolglos. Schließlich unternahm Pizarro, der in Spanien in Kerkerhaft gewesen war, von Karl V. freigelassen und sogar protegiert wurde, in Begleitung von Almagro eine dritte Expedition. Am 15. November 1532 traf er in Cajamarca auf den Herrscher des Inkareiches, Atahualpa. Dieses Ereignis bedeutete das Ende des Inkareiches; es beendete zugleich auch die lange Geschichte des alten Peru. 16 000 Jahre einer Epoche, die mit dem ersten Auftreten eines Menschen um 15000 v. Chr. in Peru begonnen hatte, gingen nun ihrem Ende zu.

GEOGRAPHIE PERUS

Bevor wir uns näher mit der »Geschichte« des vorkolumbischen Peru befassen, wollen wir einen kurzen Überblick über die Lage dieses großen Landes geben, das eine Fläche von 1 285 215 km² einnimmt. Verwaltungsmäßig ist das Gebiet in 23 Departments unterteilt, deren jedes wieder 3 bis 5 Provinzen umfaßt, die ihrerseits aus Distrikten bestehen. Peru überrascht seinen Besucher durch die Schönheit und die Vielfalt seiner Landschaften.

Tatsächlich kann man von 8 verschiedenen Gebieten sprechen (Pulgar Vidal 1987).

Als erstes wäre die Küste oder »chala« zu nennen. Sie verläuft 2250 km am Pazifischen Ozean, niemals höher als 500 m, und ist den Einflüssen des kalten Humboldtstroms ausgesetzt. Die Küste zieht sich als ein langes, schmales Wüstenband nach Norden, wo sie jenseits von Chiclayo dann breiter wird. Die zur Küste herab strömenden Flüsse bilden Oasen in der Monotonie der Landschaft. Die Wasserläufe, die eine Bewässerung des pflügbaren Bodens in diesem Landesteil ermöglichen, werden von den Sommerregen der Sierra und von Schmelzwasser gespeist. Kulturell gesehen wird die lange Region allgemein in eine nördliche, zentrale und eine südliche Küste unterteilt.

Die Region »Yunga« – »warmes Tal« auf Quechua – liegt in einer Höhe zwischen 500 und 2300 m, zu beiden Seiten der Anden, deshalb müssen wir auch von der maritimen Yunga auf der Westseite (500 – 2300 m) und von der östlichen Yunga oder »ceja de montana« (1000 – 2300 m) sprechen. Die Sonneneinwirkung auf beiden Seiten beträgt jährlich nahezu 3000 Stunden, dennoch bleibt die Luft im Osten feucht, während sie im Westen trocken ist.

Die Region »Quechua« – oder gemäßigte Zone – liegt zwischen 2300 und 3500 m, zu beiden Seiten der Anden. Das gemäßigte Klima, das den menschlichen Tätigkeiten entgegenkommt, kann gelegentlich, während die Äcker brachliegen, kalt werden, die Böden sind sehr fruchtbar. Heute ist dieser Teil Perus mehr unter dem Begriff »Sierra« bekannt.

Das Gebiet namens »Suni« oder »Jalca« liegt in einer Höhe von 3500 bis 4000 m. Das Klima ist kalt, und hier liegt auch die Baumgrenze, jedoch gedeihen noch Knollenwurzeln und Scheingetreide.

Der Landstrich »Puna« liegt zwischen 4000 und 4800 m und ist durch ein sehr kaltes Klima charakterisiert, die Temperaturen liegen oft unter null Grad. Trotzdem begünstigt das Wetter den Anbau der Bitterkartoffel und der »Maca« sowie die Aufzucht von Kameliden.

Die »Janca« oder Kordilliere liegt oberhalb von 4800 m und endet am Huascarán in einer Höhe von 6768 m. Hier wachsen die Gletscher, deren Schmelzwasser von Zeit zu Zeit das unterhalb gelegene Land verwüstet. Die Gletscher speisen aber auch jene Flüsse, die das Land auf der Westseite der Anden bewässern.

Die hohe Selva oder »Rupa-Rupa« erstreckt sich natürlich nur auf der Ostseite der Anden. In diesem Gebiet, das zwischen 400 und 1000 m liegt, herrschen starke Niederschläge (3000 bis 8000 mm/Jahr), die Tage sind heiß und die Nächte kalt.

Die niedere Selva oder »Omagua« bedeckt die gesamte Amazonasebene. Bei einer Höhe von 80 bis 400 m liegt sie in einem feuchttropischen Klima, mit sanften Winden und gelegentlichen, wenn auch nur kurzen Temperaturstürzen. Die Baumvegetation ist äußerst dicht.

In diesen verschiedenartigen Landschaften sind im Laufe der Jahrhunderte jene Zivilisationen entstanden und wieder verschwunden, die die Geschichte Perus vor der spanischen Eroberung darstellen.

Sergio Purin

DIE GESCHICHTE DER ARCHÄOLOGIE PERUS

Als die Spanier im Jahre 1535 in Peru landeten, entdeckten sie ein Gebiet, das Teil eines vollendeten politischen Gemeinwesens war, nämlich das Reich »Tahuantin-suyu« mit seiner Hauptstadt Cusco.

Das 16. Jahrhundert ist zugleich ein Wendepunkt in der Geschichte Perus. Mit der Ankunft der Spanier zerfällt eine durch Jahrtausende gereifte Lebensweise und wird durch eine okzidentale Form ersetzt. Mit dieser Wende beginnt eine geschichtliche Etappe, an deren Erforschung man üblicherweise durch Überprüfung schriftlicher Quellen herangeht. Durch das Fehlen solcher Unterlagen für die vorhergehenden Perioden sind diese eindeutig der Archäologie zuzuordnen.

Die Berührung zwischen Spanien und Tahuantinsuyu war besonders heftig, besonders von seiten der Fremden, die alles zerstörten, was sich ihnen in den Weg stellte, nur um sich dieses Reiches für ihre kolonialen Zwecke bemächtigen zu können. Dies hatte nicht nur die rapide Vernichtung der herrschenden Elite einer autochthonen Lebensweise zur Folge, sondern auch das Verschwinden aller kulturellen Errungenschaften der Eingeborenen. Durch die Verfolgung der Weisen in den Anden – die man der Hexerei anklagte – wurden jahrhundertealte Kulturen ausgelöscht und die Bewohner gezwungen, ihre Kenntnisse zu verheimlichen oder sie innerhalb der kolonialen Institutionen zu verschleiern.

Diese besondere historische Situation verhindert auch einen unmittelbaren Zutritt zur Kultur der Andenvölker. Die erste Beschreibung stammt von spanischen Soldaten, Beamten oder Geschichtsschreibern, die an der Conquista teilnahmen und die, ganz abgesehen von den durch ihre Zwischenstellung auferlegten Schwierigkeiten, gar nicht in der Lage waren, eine Lebenswirklichkeit zu verstehen, die so fremd war wie jene der Andenvölker.

So entstand also das Wissen um das »alte Peru«, das schon in weniger als einem Jahrhundert zum »Altertum« wurde – so jedenfalls wurde es bereits in der zweiten Hälfte des 16. Jahrhunderts von den »Chronisten Indiens« bezeichnet. Wir wissen nicht, ob Tahuantinsuyu im Jahr 1535 sechs, acht oder vielleicht achtzehn Millionen Einwohner hatte; da es aber 50 Jahre später nur mehr höchstens eine Million war, ist es verständlich, daß die wenigen Augenzeugen der vorspanischen Zeit nicht mehr als ausreichende Informanten über eine Geschichte gelten können, die als Zeugen nichts als zerstörte oder verlassene Städte, Gräber oder andere Reste bietet, die nur mehr Archäologen verstehen.

Die ersten Quellen, die sich mit dem alten Peru befassen, sind die spanischen Dokumente aus dem 16. Jahrhundert. Einige von ihnen befassen sich mit der Beschreibung des Inkareiches, die meisten jedoch schildern das Leben und die Kämpfe der Konquistadoren. Unter diesen heben sich die Chroniken des Pedro Cieza de León und des Juan de Betanzos und, etwas später, die des Mestizen Garcilaso Inca de la Vega ihres Inhalts wegen von den übrigen ab. Im Auftrag der Kolonialverwaltung wurden Berichte, wie jene des Sarmiento de Gamboa, zur Rechtfertigung der Kolonialherrschaft geschrieben.

Nach 1600 wurde eine weitere Reihe von Darstellungen verfaßt, die, schon lange nach der Tahuantinsuyu-Zeit, Zeugnisse über alte Einrichtungen und andere Kulturelemente enthalten und deshalb heute für den Völkerkundler von Bedeutung sind. Die bemerkenswertesten Dokumente sind diejenigen, die im Zusammenhang mit der »Ausrottung der Götzendienerei« geschrieben wurden und die Systeme und Arten der Kulte und des Glaubens schildern, die ohne diese Berichte unrettbar verloren gegangen wären.

Das 18. Jahrhundert und die erste Hälfte des 19. Jahrhunderts zehren ausschließlich von dem, was in den vorhergehenden Perioden geschrieben wurde. Man verwendete das Wissen über die Sozialstruktur der Inkas zur Unterstützung bei den Debatten, die sich im Zuge der Industriellen Revolution in Europa ergaben.

Während der zweiten Hälfte des 19. Jahrhunderts entwickelte sich eine neue Art der Kenntnis des alten Peru, die mehr von einem Gefühl der Neugier und der Exotik als von historischen Unterlagen geprägt war und die auf den Untersuchungen der baulichen Überreste beruhte. Die Pioniere dieser neuen Zeit – und in gewissem Sinn die Begründer der peruanischen Archäologie – waren europäische Reisende, die Peru, das damals gerade von Spanien politisch unabhängig wurde, durchwanderten.

Zweifelsohne muß das Werk »Antiguedades Peruanas«, das der Peruaner Mariano E. de Rivero gemeinsam mit dem Schweizer J. J. Tschudi geschrieben hat, als das erste dieser Art angesehen werden. Es erschien 1851 in spanischer und 1853 in englischer Sprache.

Zehn Jahre später – zwischen 1863 und 1865 – reiste der Nordamerikaner Ephraim George Squier durch Peru, mit der Absicht, die Überreste einer alten Zivilisation zu besuchen; man geht nicht fehl, ihn für den ersten zu halten, der seine Beobachtungen mit den Augen eines Archäologen machte, als er versuchte, von den noch vorhandenen Resten ausgehend eine historische Rekonstruktion zu machen. Er verzeichnete die wichtigsten Monumente, die er besuchte, photographierte, zeichnete Pläne und führte sogar archäologische Ausgrabungen in Pachacamac durch. Tatsächlich sind dies die ersten Arbeiten archäologischer Natur, da bis zu diesem Zeitpunkt sämtliche Ausgräber nur eines im Sinne hatten, nämlich Schätze zu suchen. Mit diesem Ziel erfolgten die Grabungen seit dem 16. Jahrhundert. Squier veröffentlichte verschiedene Artikel über seine Erlebnisse und seine Überlegungen, aber das meiste wird in seinem Werk »Perú, Incidents and Travels in the Land of the Incas«, erschienen 1877, vorgelegt.

Zur selben Zeit, zwischen 1871 und 1872, führte der britische Konsul Thomas J. Hutchinson an der peruanischen Küste ebenfalls Beobachtungen und Ausgrabungen durch, ohne jedoch die gleichen Resultate wie Squier zu erzielen. Er verfaßte seinen Reisebericht mehr vom anekdotenhaften als vom wissenschaftlichen Standpunkt aus. Ein Jahr später reiste Charles Wiener quer durch Peru, grub an verschiedenen Stätten und stellte im Auftrag der französischen Regierung für Frankreich bestimmte Sammlungen zusammen. Sein Buch »Pérou et Bolivie« (1880) leidet zwar unter einigen Ungenauigkeiten, gibt aber sehr nützliche Hinweise auf Monumente und Funde. Auf dieselbe Weise, wenn auch präziser in seinen Aufzeichnungen, bereiste Ernst W. Middendorf in den Jahren 1886 bis 1888 Peru und veröffentlichte ein ausgezeichnetes Werk in drei Bänden unter dem Titel »Peru«. Dazu brachte er noch gleichzeitig ein sechsbändiges Werk über die Sprachen Quechua, Aymara und Yunga heraus.

Im Zuge des Eisenbahnbaus in den Jahren 1869 und 1870 wurden bei Ancón, nördlich von Lima, ausgedehnte Friedhöfe gefunden; dies war nicht nur der Anlaß für gewaltige Plünderungen der vorkolonialen Gräber, sondern gab auch den Anstoß für die ersten systematisch durchgeführten Grabungen, die in der Folge für die peruanische Archäologie charakteristisch wurden.

Die deutschen Geologen Wilhelm Reiß und Alphons Stübel führten zwischen 1874 und 1875 die Ausgrabung im Gräberfeld von Ancón fort. Der dabei entstandene Bericht ist der erste seiner Art.

Einige Jahre später führte der schwedische Archäologe Knut H. Stolpe weitere Ausgrabungen in der Gräberzone durch; leider wurden seine Grabungsergebnisse nie veröffentlicht, sondern sind überhaupt verschwunden. Dasselbe Schicksal erlitten die Berichte des Amerikaners George A. Dorsey, der zwischen 1891 und 1892 in Ancón grub; sie sind verschollen; und seine Doktorarbeit über Ancón, die er an der Universität Harvard im Jahr 1894 vorlegte, wurde nie gedruckt.

Während dieser ganzen Zeit hat man das Material aus dem peruanischen Altertum ständig den Inkas zugeordnet, obwohl man sehr wohl wußte, daß es eine »Prä-Inka«-Periode gab. Die Anstrengungen von Squier und Middendorf gingen nie über Hypothesen hinaus.

So ist allgemein anerkannt, daß die wissenschaftliche peruanische Archäologie mit dem deutschen Archäologen Max Uhle beginnt, der mit stichhaltigen empirischen Beweisen das Vorhandensein nicht nur einer, sondern gleich mehrerer Vor-Inka-Perioden belegt.

Uhle begann sein Studium der peruanischen Archäologie, noch bevor er das Land überhaupt kannte. Seine Begeisterung für diese Kultur begann im Verlauf seiner Kontakte mit Reiß und Stübel, die bereits in Peru gearbeitet hatten. Ende 1876 machte sich Stübel in Tiahuanaco Notizen, mit deren Hilfe Uhle einen ersten Bericht über dieses Gebiet ausarbeitete, den er 1892 veröffentlichte, mit einer These über das mögliche Alter von Tiahuanaco. Diese These stützte sich nicht nur auf Mythen und die von den spanischen Chronisten überlieferten Kommentare – die wohl feststellten, daß Tiahuanaco schon vor den Inkas existiert hatte –, sondern auch auf Beweise stilistischer Natur.

Uhle unternahm seine erste Reise in die Anden gegen Ende des Jahres 1892. Er brach von Argentinien aus auf und arbeitete dann in Bolivien, wo ihm die örtlichen Behörden die Erlaubnis für Grabungen in Tiahuanaco verweigerten.

Die Arbeiten Uhles in Peru setzten 1896 mit den Ausgrabungen von Pachacamac ein. Hier bewies er die stratigraphische Lage von Gebäuden der Inka-

Periode über Gräbern, die Keramiken und Textilien enthielten, deren Schmuckmotive denen von Tiahuanaco glichen. Damit bestätigte er den zeitlichen Unterschied zwischen den beiden Kulturen.

Uhle kehrte 1899 nach Peru zurück und setzte seine Arbeiten mit kurzen Unterbrechungen bis 1911 fort. Seine intensivste und erfolgreichste Tätigkeit lag aber in der Zeit zwischen 1899 und 1905. 1906 wurde er Direktor der archäologischen Abteilung des Nationalmuseums in Lima, mit mehr bürokratischen Verpflichtungen als Möglichkeiten zur weiteren Forschung.

Uhle grub hauptsächlich an der Küste, in den Tälern von Moche, Supe, Chancay, Rimac, in der Bucht von Ancón, in Chincha, Ica und Nasca sowie an anderen, weniger bedeutenden Stätten. Seine Studien befassen sich vorzugsweise mit der Freilegung von Begräbnisstätten und der Untersuchung von Gebäudekomplexen.

Von hier bezog er seine Informationen, besonders auf Grund von Grabbeigaben in Form von Keramiken und Textilien sowie auf Grund von chronologischen Beweisen stilistischer Art. Er stützte sich gelegentlich auf Angaben in den Gräbern, ohne sie jedoch tatsächlich zu nutzen oder sie ausreichend zu beschreiben.

Er stellte eine Sequenz von vier Perioden auf, nämlich der bereits bekannten Inka-Periode, der Tiahuanaco-Periode, die von jener der Inka durch eine Zwischenzeit getrennt ist, und einer allen anderen vorangehenden Periode, die einige Kulturen lokalen Charakters zusammenfaßt und die er Proto-Chimú, Proto-Chincha, Proto-Nasca und Proto-Lima nannte. Außerdem führte er eine neue Periode, nämlich die »Primitiven Fischer« ein, die wiederum allen übrigen Zeiten voranging und teilweise mit den »Proto«-Perioden zeitgleich verlief und deren Funde hauptsächlich aus den Muschelhaufen von Ancón und Supe stammen.

Dank der Uhleschen Sammlungen und der begleitenden Angaben über die Herkunft der Objekte sowie einiger zusätzlicher Anmerkungen war es nach Uhles Tod einer Gruppe amerikanischer Archäologen unter der Leitung von Alfred L. Kroeber möglich, das im Museum der Universität von Kalifornien, Berkeley, lagernde Material zu studieren. Das Team untersuchte die chronologischen Hypothesen des deutschen Archäologen und prüfte die analytischen Methoden, die auf der Assoziation von Kontext und Stilarten beruhten.

3. Gesamtansicht Kotosh: Tempel von Kotosh-Mito,
Kotosh-Templo Blanco und Templo de las Manos Crzadas
(der gekreuzten Hände)

Somit ergab sich eine Aufeinanderfolge von drei Perioden: einer frühen, die den »Primitiven Fischern« und »Proto-Kulturen« von Uhle entsprach; einer mittleren, entsprechend dem Tiahuanaco von Uhle; und einer späten, die die weitere Entwicklung und die Inka umfaßte.

Ende der zwanziger Jahre war die Chronologie also festgesetzt, und zwar so gut, daß sich die Wissenschaftler in den 30er Jahren nur in diesen Begriffen ausdrückten und nicht mehr in der vereinfachenden und vagen Bezeichnung »Vor-Inka-Periode«. Das Grundproblem, nämlich die Herkunft der Inka, war somit gelöst. Sie besaßen erwiesenermaßen lokale Vorfahren.

Nun aber tauchte ein neues Problem auf, nämlich die früheren Entwicklungsstufen der anderen Kulturen.

Uhle hatte sich schon von Anfang an mit dieser Frage befaßt. Die ältesten Kulturen, die er gefunden hatte, hielt er nicht für Ergebnisse früherer lokaler Kulturen. Auch waren sie derart entwickelt, daß man von keinem plötzlichen Entstehen, »von heute auf morgen«, hätte sprechen können. Trotzdem konnte er mit keiner anderen Erklärung aufwarten als mit der des »Diffusionimus«.` Die Erklärung gipfelte darin, daß die Andenzivilisationen auf die Maya zurückgingen, wobei er sich auf ikonographische Vergleiche, auf Analogien und

13

verschiedene andere Ähnlichkeiten berief. Nur die Kultur der »Primitiven Fischer« konnte seiner Meinung nach als einzige auf lokale Formen und Vorfahren in Ancón und Supe zurückgreifen, aber auch diese war von Einflüssen aus dem Norden geprägt.

In diesem Stadium der Untersuchungen, in den 20er Jahren unseres Jahrhunderts, begann der peruanische Archäologe Julio C. Tello nach einer anderen Erklärung der »Quelle der prähistorischen Andenzivilisationen« zu suchen. Er lehnte die Theorie Uhles von importierten Kultureinflüssen ab und vertrat die These einer autochthonen Entwicklung vom ersten Auftreten des Menschen auf diesem Kontinent an bis zur Epoche der Inkas. Tellos Hauptargument bestand darin, daß die Zivilisation der Anden eigenständige Merkmale im Vergleich mit anderen Kulturen aufweist. Er begründete dies mit der besonderen Art der Problembewältigung in den Anden. Seiner Meinung nach hätten die Maya ohne radikale Änderung ihrer Kulturform hier gar nicht existieren können.

Aus diesen Gründen schlägt das Schema von Tello – der zugleich auch Vertreter der Evolutionstheorie war – eine Aufteilung in Etappen zunehmender Milieubeherrschung vor: Eine erste »primitive« Etappe umfaßte eine hypothetische Periode der Jäger, Sammler und Fischer. Darauf folgte das »Zeitalter der Zivilisationen der Ostanden«, indem die Amazonasbewohner, die schon mit dem Anbau von Pflanzen begonnen hatten, ihre neuen Produktionsmethoden im Zuge ihrer Wanderungen in das Ostandengebiet mitbrachten. Da hier ähnliche Bedingungen wie in ihrer ursprünglichen Heimat am Amazonas waren, mußten sie nur einige ihrer Lebensgewohnheiten ändern und einige neue Verfahren für die Anpassung gewisser tropischer Pflanzen an die neue Höhenlage erfinden.

Die nächste Etappe, das »Zeitalter der Zivilisationen der Westanden«, ist gekennzeichnet durch Veränderungen in den Produktionstechniken, vor allem in der Wasserversorgung. Das Vorhandensein von Wasser nimmt von Osten nach Westen allmählich ab, so daß an der dem Pazifik zugewandten Seite der Anden eine der trockensten Wüsten der Welt entstanden ist. In diesem Zeitalter mußten also die Pflanzen der Höhe, aber auch den für die Anden charakteristischen wechselnden Trocken- und Regenzeiten angepaßt werden. Man mußte

neue Bewässerungsmethoden entwickeln und den Boden für den Ackerbau bereiten.

Im »Zeitalter der littoralen Zivilisationen« war der Andenbewohner bereits in der Lage, dank einer hochtechnisierten Fruchtlandbewässerung die Wüste zu besiegen. Gleichzeitig beginnt aber bereits das »Zeitalter des Tahuantinsuyu« oder »der Inka«.

Tello, der sich auf die Untersuchung von Bauwerken und Begräbnisstätten als einzige verfügbare archäologische Quellen verlassen mußte, konnte keine ausreichend stichhaltigen materiellen Beweise für seine Hypothesen finden. So blieb der Großteil seiner Behauptungen unbewiesen, und die Erörterung seiner Studien beschränkt sich auf das anekdotische Detail bestimmter alter Kulturen im Vergleich mit anderen. Auf diese Weise wurden Chavín und Paracas zum Mittelpunkt der von Tello ausgelösten Polemik. Dieser peruanische Archäologe hielt die Chavín-Kultur für die Urkultur der Anden, die der Proto-Chimú-Kultur voranging und diese unmittelbar auslöste. Ferner war er der Ansicht, daß Paracas eine Küstenversion von Chavín war, die ihrerseits die Proto-Nasca-Kultur (nach Uhle) nach sich zog. Die sogenannten »autochthonen Thesen« von Tello wurden niemals in Frage gestellt, das Problem beschränkte sich auf Anerkennung oder Ablehnung bestimmter zeitlicher Abläufe oder bestimmter Einflußgebiete dieser besonderen Kulturen. Gerade dies war Tellos Lieblingsthema während seiner letzten Lebensjahre und auch das seiner engsten Schüler.

Schon zu Lebzeiten Tellos stellten zahlreiche andere Archäologen fest, daß die Chavín-Kultur tatsächlich die älteste bis damals bekannte Kultur war und daß die Einordnung von Paracas als Vorläufer von Nasca dem Vorschlag Tellos entsprach. Es war jedoch notwendig, den »Protoiden« noch eine weitere Periode voranzustellen; das Chavín von Tello wurde nun die »Frühe Periode«, so daß Nasca, Mochica oder Moche (ex Proto-Chimú) und das Proto-Lima zu einer Zwischenperiode zwischen Chavín und Tiahuanaco wurden. Im weiteren Sinne mußte dann ein zusätzlicher Abschnitt zwischen »Tiahuanaco« und »Inka« eingeschoben werden. Von dieser Einteilung ausgehend, zerfiel die peruanische Archäologie in den 40er Jahren in fünf Epochen: Chavín, frühe Zwischenkulturen, Tiahuanaco, späte Zwischenkulturen und Inka. Drei dieser Epochen decken einen Zeitraum, der als gesamtperuanisch angesehen werden kann, während die Zwischenperioden regional beschränkt waren.

Bei diesem Stand der Dinge organisierte das von Alfred L. Kroeber und Julio C. Tello in New York gegründete Institute of Andean Research zwischen 1939 und 1946 zwei langfristige Studienprojekte, die die von Uhle und Tello vorgebrachten Hypothesen beweisen sollten. Das erste Projekt widmete sich hauptsächlich dem Ziel, die geltende chronologische Reihenfolge empirisch zu beweisen; das zweite hatte die Aufgabe, den Zeitablauf in einer bestimmten Region zu untersuchen. Man wählte dazu das kleine Küstental von Virú. Es ist nicht übertrieben zu behaupten, daß diese beiden Projekte den Beginn einer dritten Phase in der Geschichte der peruanischen Archäologie darstellen. Als erste Phase kann jene weit vor Uhle liegende, als zweite die hauptsächlich von Uhle und Tello bestimmte und mit dem ersten Projekt des Institute of Andean Research abgeschlossene bezeichnet werden. Die dritte Phase setzte mit dem Virú-Projekt im Jahr 1946 ein.

Das Virú-Projekt hat neue Forschungsansätze in der peruanischen Archäologie ermöglicht. Nicht mehr die Chronologie stand im Mittelpunkt des Forschungsinteresses, sondern die Veränderungsprozesse, denen die menschlichen Siedlungen, die Institutionen oder die Nutzung der Umweltressourcen unterworfen waren; deren Indikatoren nicht nur in den Monumentalanlagen und Gräbern, sondern auch unter den Abfällen der menschlichen Siedlungstätigkeit zu finden waren.

Die ersten Berichte über das Projekt Virú wurden 1948 veröffentlicht, mehr noch in den 50er Jahren, als mit der C-14-Methode eine neue Datierungstechnik zur Verfügung stand, die einen Strukturwandel der gesamten Archäologie ermöglichte.

Untersuchungen im Rahmen des Virú-Projektes erschlossen auch die präkeramischen Epochen.

So haben Gordon R. Willey und John M. Corbett in Supe, an einem Ort namens Aspero, zum erstenmal Fischer und primitive Ackerbauern lokalisiert, denen die Keramik unbekannt war. Später, im Jahr 1946, identifizierte Junius Bird in Huaca Prieta (Tal von Chicama) und Cerro Prieto (Tal von Virú) die gleichen Elemente. Diese Periode war von da an bekannt unter der Bezeichnung »Angehende Ackerbauern«.

4. Huacaloma (Cajamarca)
Rechteckiger Raum mit Resten des aufgehenden Mauerwerks

Zusätzlich wurde eine ebenfalls präkeramische »Periode der Jäger« hinzugefügt. Die Funde aus dieser Zeit wurden an der Oberfläche entdeckt und umfassen einige schöne Pfeilspitzen aus den Pampas von Paiján. Erst 10 Jahre später – 1957 – wurde diese Entdeckung durch die Funde des peruanischen Archäologen Augusto Cardich bestätigt, der in den Höhlen von Lauricocha in der nördlich zentralen Sierra Ausgrabungen durchführte.

So ergaben sich sieben große Perioden in der peruanischen Archäologie:

1. Epoche der Jäger, Sammler und Fischer, nach der C-14-Methode ungefähr in der Zeit zwischen 14000 und 5000 v. Chr.

2. Epoche der präkeramischen »Angehenden Ackerbauern«, ca. zwischen 5000 und 1500 v. Chr.

3. Epoche der Ältesten Keramik, die mit der von Tello als »Chavín« bezeichneten Zeit zusammentrifft, die man gewöhnlich auch »Formativ« benennt und die den als »Früh-Keramik« und »Früher Horizont« bekannten Perioden entspricht. Nach der C-14-Datierung liegt die Epoche zwischen 1800 und 400 v. Chr.

4. Epoche der früheren »Proto-Kulturen«, in die man natürlich auch Kulturen wie Recuay und Cajamarca (400 v. Chr. bis 700 n. Chr.) einbinden müßte; es ist aber hinlänglich bekannt, daß der erste Abschnitt (vor unserer Zeitrechnung) von den »Übergangsformen« beherrscht wurde, die eine Regionalisierung dieser Kulturen ermöglichten – das bedeutendste Charakteristikum jener Periode. Sie wird wegen der Qualität der meisten Kunstwerke dieser Zeit auch als »Klassik« bezeichnet.

5. Epoche der Ausdehnung einer »tiahuanakoiden« Kultur, von der man annahm, daß sie aus der Region von Tiahuanaco stammt. Durch spätere Untersuchungen hat sich gezeigt, daß es sich um eine Ausdehnung der Huari-Kultur handelt, die in Ayacucho beheimatet ist. Die C-14-Datierung verlegt sie ungefähr in die Zeit von 560 bis 1000 n. Chr. Diese Periode trägt noch andere Bezeichnungen, von »Huari-Reich« bis »Mittlerer Horizont«.

6. Epoche der Regionalkulturen der Vor-Inka-Zeit, der Chimú-, Chincha-Ica- und Chancay-Kultur sowie der anderen lokalen Kulturen. Später werden sie in das Inka-Reich integriert. Nach der C-14-Datierung liegen diese Kulturen zwischen 1100 und 1500 n. Chr.; sie umfassen die »Späte Zwischenperiode« und sind außerdem unter der Bezeichnung »Städtebauer«, »Regionalstaaten« etc. bekannt.

7. Epoche der Inkas, ungefähr zwischen 1430 und 1540. Man nennt sie auch »Später Horizont«.

Da seit dieser Zeit eine allgemeine Übereinstimmung über den chronologischen Ablauf herrscht, ist die Verwirrung unter den Archäologen, die in den verschiedenen Regionen unter Anwendung immer strengerer archäologischer Kriterien und mit immer größerer Genauigkeit in den einzelnen Disziplinen forschen, etwas kleiner geworden. Diese Klarheit begann sich Anfang 1960 abzuzeichnen, erreichte aber erst in den beiden vergangenen Jahrzehnten ihren Höhepunkt. In unserer heutigen Zeit hat sich die peruanische Archäologie zur Aufgabe gestellt, Fragen im Zusammenhang mit der Organisation der Produktion oder der Technologie, der Einrichtungen, der strukturellen Eigenheiten jeder Kultur sowie Art und Richtung von Änderungen zu erforschen. Es handelt sich hier nicht mehr um eine Beschreibung von Altertümern oder um eine Diskussion über eine zeitliche Abfolge. Dies wird, da als bekannt vorausgesetzt, nur mehr im Zusammenhang mit großen historischen Diskussionen behandelt.

In den beiden letzten Jahrzehnten ist die Zahl einheimischer Forscher gewachsen, die sich für die Archäologie in einem Maß interessieren, das über das rein Akademische hinausgeht. Für die Peruaner liegt nämlich der wichtigste und bedeutendste Teil ihrer Geschichte in der Archäologie. Gemeinsam mit den Peruanern haben Hunderte von Forschern aus Europa, Japan, den Vereinigten Staaten und anderen amerikanischen Ländern das Thema Anden in ein Forum verwandelt, in dem die zahlreichen Richtungen und unterschiedlichen Vorgehensweisen zusammenlaufen.

Die peruanische Archäologie zeigt nunmehr ein Bild, das von jenem zu Beginn des Jahrhunderts sehr verschieden ist – als Uhle und dann Tello begannen, sich damit zu befassen.

Luis Guillermo Lumbreras

DIE PRÄKERAMISCHE ZEIT

Die präkeramische Zeit dauerte von 15000 bis 2000 v. Chr. und wird in verschiedene Perioden unterteilt, die jeweils bestimmten Neuerungen in der Lebensweise der Bewohner der Zentralanden entsprechen. In der Zeit von 15000 bis 6000 v. Chr. wanderten nomadisierende Jäger und Sammler durch die Anden auf der Jagd nach Wild, auf der Suche nach Pflanzen. Um 6000 v. Chr. entwickelt sich eine primitive Art des Gartenbaus: Die ersten Pflanzen werden nun schon gezüchtet, und einzelne Menschengruppen beginnen, in dauerhaften Wohnsitzen zu leben. Man wird seßhaft. In der Puna gewöhnt sich zur selben Zeit das Lama – als erster amerikanischer Kamelide – an seine Laufbahn als Haustier.

Der Ackerbau nimmt eigentlich erst um 2500 v. Chr. seinen Aufstieg – als man beginnt, den Mais zu kultivieren. Der Mensch wird sich des Wachstums der Gruppe, deren Teil er ist, bewußt, die Gruppe organisiert sich zur besseren Kontrolle dieses Phänomens. Gegen Ende der präkeramischen Zeit, von einigen Autoren jüngere präkeramische oder auch beginnende keramische Zeit genannt, entstehen bereits viele Bauten öffentlichen Charakters.

Diese Gebäude, mit U-förmigem Grundriß an der Küste, in der Sierra mit einer Mauer um den heiligen Bereich des Feuers, sind das Ergebnis einer neuen Gesellschaftsform. Der Mächtige hält nunmehr die Zügel der Wirtschaft und wird zum Herrscher eines Volkes von Ackerbauern, die dem »Souverän« einen Teil ihrer Produkte überlassen und Aufgaben übernehmen, wie z. B. den Bau dieser Stufenpyramiden.

Zur selben Zeit entstehen auch erste künstlerische Arbeiten. Die Keramik ist noch unbekannt, aber die Weberei spielt bereits eine wichtige Rolle. In Huaca Prieta, das von Junius Bird ausgegraben wurde, zeigen Textilien und mit Ritzdekor versehenen Kalebassen bemerkenswerte künstlerische Ausdrucksformen. Die Keramik, die gegen 1800 v. Chr. in Erscheinung tritt, weist noch eine gewisse Formenarmut auf – Krüge, Schalen und Flaschen sind die Haupterzeugnisse. Offensichtlich beherrscht man die Technik des Töpferns noch nicht; besonders beim Brennen entstehen Unregelmäßigkeiten auf der Außenseite der Gefäße. Die Zentren lokaler Produktionen zeigen bereits das Bestehen verschiedener Strömungen, aus denen sich später unterschiedliche Stilrichtungen entwickeln.

Sergio Purin

17

1 Las Aldas
2 Alto Canal
3 Alto Salaverry
4 El Aspero
5 Aznapuquio
6 Bandurria
7 Barbacay
8 Caballo Muerto
9 Cerro Obrero
10 Cerro Prieto
11 Chilca
12 Chocas
13 Chupacigarro Grande A
14 Culebras
15 Erizo
16 La Florida
17 La Galgada
18 Garagay
19 Los Gavilanes
20 Gramalote
21 Hacha
22 Huaca de La Gallina
23 Huaca de Las Llamas
24 Huaca Prieta
25 Huacoy
26 Huaricoto
27 Kotosh
28 Manchay Bajo

29 Marcavalle
30 Mina Perdida
31 Monte Grande
32 El Olivar
33 Padre Aban
34 Pajillas
35 Pallka
36 La Paloma
37 La Pampa
38 Pandanche
39 Paracas 514
40 El Paraíso
41 Piedra Parada
42 Pikicallepata

43 El Pulpar
44 Qaluyo
45 Queneto
46 Rio Seco
47 Salinas de Chao
48 San Jacinto
49 Sechin Alto
50 Shillacoto
51 Valdivia (Real Alto)
52 Wairajirca
53 Waywaka

5. Übersichtskarte
über die wichtigsten Anlagen der späten Präkeramik

VOM PRÄKERAMIKUM ZU CHAVÍN – ALTPERUANISCHE KUNST

3. UND 2. JAHRTAUSEND V. CHR.

Eine eigentümliche Faszination geht von der künstlerischen Gestaltungskraft früher Hochkulturen aus und prägt ihr Bild im Bewußtsein einer breiten Öffentlichkeit. Für Sumer, Ägypten und Alt-China gilt dies, für die »Olmeken« Alt-Mexikos und für Chavín, die »Mutterkultur« Alt-Perus, wie sie ihr Entdecker Julio C. Tello nannte. Frühe »Große Kunst« beschäftigt aber auch die vergleichende Kulturforschung: G. R. Willey (1962) stellte sie in den Mittelpunkt seiner Frage nach den Kennzeichen und motivierenden Faktoren der Kulturentwicklung in den beiden altamerikanischen Kernregionen Mesoamerika bzw. Zentraler Andenraum.

DIE SUCHE NACH DEM URSPRUNG DER CHAVÍN-KUNST

Die erste wegweisende Untersuchung der Chavín-Kunst an ihrem klassischen Fundort Chavín de Huántar durch John H. Rowe (1962) konzentrierte sich auf ihre kanonische Form, ohne über deren Ursprung zu spekulieren. Zehn Jahre später formulierte Donald W. Lathrap (1974: 146) die herrschende Auffassung noch immer wie folgt: »...die Chavín-Kunst erscheint als voll entwickelter Kunststil in der monumentalen Steinskulptur... des großen Zeremonial-Zentrums Chavín de Huántar«. Auch Peter G. Roe (1974), der Rowes Periodisierung auf ein breiteres Material anzuwenden suchte, hinterfragte dies nicht.

Zwar hatten bereits die Forschungen von Junius B. Bird (1963) in Huaca Prieta, Frédéric A. Engel (1963) in Asia und der japanischen Anden-Expedition (Izumi/Sono 1963; Izumi/Terada 1972) in Kotosh Beispiele präkeramischer Kunst nachgewiesen. Offensichtlich waren dies jedoch keine unmittelbaren Vorläufer der ältesten Manifestationen des Chavín-Stils, zu denen nach Rowe (1962) vor allem die »Lanzón«-Skulptur zählt.

Ein Versuch Chiaki Kanos (1974), die Chavín-Kunst aus der figürlich verzierten frühen Keramik von Kotosh/Shillacoto bei Huánuco abzuleiten, war nur begrenzt erfolgreich. Unbestritten mußte die Lösung aber innerhalb derselben Periode gesucht werden, der diese Keramik angehört – der sogenannten Initial(keramischen)-Periode, die nach Edward P. Lanning, einem Schüler J. H. Rowes, in Nord- und Zentralperu zwischen der präkeramischen Zeit und dem durch Chavín-Einfluß bestimmten »Frühen Horizont« einzuschieben ist. In seiner Gesamtdarstellung des frühen Peru hatte Lanning (1967: 93, 101) u.a. die Skulpturen von Cerro Sechín (Casma) weitsichtig dieser Initial-Periode oder der späten präkeramischen Zeit zugewiesen und sie als mögliche Vorgänger der Kunst von Chavín benannt. Unter dem Einfluß der auf den Fundort Chavín fixierten Lehrmeinung und der Thesen D. W. Lathraps (1974) über den bedeutenden Anteil des Amazonas-Tieflands an der Entstehung der andinen Kultur konnte sich seine Auffassung aber zunächst nicht durchsetzen.

DATIERUNGSFRAGEN

Ausgrabungen während der sechziger und siebziger Jahre erschlossen an der Küste und im Hochland Perus weitere Bau- und Fundkomplexe, die nach den Schichtbeobachtungen jeweils in ihrer Region der Ausbreitung des Chavín-Stils vorausgingen. Andere, die bereits dessen Merkmale zeigten, wurden aufgrund von 14-C-Altersmessungen der Initial-Periode zugewiesen. So zählte Richard L. Burger 1981 vier Küstenorte mit älteren Meßergebnissen auf, als sie für die klassische Chavín-Kultur in Chavín de Huántar selbst vorlagen: Garagay und Ancón in der Region Lima, Haldas an der Küste bei Casma und Huaca de los Reyes im Moche-Tal bei Trujillo. Für Luis G. Lumbreras (1989), Leiter der letzten bedeutenden Ausgrabungen in Chavín, waren die Burger seinerzeit zur Verfügung stehenden 14-C-Messungen allerdings aus gutem Grund nicht in allen Fällen eindeutig genug, um die traditionelle Priorität des klassischen Fundorts in Frage zu stellen (dazu s. Fußnote 3).

In der Tat weist die 14-C-Datierungsmethode Schwachstellen auf:
– Umwelt und Stoffwechsel verschiedener Organismen können das Ergebnis ebenso verfälschen wie eine unsachgemäße Behandlung ihrer Überreste;
– die untersuchten Proben können aus anderen Zeitperioden stammen als die Schichten oder Bauzusammenhänge, aus denen sie geborgen werden: z.B. ist eine Pyramidenplattform häufig aus Erdreich aufgeschüttet, in dem ältere Kulturreste enthalten sind;
– die Umsetzung der gemessenen »Radiokarbonjahre« in Kalenderjahre erfordert eine komplizierte Berechnung und ist im 1. Jahrtausend v. Chr. weithin überhaupt nicht möglich;
– schließlich bewirkt der statistische Fehler des Verfahrens, daß in der Regel ohnehin nur auf 80 – 150 Jahre genau gemessen werden kann.

Hat der Archäologe jedoch die Fundumstände genau beobachtet und dokumentiert, wurde das Probenmaterial in den Labors der beteiligten Naturwissenschaftler korrekt identifiziert, sorgfältig aufbereitet und gemessen, gestattet die 14-C-Untersuchung immerhin in den meisten Fällen, die zeitliche Abfolge der einzelnen Fundverbände innerhalb eines Rasters von ca. 200 – 300 Jahren festzulegen. Durch Vergleich verschiedener Datengruppen und Schichtabfolgen kann eine noch höhere Genauigkeit erzielt werden.

Vor Entwicklung dieser Methode hatten die führenden Archäologen noch 1946 im »Handbook of South American Indians« der höheren Kultur in Peru nur ein Alter von 2000 Jahren zugebilligt. Heute wissen wir, daß die Chavín-Kultur schon vor über 3000 Jahren einsetzte und ihr eine annähernd 700 Jahre umfassende »Initial(keramische)-Periode« sowie eine ungefähr ebenso lange Spätphase der präkeramischen Zeit vorausgingen.

Im Rahmen dieser doch recht ausgedehnten Zeitspanne sind die zahlreichen Sakralbauten der mittleren peruanischen Küste zu beurteilen, welche nach Erweiterungen und Überbauungen zum Teil gigantische Ausmaße annahmen: die größte Plattform, Sechín Alto im Casma-Tal, erreicht auf einer Grundfläche von 350 x 200 m eine Höhe von 35 m.

NEUE PERSPEKTIVEN

Das peruanisch-deutsche Gemeinschaftsprojekt zur Erforschung und Sicherung der in Sichtweite von Sechín Alto gelegenen Ruinenstätte Cerro Sechín konnte 1980 – 1985 durch Schichtbeobachtungen und naturwissenschaftliche Datierungsverfahren nachweisen, daß auch dieses Bauwerk und seine Reliefs lange vor Chavín entstanden, wie bereits E. P. Lanning vermutet hatte (Fuchs 1990).

Damit war ein Festpunkt gegeben, um die Frage nach der Entstehung der Kunst von Chavín wieder aufzugreifen. Auch die Neufunde und Materialpublikationen peruanischer, nordamerikanischer und japanischer Forscher boten dafür eine wesentlich verbesserte Grundlage.

Zunächst galt es, die Bildwerke zusammenzustellen, die den Skulpturen von Cerro Sechín ähneln oder ihnen wenigstens in wichtigen Details entsprechen. Der übrige Formenbestand dieser Vergleichsobjekte diente dazu, den Kreis relevanter Funde noch zu erweitern. Allerdings konnte dann nicht mehr ohne weiteres von ihrer Gleichzeitigkeit ausgegangen werden, sie waren vielmehr als ausschnitthafte Belege einer zeitlich ausgedehnten und wohl auch regional differenzierten, bisher nur sehr lückenhaft dokumentierten Tradition aufzufassen. In einigen Fällen erlaubte der archäologische Kontext die »relativ-chronologische« Einordnung in eine Abfolge lokaler Siedlungs- oder Bauperioden bzw. regionaler Kulturstufen und damit eine Kontrolle der nach den Kriterien des Formvergleichs vorgenommenen Gruppierungen.

Während 14-C-Messungen eine annähernde Zeitabschätzung ermöglichen und den Rahmen andeuten, in dem historische Prozesse stattgefunden haben könnten, ist die Ähnlichkeit von Stil- und Formelementen Beweis einst tatsächlich bestehender Kontakte, d.h. Kommunikation zwischen Gemeinschaften. Der Vergleich von Bildwerken anhand der auf ihnen fixierten Merkmalskombinationen dient auch dem Aufbau einer fein strukturierten Chronologie, die den Kontext der Bildwerke – Bauperioden oder Grabinventare – mitdatiert. Erst dies schafft die Voraussetzungen für eine Beantwortung der in der amerikanischen Archäologie derzeit so populären sozialhistorischen Fragen.

6. Felsmalerei in roter Farbe. Chaclarragra, Höhle 3
(Cardich 1964, fig. 114)

ELEMENTE DER STILENTWICKLUNG
IM FRÜHEN PERU

Präkeramische Kunst

Als Quellen für die Kenntnis der ältesten Kunst
im Andenraum stehen nur Felsmalereien zur Verfügung, erhalten zumeist in bewohnbaren Felsni-
schen oder auf Höhlenwänden. Da die archäologischen Befunde zeigen, daß die frühesten
Einwohner der »Lithischen Periode« als Wildbeuter
lebten, schreibt man ihnen einige anschauliche,
wenngleich skizzenhafte Tierdarstellungen und
Jagdszenen zu (Abb. 6). Beweise für deren Alter
sind nur ausnahmsweise zu erbringen (Höhle von
Toquepala). Durchweg handelt es sich um rezente
Arten, die bis in die Gegenwart bejagt oder im Rahmen der Tierzucht bewirtschaftet werden. Ebenso
unklar sind die Entstehungsmotive – Gestaltungs-
freude, Erfolgsbericht, Jagdmagie?

Im Gegensatz zum erzählerischen Moment dieser Felsbilder tragen die wenigen bekannten nicht-
textilen Kunstäußerungen aus späten präkeramischen Bau- und Grabzusammenhängen des 3. und
2. Jahrtausends v. Chr. symbolhaften Charakter und
fallen durch die heraldische Stilisierung der dargestellten Tiere auf (Abb. 7). Dieser Auffassungswan-
del kündigt bereits den Hang zur Abstraktion durch
geometrische Umsetzung und formelhafte Wiedergabe bzw. Vervielfältigung an, der die vorspanische Kunst Alt-Perus späterhin bis auf wenige Ausnahmen beherrscht. Formal läßt sich dieser Typus,
der die Naturvorbilder – Tiere, menschliche
Gesichter – auf ihre Grundlinien reduziert, aber
nicht einer Rasterstruktur unterwirft oder bildne-
risch verfremdet, mit dem Stil der genannten Jagdszenen in Verbindung bringen und damit einer
alten einheimischen Tradition zuschreiben.

Er repräsentiert die spät-präkeramische Kunst
aber nicht allein. Im Süden tritt er an einem wich-

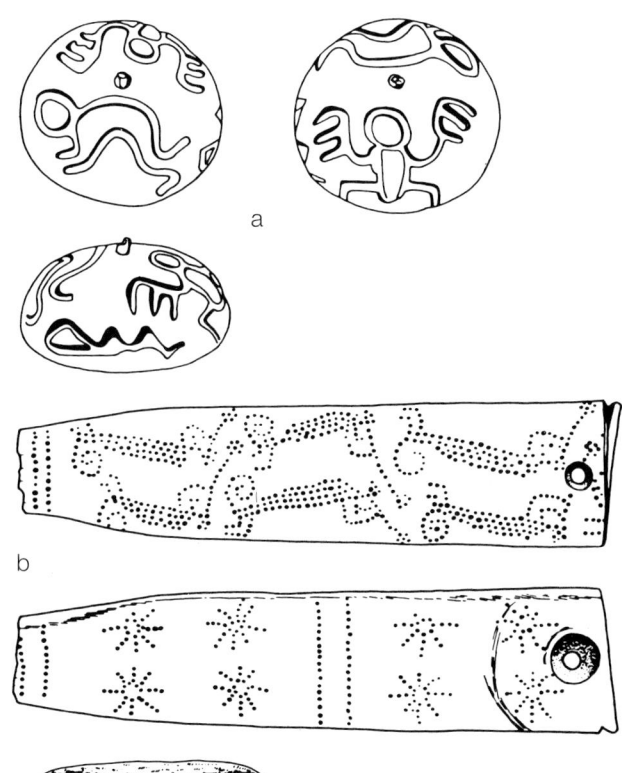

7. Kleinkunst vom spät-präkeramischen Fundort Asia
a: Spinnwirtel aus organischem Material
b: Fragment eines Knochenspatels,
    wohl als Schwirrgerät weiterverwendet
c: Ritzverzierte Spiegelfassung aus gebranntem,
    rot bemaltem Ton (Spiegel aus Pyrit)
(Bischof 1985, Abb. 9–11)

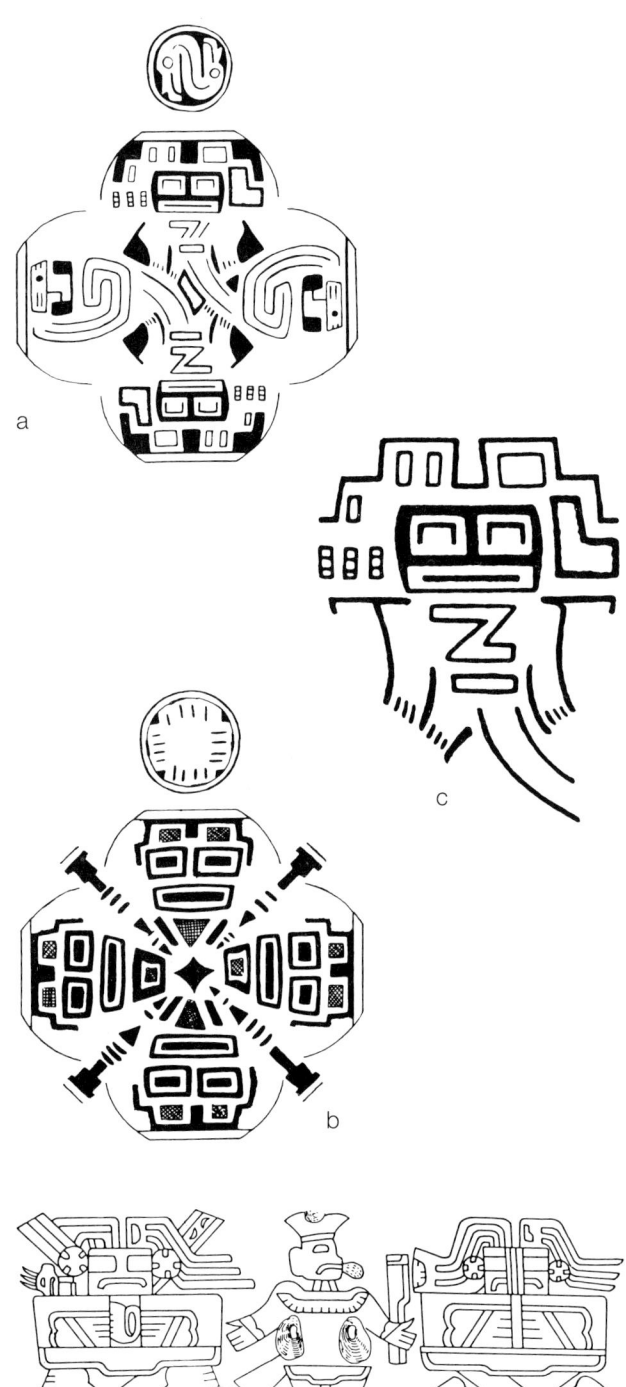

a

c

b

d

8.a,c Brandverzierte Kürbisse vom präkeramischen Fundort
Huaca Prieta, Grab 903

b: Detail des Dekors, eine Felidenfigur

(umgezeichnet nach Bird/Hyslop/Skinner 1985, figs. 42–43)

d: Lambayeque-Region, Figuren vom Fries eines gravierten
Steingefäßes

(nach Kauffmann/Eielson 1981: 30, 31)

tigen, wenngleich wohl relativ späten Fundort – Asia 1 (Asia-Tal) – bereits zusammen mit einer Darstellung auf, die eine Tendenz zu Rechteckformen und rasterhaftem Aufbau zeigt (Abb. 7 c). Am wichtigsten Fundort des Nordens – Huaca Prieta im Chicama-Tal – fehlt er ganz. Die ältesten hier gefundenen nicht-textilen Darstellungen auf zwei ritzverzierten Kürbissen (Abb. 8 a-b) zeichnen sich durch eine mit sicherem Sinn für Proportionen entworfene rechteckige Rasterstruktur aus. Sie erschienen so überraschend fremdartig, daß man sie nur durch Einfluß der Valdivia-Kultur Ekuadors erklären zu können glaubte, die bereits Keramik produzierte.

Die Anregung zu einer solchen Darstellungsform dürfte allerdings eher mit der Entwicklung figürlicher Motive auf Stoffen in Zwirnbindungs-Technik zusammenhängen, und diese ist z.Zt. an der zentralen und nördlichen peruanischen Küste (El Aspero, Río Seco, Huaca Prieta) sowie im angrenzenden Bergland (La Galgada) nach Ausweis von 14-C-Messungen weiter zurückzuverfolgen als anderswo (Bird 1963; Grieder und andere 1988).

Punkurí-Stil

Hinzu kommt wahrscheinlich eine durch den Forschungsstand bedingte Überschätzung der Befunde von Huaca Prieta. Ein Vergleich der Kürbis-Motive mit Darstellungen auf gravierten Steinmörsern aus der Chiclayo-Region zeigt so enge Übereinstimmungen, daß sie als Repräsentanten ein und derselben Kunsttradition gelten können (Abb. 8 c–d). Die Fundorte ähnlicher Stücke liegen – soweit bekannt – ebenfalls weiter im Innern der Flußtäler.

Erst recht gilt dies für die farbig gefaßten Reliefs auf der Fassade des älteren Lehmziegel-Baus von Punkurí (Nepeña-Tal), die als eindrucksvollste Vertreter dieser frühen Flächenkunst gelten dürfen und daher für die Namensgebung herangezogen wurden (Bischof 1985). Berücksichtigt man zudem die architektonische Perfektion der ältesten bekannten präkeramischen Steinarchitektur im Andenhochland, z.B. in Kotosh und La Galgada, ist damit zu rechnen, daß die kulturellen Zentren von Rang sich schon damals im Landesinnern befanden und Architektur wie Fundgut des marginal gelegenen Huaca Prieta ihren Entwicklungsstand nur unvollkommen widerspiegeln.

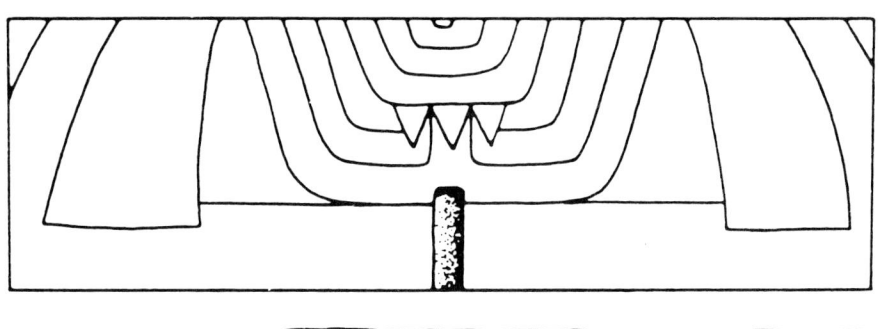

9. Wandreliefs der ersten
Bauphase von Punkurí
Polychrom gefaßter Lehm
auf Lehmziegelwänden
a: hintere Wand des
Cella-ähnlichen Raums
auf der oberen Plattform

b: rechte Fassadenseite der
unteren Plattform
(Umzeichnung nach Larco 1938,
t. 1, fig. 22, bzw. Kauffmann
1978: 272)

Abstrahierende flächenbetonte Darstellung in einem Raster von Horizontalen und Vertikalen, das aber gebogene Elemente und abgerundete Ecken zuläßt, sind die wichtigsten formalen Merkmale des Punkurí-Stils. Hinzu kommen neue Inhalte: erstmals erscheinen mythische Wesen in Anlehnung an die Tier- oder Menschengestalt (Abb. 9).

Datierungshinweise ergeben sich aus Schichtbeobachtungen in Huaca Prieta, wo die 14-C-Messungen (nach dendrochronologischer Korrektur) z.T. schon in die 1. Hälfte des 3. Jahrtausends v. Chr. verweisen. Dies wird durch die um die Mitte des 3. Jahrtausends einsetzenden Meßresultate für La Galgada gestützt, dessen Textilkunst weitgehend mit Huaca Prieta übereinstimmt (Grieder und andere 1988). Eine weitere Bestätigung liefern die noch etwas späteren Daten von Cerro Sechín (s. u.), denn eine Bauskulptur mit Merkmalen des Sechín-Stils überlagert in Punkurí die ältere Bauphase und deren Reliefs. In allen Fällen fehlt Keramik im Fundgut oder ihr Vorkommen ist zweifelhaft (Punkurí).

Die 14-C-Messungen für einige präkeramische Fundorte (Asia, El Paraíso, Salinas de Chao) scheinen sich im 19./18. Jahrhundert v.Chr. insbesondere mit denen für den früh-keramischen Fundkomplex von La Florida (Lima) zu überschneiden. Ob dies historische Gleichzeitigkeit impliziert oder mit Problemen der Probenherkunft und -interpretation zusammenhängt, ist noch unklar.

Sechín-Stil

Die von J. C. Tello 1937 entdeckte Ruinenstätte Cerro Sechín (Tello 1956), eine annähernd quadratische, mindestens zweistufige Plattform von 52 x 52 m, wurde durch ihre fast 400 Granodiorit-Reliefs bekannt, die in die untere Zone der jüngsten Stützmauer eingelassen sind und einen zusammenhängenden Fries bilden. Dargestellt ist eine Prozession, deren Teilnehmer aus dem Portal auf der Südseite hervortreten und den Bau nach beiden Seiten umschreiten, um vor den Banner-Reliefs (Abb. 10 i) am zweigeteilten Treppenaufgang im Norden wieder aufeinanderzutreffen. Zwischen den würdevollen Gestalten liegen mitten durchgeschnittene Menschenleiber und verstümmelte menschliche Überreste aller Art, darunter zahlreiche Trophäenköpfe (Abb. 10).

Arturo Jiménez Borja und Lorenzo Samaniego Román (1973) gruben um 1970 unter den massiven Stein-/Lehmverfüllungen späterer Überbauungsphasen weitere Sektoren aus und erhielten Aufschluß über die ersten drei Bauperioden, die im Gegensatz zur letzten (der vierten) aus konischen Lehmziegeln errichtet und mit Puma-Gemälden (Abb. 11) bzw. polychrom gefaßten Lehmreliefs geschmückt waren (Abb. 12). Wieder ging es um Menschenopfer, diesmal über Seefischen (Bischof 1988).

Der Sechín-Stil ist durchweg realitätsorientiert und reduziert alle Bildmotive auf ihre wesentlichen

10. Cerro Sechín, Auswahl aus Motiven der Steinreliefs von der unteren Terrassenstützmauer der Bauphase 4 (Umzeichnungen nach Vorlagen bei Tello 1956 bzw. Jiménez/Samaniego 1973)

Züge. Sein Akzent liegt auf den großzügig konzipierten, nie mit Füllmustern versehenen Flächen, die durch markante Linien umrissen werden. Eine Tendenz zu ruhiger Linienführung ist erkennbar, sie äußert sich aber in kraftvollen Bögen statt in geometrisierender Geradlinigkeit. Nur das »exzentrische« Auge, dessen Pupille an das obere Lid grenzt, gibt den menschlichen Gestalten etwas Bedrohliches und verbindet Cerro Sechín mit dem Chavín-Stil. Im Hinblick auf dieses Element und auf das in der Küstenregion fast einzigartige Medium Steinrelief rückte man Cerro Sechín von Anbeginn in den Umkreis der Chavín-Kunst. Zur Frage, ob der Ort vor oder nach deren klassischer Periode anzusetzen sei, lagen 1980 die Meinungen um fast 1500 Jahre auseinander. Die Mehrheit neigte zu einer späten Datierung.

Dem peruanisch-deutschen Sechín-Projekt[1] gelang eine Datierung des Bauwerks durch 14-C- und Thermolumineszenz-Messungen[2] in die Zeit zwischen ca. 2100 und 1800 v. Chr. (korrigierte Daten). Dazu paßt der keramische Befund: während das Bauwerk selbst keramikfrei ist, kommt die älteste aus der Region bekannte Keramik (»Guañape«) in einer späteren Verfüllung vor, Keramik vom Chavín-Typus erst in einer noch höher gelegenen Deckschicht (Fuchs 1990). Kunst im Sechín-Stil geht also der klassischen Chavín-Kunst voraus.

Bedauerlicherweise fehlen in Cerro Sechín Abbilder mythischer Wesen, so daß weder mit den »Idolen« auf dem Chiclayo-Mörser oder den Punkurí-Reliefs noch mit den Göttern von Chavín ein direkter Vergleich möglich ist. Zur Verfügung stehen nur die Bildmotive »Fisch«, »Felide« und »Menschliche Figur« mit ihren ikonographischen Details wie Augenform, Hand- oder Tatzenform, Würdestab und Gürteltyp.

Fische gibt es einerseits auf den Punkurí-Reliefs, andererseits auf klassischer Chavín-Keramik und Steinsculptur, aber ein Vergleich ist wenig ergiebig. Als aussagekräftiger erwies sich das Feliden-Motiv (Abb. 11 a-b). Die farbig gefaßte Lehmsculptur aus der 2. Bauperiode von Punkurí steht den Puma-Gemälden Cerro Sechíns in Augen- und Tatzenform sowie im Fehlen einer Fellzeichnung besonders nahe und beweist das höhere Alter der von ihr überdeckten Reliefs im Punkurí-Stil (Abb. 11 c). Recht ähnliche Merkmale zeigt ein Feliden-Felsbild aus dem Jequetepeque-Tal (Abb. 11 d), das seinerseits die weite Verbreitung dieses Typus

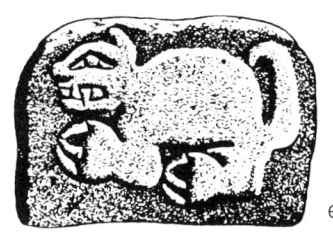

11. Cerro Sechín

a–b: Puma-Gemälde am Eingang zur Cella der Bauphase 1
(Tello 1956, fig. 109, bzw. Befundaufnahme 1971
durch L. Samaniego)

sowie c–e: Vergleichsstücke aus Punkurí, Nepeña-Tal
(Lehmskulptur der 2. Bauperiode, Umzeichnung nach Larco
1941, fig. 7), Quebrada del Felino, Jequetepeque-Tal,
Steinblock 3 (Felszeichnung, Pimentel 1986, fig. 59)
und Chavín de Huántar (Steinrelief, Tello 1960, fig. 62)

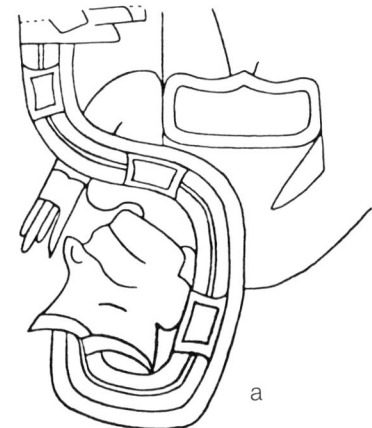

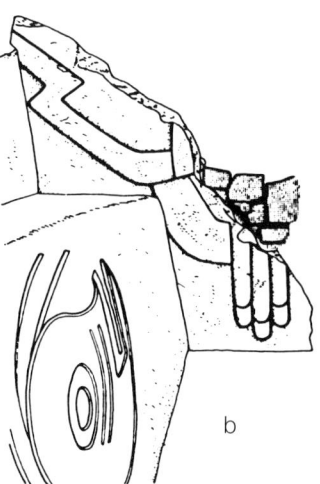

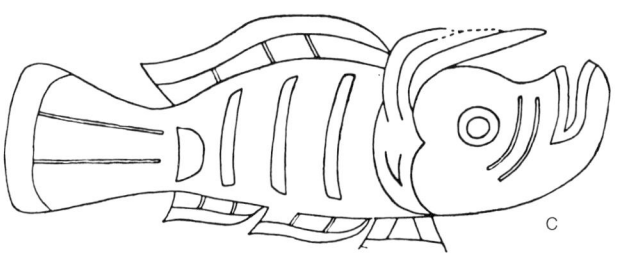

12. Cerro Sechín, polychrome Lehmreliefs
der Bauphasen 1 und 3
(a, c: Jiménez/Samaniego 1973;
b: Umzeichnung nach Foto von H. Bischof)

beweist. Der auf seinen Leib gezeichnete Raubvogel kann als Versuch einer additiven Steigerung numinoser Kraft interpretiert werden, im Gegensatz zu deren Potenzierung durch Kombination von Feliden- und Raubvogelmerkmalen in der Chavín-Kunst (Abb. 14 b, dort jedoch Langustententakel). Das Feliden-Relief aus Chavín de Huántar schließlich (Abb. 11 e) hat neben dem aus Punkurí bekannten Augentyp undeutliche, aber runde Tatzen und keinerlei metaphorisches Beiwerk – markante Unterschiede zum Feliden-Typus Chavíns, von dem es z. B. am Runden Platz mehrere Varianten gibt und der sich am Jaguar oder anderen Arten mit lebhafter Fellzeichnung orientiert. Ähnlichkeit bedeutet noch keine strenge Zeitgleichheit aller Darstellungen, doch sind dieses aus seinem Bauzusammenhang gerissene Relief und verwandte Stücke ein Indiz für die Existenz unbekannter früher Bauten in Chavín de Huántar.

Das kraftvoll-untersetzte Menschenbild der Sechín-Reliefs (Abb. 12 a, 10) findet bisher nur in der Trophäenkopf-Zeichnung auf einer Steinplatte aus dem benachbarten Sechín Alto und im Relief von Siete Huacas (Nepeña-Tal) seine genaue Entsprechung (Bischof 1985, Abb. 83–84). Die im ganzen ähnlichen »Adoranten«-Figuren des Chiclayo-Mörsers sind viel stärker schematisiert durch Bevorzugung gerader Umrißlinien und durch Trennlinien zwischen einzelnen Körperteilen wie Kopf und Hand.

Auf der Steinfassade der 4. Bauperiode Cerro Sechíns werden dagegen die Rundung des Körpers und seine organische Ganzheit thematisiert – in die der Mensch aus wichtigem Anlaß durchaus eingreift. Mit geschärftem Blick ist nun auch zu erkennen, daß das Lehmrelief aus der 1. Bauperiode Cerro Sechíns der Auffassung des Punkurí-Stils wie zu erwarten näher steht (Abb. 11 a). Ein Relief der Steinfassade, dessen Handgelenk-Trennlinien der Tradition vielleicht zu stark verhaftet waren, scheint sogar Retuschen aufzuweisen, jedenfalls fehlen derartige Linien auf dem Gegenstück der anderen Fassadenseite (Tello 1956, fig. 59, 76). Nur bei einer Figur markierte man Kopf, Arme und Knie mit ineinandergreifenden Hakenlinien, vielleicht ein Versuch, deren Beweglichkeit anzudeuten (Tello 1956, fig. 54).

In den Umkreis des Sechín-Stils können die nach 14-C-Messungen annähernd zeitgleichen Lehmreliefs der »Gekreuzten Hände« aus Kotosh gestellt werden (Izumi/Terada 1972, Farbtafel 2). Eine andere Gruppe ist bereits dem Chavín-Stil verbunden (»Yura-yako«-Typus).

Früher Chavín-Stil (Chavín A)

Da auf der Steinfassade Cerro Sechíns Tierdarstellungen und explizit mythische Wesen fehlen, war es die menschliche Gestalt, die zu Versuchen anregte, die Stellung Sechíns in der Kunstgeschichte Alt-Perus zu klären. Unter den Vergleichsobjekten befanden sich eine Schneckentrompete von Chiclayo und ein Steinteller aus dem Jequetepeque-Tal mit einem tier–menschlichen Mischwesen (Abb. 14 b). In beiden Fällen sind die Zentralfiguren mit eindeutigen Chavín-Elementen kombiniert: monströsen Reißzahn-bewehrten Häuptern und Schlangenköpfen (Haar ?) bzw. unterkieferlosen »agnathischen« Masken. Diese eigentümlichen Motive finden sich nicht nur an der Küste weit im Norden, sondern auch näher bei Chavín im Hochland um den oberen Río Santa: monströse Häupter auf einem Muschelring aus La Galgada (Grieder und andere 1988, fig. 84,8), eine sehr ähnliche agnathische Maske auf dem Monolithen von La Pampa (Abb. 14 a). Während beim Ring schon wegen des Materials an Import gedacht werden kann, muß der Monolith von La Pampa in der Nähe des Ortes entstanden sein. Daher wählte der Verfasser (1985: 424, 445) die Bezeichnung »La Pampa« für diese Frühstufe des Chavín-Stils. Zur Vereinfachung der Nomenklatur sei hier vorgeschlagen, sie durch den Begriff »Chavín A« zu ersetzen und damit die von John H. Rowe (1962: 12) selbst ins Auge gefaßte Untergliederung seiner Früh-Chavín-Stufe AB zu vollziehen. Zentrales Stück der Stufe Chavín B bleibt die Lanzón-Skulptur im alten Haupttempel von Chavín de Huántar.

Bei der Behandlung des recht umfangreichen Materials empfiehlt es sich, nach Motivgruppen vorzugehen: Anthropomorphe – d. h. weitgehend der menschlichen Gestalt entsprechende – Figuren vom Typus »Yura-yako«, Agnathische Masken, schließlich Feliden vom Typus »Pampa de las Llamas«.

Der Schneckentrompeten-Bläser von Chiclayo teilt mit den Sechín-Skulpturen eine prinzipiell realitätsorientierte Darstellung, zeigt aber Unterschiede in den Details wie Auge, Halsband, Gürtelform, Handgelenk- und Knöchelschmuck sowie der Geometrisierung von Händen und Füßen. Die Schlan-

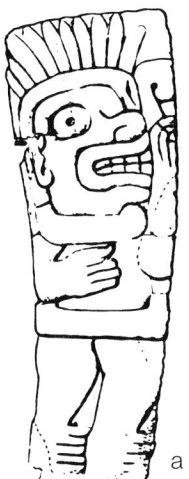

a

b

c

13. Menschendarstellungen vom »Yura-yako«-Typus der Stufe Chavín A. a: Beschnitzter Knochenspatel aus Huaca Prieta, Grab 867 (Zeichnung: Robert McK. Bird; vgl. Bird/Hyslop/Skinner 1985, fig. 36); b: Steinrelief aus Chavín de Huántar (Tello 1960, fig. 82); c: Schildtänzer, Felsbild vom Alto de la Guitarra, Moche-Tal (Roe 1974, fig. 27)

genköpfe deuten auf eine Nähe zur klassischen Chavín-Kunst, die bei anderen Stücken nicht zu beobachten ist.

Meist sind die Körper der Figuren vom »Yura-yako«-Typ fleischiger und die Häupter kahl. Über der Knollennase hängt eine »zornige« Stirnfalte wie ein Lappen herab, eine Doppelvolute bildet das Ohr – Merkmale, die großenteils in den Sechín-Figuren vorgeprägt sind. Ein derartiger »Yura-yako«-Stirnlappen dürfte andererseits dem hypertrophen Trichterelement auf der Stirn der »Lanzón«-Skulptur zugrundeliegen. Der Knochenspatelgriff aus einem in die Schichten der Huaca Prieta (Chicama-Tal) eingetieften Grab, das demnach jünger ist als diese, und die Steinplatte aus einem noch unbekannten Bauwerk in Chavín de Huántar selbst beweisen die weite Verbreitung dieses Typus (Abb. 13). Ein Felsrelief auf dem Alto de la Guitarra (Moche-Tal; Abb. 13 c), ein Lehmrelief in Garagay (Lima), Seitenbau A, sowie die Trophäenköpfe auf Steinblöcken aus Chupacoto (Huaylas) am oberen Rio Santa bestätigen das Bild (Bischof 1985, Abb. 86–87, 105).

Nur durch Zusatz von Reißzähnen, einen vor das Felidenmaul gezeichneten Raubvogelschnabel und Flügel geben sich mythische Wesen zu erkennen, die in der Ikonographie des klassischen Cha-

vín-Stils dann eine beherrschende Rolle spielen. Auch ihre Verbreitung erstreckt sich von Chavín de Huántar bis in das Jequetepeque-Gebiet Nord-Perus.

Ein ikonographisch besonders interessantes Stück, der steinerne »Dumbarton Oaks-Teller«, wohl aus Limoncarro (Jequetepeque-Tal; Salazar-Burger/Burger 1982), präsentiert eine mythische Gestalt, deren menschliche Hälfte dem »Yura-yako«-Typus entspricht (Abb. 14 b), ebenso wie die Trophäenköpfe im Tragnetz. Aus dem Rücken wachsen vier Beine eines Gliederfüßers, den R. Ravines (1984) und der Verfasser (Bischof 1988) als Krebs oder Languste, L. Salazar-Burger und R. Burger (1982) als Spinne ansprechen; Tentakel und Mundwerkzeuge stehen vor dem Raubtiermaul. Eine Tiermaske ohne Unterkiefer bildet den Hinterleib. Unter ihren drei Reißzähnen liegen ebenso viele Zungen, ein relativ häufig auftretendes Element. Auf die Bedeutung der Doppelzipfel-Augen der Maske wird weiter unten einzugehen sein.

Auf der Stele von La Pampa erkennt man dieselbe »agnathische« Maske mit Doppelwinkel-Augen, flankiert von Tatzen mit dem Doppelbogen-Gelenk, das schon auf dem Chiclayo-Mörser erscheint. Zwei Schlangen treten aus dem Maul hervor, ihre Köpfe entsprechen eher der »lächeln-

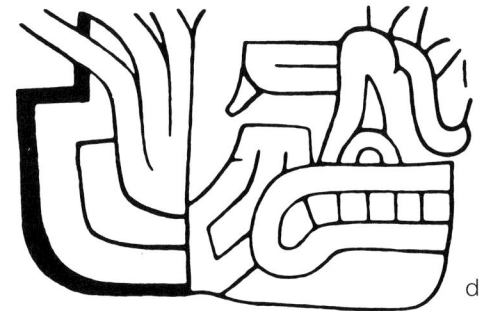

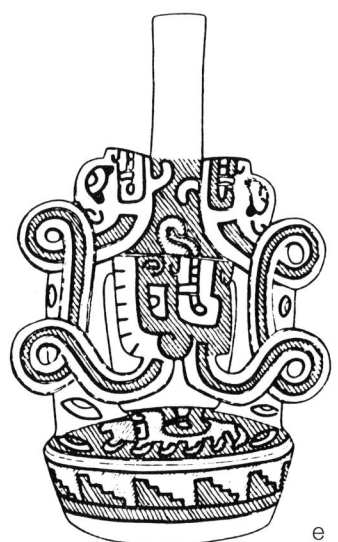

14. Agnathische Masken und Tierdarstellungen vom
»Pampa de las Llamas«-Typus der Stufe Chavín A
a: Relief des Monolithen von La Pampa, oberes Santa-Tal
(Bischof 1985, Abb. 90)
b: »Dumbarton Oaks«-Steinteller, angeblich aus Limoncarro,
unteres Jequetepeque-Tal (Salazar-Burger/Burger 1982, fig. 8)
c: Steinrelief aus Chavín de Huántar (Lumbreras 1977, fig. 55)
d: Lehmrelief aus Garagay, Seitenbau A (Ravines 1984, fig. 22)
e: Keramikflasche aus Raubgrabung im Gräberfeld Quindén,
Jequetepeque-Tal (Alva 1986, Abb. 91)

den Schlange« präkeramisch/initialzeitlicher Funde als einem Schlangenkopf-Typ der klassischen Chavín-Ikonographie. Die besten Gegenstücke bietet in der Tat die Keramik von Purulén (Zaña-Tal), die nach übereinstimmenden 14-C-Meßergebnissen um 1400 v. Chr. entstand (korrigiertes Datum; Alva 1988, fig. 8). Eine fast identische Felszeichnung in Tolón, Jequetepeque-Tal, allerdings ohne die Schlangen, publizierte V. Pimentel (1986, Abb. 13). Handelt es sich um den Gott des Lanzón, alten Hauptgott von Chavín, dessen Mund nach einer Vermutung J. H. Rowes (1962: 19) ursprünglich agnathisch war?

In der Merkmalsliste P. Roes (1967) nicht berücksichtigte Varianten des Doppelwinkel-Auges verbinden eine Anzahl von Tierdarstellungen, bei denen nicht immer ersichtlich ist, ob es sich um Feliden, Kaimane oder Schlangen handelt. Der Augentypus selbst geht auf Feliden zurück. An der nordperuanischen Küste gibt es diese Figuren auf qualitätvollen Kleingefäßen aus Stein und auch bereits auf reich dekorierten Keramikflaschen vom »Tembladera«-Typ (Abb. 14 e). An der mittleren Küste treten sie im Casma-Tal auf Knochenschnitzereien auf, die rituellen Zwecken, insbesondere der Drogeneinnahme gedient haben dürften. Allerdings wurden keine Begleitfunde registriert, die auch nur annähernd den ikonographischen Reichtum und die Qualität der Funde aus Nord-Peru erreichen. Dafür zeigen zwei bedeutende Ruinenstätten der mittleren Küste monumentale Wandreliefs aus Lehm mit Tiermotiven vom »Pampa de las Llamas«-Typ. Die ikonographische Tradition, der sie angehören, veranschaulicht demnach eine Vorstellungswelt, die das zeremonielle Leben dieser Gemeinschaften maßgeblich beeinflußte: im Baukomplex Pampa de las Llamas (Casma-Tal), nach dem dieser Typus benannt ist (Pozorski/Pozorski 1986), und in der Tempelanlage von Garagay (Lima), Seitenbau A. An beiden Orten sind die Tierdarstellungen kombiniert mit Stufensymbolen, die auf ähnlichen Bildwerken wiederkehren, u.a. auf Steinreliefs von unbekannten Bauten in Chavín (Tello 1960, fig. 72; Kauffmann 1978, 237,5). Garagay, Seitenbau A, bietet zudem die ersten Beispiele für eine metaphorische Umsetzung anatomischer Strukturen (Abb. 14 d).

Ein einziges vergleichbares Steinrelief ist in Chavín de Huántar zutage getreten (Abb. 14 c), wieder aus unbekanntem Bauzusammenhang, Hin-

weis auf zukünftige Forschungsaufgaben an diesem Ort.

Die so weitverbreitete Form des Doppelwinkel-Auges gehört jedenfalls nicht zum Repertoire der klassischen Chavín-Kunst, und schon auf der Lanzón-Skulptur werden die Augenwinkel nur noch als Enden der Bogenlinie angedeutet, welche die obere Augenhöhle markiert. Umgekehrt fehlen den durch ein Doppelwinkel-Auge gekennzeichneten Wesen die spezifischen Elemente der Tierdarstellungen Chavíns: metaphorische Verfremdung anatomischer Strukturen und konventionelle Standardelemente z. B. für Mäuler, Tatzen und Federn.

14-C-Messungen vermitteln eine Vorstellung vom zeitlichen Verhältnis zwischen den Stufen Chavín A und Chavín B. Mehrere Resultate aus Garagay weisen in die Zeit zwischen 1700 und 1400 v. Chr., doch ist unbekannt, auf welche Bauperiode sie sich beziehen. Für den Seitenbau A wurden keine datierenden Befunde publiziert.[3] Aus Pampa de las Llamas liegt ebenfalls noch kein Fundmaterial vor, sondern nur 14-C-Meßergebnisse zwischen 1800 und 1450 v. Chr. Zumindest die Größenordnung stimmt mit dem Ansatz um 1400 v. Chr. für Purulén überein, wo ähnliche Schlangenköpfe wie auf dem Monolithen von La Pampa gefunden wurden.

Für die klassische Chavín-Kunst der Ofrendas-Galerie, die bauseits mit dem Runden Platz und dessen Reliefs zusammenhängt, ergab eine einzelne Messung die Zeit um 900 v. Chr. (Lumbreras 1990: 113). Da der Muschelring mit Chavín-Elementen aus La Galgada aber in die Zeit um 1300 v. Chr. gesetzt wird, dürfte der Beginn des klassischen Chavín-Stils (Chavín B), wie ihn die Lanzón-Skulptur repräsentiert, noch in das ausgehende 2. Jahrtausend v. Chr. zurückreichen.

ZUSAMMENFASSUNG

Die vergleichende Untersuchung von Bildwerken aus Zentral- und Nordperu läßt in großen Zügen die Entwicklung sichtbar werden, die gegen Ende des 2. Jahrtausends in die klassische Kunst von Chavín mündet. Die wenigen publizierten stratigraphischen und archäometrischen Befunde genügen nach Meinung des Verfassers, um die Stilabfolge zu verifizieren und einen ungefähren Überblick über ihren Zeitrahmen zu gewinnen.

Der Punkurí-Stil, bisher nur in den Küstentälern zwischen Nepeña und Chiclayo belegt, kann der ersten Hälfte bzw. Mitte des 3. Jahrtausends v. Chr. zugeordnet werden. Wo sein Schwerpunkt lag, ist unbestimmt, da die beeindruckenden Baubefunde in Nepeña eher zufällig zutage kamen.

In die Jahrhunderte um die Wende vom 3. zum 2. Jahrtausend v. Chr. ist der Sechín-Stil zu setzen, der die Punkurí-Tradition in modifizierter Form fortführt. Als Zentrum kommt nach Lage der Dinge nur die Casma/Nepeña-Region in Betracht. Ausstrahlungen bis zum Jequetepeque-Tal, im Südosten bis nach Kotosh deuten sich an. Das als Beleg für Beziehungen mit Chavín de Huántar in Anspruch genommene Feliden-Relief (Abb. 11 e) gehört allerdings wohl in eine spätere Zeit; es entspricht nicht in allen Details dem Formenbestand der Feliden-Gemälde von Sechín, sondern steht anderen Reliefs in Chavín nahe, die Elemente der Stufe Chavín A aufweisen.

Der Motivbestand des Sechín-Stils ist übrigens bis jetzt vornehmlich auf die Menschendarstellung beschränkt, die sich aber eindeutig im »Yura-yako«-Typus der Stufe Chavín A fortsetzt. Der »Yura-yako«-Typus ist zwischen Chiclayo und Lima sowie im Raum Chavín verbreitet und geht in die Ikonographie der mythischen Mischwesen ein, die in der Chavín-Kunst eine so bedeutende Rolle spielen.

Da spätere Feliden-Darstellungen oder Bildwerke mit mythischen Wesen in Sechín fehlen, läßt sich von dort keine unmittelbare Verbindung zu den agnathischen Masken-Motiven und dem »Pampa de las Llamas«-Tiertypus der Stufe Chavín A herstellen. Für das Tiermotiv zeichnet sich eine Verbreitung zwischen dem Jequetepeque-Tal und Garagay/Lima ab, die den Ort Chavín ebenso wie im Falle der »Yura-yako«-Figuren einbezieht. Agnathische Masken mit Doppelwinkel-Augen sind nach Süden nur bis zum Mittellauf des Río Santa belegt. Manche Darstellungen lassen an Kaimane denken, u. a. auf dem Spatel von Pallka, Casma-Tal. Das Doppelwinkel-Auge wurde von lebhaft gezeichneten Felidenköpfen abgenommen, und auch die Wangenstreifen der Sechín-Figuren (Abb. 10 a), vielleicht sogar das Stirnfalten-Element entsprechen den Fellmarkierungen z. B. des Ozelots. So stellt sich die Frage, ob Tiere aus dem Milieu des tropischen Regenwalds damals in der Mythologie und Ikonographie einen wichtigeren Platz erhielten.

Das Zentrum dieser Entwicklung bleibt unbekannt. Zwar gibt es an der mittleren Küste nicht die vielseitige und qualitätvolle Kleinkunst, welche das nordperuanische Fundgut auszeichnet, doch ist dafür aus dem Norden bisher noch keine Bauskulptur mit diesem Motivgut bekannt, wie es Pampa de las Llamas in so großartigem architektonischen Rahmen präsentiert.

Der Ort Chavín nahm anscheinend nur am Rande an dieser Entwicklung teil, welche in den Jahrhunderten um die Mitte des 2. Jahrtausends die wesentlichen ikonographischen und Stilelemente der Chavín-Kunst schuf und deshalb als Chavín A bezeichnet werden darf. Aus ihr ging gegen Ende des 2. Jahrtausends v. Chr. in dem dann wichtigsten Zentrum Chavín de Huántar die klassische Chavín-Kunst hervor.

Henning Bischof

1. Für die großzügige finanzielle Unterstützung ist der Stiftung Volkswagenwerk e.V. zu danken, bei der sich insbesondere Herr Bundesminister a. D. Prof. Dr.-Ing. Dr. h.c. Hans Leussink und Frau Dr. Marie Luise Zarnitz engagierten, sowie für die wissenschaftliche Koordination und mühevolle logistische Betreuung Frau Dr. Mercedes Cárdenas, Direktorin des Seminario de Arqueología (Instituto Riva-Agüero) der Pontificia Universidad Católica del Perú (Lima), des peruanischen Projektträgers.
Die Leitung der Arbeiten lag in den Händen von Lic. Lorenzo Samaniego Román, Denkmalpflegebeauftragtem des Nationalen Kulturinstituts von Peru in der Provinz Casma. An der Durchführung der Feldarbeit und Sicherungsmaßnahmen war auf deutscher Seite Dr. Peter R. Fuchs maßgeblich beteiligt.
2. Die im 14-C-Labor der Pontificia Universidad Católica del Perú erarbeiteten 7 Datierungen wurden später durch 26 Messungen bestätigt, für die Dipl.-Phys. Marianne Mönnich und Dr. Bernd Kromer vom Institut für Umweltphysik der Universität Heidelberg zu danken ist; hinzu kamen 2 Thermolumineszenz-Untersuchungen durch Prof. Dr. Günther Wagner, s.zt. am Heidelberger Max-Planck-Institut für Kernphysik.
3. Die Reliefs im „Atrium" des Zentralbaus von Garagay sind formal nicht an die in diesem Beitrag diskutierten Bildwerke anzuschließen, sondern ebenso wie die Lehmskulpturen von Huaca de los Reyes (Moche-Tal) mit späteren Stufen des Chavín-Stils zu korrelieren – ein Befund, welcher die Interpretation der mit ihnen in Verbindung gebrachten 14-C-Meßergebnisse erleichtert.

ZITIERTE LITERATUR:

Alva Alva, Walter (1986): Frühe Keramik aus dem Jequetepeque-Tal, Nordperu. Materialien zur Allgemeinen und Vergleichenden Archäologie, Band 32. Verlag C. H. Beck, München.
–, (1988): Investigaciones en el complejo formativo con arquitectura monumental de Purulén, Costa Norte del Perú (Informe preliminar). In: Beiträge zur Allgemeinen und Vergleichenden Archäologie, Band 8 (1986): 283–300. Mainz.

Bird, Junius B. (1963): Pre-Ceramic Art from Huaca Prieta, Chicama Valley. In: Ñawpa Pacha 1: 29–34. Institute of Andean Studies, Berkeley.
–, John Hyslop (ed.) und Milica D. Skinner (1985): The Preceramic Excavations at the Huaca Prieta, Chicama Valley, Peru. The American Museum of Natural History, Anthropological Papers, vol. 62, no. 1. New York.

Bischof, Henning (1985): Zur Entstehung des Chavín-Stils in Alt-Peru. In: Beiträge zur Allgemeinen und Vergleichenden Archäologie, Band 6: 355–452. München.
–, (1988): Los relieves de barro de Cerro Sechín – Evidencias de un culto marino en el antiguo Perú. In: Boletín de Lima, no. 55: 59–68. Editorial Los Pinos, Lima.

Burger, Richard L. (1981): The Radiocarbon Evidence for the Temporal Priority of Chavín de Huántar. In: American Antiquity, vol. 46, no. 3: 592–602. Washington, D.C.

Cardich, Augusto (1964): Lauricocha: Fundamentos para una prehistoria de los Andes centrales. Studia Praehistorica, t. 3. Centro Argentino de Estudios Prehistóricos, Buenos Aires.

Engel, Frédéric A. (1963): A Preceramic Settlement on the Central Coast of Peru: Asia, Unit 1. Transactions of the American Philosophical Society, n.s., vol. 53, part 3: 1–139. Philadelphia.

Fuchs, Peter R. (1990): Neue Forschungen zur formativzeitlichen Besiedlungsgeschichte Cerro Sechíns, Peru. Dissertation (Freie Universität Berlin).

Grieder, Terence, Alberto Bueno Mendoza, C. Earle Smith und Robert Malina (1988): La Galgada, Peru: A Preceramic Culture in Transition. University of Texas Press, Austin.

Izumi, Seiichi, Pedro J. Cuculiza und Chiaki Kano (1972): Excavations at Shillacoto, Huánuco, Peru. The University Museum, University of Tokyo, Bulletin no. 3. Tokyo.
– und Toshihiko Sono (1963): Excavations at Kotosh, Peru. University of Tokyo Expedition, 1960. Andes, 2. Kadokawa Publishing Co., Tokyo.
– und Kazuo Terada (1972): Excavations at Kotosh, Peru, 1963 and 1966. Andes, 4. University of Tokyo Press. Tokyo.

Jiménez Borja, Arturo, und Lorenzo Samaniego Román (1973): Guía de Sechín. Casma.

Kano, Chiaki (1974): The Origins of the Chavín Culture. Studies in Pre-Columbian Art and Archaeology, no. 22. Dumbarton Oaks Research Library and Collections,.Washington, D.C.

Kauffmann Doig, Federico (1978): Manual de arqueología peruana (6a ed. rev.). Lima.
– und Jorge E. Eielson (1981): Culturas precolombinas – Chavín Formativo. Colección Arte y Tesoros del Perú (ed. José A. de Lavalle und Werner Lang). Lima.

Lanning, Edward P. (1967): Peru Before the Incas. Spectrum Book S-156. Prentice-Hall, Inc., Englewood Cliffs, N.J.

Larco Hoyle, Rafael (1938–9): Los Mochicas, t. 1–2. Lima.
– (1941): Los Cupisniques. Trabajo presentado al 27 Congreso Internacional de Americanistas, Sesión de Lima. Lima.

Lathrap, Donald W. (1974): The Moist Tropics, the Arid Lands, and the Appearance of Great Art Styles in the New World. In: Mary E. King und Idris R. Traylor, Jr. (eds.), Art and Environment in Native America. Special Publications, no. 7: 115–158. The Museum,. Texas Tech University, Lubbock.

Lumbreras, Luis G. (1977): Excavaciones en el Templo Antiguo de Chavín (sector R). Informe de la sexta campaña. In: Ñawpa Pacha 15: 1–38. Institute of Andean Studies, Berkeley.
– (1989): Chavín de Huántar en el nacimiento de la civilización andina. Ediciones INDEA, Lima.

Pimentel Spissu, Víctor (1986): Petroglifos en el Valle Medio y Bajo de Jequetepeque, norte del Perú. Materialien zur Allgemeinen und Vergleichenden Archäologie, Band 31. Verlag C. H. Beck, München.

Pozorski, Shelia, und Thomas G. Pozorski (1986): Recent Excavations at Pampa de las Llamas-Moxeke, a Complex Initial Period Site in Peru. In: Journal of Field Archaeology, vol. 13, no. 4: 381–401. The Association for Field Archaeology, Boston.

Ravines, Rogger (1984): Sobre la formación de Chavín: Imágenes y símbolos. In: Boletín de Lima, no. 35: 27–45. Lima.

Roe, Peter G. (1974): A Further Exploration of the Rowe Chavín Seriation and its Implications for North Central Coast Chronology. Studies in Pre-Columbian Art and Archaeology, no. 13. Dumbarton Oaks Research Library and Collections. Washington, D.C.

Rowe, John H. (1962): Chavín Art: An Inquiry into its Form and Meaning. The Museum of Primitive Art. New York.

Salazar-Burger, Lucy, und Richard L. Burger (1982): La araña en la iconografía del Horizonte Temprano en la costa norte del Perú. In: Beiträge zur Allgemeinen und Vergleichenden Archäologie, Band 4: 213–253. München.

Tello, Julio C. (1956): Arqueología del Valle de Casma. Culturas: Chavín, Santa o Huaylas Yunga y Sub-Chimú. Archivo Julio C. Tello de la Universidad Nacional Mayor de San Marcos, Publicación Antropológica, vol. 1. Imprenta de la Universidad Nacional Mayor de San Marcos. Lima.
– (1960): Chavín – Cultura matriz de la civilización Andina. Primera parte. Con revisión de Toribio Mejía Xesspe. Archivo Julio C. Tello de la Universidad Nacional Mayor de San Marcos, Publicación Antropológica, vol. 2. Imprenta de la Universidad Nacional Mayor de San Marcos. Lima.

Willey, Gordon R. (1962): The Early Great Styles and the Rise of the pre-Columbian Civilizations. In: American Anthropologist, n.s., vol. 64, no. 1: 1–14. Menasha.

GARAGAY:
EIN FRÜHES
ZEREMONIELLES
ZENTRUM

Das Tal von Lima verbindet – kulturell gesehen – drei geographische Zonen, nämlich das Tal von Rimac in der Mitte, das Tal von Chillon im Norden und das Tal von Lurin im Süden. Lima, die Hauptstadt von Peru, befindet sich im ersten Tal in 12° 02' 36" südlicher Breite und 77° 01' 42" westlicher Länge. Die geographisch-geschichtliche Einheit dieser drei Täler, die das heutige Lima Metropolitana bilden, wird bereits im 16. Jahrhundert von den spanischen Eroberern erwähnt, die einen politischen und kulturellen Zusammenhalt zwischen den Bewohnern beobachtet haben.

Nach den Informationen spanischer Chronisten war das Tal von Lima im 16. Jahrhundert dicht besiedelt, die verschiedenen indianischen Dörfer wurden am Rande von landwirtschaftlichen Flächen errichtet. Konkrete Angaben über diese Völker sind nicht sehr zahlreich, vor allem was die äußere Erscheinung der Bewohner, die Sprache oder die kulturellen Vorbilder betrifft.

Bernabé Cobo, der erste Historiker von Lima, erwähnte, daß das Tal von Lima in der Epoche der Inka von einem Volk bewohnt wurde, das eine andere Sprache hatte als das benachbarte Volk im Norden, und daß es drei Hunos oder Bereiche von jeweils 10 000 Familien gab.

Er schreibt wörtlich: »Das Dorf von Caraguayallo stand an der Spitze des ersten Huno, das Dorf von Maranga, das sich in der Mitte des Tales befindet, an der Spitze des zweiten Huno und Surco an der Spitze des dritten Huno… Diese Dörfer, die die Hauptorte und Sitze der Regierungen waren, besaßen zahlreiche, nicht weit voneinander entfernte Marktflecken, deren Namen heute kaum bekannt sind, sowie lokale Kultstätten, die im gesamten Tal zu finden sind; Erdbeben führten allmählich zu ihrem Einsturz und die Bewässerungskanäle werden verschwinden; aber trotzdem werden sie mehrere Jahrhunderte erhalten bleiben und uns an die Zeit der Indianer erinnern.«

Aus dem Gesagten werden zwei Aspekte deutlich: Erstens gab es in der prähispanischen Epoche eine bestimmte soziologisch-politisch einheitliche Gruppe, die das untere Tal von Romac bewohnte; zweitens sind in dieser Epoche der Großteil der antiken Bauwerke bereits Ruinen oder unförmige Erhebungen, deren Ursprung auch für Einheimische unerklärlich blieb.

Chronologisch betrachtet werden diese monumentalen Bauwerke in den Zeitraum Initial-Periode/Früher Horizont eingeordnet, der auch als »Formativum« bezeichnet wird, um auszudrücken, daß es sich um die erste Entwicklungsstufe komplexer Gesellschaften handelt. Die Formative Periode umfaßt ca. einen Zeitraum von 3000 Jahren und endet im 4. Jahrhundert n. Chr., als lokale Stilrichtungen an Stelle des Stiles von Chavín treten.

Ab 2000 v. Chr. war das Gebiet von seßhaften Völkern bewohnt, die große öffentliche Bauwerke besaßen und Ackerbau mit Sammlertätigkeit verbanden.

Von den Kulturpflanzen war zweifelsohne der Mais die wichtigste, da er die notwendigen Kohlehydrate lieferte. Kürbisse, Bohnen und andere Kulturpflanzen sowie Fische und Wild lieferten Proteine und zusätzliche Mineralstoffe. Ab 1800 v. Chr. sind erste Spuren von Keramik festzustellen.

An der Küste besteht die typische rituelle Architektur aus großen Konstruktionen, die so angeordnet sind, daß sie große Plätze oder offene Flächen begrenzen. In vielen Fällen hatten diese Flächen einen runden, halb unterirdischen Platz. Diese Fundstellen sind eindrucksvoller und größer als jene in der Sierra. Es scheint auch, daß die gesamte Bevölkerung und nicht nur einige Privilegierte an der Zeremonie teilgenommen hat.

Hochreliefverzierungen, mit Temperafarbe bemalt, schmücken den Großteil dieser Monumentalbauwerke.

Der Umfang dieser Monumentalbauwerke hängt von der Bauzeit und von den für die Errichtung benötigten Arbeitskräften ab. Unter Berücksichtigung der Kosten und Gehälter sowie einer genauen Einteilung des Aushubpersonals ist die Errichtung von solchen Monumentalbauwerken aus heutiger Sicht praktisch unmöglich.

Die Errichtung von Bauwerken derartigen Umfangs, die den Transport großer Mengen an Erde und Steinen mit unzureichenden Mitteln erfordern, und zwar in Gegenden, die nicht arm, aber von der Natur nicht besonders begünstigt waren, kann nicht genau erklärt werden. Gegenwärtig weiß man nicht, auf welche Art und Weise diese großen Konstruktionen errichtet wurden. Die Annahme, daß »mit dem Sack über der Schulter« gearbeitet wurde, als ob es sich um ein Ameisenvolk mit Ameisenmentalität gehandelt hätte (d. h. der Mensch stellt sich in den Dienst seines Geschlechtes, ohne an seinen eigenen Gewinn zu denken), scheint nicht sehr überzeugend.

Der Versuch, die für die Errichtung dieser Monumentalbauwerke erforderlichen Manntage zu berechnen oder die Herkunft der Arbeitskräfte zu eruieren, führt zu keinem Ergebnis. Eine Analyse des verwendeten Verfahrens ist ebenfalls wenig überzeugend, nicht mangels Interesse, sondern weil die gesammelten Daten unzureichend sind. Hingegen ist es wichtig, die Ergebnisse zu analysieren und die umfassenden Kenntnisse zu überprüfen sowie auch das Qualitätsniveau, das dank dieser anonymen Konstrukteure erreicht wurde, denen es nicht nur gelang, diese Bauwerke zu errichten, sondern auch das Ergebnis ihrer Bemühungen zu vermitteln.

DAS ZEREMONIELLE ZENTRUM VON GARAGAY

Die Huaca Garagay in der Mitte des Tales von Lima vermittelt die beste Vorstellung von einem großen, antiken, zeremoniellen Komplex.

Das Zentrum des Komplexes befindet sich zweifelsohne auf dem großen Zeremoniell-Platz, dessen Abmessungen 215 x 415 m betragen und der von drei Baukörpern umgeben wird. Die Vorderseite im Süden und die Seiten im Osten und Westen sind von drei Pyramiden begrenzt. Diese Anordnung verleiht der gesamten Konstruktion die Form eines U, wobei die Nordseite offen ist.

Die Pyramide südlich vorne (Erhebung B) ist die Hauptpyramide und zugleich die größte. Sie besteht aus drei Teilen, einem mittleren und zwei seitlichen. Ihr Grundriß ist rechteckig. Sie ist 383 m lang und 155 m breit und hat eine maximale Höhe von 23 m.

Der mittlere Teil ist ein vierseitiger Quader mit einer Seitenlänge von 140 m und einer Höhe von 23 m und enthält drei Plattformen, die stufenweise übereinander angeordnet sind; die erste Plattform besitzt eine Stiege auf der Vorderseite, die zweite ein Atrium mit drei Terrassen, die dritte ist die

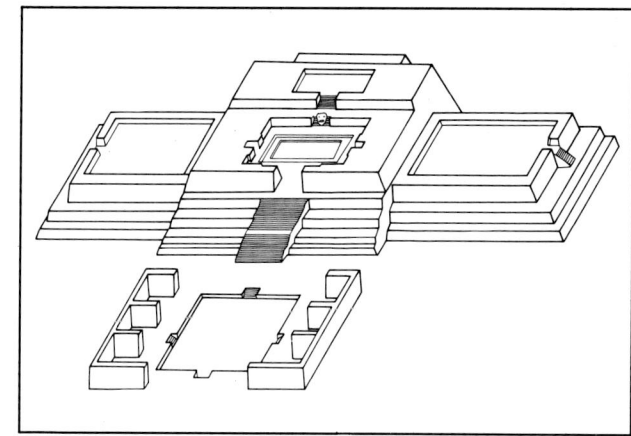

15. Garagay: Rekonstruktion

obere Plattform mit einem unterirdischen Platz. Die Seitenteile oder »Flügel« der Pyramide sind niedriger und offensichtlich viereckig. Die Abmessungen jedes Flügels betragen 122 m auf der Vorderseite und 100 m seitlich. Die Flügel können als Plattform, bestehend aus zwei Terrassen, gesehen werden; beide grenzen seitlich an den Mittelteil an (Abb. 15).

Das Atrium des Mittelteils der Pyramide B ist offensichtlich das wichtigste Element der gesamten Konstruktion. Der Zugang ist eine Stiege von ca. 15 m Breite und 12 m Länge und beginnt am Sockel der Pyramide. Die Stiege ist durchgehend einläufig und besteht aus Steinmauerwerk, bedeckt mit einer dünnen Schicht Feinton. Die Stufen sind 40 cm hoch und 30 cm breit.

Das Atrium des Tempels ist eine rechteckige Konstruktion von 24 m Seitenlänge, die in den Mittelteil der nördlichen Vorderseite eingebunden ist und in die Pyramide hineinragt. Eine Mauer, beschichtet mit Ton und verziert mit mehrfarbigen Hochrelief-Friesen, umgibt seitlich die Konstruktion. Zwei Treppen, eine östlich, die andere westlich, unterbrechen die Seiten, um Zugang zur oberen Plattform der Pyramide zu gewähren.

Das Atrium besteht aus drei Terrassen, die auf unterschiedlichen Höhen angeordnet sind. Die beiden oberen Terrassen besitzen eine Reihe von großen runden Schächten. Die erste Schachtreihe enthält Holzpfosten, die als Säulen dienten und instabile Abdeckungen trugen, die offensichtlich als Schutz für Friese dienten (Abb. 16). Hingegen war die untere Terrasse eine Art viereckiger, halb unterirdischer Platz.

33

16. Garagay
Polychromer Fries und Säulen zur Abstützung des Daches

17. Garagay
Pyramide B. Kopf in Form eines Medaillons

18. Garagay
Darstellung eines Tieres mit dem Maul eines Caniden

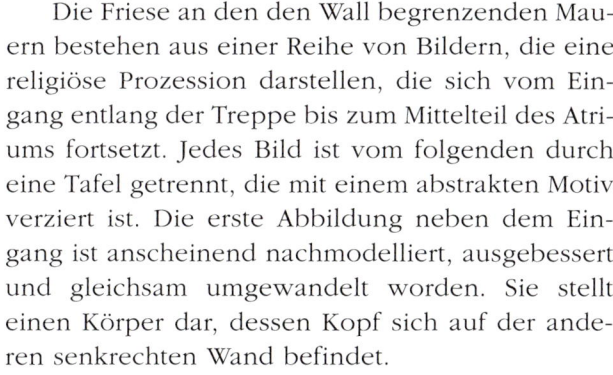

Die Friese an den den Wall begrenzenden Mauern bestehen aus einer Reihe von Bildern, die eine religiöse Prozession darstellen, die sich vom Eingang entlang der Treppe bis zum Mittelteil des Atriums fortsetzt. Jedes Bild ist vom folgenden durch eine Tafel getrennt, die mit einem abstrakten Motiv verziert ist. Die erste Abbildung neben dem Eingang ist anscheinend nachmodelliert, ausgebessert und gleichsam umgewandelt worden. Sie stellt einen Körper dar, dessen Kopf sich auf der anderen senkrechten Wand befindet.

Beide Darstellungen, die vollständig herausgebrochen und verändert sind, und zwar vor allem der Kopf, der eingerahmt wurde, um ihm das Aussehen eines Medaillons zu geben (Abb. 17), entsprechen der Abbildung nach der nächsten Trenntafel. Es wird angenommen, daß es sich um das Paradigma des zentralen Bildes von Garagay handelt.

Das zweite vollständige Bild zeigt ein vergrößertes Tier mit dem Maul eines Caniden, einem fächerförmigen Schwanz und wahrscheinlich mit einer Art von Flügeln auf den Schultern (Abb. 18). Dieser Darstellung folgen wieder eine Trenntafel und anschließend eine beinahe vollkommen zerstörte Abbildung ähnlich der vorhergehenden. Dann folgt ein hervorstehender Block aus Adobe, verziert mit zwei unvollständigen, sehr schlecht erhaltenen Abbildungen, die zwei von drei senkrechten Bändern getrennte Gesichtsprofile darstellen.

Nach diesem Block findet man eine Treppe, die zur Spitze der Pyramide führt. Darauf folgt wieder ein Block, der auf dieselbe Art und Weise wie der vorige verziert, aber noch gut erhalten ist. Die Wand setzt sich weiter fort, und die Friese verlaufen anscheinend rund um den gesamten Raum. Dies entspricht einer symmetrischen Anordnung.

Offensichtlich haben die Friese ein chavinoides Aussehen und, obwohl die Abbildung nicht ganz mit den mythischen Bildern des Tempels von Chavín de Huántar übereinstimmen, kann man nicht leugnen, daß sie diesem Konzept entsprechen. In Garagay weisen einige Merkmale wie das Maul einer Raubkatze mit hervortretenden oberen Eckzähnen und die Darstellung der entgegengesetzten Gesichtsprofile auf Zusammenhänge mit der Kunst von Chavín hin, obwohl diese im 3/4-Profil ausgeführt ist und kein für diese Abbildungen typisches Lippenband enthält. Ebenso gleicht die Darstellung des mythischen Wesens oder Hauptbildes von Garagay (Abb. 19) trotz des Alters der Bilder von Garagay dem Kaiman des Tello-Obelisken von Chavín de Huántar.

Die Pyramide A (Erhebung A), die dem östlichen Flügel der gesamten U-förmigen Konstruktion entspricht, ist eine stufenförmige Konstruktion mit rechteckigem Grundriß. Die Länge beträgt ungefähr 110 m, die Breite 45 m und die Höhe 7 m. Wie Pyramide B besteht sie aus einem Mittelteil mit Stufen und zwei seitlichen Plattformen, wovon die südliche länger und tiefer als die nördliche ist.

19. Garagay: Darstellung des Fabelwesens

Der Mittelteil enthält drei übereinander ange-
ordnete Bühnen. Die hohe mit 1,80 m hat an der
Südfront eine Mauer, die sechs Kammern von 1,50
m Breite und 50 cm Tiefe abstützt. Die Kammern
sind in zwei Gruppen zu je drei angeordnet. Links
und rechts befindet sich eine große Nische, ein
Kreuzgang oder ein unterer mittlerer Teil (2 x 2,5
m), der auf einer Seite offen ist und eine Stiege mit
drei Stufen hat. An den Seitenwänden ist eine
Gestalt (Abb. 20), die anscheinend die Wache am
Eingang darstellt, als farbiges Hochrelief mit einem
großen runden Schild abgebildet.

Die Bilder, eines auf jeder Seite der Wand,
haben eine starke Ähnlichkeit mit jenem des gravierten Kriegers von Alto de las Guitarras im Tal
von Moche.

Die sechs Kammern oder Nischen, die an beiden Seiten des Hauptteils angeordnet sind, hätten
Bildnisse, von denen keine Spuren mehr vorhanden sind, enthalten können. Zwischen jeder Kam-

20. Garagay: Anthropomorphe Darstellung im Profil
(Fragment)

mer befinden sich drei eingeschnittene Abbildungen, die Köpfe darstellen; die am meisten realistische Abbildung ist ein menschlicher Kopf, ähnlich den Köpfen der Flachreliefs von Sechín, während die anderen Abbildungen Merkmale lithischer Skulpturen von Chavín de Huántar aufweisen.

Vom stilistischen und ikonographischen Standpunkt haben diese Bilder eine Ähnlichkeit und Verbindung mit den Abbildungen von Mojeque, Cerro Blanco, Sechín und Alto de las Guitarras, die der Cupisnique-Kultur des »Formativs« entsprechen.

Eine Treppe an der Vorderseite (Abb. 21), die im Mittelteil der Konstruktion zu erkennen ist, gewährte vom großen mittleren Platz Zugang zur Pyramide. Außerdem war diese Pyramide mit einem runden, halb unterirdischen Platz von 20 m Durchmesser verbunden, der sich in der Achse der Stiege 90 m westlich der ersten Stufe befand.

Diese Konstruktion hatte offensichtlich einen zeremoniellen Zweck und erinnert auf gewisse Art und Weise an den Alten Tempel von Chavín de Huántar.

Der runde, vertiefte Platz hat einen Durchmesser von 12 m und eine Tiefe von 1 m. Er besitzt zwei Zugänge; eine Seite wurde durch eine Naturkatastrophe zerstört. Die Mauern waren rot gestrichen. Anscheinend gab es keine Dekorationen. Die Form des Platzes ist ähnlich dem runden Platz des Alten Tempels von Chavín.

Die Pyramide C (Erhebung C) ist der westliche Flügel der Konstruktion von Garagay. Sie ist 260 m lang und 115 m breit. Ihre Höhe beträgt 9 m. Obwohl die Erhebung mit Steinen und Kies bedeckt ist, kann man mit Sicherheit sagen, daß ihr Umfang größer als jener der Pyramide A war; außerdem zeigen die Unterschiede zwischen den beiden Pyramiden, daß die Flügel nie symmetrisch waren, was ein Beweis für die Unabhängigkeit jeder Pyramide wäre, auch wenn das gesamte sakrale Bauwerk die bereits erwähnte Form eines »U« hat.

Die Konstruktionstechnik des Bauwerks entspricht dem Modell antiker Pyramiden des »Formativs« der Zentral-Anden. Zuerst wurde direkt auf dem Erdboden eine gitterförmige Kastenkonstruktion errichtet, dann füllte man sie abwechselnd mit Erde und Steinen. Schließlich wurde diese Erd- und Steinschicht befestigt, indem man sie mit einer Stützmauer aus herkömmlichem Mauerwerk umgab.

21. Garagay
Treppe auf der Vorderseite, die vom mittleren Platz Zugang zur Pyramide gewährt

Diese Mauer wurde außen mit einem Lehmputz überzogen, der an manchen Stellen Reliefs in lebhaften Farben enthält. Durch Errichtung von Terrassen an den Außenmauern wurde die Stabilität erhöht und die Konstruktion allmählich vergrößert. Diese Verstärkungs- und Stützmauern von 70 bis 80 cm Breite bestehen aus kleinen Steinen und Abfällen. Sie sind zweiteilig, wobei die Teile durch einen zentralen Erdkern getrennt sind. Waren diese zusätzlichen Terrassen zur Unterstützung anderer Mauern bestimmt, dann bestanden sie aus Schichten von eckigen Steinen und Lehm, die abwechselnd übereinander aufgebracht wurden. Ihre Dicke betrug ungefähr 12 und 10 cm, ihre Höhe erreichte bis zu 2,8 m. Wenn sie einer größeren Belastung standhalten mußten, wurde eine zweite Stützmauer zur Verstärkung der Terrasse verwendet. Für die Aufschüttung der letzten Ausbau- und Umbaustufe der Pyramiden verwendete man halbrunde Adobe in einem Netz aus Binsen.

Die Aufschüttung enthielt kleine Mengen von Abfällen, aber es gibt keinen Hinweis, daß sie bewohnt waren. Der Unrat, den man in den Aufschüttungen oder in der den Boden – vor allem die Terrassen – bedeckenden Asche gefunden hat, enthält hauptsächlich Kies, Abschläge von Steinen und runde handgefertigte Adobe, Fragmente von Holzkohle, Nahrungsmittelreste und Fragmente von Keramik. Die Nahrungsmittelreste enthalten Knochen von Fischen, kleinen Säugetieren und vor allem Schalen von Meerestieren. Pflanzliche Überreste sind auf Grund der örtlichen Konservierungsbedingungen nur in geringen Mengen vorhanden. Man fand Agaven, Reste von Baumwolle und Lucuma.

Man entdeckte auch Basaltmörser mit rotem Farbstoff, Perlen aus Muschelschalen und Steinen, Figuren aus roher Erde, Torteras, Stoffreste, Binsennetze sowie Fragmente von Hochreliefs aus Erde, die von zerstörten Wandverzierungen stammen. Alle diese Entdeckungen stammen von Abfällen, die Keramik enthalten, die aber in bezug auf ihren direkten Zusammenhang nicht unterschieden werden können; dadurch ist es nur schwer möglich, festzustellen, welche Abfälle mit den Aufschüttungen und welche mit den Böden in Verbindung zu bringen sind.

SCHLUSSBEMERKUNGEN

Die komplexe und genau ausgeführte Ikonographie der Friese von Garagay, der Grundriß der Fundstätte, die Art der Plattformen und das Fehlen von häuslichem Unrat verstärken den zeremoniellen Charakter und die rituelle Funktion der gesamten archäologischen Stätte. Um die Funktion der Religion und der zeremoniellen Einrichtungen auszuwerten, wird es jedoch nötig sein, eine Reihe von – hauptsächlich spekulativen – Hypothesen über die soziale Organisation und den spezifischen Wert der Religion in bezug auf die Entstehung komplexer Gesellschaften im andischen Bereich aufzustellen.

Außerdem ist Garagay nicht das einzige Phänomen. Andere Fundstätten mit Pyramiden desselben Umfangs und ähnlichen morphologischen Eigenschaften befinden sich in den angrenzenden Küstentälern. Im Tal von Rimac findet man La Florida, Pampa de Cueva, Las Salinas; im Tal von Chillon handelt es sich um die Stätten Huacoy, Chocas

und Buenavista und im Tal von Lurin um Mina Perdida, Manchay Bajo und Cardal. All diese Fundstätten enthalten Keramikstücke, von denen C-14-Daten überliefert wurden, die ihr gleichzeitiges Bestehen mit Garagay beweisen. Komplexe mit ähnlichen Plattformen wurden auch an der gesamten Küste nördlich von Lima gefunden, und zwar in den Tälern von Chancay, Supe, Casma, Chicama, Jequetepeque und Piura.

Wir glauben nicht, daß diese Komplexe zum selben Zeitpunkt und nacheinander errichtet und verlassen wurden. Die wahrscheinlichste Annahme ist, daß sie zeitgleiche, zeremonielle Gruppen darstellen, die nach einem ähnlichen Anpassungsmodell funktionierten. Alle Angaben sprechen jedoch dafür, daß sich die Bewohner der Nord- und Zentralküste ab dem 6. Jahrhundert v. Chr. rund um lokale zeremonielle Einrichtungen niedergelassen haben, wo religiöse und mythische Bestrafungen durchgeführt wurden, um die Verhaltensregeln in ihren eigenen Bereichen zu rechtfertigen. Die Verbindung zwischen den lokalen zeremoniellen Einrichtungen, die gleichzeitig entstanden sein können, führte nacheinander zur Schaffung regionaler zeremonieller Bereiche, von denen man – architektonisch betrachtet – Grundrisse in Form eines U und runde, halb unterirdische Schächte entdeckt hat.

Ideologisch betrachtet, scheint die Idee dieses Entstehungsprozesses der andinen Kultur im alten Tempel von Chavín de Huántar verwirklicht zu sein. Dies ist ein Gebäude mit U-förmigem Grundriß, das innerhalb des Platzes zwischen den beiden Flügeln und dem Hauptkern einen runden, vertieften Platz enthält.

Daher kann Chavín als Produkt der Kommunikation zwischen beiden Bereichen betrachtet werden. In der Entwicklung der andinen Zivilisation kann Chavín als Höhepunkt einer dezentralen Entwicklung der Rituale, deren Ursprung in den alten zeremoniellen Zentren der Küste – wie Garagay – liegt, gesehen werden.

Rogger Ravines

DER FRÜHE HORIZONT

(CA. 2000 – 400 V. CHR.)

Um 1500 v. Chr. sind die Grundlagen geschaffen, die die Entwicklung von Chavín de Huántar erlauben, dem religiösen Zentrum dieser Epoche. Die Anlage besteht aus mehreren Gebäuden, die zwischen 1300 und 500 v. Chr. errichtet wurden. Dieser Ort wird – möglicherweise zu Unrecht – als die Wiege der Urkultur aller anderen altperuanischen Kulturen angesehen. Das ikonographische Hauptmotiv ist die menschenähnliche Figur mit den zurückgebogenen Eckzähnen – Katzenmensch – Krokodilmensch –, die sehr oft auf den Stützelementen erscheint.

In der Anlage wurden nacheinander zwei Tempel errichtet. Im älteren, mit U-förmigem, nach Osten offenem Grundriß, verläuft im Inneren ein Labyrinth von Galerien. Im Schnittpunkt zweier Galerien erhebt sich ein riesiger Monolith in Form einer Lanze – »El Lanzón«. Dieser erste Tempel wird später abgerissen, um dem Neuen Tempel oder »Castillo« Platz zu machen.

Von 800 bis 500 v. Chr. ist Chavín de Huántar ein bedeutendes religiöses Zentrum. Die herrschende Klasse unterhält zwischenregionale Beziehungen, durch die religiöse Ideen, aber auch der Einfluß auf künstlerische Erzeugnisse bis in den Norden Perus und in den Süden bis Ayacucho und Ica verbreitet werden. Die bereits bestehenden religiösen Zentren passen sich der neuen Religion an und geben ihren eigenen künstlerischen Stil auf; dieser Einfluß wird besonders in Pacopampa und Condor Huasi (oder Kuntur Wasi-Cajamarca) fühlbar.

In anderen Gegenden entlang der Küste befinden sich ebenfalls sakrale Bauten mit U-förmigem Grundriß, deren Datierung nicht immer geklärt ist.

Manche sind der Ansicht, daß Anlagen wie Cerro Blanco, Cerro Sechín, Moxeque, Garagay usw. schon vor der Blütezeit von Chavín bestanden hätten und daß der Neue Tempel mit seiner U-Form eine Nachbildung der Anlagen an der Küste sei.

Bei den Keramikgefäßen wird der älteste Stil »Ofrendas« genannt; die Behälter sind monochrom (schwarz, grau oder braun) und weisen Ritzornamente auf. Das Motiv des »Katzendämons« ist am häufigsten vertreten. An der Küste zeigt der Stil von Cupisnique eine Vorliebe für plastische Formen.

Die Bildwerke von Chavín, wenngleich von imponierenden Ausmaßen, sind eigentlich nur flach erhabene Verzierungen einer felsigen Fläche.

1 Ancón
2 Atalla, Chuncuimarca
3 Ataura
4 Barabacoa, Palenque
5 Bagua, El Salado
6 Bermejo
7 Caballo Muerto
   (Huaca de los Reyes,
   Herederos Chica, etc.)
8 Callango
9 Casa Grande
10 Cerrillos
11 Cerro Blanco
12 Cerro Max Uhle
13 Cerro Sechín
14 Chavín de Huántar,
   Pójoc, Waman Wain
15 Chiclayo
16 Chongoyape
17 Chupacigarro
18 Chupacoto
19 Chupas (Usno Era)
20 Cochachongos, Pirwapuqio
21 Disco Verde
22 La Florida
23 Galgada
24 Garagay
25 Gramalote
26 Haldas
27 Huaca de los Chinos
28 Huaca Lucía
29 Huacoy, Chocas

30 Huancayo Alto
31 Huaricoto
32 Karwa
33 Kotosh, Shillacoto
34 Kuntur Wasi (La Copa)
35 Marcavalle, Chanapata
36 Matibamba
37 Mina Perdida
38 Monte Calavario (Udima)
39 Morropón
40 Moxeke
41 Muruhuay
42 Ocucaje
43 Olayán
44 Ondores

45 Pachamachay
46 Pacopampa, Pandanche
47 Paita
48 Pallka
49 Palpa
50 La Pampa
51 Pampa de Cupisnique
52 Pechiche
53 Pomakayan
54 Puerto de Eten
55 Puerto Nuevo
56 Punkurí
57 PV 31 – 175 W

58 Quispisisa
59 Sajara-patac
60 Salinas de Chao
61 San Blas
62 San Jacinto
63 Sechín Alto
64 Supe Lighthouse Site
65 Tajahuana
66 Telarmachay
67 Tembladera
68 Waywaka
69 Wichqana
70 Yauya

22. Fundstellen der Initialperiode und des Frühen Horizonts

Die Steinbildhauerkunst begnügt sich mit eingeritzten Motiven und Flachreliefs. Der Lanzón, der
Obelisk von Tello, die Raimondistele, um nur die
berühmtesten zu nennen, zeigen Wesen mit zäh-
nefletschenden Mäulern.

Wir wollen uns dennoch mit einer Besonderheit des »Lanzón« befassen. Diese Besonderheit
steht in engem Zusammenhang mit einer Sorge des
Menschen, gleich, welcher Zivilisation er auch
angehört – dem Wetter. Chavín erweist sich hier als
ein wirkliches Observatorium. Seine Ausrichtung
gestattete es den Priestern, ihre Beobachtungen zu
machen und die Verteilung von Pflichten – insbesondere der mit dem Ackerbau verbundenen – zu
überwachen. Auf Grund eben dieser Beobachtungen ließ die herrschende Klasse am Kreuzungspunkt zweier Galerien den »Lanzón« errichten, der
ein- oder zweimal im Jahr vom Sonnenlicht erhellt
wurde. Der Einfluß von Chavín ist an der südlichen
Küste bis zum Gebiet von Ica-Paracas zu spüren,
wo die keramischen Erzeugnisse mit dem Motiv
des »Stabgottes« verziert sind.

Um 400 – 300 v. Chr. wird der Neue Tempel verlassen und zerstört. Dieses Ereignis bleibt bis heute
ein Rätsel, zumindest sind die Gründe für die Zerstörung noch unbekannt. Das Ende dieser Herrschaft kündet eine neue Ära an – die Frühe Zwischenzeit.   *Sergio Purin*

23. a, b, c Cerro Sechín (Ancash), Reliefblöcke in der
Außenwand der Anlage: Schreitender (a) und Darstellungen
abgeschnittener Köpfe (b, c)

IKONOGRAPHIE VON CHAVÍN: DER GOTT MIT DEN FANGZÄHNEN

»...die Ethnographie und die Archäologie können bei der Aufklärung gemeinsamer Probleme zusammenarbeiten... wie kann man daran zweifeln, daß der Schlüssel für die Auslegung so vieler noch unverständlicher Motive in den Mythen und Legenden liegt und uns daher unmittelbar zugänglich ist. Es wäre ein Fehler, diese Methoden, die uns den Zugang zur Vergangenheit vermitteln, außer acht zu lassen. Sie sind geeignet, uns in einem Labyrinth von Ungeheuern und Göttern zu leiten, wenn schriftliche Zeugnisse fehlen und Statuen und Figuren nichts über sich selbst aussagen können...« (Lévi-Strauss 1948).

CHAVÍN DE HUÁNTAR

Der monumentale Kern des großen vorspanischen Zeremonialzentrums von Chavín de Huántar (Callejón de Conchucos, Nördliche Sierra von Peru) erstreckt sich über eine Fläche von mehr als 50 000 m², am Zusammenfluß des Wacheksa und des Mosna (oder Puchka), eines linken Nebenflusses des Maranon. Bestehend aus verschiedenen rechteckigen Plattformen aus Stein, von massivem Aussehen, im Inneren von vielen Galerien und verschieden angeordneten Kammern durchzogen, die mit Belüftungssystem versehen und untereinander wiederum durch Gänge und Treppen verbunden waren, wurde dieses Bauwerk im Lauf des 1. Jahrhunderts v. Chr. (Früher Horizont) in mehreren Bauabschnitten errichtet. Der erste Komplex, genannt der Alte Tempel oder Tempel des Lanzón, entstand im 9. bis 8. Jahrhundert v. Chr. Man umbaute in Form eines nach Osten offenen U einen vertieften runden Platz und fügte dann immer wieder Aufbauten, Zubauten und Vergrößerungen des Südflügels an, bis der sogenannte Neue Tempel oder »Castillo« fertig war: ebenfalls in Form eines eckigen Hufeisens, in derselben Ausrichtung, aber bedeutend größer, und der vertiefte Platz war quadratisch. Der Neue Tempel erhielt seine endgültige Form zur Zeit der Hochblüte des Heiligtums, ungefähr zwischen dem 5. und 4. Jahrhundert v. Chr. (Rowe 1962: 7–9; Burger 1981).

Die beiden Tempel waren mit bizarren Darstellungen von Göttern und schrecklichen Dämonen geschmückt. Im gesamten Bereich des Heiligtums wurden unzählige Abbildungen menschen- und tierähnlicher Wesen entdeckt, als Reliefs auf Gesimsen, Säulen und Mauerabdeckungen oder als Menhire; einige in Gestalt von relativ lebensechten Adlern oder Jaguaren, andere mit zusammengesetzten oder monströsen, fantastischen Zügen. Was auch immer ihre wahre Natur sein mag – der Großteil dieser Geschöpfe weist eine Katzenartigkeit auf, aus den Mäulern ragen bleckende Fangzähne und die Hände und Füße (oder Tatzen) zeigen Krallen. Alle diese Darstellungen sind in einem sehr eigenen Stil ausgeführt, der ebenso kraftstrotzend wie auch fein und sehr komplex wirkt und offenkundig nicht nur von den Bewohnern dieser Gegend allein geschaffen wurde. Unter den vielen und verschiedenartigen Einflüssen wirkt der Stil in Chavín de Huántar ausgefeilt und spektakulär.

Andererseits waren diese Kunstwerke der künstlerische Ausdruck einer Religion, eines Kultes, der sich über weite Teile des nördlichen und mittleren Peru ausgebreitet hat, mit Chavín als idealem heiligem Ort (Patterson 1971, Rowe 1976: 9–10, Pozorski & Pozorski 1987: 127–132, Lanning 1971: 98–100).

Der Erfolg einer solchen Religion – belegt durch die im gesamten Gebiet vorhandenen Abbildungen der Hauptgottheiten von Chavín auf Textilien, Gefäßen und Gegenständen aus Metall, Knochen und Stein (Kan 1972, Sawyer 1972, Burger 1988: 117–125) – markiert den Beginn einer interregionalen Integration und setzt eine weitreichendere Ausbreitung von Gütern, Gedanken und Erfahrungen in Gang. Er ist mit großer Wahrscheinlichkeit einer der Hauptfaktoren für die beschleunigte kulturelle Entwicklung. Entscheidende Fortschritte geschehen sowohl auf dem Gebiet der Kunst und der Technik (Metallurgie, Weberei, Keramik, Steinmetzarbeiten, Architektur, Bewässerungstechnik) als auch im gesellschaftlichen Leben mit dem Auftreten der sozialen Schichtung. All dies vollzog sich auf der Basis einer beachtlich angestiegenen landwirtschaftlichen Produktion als Folge des Anbaus von Mais, der schon seit langem in der Andenregion bekannt, aber noch nicht das Hauptnahrungsmittel der Bewohner in diesem Gebiet war (Lumbreras 1974: 57; 1989: 97–98). Die gleichzeitige Einführung von Mais bzw. sein intensiver Anbau in verschiedenen Regionen und das plötzliche Auftauchen von Erzeugnissen des Chavín (Bird 1948: 27, Pozorski 1979: 174; Bird & Bird 1980; 325; Pozorski & Pozorski 1987; 119–120; Bonavia 1982: 347–378) lassen vermuten, daß die beiden Phänomene zusammenhängen, möglicherweise als weitere Manifestationen eines einzigen Kulturkomplexes, der auf ein neues und eigenes System von kollektiven Glaubensbezeugungen und -darstellungen ausgerichtet war (Katz 1974: 94; Disselhoff 1973: 242).

In unserer Darstellung möchten wir das Thema eines möglichen Zusammenhangs zwischen dem Ackerbau, insbesondere dem Anbau von Mais, und der Religion von Chavín näher beleuchten, indem wir uns auf die Suche nach direkteren und spezifischeren Bindegliedern machen. Dazu dient eine genaue Analyse der beiden Steinfiguren, des Lanzón und des Tello-Obelisken, die vermutlich die wichtigsten heiligen Darstellungen im Alten bzw. im Neuen Tempel waren.

DER »JAGUAR-GOTT« DES LANZÓN

Die erste dieser beiden Steinfiguren (Abb. 24) ist ein Monolith aus Granit von mehr als 4,5 m Höhe, eine prismaähnliche Form, die sich nach unten verjüngt. Die Figur steht am Kreuzungspunkt zweier Gänge, fast in der Mitte des ältesten Tempelbezirks. Auf allen Seiten als Flachrelief bearbeitet, stellt sie ein Ungeheuer dar, das an eine Gorgone erinnert. Ihre Form wirkt wie eine riesige, in die Erde gestoßene Messerklinge, weshalb Julio C. Tello (1923: 305) die Figur »Lanzón« (»große Lanze«) nannte. Er verwendete einen Begriff, den bereits José Toribio Polo (1899: 199) in seiner Beschreibung prägte. Unter diesem Namen ist sie heute überall bekannt, auch wenn John H. Rowe (1962: 9) die Bezeichnung »Great Image« vorschlug. Letztere ist sicherlich viel eher zutreffend, da der Monolith nichts anderes als die in ihren Ausmaßen imponierende und mit großer Ausdruckskraft dargestellte Verkörperung eines schrecklichen und mächtigen Gottes ist.

Es handelt sich um einen gedrungenen menschengestaltigen Körper in aufrechter Stellung; der

24. Lanzón: Diese Figur befindet sich an der Kreuzung zweier Galerien im Alten Tempel von Chavín de Huántar

43

linke Arm hängt am Körper herab, während der rechte nach oben zeigt. Hände und Füße sind mit großen langen Nägeln versehen. Hingegen weist der Kopf ein ganz und gar nicht menschenähnliches Aussehen auf; er ist unproportioniert und monströs, mit Schlangen anstelle der Haare und Brauen, und mit einem riesigen, breiten Mund, der sich an den Mundwinkeln zu einem schrecklichen Grinsen hebt. Die fleischigen Lippen sind so weit geöffnet, daß sie die viereckigen, hervorstehenden Zähne unbedeckt lassen. Alle Zähne sind gleich groß, mit Ausnahme der beiden Fangzähne, die sich aus den beiden oberen Mundwinkeln nach unten krümmen. Auch die Nase mit den beiden großen runden Öffnungen, die wie Nüstern wirken, ist eindeutig tierisch. Die Augen sind entsprechend dem Formenkanon von Chavín mit exzentrischer Iris dargestellt.

Als Kleidung trägt die Figur eine Art Tunika, die den ganzen Rumpf bedeckt. Als Schmuck dienen ein Paar Ohrringe mit voluminösen Ringgehängen, eine Halskette (oder ein Zierband an der Kleidung) und große Armreifen.

Die Kleidung wird von einem eigenartigen Gürtel vervollständigt, der aus einer Reihe exzentrisch angeordneter Raubtiermäuler in Seitenansicht besteht, die nach oben gerichtet und paarweise spiegelbildlich, jedoch mit gemeinsamen Fangzähnen angeordnet sind.

Der U-förmige Mund mit den zwei Fangzähnen, einer oben, einer unten, zeigt Lippen, die sich nach links und nach rechts fortsetzen und ohne Unterbrechung in die verlängerten Lippen der Mäuler übergehen, so daß ein langes Band entsteht. Zwei weitere Köpfe (vielleicht die Gürtelenden) hängen vorne an jedem Bein entlang herunter.

Schließlich bilden zwei senkrechte Reihen von Mäulern katzenartiger Raubtiere, wieder spiegelbildlich angeordnet, sowie eine ganz oben angebrachte einzelne, nach oben blickende Figur die Dekoration des Scheitelaufsatzes, der an der Decke festgehalten wird. Auf der Vorderseite dieses Aufsatzes verläuft eine kleine senkrechte Rinne, die in eine Höhlung auf dem Kopf des Wesens mündet. An der Rückseite der Figur erkennt man eine dicke Kette; sie scheint senkrecht von oben herabzustürzen, um dann in der rechten Hand der Figur zu verschwinden und unter den Füßen wieder zum Vorschein zu kommen.

DER KULT DER RAUBKATZE

Angesichts der zahlreichen verschiedenen katzenartigen Charaktere hat Tello keine Bedenken, die Figur als mythischen Jaguar, die oberste Gottheit des Pantheons von Chavín, zu bezeichnen. »Das, was sich der Künstler vorgenommen hatte darzustellen« – schrieb er 1923 über jenen Lanzón – »das war die Art, wie dieser böse Geist zu verstehen ist, dieser Herr der Wälder, Ahn der stärksten Tiere der Schöpfung und der Menschheit, der zugleich Mensch und Tier war, der die großen Kräfte der Natur beherrschte und ihnen gebot«. Etwas später geht er nochmals auf seine Behauptung ein und folgert: »Die Raubkatze ist die grundlegende Basis, die Urzelle, die strukturelle Einheit sämtlicher künstlerischer Darstellungen in Chavín. Dieses Tier, das sicher nichts anderes als der Jaguar ist, ist das heilige Zeichen, das Sinnbild der Rasse, das Urtier, das die Form und die ursprüngliche Natur der Gottheit auch über ihre übrigen Transformationen und Inkarnationen festhält. Die Statue der Raubkatze schmückt die Wände der Tempel und aller anderen heiligen Orte, ihr Bild erscheint in den Wahrzeichen von Göttern und menschlichen Wesen, wie der Anführer und Priester. Die Raubkatze ist das Vorbild, an das sich die Vorstellung des Künstlers hält, wenn er wünscht, die Götter darzustellen; es ist der göttliche Geist, der in den anderen Tieren Fleisch wird, wie die Schlange, der Kondor und der Fisch, welche die Zeichen seiner Macht darstellen, die sich im Licht, in der Sonne und im Mond konkretisiert« (Tello 1923: 307–308, 310).

Es waren diese ständigen Hinweise auf andere Raubkatzen, die als mehr oder weniger veränderte Darstellung des Jaguars angesehen wurden, eines Tieres, das im Tropenwald lebt und einen bevorzugten Platz in den Glaubenssystemen vieler Bewohner dieses Gebietes einnimmt, die Tello zur Behauptung veranlaßten (1932, 1942, 1943, 1960), daß es zu Beginn der Chavín-Kultur Traditionen gegeben habe, die in den waldigen Ausläufern der Ostanden unter den Bewohnern Amazoniens entstanden waren. Dann wurde der Kult der Raubkatze zusammen mit der Keramik, im Zuge der Wanderungen oder einfach durch Kontakte, in das Gebiet des mittleren und oberen Huallaga und in das Becken von Maranon gebracht. Von da stieg er entlang der Quertäler wieder in die Sierra hinauf.

In den ertragreichen und geschützten Tälern des nördlichen Peru hätten daher solche fruchtbaren Einflüsse aus Amazonien – die schon von den Bewohnern der östlichen Kordillerenausläufer positiv aufgenommen worden waren – das Auftreten der ersten Hochkultur der Zentralanden begünstigt, wenn nicht sogar bewirkt, mit Chavín de Huántar als Ausgangspunkt für eine weitere Verbreitung sowohl in Richtung Küste als auch in die übrigen Andengebiete. Chavín hat daher nach Tello den nachfolgenden Kulturen innerhalb und außerhalb seines direkten Einflußbereiches eine Reihe seiner typischen Merkmale hinterlassen und somit die Grundlagen einer großen kulturellen Tradition geschaffen, die sich mutatis mutandis durch 2000 Jahre bis zur spanischen Eroberung fortgesetzt hat. Nach Tello war das Leitmotiv dieser tausendjährigen Tradition die Figur der Raubkatze, von ihm als Schlüsselidee, als tragendes Urbild, als »Kraft der Zusammengehörigkeit und Einigkeit« während des gesamten historischen Verlaufs der Andenkultur bezeichnet, von den Anfängen bis zu Tahuantinsuyu. Sogar Viracocha, das höchste Wesen und der erste Held der Inka (Rowe 1971; Demarest 1981), wäre in Wahrheit nichts anderes gewesen als eine einfache Transfiguration der unvermeidlichen Katzengottheit (Willey 1951: 134).

Vor kurzem wurde die Theorie Tellos über die Herkunft der Chavín-Kultur aus Amazonien von Donald W. Lathrap wieder aufgegriffen (1970, 1971, 1973, 1977, 1982).

DER »GROSSE KAIMAN« DES TELLO-OBELISKEN

Es handelt sich um einen Monolithen mit rechteckigem Querschnitt, 2,5 m hoch, mit einer großen künstlichen Einkerbung im oberen Teil. Die Figur ist an allen vier Seiten verziert und stellt ikonographisch gesehen das komlizierteste Kunstwerk der ganzen Chavín-Kultur dar (Rowe 1962: 12).

Der Stein wurde zufällig im Jahre 1908 in der Nähe eines weiteren Steinblocks von Bauern gefunden, die gerade dabei waren, im südwestlichen Teil des Großen Platzes im Neuen Tempel Mais anzubauen. Dieser Steinblock wies an der Oberfläche sieben runde Höhlungen auf und wurde »Altar des Choqu'e Chinchay« genannt, nach einem Sternbild der alten Peruaner, das in einer berühmten Zeichnung des indianischen Chronisten Santa Cruz Pachacuti (1613) als hagelbringende

25. Tello-Obelisk (nach Rowe 1973)

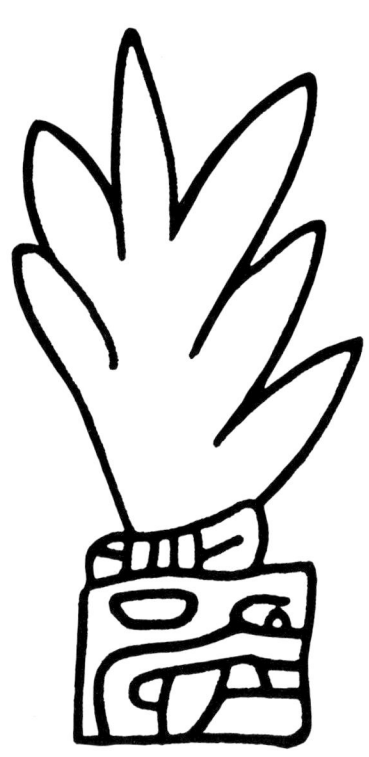

26. Achira
Detail des Tello-Obelisken
(nach Lathrap 1973)

27. Maniokknollen
Detail des Tello-Obelisken
(nach Lathrap 1973)

28. Maniokstrauch
Detail des Tello-Obelisken
(nach Lathrap 1973)

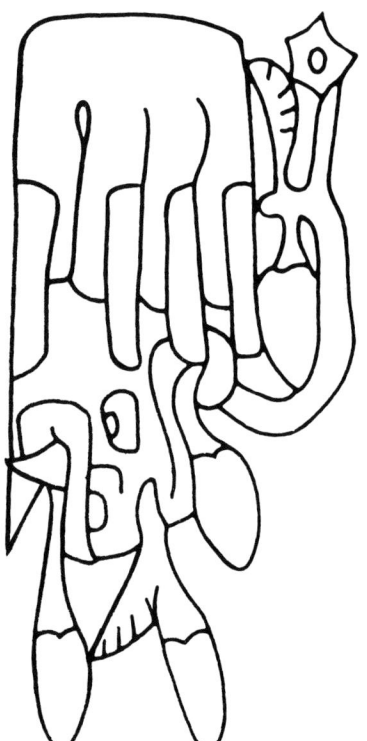

29. Aji oder Pfeffer
Detail des Tello-Obelisken
(nach Lathrap 1973)

30. Kalebasse mit männlichen
und weiblichen Blüten und der reifen
Frucht: Detail des Tello-Obelisken
(nach Lathrap 1973)

Raubkatze dargestellt wird (Tello 1923: 181–182). Eine rinnenartige Vertiefung ließ die Vermutung aufkommen, daß es sich um den Sockel des Obelisken handeln könnte (Lumbreras 1970: 81–83).

Der Monolith wurde nach seiner Entdeckung von den einheimischen Behörden vor der Tür der Dorfkirche aufgestellt, wo ihn Julio C. Tello während seiner ersten, von ihm geleiteten archäologischen Expedition der Universität von San Marcos ins Departement Ancash »entdeckte« und, seine außergewöhnliche Bedeutung erkennend, ins Universitätsmuseum nach Lima transportieren ließ.

Zusammenfassende Beschreibung

Trotz des verwirrenden Durcheinanders der eingeritzten Figuren – in einer Art horror vacui, der anfangs die Entzifferung schwierig macht – läßt eine aufmerksame Untersuchung erkennen, daß es sich um eine einzigartige Darstellung eines monströsen, tiergestaltigen Wesens handelt (Abb. 25). Auf jeder Hauptseite des Obelisken kann man (von oben nach unten) den Kopf, den Körper und das Schwanzende eines theriomorphen Wesens in Seitenansicht erkennen, dessen Pranken an der geraden anschließenden Seite angeordnet sind (rechts vom Betrachter aus gesehen). Die beiden Profile A und B sind nicht spiegelbildlich ausgeführt, sondern stellen einen Ablauf in gleicher Ausrichtung dar, so als ob es sich um zwei voneinander unabhängige Figuren handelte. Der Schwanz stellt die einzige Ausnahme dar, er erscheint auf beiden Seiten spiegelbildlich.

Das Ungeheuer hält sich auf eine unnatürliche Weise aufrecht, das Maul ist nach oben gerichtet, und der Körper scheint sich auf ein großes Schwanzende zu stützen, welches an das eines Fisches oder Vogels erinnert, während die vom Bauch ausgehenden Pranken ins Leere zu hängen scheinen. Der Kopf des Tieres wird durch ein großes, kaum geöffnetes Maul charakterisiert, aus dem oben eine Reihe auseinanderstehender, spitzer Zähne heraussteht. Von den vier menschenähnlichen, mit starken Nägeln bewehrten kurzen Fingern sind die vorne liegenden nach oben gebogen und reichen vom Oberteil des Rumpfes bis gerade unter die Kiefer, während die hinten befindlichen in die entgegengesetzte Richtung zeigen und unmittelbar von den Genitalien ausgehend bis zum Beginn des Schwanzanhanges reichen.

Der gesamte Körper des Tieres scheint mit zahlreichen pflanzenartigen und menschenähnlichen Motiven bedeckt zu sein; verstreut dominieren auch Raubtierköpfe mit bleckenden Mäulern und mächtigen Hauern in verschiedenen Formen und Größen. Der eigentliche Bauch der Kreatur ist durch einen sehr langen Mund dargestellt, der oben und unten mit einer Reihe dreieckiger, spitzer Zähne versehen und von zwei ineinandergreifenden großen Fangzähnen unterbrochen ist. Aus dem Maul des Tieres winden sich schlangenförmige Annexe. Auf dem Profil A scheinen diese eine große, zweischalige Muschel (spondylus) zu stützen oder zu umfassen, die mit einem Katzenmaul versehen ist, aus dem Schlangen heraushängen. Neben der Muschel ist ein Jaguar dargestellt, dessen Form und Verzierung jenem auf einem Mörser im University Museum in Philadelphia sehr ähnlich ist (Lavallée & Lumbreras 1986: 30, 26). Auf dem Profil B züngeln die schlangenartigen Annexe entweder an den Rücken eines kleinen geflügelten Wesens (das aber auch ein Fisch sein könnte) mit Katzenkopf, das gerade aus dem Maul des Ungeheuers gesprungen zu sein scheint, oder aber an den Schwanz eines bedrohlichen Raubvogels, der soeben mit ausgebreiteten Flügeln senkrecht aufzusteigen scheint. Ein Vogel, ähnlich dem ersten, aber durch die Verwitterung nicht mehr identifizierbar, befindet sich nahe beim Kiefer und auf der Tatze des Tieres, als ob er gerade verschlungen werden sollte.

Auf Grund der besonderen Schnabelform und anderer morphologischer Zeichen kommt Donald Lathrap (1971: 75–77, 1973: 97) zum Schluß, daß es sich bei diesen Raubvögeln, wie auch bei vielen anderen Figuren aus Chavín, um eine bestimmte Art von Adler handeln müsse, nämlich um die Arpia Arpya, die für den Tropenwald typische und mächtigste Spezies der Falkenvögel. Aus demselben Lebensraum sollen auch die verschiedenen Pflanzen stammen, die man – immer in Gesellschaft der Katzenköpfe – aus dem Becken, den Hintertatzen und den Federn des Monsters sprießen sieht. Nach genauer Untersuchung dieser pflanzenförmigen Gebilde glaubt Lathrap erkannt zu haben, daß es sich um die Wurzelknollen und den Strauch der Maniokpflanze (Manihot esculenta), (Abb. 27, 28), handelt sowie um eine Achirapflanze (Cana edulis), (Abb. 26), um Pfeffer (Capsicum sp.) mit einer Blüte und vier reifen Früchten

(Abb. 29), um eine blühende Weinrebe und eine Kürbisfrucht (Lagenaria siceraria), (Abb. 30), (Lathrap 1973: 99–102). Alle diese Kulturpflanzen sind in der Selva beheimatet. Schließlich findet sich in der Nähe der Maniokknollen (Abb. 27) und nahe der Obeliskenspitze ein weiteres, schwer zu deutendes Motiv, von dem Tello annimmt, daß es sich um Erdnußhülsen handelt (Arachis hypogaea), (Tello 1960: 184), eine Pflanze, die ebenfalls aus Amazonien stammt.

Interpretation

Das auf der Oberfläche eingemeißelte Bild ist sicher das einer der wichtigen Hauptgottheiten des lokalen Pantheons (Rowe 1962: 18). Tello hält es für die »wichtigste Darstellung des Raubtiergottes« der Chavín-Kunst. Es zeigt eine Doppelfigur des Jaguars, der obersten Gottheit, die auf der einen Seite (Profil B) gerade einen Vogel, einen Fisch und ein Schlangenungeheuer verschlingt und auf der anderen Seite (Profil A) nach der Mahlzeit, mit den Resten dieser Tiere vor dem Maul, zu sehen ist (Tello 1923: 274–275). Eine Gottheit ist in zwei Ansichten zu sehen, »deren erstes Vorrecht es ist, den Sterblichen ihre Nahrung zu geben, deshalb hält sie solche Produkte zwischen den Tatzen. Unter ihrem ersten Erscheinungsbild befinden sich also die Produkte im Körper und in den Fortpflanzungsorganen, es sät sie, um sie zu vermehren. Unter der Einwirkung anderer Kräfte der Natur, symbolisiert durch einen Kondor, einen Fisch und ein schlangenförmiges Ungeheuer, verteilt der Gott Früchte und Samen. Aber während das Untier die untergeordneten Tiere, die jene Kräfte symbolisieren, zerreißt oder verschlingt, sprießen, wachsen und blühen die Samen, ohne Zweifel deswegen, weil diese Kräfte schwächer werden oder erlöschen. Der erste Aspekt der Gottheit könnte daher das Medium darstellen, das die trockene und heiße Jahreszeit bewirkt, während die Blüten verschwinden und nur die Samen übrig bleiben, der zweite Aspekt hingegen die kalte und regnerische des Winters, während der die Samen treiben und wachsen. Handelt es sich um einen Gott des Ackerbaus?« (Tello 1923: 286).

Eine derartige für den Ackerbau zuständige Raubkatzengottheit wird von Tello – auf Grund zahlreicher und zutreffender historischer und ethnographischer Informationen – in Huari identifiziert, als Gott der Stärke, der eng mit den Plejaden in Verbindung steht (Onqoy), mit Niederschlägen und mit Wasser und der nach einer in verschiedenen Andenregionen weitverbreiteten Legende mit Hilfe seiner magischen Kräfte die grandiosen Bewässerungsanlagen des Altertums gebaut hat (Tello 1923: 187).

Der stark agrikulturell ausgeprägte Charakter des Obeliskengottes wurde nacheinander von Rebeca Carrión Cachot und von Ernesta Cerulli erkannt. Erstere deutet die Gesamtfigur des mythischen Monsters als Raubkatze, oder noch eher als doppeltes Reptil, männlich und weiblich, als Symbol der vereinigten Kräfte des Universums, der Fruchtbarkeit und der Produktion der eßbaren Pflanzen. Dies wäre gerade an der Metamorphose der Fortpflanzungsorgane in Samen und Früchte wie auch an den Katzen- und Schlangenköpfen, deren Zungen sich in Pflanzen verwandeln, erkennbar. Carrión Cachot stellt sich daher unter Hinweis auf Tello vor, daß der Obelisk den Gott Onqoy, den Schöpfer, den Gott der Plejaden, den Verteiler von Nahrung und Beschützer der Getreidespeicher darstellt (Carrión Cachot 1948: 117–119; 1958: 373; 1959: 406).

Die Auslegung von Cerulli ist subtiler; sie glaubt, daß auf dem Tello-Obelisk ein Mythos von der Entstehung der Menschen, Tiere und Pflanzen dargestellt ist, und bringt eine Mythe in Erinnerung, die 1683 vom Chronisten Antonio de la Calancha überliefert wurde. Dieser beschreibt die Entstehung der ersten Maniokpflanze aus den Gebeinen eines vom Gott Pachacamac getöteten Sonnensohns. Das Aufkommen der ersten Nahrungspflanzen aus einem zerstückelten tierischen oder menschlichen Wesen erscheint in zahlreichen Mythen Amazoniens. Cerulli glaubt daher, daß es sich um eine ähnliche Gottheit handelt wie Dema, ein Gott in der Mythologie Indonesiens und Melanesiens.

Bei diesen Völkern geht die Entstehung des Ackerbaus auf den gewaltsamen Tod gewisser Urwesen zurück, aus deren Leichen dann die ersten eßbaren Pflanzen gewachsen seien. Ein derartiges mythisches Urereignis wird jedes Jahr von den Eingeborenen während eines großen, mit dem Wachstumszyklus eng verbundenen Festes rituell wiedererweckt (Jensen 1948, 1960). In Chavín hätte eine ähnliche Vorstellung zur Feier der unterirdisch wachsenden Pflanzen ausgeübt werden können, was nach Cerulli dadurch bewiesen ist, daß man

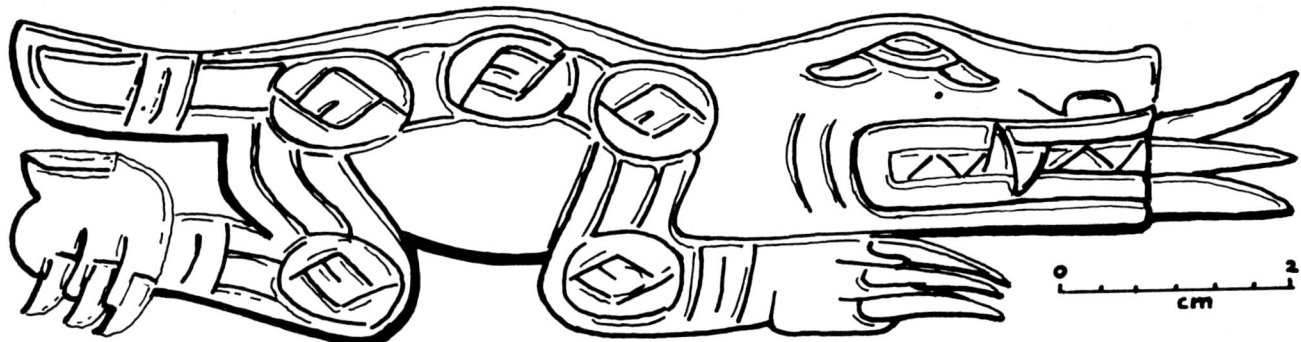

31. Darstellung eines Kaiman, in Ritzdekor auf einem
Knochenspatel aus der Anlage von Pallka (nach Tello, 1956)

auf dem Obelisk Knollen der Maniokpflanze und andere körnerlose Pflanzen findet, aber keine Getreidesorte, nicht einmal eine so bedeutende wie den Mais, obwohl dieser damals in den Anden schon weit verbreitet war. Es handelt sich daher um einen Kult wie jenen des Dema, chtonisch, in Verbindung mit der Unterwelt, mit den Toten, der Finsternis, dem Mond und den Gewässern, symbolisiert durch die Fische, durch die Schlangen, durch die Muscheln. In diesem Zusammenhang müssen die immer wieder auftretenden Darstellungen großer katzenartiger Mäuler – nach Cerulli – wahrscheinlich als Wiederkehr der Toten und des Todes auf die Erde interpretiert werden, was als der Ursprung der Menschen, der Tiere und der Pflanzen angesehen wurde.

Auch Federico Kauffmann Doig hat sich mehrfach für die Figur des Obelisken interessiert (1976: 79–80, 106, 128–129; 1983: 253–255; 1985 s.d.). Er ist der Ansicht, daß es sich um eine der ältesten Darstellungen der »geflügelten Raubkatze« handelt, eines übernatürlichen Wesens, dessen weitläufige räumliche und zeitliche Verbreitung in den Anden er in zahlreichen Arbeiten zu beweisen sucht: Er sieht darin die oberste Gottheit, die in Verbindung mit den atmosphärischen Erscheinungen, den Niederschlägen, dem Wasser und der Nahrung steht, historisch unter dem Namen Illapa bekannt ist, als Donnergott und Blitzeschleuderer der Inka und als Quoa, die regenbringende Himmelskatze der jetzigen Andenbewohner im Süden Perus. Die »Geflügelte Raubkatze« ist erkennbar an der besonderen Stellung der Tatzen (die Vordertatzen liegen vor den Hintertatzen, die nach hinten zeigen, wenn man sich das Bild waagrecht vorstellt), als ob das Tier durch den Himmel flöge, aber auch an den

großen eckigen Federn, aus denen der Schwanz zu bestehen scheint. Kauffmann ist weiter der Ansicht (1983: 254), daß die Unterschiede in den Details der beiden Seitenansichten mit den verschiedenen Attributen des Gottes in Verbindung zu bringen seien, während die fehlende Spiegelbildlichkeit der gegenüberliegenden Seiten einfach ein grober Kompositionsfehler des Künstlers oder der den Stein bearbeitenden Bildhauer ist.

Auch Rowe (1962: 18–19) spricht von einem Fehler in der Darstellung, wonach das Ungeheuer des Obelisken ein Kaiman ist, obwohl an Stelle des Schwanzes die Phantasieflosse eines Fisches zu sehen ist. Da es ihm nicht gelingt, eine zufriedenstellende Erklärung für eine derartige morphologische Abweichung zu finden, nimmt Rowe an, daß dies auf die mangelnde Vertrautheit der Chavín-Künstler mit dem Sujet zurückzuführen ist, da der Kaiman immerhin in viel tiefer gelegenen Gebieten lebt. Rowe stellt andererseits fest, daß analoge Figuren von Krokodilen mit Fischschwänzen auf einem Fries zu Beginn der großen Aufstiegsrampe im Neuen Tempel sowie auf einer in Yauya, einem Dorf in Callejon de Conchucos, gefundenen Stele zu sehen sind (Rowe 1973: 18, 19, 267).

Kann man aber bei einem Werk, das eine solche technische Meisterschaft, eine solche ästhetische Feinheit, eine solche ikonographische Vielfalt und vor allem eine solche Bedeutung auf religiössymbolischer Ebene aufweist, an einen Fehler denken, der überdies an anderen Orten (Chavín und Yauya) und zu verschiedenen Zeiten wiederholt wird? Die Stele von Yauya würde nach den Datierungen von Rowe (1962: 12–13) und Roe (1974) zeitlich hinter den Tello-Obelisken gereiht gehören. Peter G. Roe räumt wohl ein, daß ein solcher

Fehler theoretisch möglich wäre – man denke an die vielen Ungenauigkeiten und Irrtümer bei den ersten europäischen Darstellungen exotischer Tiere, wie des Elefanten oder des Rhinozeros –, glaubt es aber dennoch nicht. Tatsächlich beweist die Figur eines Krokodils mit Reptilschwanz, die auf einem Knochen eingeritzt in der Nähe der chavínzeitlichen Anlage von Pallka im Casma-Tal gefunden wurde (Abb. 31) (Tello 1956: 48, 22), eindeutig, daß die Menschen von Chavín sehr genau die tatsächliche Morphologie des Tieres kannten, obwohl sie weit von der Selva entfernt wohnten. Roe schließt daraus, daß die Flosse als bewußtes Detail von den Chavín-Künstlern angebracht wurde, als »kennzeichnender Bestandteil des mythischen Kaimans«. »Man kann sich unschwer vorstellen«, schreibt er, »wie der Kaiman auf Grund seiner Lebensumstände und seines Aussehens sowohl mit den Attributen einer Raubkatze als auch eines Fisches dargestellt werden konnte und dennoch immer als ein von beiden Tieren getrenntes Ganzes bleibt« (Roe 1974: 23–24). Alles in allem gesehen, müßte die eigenartige Flosse eben als ein Hinweis auf die Wasserwelt des Krokodiles verstanden werden.

Abgesehen von der Besonderheit des Schwanzes geht Roe bei der Identifizierung des Ungeheuers als Kaiman völlig mit Rowe konform. Er verstärkt seine Behauptung noch durch den Versuch, ikonographische Übereinstimmungen zu identifizieren, die in der Chavín-Kunst die Darstellungen von Katzen und Krokodilen unterscheiden. Nach Roe besteht der Hauptunterschied in der Darstellung der Tatzen. Diese seien im ersteren Fall verlängert und im Verhältnis zur Körperachse senkrecht, bei den Reptilien hingegen angezogen und parallel zum Körper, genau in jener Stellung, in der sich jene Tiere fortbewegen (Roe 1974: 23). An diese Beobachtung schließt Lathrap die Feststellung an, daß zwischen dem Gebiß des Untieres des Obelisken und jenem des Kaimans eine erstaunliche Übereinstimmung besteht. Wenn dieser das Maul geschlossen hält, bleiben die oberen Zähne gut sichtbar, mit einem deutlichen Diastem zwischen dem vierten Maxillarzahn, der stärker als die anderen entwickelt ist, und den benachbarten Zähnen. Dies infolge einer breiten, seitlich geschlossenen Alveole, die den entsprechenden Zahn aus dem Unterkiefer aufnimmt. Alle diese der Familie der Alligatoren eigenen Charakteristika finden sich

auf der zoomorphen Darstellung des Obelisken: Tatsächlich ragen aus seinem Maul vier hakenförmige Maxillaren, der vordere scheint massiver und von den anderen durch einen größeren Abstand getrennt. Für Lathrap gibt es gar keinen Zweifel, daß man vor einem schwarzen Kaiman steht (melanosuchus niger), dem größten und bösartigsten der Alligatoren Amazoniens – was ihn zum Wesen im Rang einer höchsten Gottheit prädestiniert (Lathrap 1982: 302–303). Er liefert mit seinen Exkrementen reichliche und unerschöpfliche Nährsubstanzen für den Weiterbestand der Fauna.

Die Eingeborenen, gründliche Kenner ihrer Umgebung, hätten daher den Kaiman als höchstes göttliches Wesen ansehen können, entweder auf Grund seines schrecklichen und wilden Aussehens – dieser Räuber der Waldgewässer hätte sich bestens als Inkarnation des »mysterium tremendum« der übernatürlichen Kräfte geeignet – oder aber, weil er wegen seiner Fähigkeit, für die Entwicklung der Fische unentbehrliche Substanzen zu erzeugen und von sich zu geben, auch als Inkarnation der schöpferischen und wohltätigen Kräfte der Natur angesehen werden konnte (Lathrap 1985: 245–249).

Auf Grund dieser Beobachtungen, der Analyse verschiedener ikonographischer Bestandteile des Tello-Obelisken und ethnographischer Angaben über Religionen und deren Darstellungen bei den Bewohnern Amazoniens, die als Ursprung der Chavín-Kultur angesehen werden, gelangt Lathrap zu einer Reihe überzeugender, wenn auch hypothetischer Schlüsse, über die Natur und die Bedeutung des Monuments und der darauf dargestellten Figur.

Zusammenfassend behauptet er: Die Hauptgottheit des Pantheons von Chavín war der Kaiman, der »Große Kaiman«, der vor allem wegen seiner Fischattribute als »Herr der Fische« angesehen wurde. Er war eine mythische Figur, im Tropenwald und auch in anderen Regionen Südamerikas verbreitet (Levi-Strauss 1948). Auf einer zweiten, höheren Ebene wäre der »Große Kaiman« die Verkörperung eines zugleich konträren wie auch komplementären Götterpaares, d. h. der »Große Kaiman des Himmels« (Profil B), wobei der erste an den zwei Muscheln (eine der Art Strombus, die andere der Art Spondylus), und an Symbolen des Meeres, der Gewässer und der Fruchtbarkeit erkennbar ist, der andere durch den harpyienartigen Adler, den Beherrscher des Himmels über Amazonien. Ein derartiges Paar mythischer Wesen würde sich vor allem als Träger und Verteiler von Kulturpflanzen darstellen, wobei dem Großen Himmelskaiman Pflanzen zugeordnet werden, die sich durch Körner vermehren, und dem Großen Kaiman der Unterwelt Knollenpflanzen.

Von den vielen dargestellten Pflanzen ist anscheinend die Maniokpflanze die wichtigste, entweder weil sie mit so großer Natur- und Detailtreue dargestellt ist oder aber, weil sie dem Penis der Gottheit wie ein Samen entspringt. Hingegen wird der Mais völlig außer acht gelassen, eine Kulturpflanze, die anscheinend für die Bevölkerung Amazoniens, den Ursprung der Chavín-Kultur, gänzlich ohne Bedeutung war; der Jaguar an der Spitze des Obelisken und die übrigen Katzenfiguren, die im Verhältnis zum Kaiman untergeordnet dargestellt sind, wären somit die Mittler zwischen dem Himmel und der Erde und zwischen der Obersten Gottheit und dem Menschen. Diese Rolle scheint übrigens dadurch bestätigt, daß alle Kulturpflanzen aus den Katzenmäulern sprießen (Lathrap 1973: 96–97; 1977: 741–742; 1982: 301–302).

Schließlich ist Lathrap noch der Ansicht, daß der Große Kaiman in seiner Gesamtheit die beiden Hälften des Universums verkörpern könnte, die Oberwelt und die Unterwelt, die ständig durch eine Öffnung in Verbindung stehen, durch welche der Strom der übernatürlichen Kräfte fließt. Diese Öffnung wird durch einen Kreis verkörpert, der sich oberhalb der Vordertatze des Profils A in einem an den Ecken gezahnten Karree befindet. Ein derartig eigenartiges geometrisches Motiv ist auch auf der Stele von Yauya dargestellt und wird von Lathrap Ushnu genannt, weil es in seiner Bedeutung mit diesem Quechua-Begriff »Wirbel, Anziehung, Verschlingen« übereinstimmt. Im übrigen ist der Ushnu das stilisierte Symbol für den vertieften runden Hof des Alten Tempels von Chavín, dessen Bestandteil der Tello-Obelisk war (Lathrap 1985: 251). Lathrap weist die von Rowe vorgeschlagene Datierung zurück und meint, daß es sich tatsächlich um die älteste Kultfigur von Chavín de Huántar handelt, die nicht an Ort und Stelle hergestellt, sondern zum Zeitpunkt der Gründung des eigentlichen zeremoniellen Zentrums hertransportiert wurde, als »die wichtigste axis mundi von einem tiefer gelegenen Ort, entlang des Beckens von Maranon, vielleicht von Yauya, nach Chavín de Huántar verlegt wurde«. Zur Bekräftigung dieser Theorie vom hohen Alter des Monolithen bringt der Autor vor, daß es sehr ähnliche Züge wie eine andere Figur auf einem Lehmfries in der Anlage von Garagay nahe von Lima aufweist (Lathrap 1985: 249; Ravines & Isbell 1975; Burgher 1981).

Was den »Patio« in der Mitte des U-förmigen Tempels betrifft, so verweist Lathrap eindeutig auf die Hypothese von Carlos William León, wonach ein solcher Platz die Funktion eines heiligen Gartens für die Kultivierung der wichtigsten Nährpflanzen und für das Abhalten von damit verbundenen Fruchtbarkeitsriten hatte. Die Hypothese stützt sich auf folgende Feststellungen: Entlang der mittleren Küste Perus (und auf dieses Gebiet beschränkt sich die Analyse von Williams) befinden sich sämtliche alten zeremoniellen Zentren in U-Form (wie jene in El Paraiso, La Florida und Garagay) immer in intensiv bebauten Ackergegenden, zwischen Plattformen mit bewässerten Feldern; die Öffnung der Bauten war entgegengesetzt zur Laufrichtung der Flüsse, um das Wasser bei Hochwasser aufzufangen; an den Seiten des zentralen Kerns blieben ein oder zwei Durchlässe frei, um das Wasser abfließen zu lassen.

Dieses System wird heute noch von den Bauern mit großem Nutzen angewandt. Diese zentralen Höfe, die immer sorgfältig eingeebnet sind, gleichen in ihren Dimensionen eher wirklichen Feldern als zeremoniellen Plätzen. Nach Williams handelte es sich deshalb um besondere Gärten, in denen in einem höchst rituellen Vorgang der experimentelle Anbau von Mais und anderen Nahrungspflanzen ausgeübt wurde, um die Qualität und den Ertrag zu verbessern (Williams 1978–80: 109–110; 1985: 233–234).

Lathrap schließt daraus, daß diese heiligen Gärten das gesamte bebaute Ackerland symbolisierten und daß ihre Bewässerung, auch wenn sie höchst symbolisch war, für alle Felder von befruchtendem Wert war, so daß die Hauptfunktion der alten zeremoniellen Zentren in den Anden gerade darin bestand, jene Kräfte zu polarisieren, die die Niederschläge regeln und die Kulturen mit Wasser versorgen. Was den U-förmigen Grundriß von Chavín selbst und vieler anderer Stätten der gleichen Epoche betrifft, so ist Lathrap überzeugt, daß es sich um die makroskopische architektonische Darstellung der Fangzähne des Kaimans handelt (Lathrap 1985: 244–245, 255).

AUF DER SUCHE NACH EINEM VERLORENEN MYTHOS

Sicherlich war kein anderes Monument, weder aus der Chavín- noch aus einer anderen präkolumbischen Kultur, Gegenstand so vieler Untersuchungen und Auslegungen wie der Tello-Obelisk. Seine komplexe Ikonographie hat das Interesse einiger der bedeutendsten Peruforscher hervorgerufen, die über das dargestellte Sujet die vielfältigsten Hypothesen geäußert haben: Jaguar oder Kaiman, »Geflügelte Raubkatze« oder »Herr der Fische«, Wesen aus der Himmelswelt oder der Unterwelt, männlich-weiblicher Doppelgott, Gott der Jahreszeiten oder Dema-Gottheit? Der einzige Punkt, über den sich alle Spezialisten einig zu sein scheinen, ist jener, daß es sich um eine eng mit der Landwirtschaft in Verbindung stehende Gottheit handelt. Was das übrige betrifft, so scheinen manche Hypothesen eher logisch und plausibel, andere eindeutig phantastisch, aber alle mit dem uns zur Verfügung stehenden ikonographischen und archäologischen Material schwer beweisbar. Es ist aber nicht unmöglich, die Bedeutung der Figur des Obelisken und der Religion von Chavín zu begreifen. Rowe (1962: 14–17; 1972: 257–265) behauptet, daß die Kunst von Chavín figurativ ist, die Bilder aber oft unverständlich werden, sei es durch die Verwendung einer Reihe von stilistischen Überlieferungen (wie die zweiseitige Symmetrie, die reihenartige Wiederholung von Details oder ganzer Figuren, der modulartige Aufbau von horizontalen Bändern nach einem starren Schema, die geometrische Darstellung anatomischer Züge) oder sei es durch die Verwendung fortlaufender visueller Metaphern, wie die Darstellung von Schlangen anstelle von Haaren oder von Zungen anstelle von Gliedern. Im Zusammenhang mit diesen visuellen Metaphern bemerkt Rowe: »...die am häufigsten in der Chavín-Kunst dargestellte Figur ist der Mund jeder Art von Kreatur, wie der eines brüllenden Raubtieres, mit sichtbaren Zähnen und über den Lefzen liegenden langen, spitzen Fangzähnen. Das Raubtier, von dem sich die Künstler inspirieren ließen, ist wahrscheinlich der Jaguar, ein im gesamten tropischen Amerika wegen seiner Kühnheit und seiner Kraft legendäres Tier. Wie der Jaguar haben die meisten der Raubkatzen, die mit ganzem Körper in der Chavín-Kunst dargestellt sind, ein geflecktes Fell.

Das Raubtiermaul erscheint nicht nur in seinem natürlichen Zusammenhang, in der Darstellung eines Raubtieres, sondern auch als Mund eines menschlichen Wesens, als Maul einer Schlange und, höchst eigenartigerweise, auch als Schnabel eines Vogels... Vielleicht ist die logischste aller verschiedenen Erklärungen die, daß das Raubtiermaul dazu diente, die göttlichen und mythischen Figuren von der natürlichen Welt zu unterscheiden, also eine Gleichbedeutung der Kraft des Jaguars mit den übernatürlichen Mächten andeutend. Wenn es so ist, dann könnte man das Raubtiermaul als... eine allegorische Figur betrachten. Es ist aber auch möglich, daß das Raubtiermaul einen Hinweis auf irgendeine verlorene Überlieferung der Mythologie von Chavín darstellt« (Rowe 1972: 262).

Mit dieser letzten Hypothese werden wir den Versuch zur Dechiffrierung des Tello-Obelisken beginnen. Wurde tatsächlich nichts von den Mythen, den Legenden, vom Volksglauben und den kollektiven Darstellungen überliefert, die die alten Künstler von Chavín inspiriert haben? Wenn man die archäologischen und ikonographischen Spuren aus der vorkolumbischen Zeit, die Mitteilungen der Chronisten und Missionare des 16. und 17. Jahrhunderts, der Reisenden des 18. und 19. Jahrhunderts und die zeitgenössischen ethnographischen Angaben einander gegenüberstellt, bietet sich ein Bild einer sehr langen kulturellen Überlieferung, mit Grundmodellen des Begreifens und Auffassens der Wirklichkeit, des Verhaltens, der gesellschaftlichen, wirtschaftlichen, religiösen und räumlichen Ordnung, die sich von der vorgeschichtlichen bis zu unserer Zeit nur wenig verändert haben.

FORTDAUER DES VOLKSGLAUBENS UND DIE DARSTELLUNGEN DER CHAVÍN-KULTUR

Untersuchungen von Ana Maria Mariscotti de Gorlitz (1978) über den Kult der Erdmutter, von Alejandro Ortiz Rescaniere (1980) über die Mythologie, von Gary Urton (1981) über die Astronomie und Kosmologie, von John Reinhard (1983) über Bergkulte und von Michael J. Sallnow (1987) über die Rituale von Pilgerfahrten zu Heiligtümern und heiligen Stätten im allgemeinen zeigen eindeutig, daß die Art zu leben, zu denken, sich gegenüber anderen Menschen zu verhalten, heute genau so ist wie in der vorkolumbischen Epoche, trotz einer fünf Jahrhunderte währenden europäischen Präsenz in diesem Gebiet.

Wie weit aber kann man diese kulturelle Überlieferung zurückführen? Es ist sicher, daß alle Elemente, die die andine Kultur charakterisieren, so wie sie sich uns durch historische Quellen und ethnographische Beobachtungen darbietet, schon während der Moche-Epoche klar ausgeprägt und in Verwendung waren (Hocquenghem 1987). Diese Epoche erstreckte sich zwischen 200 und 600 n. Chr. (Frühe Zwischenzeit) in den Küstentälern im Norden Perus, von Lambayeque im Norden bis zum Nepenatal im Süden, über ein bedeutendes Gebiet des alten Einflußbereiches der Chavín-Kultur (Donnan 1978: 3).

Die Moche-Keramik leitet sich von der Cupisnique-Kultur ab (die mit der Chavín-Kultur eng verbunden war), sie zeigt besonders in der Phase III typische Chavín-Motive, wie den klassischen Raubtierkopf mit den großen Fangzähnen.

Darstellungen mit Einflüssen der Chavín-Kultur wurden aber noch weiter entfernt, zum Beispiel in Pucará aufgefunden, wo zu Beginn unserer Zeitrechnung ein riesiges urbanes und zeremonielles Zentrum auf dem Hochplateau im Süden Perus bestand (Rowe 1971a). Einige Fachleute (Patterson 1971: 45–46) sind der Ansicht, daß sich der religiöse Komplex der Chavín-Kultur gerade durch und über Pukara auf die großen Kulturen von Tiahuanaco und Huari übertragen hat, die damals während des Mittleren Horizonts (600–1000 n. Chr.) über die Zentralanden verbreitet waren.

Hier erlebte die Ikonographie von Chavín eine erstaunliche Wiedergeburt. »Es bestehen kaum Zweifel«, bestätigt William H. Isbell (1988: 180) nach ikonographischen Vergleichen, »daß die Ikonographie in Tiahuanaco Teil einer mythischen Überlieferung ist, die ihre Wurzeln in der Chavín-Kultur hat«. Tiahuanaco, das seinen Einfluß über das gesamte Titicacabecken, Zentralperu und Nordchile ausdehnte, vermittelte seinerseits seine eigene religiöse Ikonographie der Huari-Kultur, die während der letzten Jahrhunderte des ersten nachchristlichen Jahrtausends ein gesamtperuanisches Reich bildete und somit auch die alten Territorien von Chavín und Moche umfaßte. In der Huari-Kunst wiederholen sich die Darstellungen übernatürlicher Wesen mit raubtierhaften Zügen. Nach dem Untergang von Huari lebten die Chavín-Tiahuanaco-Huari-Motive bei den Chimú, direkten Nachfahren der Moche, fort, welche unter ihrer Herrschaft – vom 13. bis 15. Jahrhundert – die Küstentäler Nordperus vereinigten, bevor sie den Inkas ungefähr 70 Jahre vor der Ankunft der Spanier (Rowe 1971a) unterlagen.

MYTHOS ÜBER DIE ENTSTEHUNG DER PFLANZEN

Die über zwei Jahrtausende – vom Frühen Horizont bis zur protohistorischen Zeit – anhaltende Beständigkeit von ikonographischen Motiven, die eindeutig mit mythischen Themen in Zusammenhang stehen, in Verbindung mit einer nachgewiesenen Kontinuität bestimmter Kulturmodelle seit der Moche-Epoche bis in unsere Tage, läßt plausibel erscheinen, daß sich in der mündlichen Tradition der Anden-Indianer heute noch Elemente oder Spuren eines alten Glaubens erhalten haben, die einst die phantastischen Bilder der Götter und Dämonen von Chavín beeinflußten. In der zeitgenössischen mündlichen Überlieferung gibt es eine mythische Erzählung, die eine klare Erklärung für die Darstellung des Tello-Obelisken liefert, sowohl in seiner Gesamtheit als auch für jedes Detail, daß sie uns förmlich zu dem Gedanken zwingt, daß es eine moderne, verarmte und ihrer ganzen Epik beraubte Variante des Grundmythos ist, auf dem die ganze Chavín-Religion beruht. Diese Hypothese ist um so höher zu bewerten, als die Geschichte in der eigentlichen Region von Chavín erzählt wird. Es handelt sich um den Mythos von Achkay, der von M. Toribio Mejia Xesspe auf Grund von verschiedenen Erzählungen zusammengestellt wurde, die er in den Jahren 1933–1934 von Eingeborenen im Pomabamba, in Chavín de Huántar und an zwei weiteren Orten gehört hat.

Im ersten Teil wird die Geschichte von zwei kleinen Kindern, einem Jungen und einem Mädchen, erzählt, die während einer großen Hungersnot von ihren verzweifelten Eltern in einen Abgrund geworfen wurden. Auf wunderbare Weise wurden sie von einem Kondor gerettet, der sie aber in der Gegend von Chavín de Huántar verließ. Die Geschwister kamen zum Haus einer alten Frau namens Achkay, die mit ihrer Tochter Oronkay in der Gegend lebte. Die Frau verstellte sich und nahm die Kinder freundlich auf. In der Nacht aber verschlang sie den kleinen Jungen und befahl am nächsten Tag ihrer Tochter, das kleine Mädchen zu töten und zu kochen. Dieses wurde von einem Frosch gewarnt und warf durch eine List Oronkay in den Kochtopf. Dann floh das Mädchen in die hohen Berge, nahm aber die Knochen seines unglücklichen Bruders mit. Achkay, die nichts von den Ereignissen wußte, verschlang den Inhalt des Kochtopfes, nämlich ihre eigene Tochter, die sich nun auf ewig in ihrem Magen befand. Nach der grausigen Entdeckung sann sie auf Rache und machte sich auf den Weg, das kleine Mädchen zu suchen. Diesem wurde aber auf seiner Flucht von verschiedenen Tieren geholfen – vom Kondor, vom Fuchs und vom Hirsch. Alle Tiere des Landes – so der Text des Mythos – boten ihren Schutz an. So gelangte das kleine Mädchen ins Reich der Kullkush, der Turteltauben der Puna, die sie um Hilfe beim Tragen der Gebeine des Bruders bat, weil sie schon sehr müde war. Eine der Turteltauben versprach ihm, sie würde den Bruder wieder zum Leben erwecken, nur müßte das Mädchen alle Knochen in einen Strohkorb legen. Bevor der Vogel wegflog, um Körner zu suchen, gebot er dem kleinen Mädchen, keinesfalls in dem Korb nachzusehen, was mit den Knochen geschähe.

Achkay, die den Spuren des kleinen Mädchens gefolgt war, gelangte ebenfalls ins Land der Kullkush und stieß einen drohenden Schrei aus, als sie das Mädchen erblickte. Dieses war verzweifelt, als es die Taube nicht zurückkehren sah, öffnete den Korb und sah zu seiner Überraschung, daß sich die Knochen in den Körper seines Bruders zurückverwandelt hatten. Es war überglücklich, aber als es die Hand seines kleinen Bruders ergriff, verwandelte sich dieser in einen Kashmi (kleiner weißer Hund). Gefolgt von seinem neuen Begleiter, floh das kleine Mädchen in die fruchtbare Hochebene. Dort traf sie auf ein Vikunja, das eine Goldschnur um den Hals trug. Diesem erzählte es von seinem Mißgeschick und bat, ihm die Schnur zu leihen, damit es in den Himmel klettern könne. Das Vikunja lieh dem Mädchen seine Goldschnur, das sofort, begleitet von seinem Bruder, den Aufstieg in das Himmelsgewölbe begann. Inzwischen traf auch Achkay das Vikunja; als sie das kleine Mädchen in den Himmel klettern sah, verlangte auch sie ein Seil, um dem Mädchen folgen zu können. Das Vikunja gab ihr ein Queschua (eine Strohschnur), das am Ende ein Ukush (eine Maus) trug. Achkay warf das Seil in die Luft und begann unerschrocken hinaufzuklettern, überzeugt, daß ihr der kleine

Flüchtling diesmal nicht entkommen werde. Als sie sich dem Mädchen näherte, schrie sie ihr zu: »Warte nur, Elende, du wirst mir für den Tod meiner Tochter mit dem Leben bezahlen!« Aber während sie ihrem Opfer folgte, hörte sie ein Geräusch, das die Maus machte, und sie fragte: »Nun, schönes Mäuschen, sag mir, was du da mit so großer Begierde frißt?« »Ich kaue die harte Kamcha meiner Großmutter«, antwortete die Maus. Das Tier fuhr fort, ruhig die Fasern des Seils zu zernagen, bis dieses an einem bestimmten Punkt unter der Last von Achkay zerriß. Die Alte fiel mit einem gellenden Schrei zu Boden. Als sie sich verloren sah, rief sie ihre Helfer, die ihr eine Decke bringen sollten, damit sie nicht auf die Bergspitzen fallen würde. Die von Achkay ausgestoßenen Hilfeschreie prallten von den Bergen ab und verwandelten sich innerhalb der Schluchten und Abgründe von Chavín de Huántar in zahlreiche Echos. Dieses Echo ist heute noch unter dem Namen Huari zu hören. Der Körper der bösen Achkay zerschellte auf dem Berg Rakan Shapra, am linken Ufer des Flusses Puchka, nahe den Ruinen des Tempels von Chavín. Das Blut, das aus dem Körper herausspritzte, fiel an einem anderen Ort desselben Gebietes nieder. Dieser Ort heißt Wila-kota und ist ein kleiner See am linken Ufer dieses Flusses.

Die Überreste des Körpers flogen in alle Himmelsrichtungen; aus ihnen entsprossen viele Wald- und Gartenpflanzen, die auch heute noch im Land der Conchucos blühen. Aus den Armen und Beinen entsprossen die Kakteen (Kashas), aus den Nägeln die Zwetschgenbäume, aus der Haut die Brennesseln, aus den Augen die Erdäpfel und »Olluco«, aus den Zähnen der Mais, aus den Fingern »Oca« und »Mashwa« und so fort.

PARALLELEN ZUR DARSTELLUNG DES OBELISKEN

Die Ähnlichkeiten der Erzählung aus den Anden von heute mit der Darstellung auf dem Tello-Obelisken sind vielfach und überzeugend. Es besteht kein Zweifel, daß es sich bei dieser Erzählung um einen echten Mythos über die Entstehung der Pflanzen handelt, die aus den »membra delecta« eines bösen Wesens und Menschenfressers entsprungen sind. Dieses Wesen wird getötet, als es mit Hilfe eines Seils ein kleines Mädchen und dessen Bruder verfolgt, in der Absicht, diese zu verschlingen. Das Seil wird von einer Maus abgebissen; das Ungeheuer stürzt ab, und aus seinen zerschmetterten Gliedern wachsen verschiedene Arten von Pflanzen, während die beiden Kinder das Firmament erreichen und sich in Sterne verwandeln. In gleicher Weise sehen wir auf dem Tello-Obelisken eine monströse, fleischfressende Kreatur mit den Zügen eines Krokodils, aus dessen Körper eine Reihe von Kulturpflanzen sprießt. Die Beschreibung des Ungeheuers, »in aufrechter, unnatürlicher Haltung«, mit dem Rachen nach oben und die Tatzen im Leeren hängend, scheint im Lichte der Legende nun nicht mehr so außergewöhnlich. Die wahrscheinlichste Erklärung ist, daß man die schreckliche Bestie beim Hinaufklettern in die Luft, auf der Jagd nach seiner Beute, hier durch einen Jaguar und einen oder zwei Raubvögel versinnbildlicht, ebenfalls in senkrechter Haltung dargestellt hat.

Im Zusammenhang mit dieser Szene wird auch der eigenartige Vogel- oder Fischschwanz verständlich. Es handelt sich mit größter Sicherheit um einen gefiederten Schwanz, ein Attribut, das allgemein einem zum Himmel aufsteigenden übernatürlichen Wesen zugeordnet wird. Nicht die mangelhafte Kenntnis der wirklichen Morphologie eines Kaimans, wie dies Rowe von den Künstlern von Chavín annimmt, hat sich hier manifestiert; das ornithologische Element gilt als Symbol für den Ort, die Luft, in der sich das mythische Geschehen abspielt, und für die Bewegung, das Aufsteigen.

Was das reißende Seil betrifft, so finden wir auch auf dem Obelisken zwei Seilstücke: eines von oben herabhängend und bis zum Rachen des Tieres reichend, das andere, halb um das Tier gewickelt, schlaff und herunterhängend bis unter die hintere Tatze auf Profil A. Daß es sich hier eindeutig um ein Seil und nicht um irgendein Ornament oder um eine Reihe von Erdnußknollen handelt, wie Tello vermutete, wird dadurch bewiesen, daß auf dem Lanzón, ungefähr an denselben Stellen, d. h. oberhalb des Kopfes und unter den Tatzen des Ungeheuers, die Teile eines dicken Seils (oder einer Kette) dargestellt sind, straff und senkrecht zum Boden gespannt und mit zwei verdrehten Strängen (Abb. 24). Auch hier hat es den Anschein, daß die Enden des Seiles über das Monument hinausgehen und sich im Boden und in der Decke verlieren. Außerdem ist es überaus bedeutungsvoll, daß das Seil senkrecht gerade bis zur

erhobenen Tatze der Figur herabfällt, so als wollte sich diese noch festhalten. Mit Hilfe dieses Schlüssels finden auch die »exzentrischen Augen« noch eine logische Erklärung, ebenso wie die vielen anderen katzenartigen Figuren der Ikonographie von Chavín: Diese bedeuten ganz einfach die Blickrichtung des Monsters, nämlich nach oben gegen den Himmel, der Beute nach.

Die Legende von der Achkay scheint mit der Figur des Tello-Obelisken und mit jener des Lanzón in Verbindung zu stehen. Beim bloßen Hinsehen erfaßt man, trotz aller Unterschiede, daß die beiden Gestalten das Sujet darstellen (Kauffmann Doig 1976: 259).

Es ist noch zu klären, warum die eine Figur ein Wesen mit Krokodilzügen und die andere eines mit den Zügen einer Raubkatze darstellt. Wenn wir in unserer Deutung der Figur des Tello-Obelisken weitergehen, so wird man feststellen, daß die beiden tiergestaltigen Profile nicht spiegelbildlich, sondern in derselben Ausrichtung dargestellt sind. Wenn man die Figuren auf den vier Seiten des Obelisken flach abgerollt sieht, so hat man tatsächlich den Eindruck, vor einem Kaimanpaar zu stehen; dieser Eindruck wird noch verstärkt, weil sich die beiden Profile, trotz ihrer Identität in der allgemeinen Struktur, doch durch einige auffällige Details unterscheiden. Dazu gehören das Vorhandensein bzw. das Fehlen des männlichen Geschlechtsorgans, die unterschiedlichen Arten der Pflanzen, die aus den Gliedmaßen wachsen, und die verschiedenen Tierfiguren oberhalb des Rachens. Man sah daher entweder ein mythisches männlich-weibliches Doppelwesen (Carrión Cachot 1959: 406; Lyon 1978: 100; Cané 1983) oder einen Erd- und Himmelsgott (Lathrap 1973: 96) oder aber eine einzige Gottheit, dargestellt in zwei verschiedenen Erscheinungen und Augenblicken (Tello 1923). Warum aber ist bei allen Unterschieden am übrigen Körper der gefiederte Schwanz auf beiden Profilen absolut spiegelgleich? Warum befindet sich auf Profil B kein Motiv, das eine Vagina darstellen könnte? Wenn es sich um ein einziges Wesen handelte – wäre es tatsächlich möglich, daß die Künstler aus Chavín bei einem so bedeutungsvollen Werk einen derart gewaltigen Fehler begangen hätten? Dies alles erscheint nicht plausibel. In Wirklichkeit ist die Erklärung ganz einfach und entspricht der Vorstellung Cerullis, die aber die Geschichte der Achkay gar nicht kannte. Cerulli sah auf dem Tello-

Obelisken den zerstückelten Körper einer Raubkatze bzw. ein »echsengestaltiges« Untier, das gerade auf dem Boden zerschmettert wird und aus dessen abgerissenen Gliedmaßen verschiedene Pflanzen hervorsprießen. Mit Hilfe der Ungleichheit und Asymmetrie der beiden Profile wollten die Künstler den Begriff der Zerstückelung des Körpers zum Ausdruck bringen; dieser Eindruck wird durch den stark »modulhaften« Aufbau der Figur noch verstärkt – fast wie ein Puzzle kurz vor dem Auseinanderfallen. Die Künstler von Chavín konnten mit ihrem großen Wissen alle Hinweise auf die richtigen Zeichen mit originellen Formlösungen zu einem einzigartigen Bild kombinieren, das von den Gläubigen unmittelbar verstanden wurde als der Höhepunkt des mythischen Ereignisses, das ihre Ackerbaukultur begründete, als die »Geburt« der Kulturpflanzen. Auf Grund der modernen Legende der Achkay kann man den allgemeinen Zusammenhang der dargestellten Szene verstehen, nicht aber eine Reihe wichtiger anderer Nebenmotive, da es sich ja nur um eine vage und entfernte Variante des großen Mythos über die Entstehung des Ackerbaus handelt, um den sich im Lauf von fast drei Jahrtausenden das ganze System des Volksglaubens und der Kollektivdarstellungen der Menschen von Chavín gerankt hat. So bemerkt man zum Beispiel eine eklatante Abweichung darin, daß Achkay eine weibliche Figur ist, während der Gott auf dem Obelisken eindeutig männlichen Geschlechts ist, wie der große Penis mit dem Jaguarkopf zeigt, aus dem der Maniokbusch wie eine Art Samenflüssigkeit herauswächst. Trotzdem kann man noch andere – wenn auch nur auf Vermutungen beruhende – mögliche Analogien zwischen der Darstellung auf dem Obelisken und dem, was wir durch die mündliche Überlieferung wissen, entdecken. Hier ist zum Beispiel die menschenähnliche Figur mit den Katzenzügen, jedoch ohne deren Fangzähne, die sich in der Rückengegend des Kaiman unmittelbar unterhalb des Kopfes befindet und die den Anschein erweckt, als ob sie die Hände zum Mund erheben und zu schreien beginnen würde. Könnte sie nicht eine Abbildung der Oronkay sein, die irrtümlich im Magen der Achkay endete? Könnten nicht die Tiergestalten oberhalb des Rachens des Ungeheuers für die kleinen Geschwister stehen, die in den Himmel kletterten und sich dort in Sterne verwandelten, um den Krallen der Zauberin zu entkommen?

DIE GROSSE SICHTBARE METAPHER

Es gibt aber noch ein Motiv auf dem Tello-Obelisken, das durch die Achkay-Legende erklärt werden kann. Es handelt sich um den berühmten Rachen des Kaimans oder der Raubkatze – ein Motiv von außergewöhnlicher Bedeutung angesichts seiner Verbreitung in der Chavín-Kultur. In der Legende heißt es, daß aus den Zähnen der Hexe die ersten Maispflanzen entstanden. Diese Verbindung Mais-Zähne wird durch eine andere Geschichte bestätigt, die im zweiten Jahrzehnt des 17. Jahrhunderts vom Jesuiten Luis de Teruel bei den Indianern der Küste Mittelperus gefunden und aufgezeichnet wurde. Der Gott Pachacamac, der Sohn der Sonne, tötete seinen neu geborenen Halbbruder und verstreute dessen Gliedmaßen. »Er säte die Zähne des Toten und diesen entsproß der Mais, dessen Körner genau den Zähnen glichen; er säte die Rippen und die Gebeine, und es wuchs der Maniok, mit runder Wurzel, lang und weiß wie die Knochen, und die anderen Knollenpflanzen. Aus dem Fleisch entsprangen die Gurken, die Paca und alle übrigen Früchte und Bäume. Von da an kannten die Menschen keinen Hunger mehr und keine Not...« (Calancha 1976, III: 932) (auf diesen Text hat Marco Curatola aufmerksam gemacht).

Der Mais, der in der Ikonographie von Chavín nicht vorkommt, wird daher in der mündlichen Überlieferung der Anden als eine Metamorphose oder, besser gesagt, als eine Entwicklung aus den Zähnen eines getöteten übernatürlichen Wesens dargestellt: Im Falle der Achkay ist es die schreckliche Kreatur, die sich wie ein Wilder von Menschenfleisch ernährt. Ist dies aber nicht jenes Motiv, das sich immer wieder in allen Gestalten der

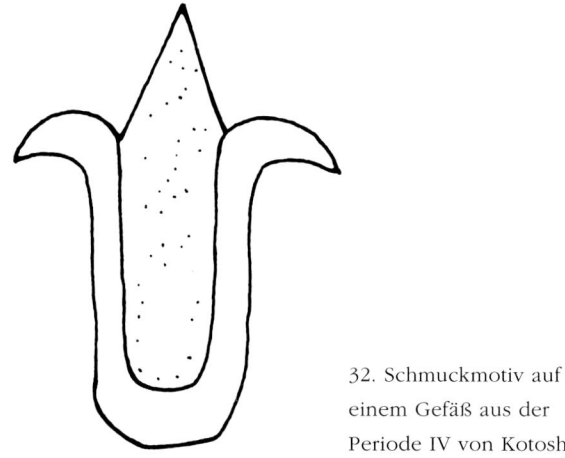

32. Schmuckmotiv auf einem Gefäß aus der Periode IV von Kotosh

33. Darstellung von Raubkatzen und Schlangen
auf der Gesimsplatte an der Südwestecke des Neuen Tempels
von Chavín de Huántar (nach Rowe 1973)

Chavín-Kultur wiederholt? Ist nicht ein zähnefletschender Wilder das typischste und ursprünglichste figurative Element der Kunst dieser Kultur? Oft sieht man von diesem Wilden weder den Körper noch den Kopf, sondern nur das Maul, das offensichtlich das charakterisierende Grundelement ist. Diese Fangzähne besitzen, wie Kauffmann Doig (1976: 839) bemerkt, dieselbe Form wie die einzige realistische Darstellung von Mais aus der Chavín-Epoche, die uns erhalten ist: der Maiskolben, der in halb geöffneten Deckblättern auf der Wandung eines flaschenförmigen Gefäßes eingeritzt ist. Diese Flasche wurde in Kotosh in einer Schicht gefunden, die wahrscheinlich aus der Zeit der ersten Phasen von Chavín de Huántar stammt (Abb. 32). Ersetzt man bei dieser Form den inneren weiblichen Blütenstand, den eigentlichen Schaft, durch Zähne, entsteht der klassische Raubtierrachen von Chavín, der identisch mit den vielen Mäulern ist, die auf dem Lanzón dargestellt sind (Abb. 24), ebenso mit den auf dem Fries in der südwestlichen Ecke des Neuen Tempels (Abb. 33) dargestellten Katzen und Schlangen, ebenso mit dem auf dem Knochen von Pallka eingeritzten Krokodilmaul (Abb. 31). Aus dem Rachen dieses Tieres und aus jenen der Schlangen auf dem Fries ragen Annexe in Form einer Einzahnung hervor, die wie junge Maisblätter aussehen.

Es ist zu bedenken, daß sich der Mais über die Samen der Kolbenkörner vermehrt, die auch bei den heutigen Bauern noch mit Zähnen in Verbindung gebracht werden. Eines der häufigsten Komplimente, die ein junger Mann einer Schönen macht, besteht darin, ihre Zähne mit Maiskörnern zu vergleichen (Sabogal Wiesse 1981: 4). Wir glauben, daß eine solche Ähnlichkeit auf die wichtigste visuelle Metapher der Chavín-Kunst zurückgeht und daß dies der Grund ist, warum alle katzenähnlichen Geschöpfe als Verkörperung des Wachsens und Entstehens von Mais anzusehen sind. Das erklärt auch die Ungenauigkeit im Erscheinungsbild der zoomorphen Wesen, einschließlich des Tello-Obelisken. Die Schöpfer dieser Figuren waren nicht so sehr am Kaiman oder an der Raubkatze als solchen interessiert, sondern sie wollten ein wildes, starkes und räuberisches Tier mit mächtigen Zähnen darstellen, welches bei den Gläubigen sofort den Gedanken an die Entstehung des Mais, der wichtigsten Kulturpflanze, hervorrief. Die großen Fangzähne der wichtigsten Raubtiere, wie des Kaimans oder des Jaguars, waren als Metapher für Mais besonders geeignet. Halten wir daher fest, daß es sich um ein mythisches Thema in Verbindung mit dem »Raubtierrachen« handelt, das Rowe als unwiederbringlich verloren hält.

Marco Curatola

34. ZAPFENKOPF

M.A.U.N. – Trujillo U6

Stein, L 27 cm

Früher Horizont, ca. 900 – 400 v. Chr., Chavín

Derartige Köpfe wurden mit ihren Fortsätzen als Bauschmuck
in die Mauern von Zeremonialbauten eingezapft, wie z. B.
am Neuen Tempel von Chavín de Huántar. Hier ist der Kopf
durch verschiedene Merkmale charakterisiert. Es finden sich
Voluten auf den Wangen, die viereckigen Augenhöhlen werden
durch einen Rahmen betont. In ähnlicher Weise sind die
Mundwinkel ausgeformt, aus denen je zwei Fangzähne ragen.
Die Lippenbewegung entspricht einem Pfeifenden.

35. MÖRSER MIT RITZDEKOR

M.B. – Lambayeque MB 1932, MB 1938
Stein, H 18,5 cm
Früher Horizont, ca. 900–400 v. Chr.
Cupisnique

Dieser Mörser, der auf der äußeren Wandung mit einer fortlaufenden religiösen Szene verziert ist, weist in der unteren Hälfte jeweils zwei sich gegenüberliegende Öffnungen auf. Es ist wahrscheinlich, daß er zur Herstellung eines Getränks verwendet wurde, wobei die fertiggepreßte Flüssigkeit aus den Löchern herausfloß. Ähnliche Stücke sind auch wiederholt in frühen Fundzusammenhängen aufgetreten.

36. KLEINES ZYLINDRISCHES GEFÄSS

D.A.M. – Helsinki 901
Steatit, H 4,7 cm
Früher Horizont, ca. 900–400 v. Chr., Chavín

Während des Frühen Horizonts finden sich sorgfältig ausgearbeitete Gefäße aus Stein, die ohne Metallwerkzeuge hergestellt wurden. Die Wandung dieses Objekts ist mit einem Ritzdekor versehen, der Motive eines Feliden oder kaimanartigen Wesens wiedergibt.

Dieses Thema findet sich auch bei anthropomorphen Darstellungen der Moche-Keramik. Die Bedeutung bleibt unklar, denn bis heute traten Figuren dieser Art nur isoliert, ohne zusätzliche ikonographische Elemente auf, die eine Einordnung in einen bestimmten religiösen oder andersgearteten Kontext erlauben.

37. MÖRSER IN FISCHFORM
M.A.U.N.M.S.M. – Lima 462
Stein, L 37 cm
Früher Horizont, ca. 900–400 v. Chr., Chavín
Herkunft aus dem Tempel von Chavín de Huántar
Die Darstellung von Fischen gibt Anlaß zu verschiedenen
Interpretationen. Da dieser Mörser in der Nähe des
Tello-Obelisken gefunden wurde, der unter anderem einen
in dieser Höhe unbekannten Kaiman zeigt, kann vermutet
werden, daß es sich hier um ein Element des Mythos
vom »Herrn der Fische« handeln könnte, einem Mythos,
dessen Wurzeln im Amazonas-Gebiet liegen.

38. GABELHALSGEFÄSS
M.A.U.N.M.S.M. – Lima 1.15 446s-396
Ton, H 18,5 cm, Ø 14 cm
Früher Horizont, ca. 900–400 v. Chr.
Chavín (Raku)
Luis G. Lumbreras führte während der
sechziger Jahre mehrere Grabungskam-
pagnen in Chavín de Huántar durch.
Das abgebildete Gefäß, das zu den
reichen Keramikfunden zählt, war wie
viele andere absichtlich zerschlagen.

39. FLASCHE MIT RITZDEKOR
M.A.U.N.M.S.M. – Lima 1.15 513-400
Ton, H 18 cm, Ø 14 cm
Früher Horizont, ca. 900 – 400 v. Chr.
Chavín (Ofrendas)
Im Gegensatz zu den Schalen und der
einzigen bekannten Flasche, auf denen
alle Außenflächen mit Verzierungen
versehen sind, weisen die meisten
anderen Gefäße nur auf den direkt
sichtbaren Flächen derartige
Dekorationen auf. Dies könnte
bedeuten, daß erstere möglicherweise
von Priestern anläßlich bestimmter
Zeremonien benutzt wurden.

40. FLASCHE MIT RITZDEKOR
M.A.U.N.M.S.M. – Lima 1.15 438-421
Ton, H 20,5 cm, Ø 15 cm
Früher Horizont, ca. 900–400 v. Chr.
Chavín (Ofrendas)
Der Gefäßkörper weist einen Ritzdekor
von Felidenköpfen mit nach oben
gerichteten Schnauzen auf, denen jeweils
ein Vogelschnabel vorgesetzt ist.

41. BICHROMES GABELHALSGEFÄSS
MIT RITZDEKOR
L.M. – Stuttgart M 31964 LL 3272 L/8
Ton, H 30 cm
Früher Horizont, ca. 900 – 400 v. Chr.
Chavín (?)
Die bisher vorgestellten Chavín-
Gefäße hatten durchweg eine
monochrome Oberfläche, wobei die
Farbtöne Grau bzw. Grau-Schwarz
dominierten. Obwohl auch hier die
Darstellung eines Wesens mit vor-
springenden Fangzähnen erhalten
geblieben ist, stellt doch die Betonung
der wesentlichen Merkmale durch
Nachzeichnen oder Umranden mit
einem anderen Farbton ein
besonderes Element dar.

42. SCHALE

M.A.U.N.M.S.M. – Lima 1.15 583-429

Ton, H 8,2 cm, Ø 19,2 cm

Früher Horizont, ca. 900–400 v. Chr.

Chavín (Ofrendas)

Herkunft aus Chavín de Huántar

Auf der äußeren Wandung der Schale scheint eine große Anzahl
von Motiven ineinanderzugreifen, die in erster Linie Fangzähne
darstellen. Eine genauere Betrachtung der Verzierung läßt jedoch den
kompletten Kopf eines Feliden erkennen, mit den charakteristischen
Merkmalen des Mauls, der Nase und des Auges.

43. SCHALE MIT RITZDEKOR

M.A.U.N.M.S.M. – Lima 1.15 547-420

Ton, H 7 cm, Ø 20 cm

Früher Horizont, ca. 900–400 v. Chr.

Chavín (Ofrendas)

Herkunft aus Chavín de Huántar

Ähnlich dem Objekt von Kat.-Nr. 42 zeigt
auch diese Schale ein, wenn auch
schlichter ausgeführtes, Raubkatzen-
motiv, das die gesamte Außenfläche
einschließlich des Bodens bedeckt.

44. ZOOMORPHES GEFÄSS MIT
FLASCHENHALS
L.M. – Stuttgart M 31381 L
Ton, H 24 cm
Früher Horizont, ca. 900–400 v. Chr.
Cupisnique
Dargestellt ist ein Mischwesen,
bestehend aus einem Vogelleib und
einem Felidenkopf im Profil, mit
aufgeklapptem Rachen. Bemerkens-
wert ist dabei die Übertragung eines
glyphenartigen, für den Ritzdekor
charakteristischen Elements auf ein
Figurengefäß.

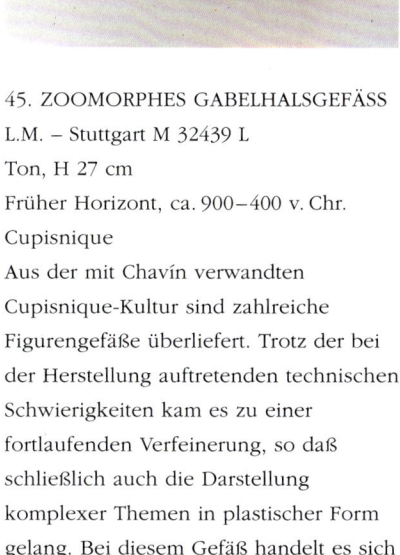

45. ZOOMORPHES GABELHALSGEFÄSS
L.M. – Stuttgart M 32439 L
Ton, H 27 cm
Früher Horizont, ca. 900–400 v. Chr.
Cupisnique
Aus der mit Chavín verwandten
Cupisnique-Kultur sind zahlreiche
Figurengefäße überliefert. Trotz der bei
der Herstellung auftretenden technischen
Schwierigkeiten kam es zu einer
fortlaufenden Verfeinerung, so daß
schließlich auch die Darstellung
komplexer Themen in plastischer Form
gelang. Bei diesem Gefäß handelt es sich
um ein Mischwesen, das Merkmale eines
Raubvogels aufweist.

**46. ANTHROPOMORPHES
GABELHALSGEFÄSS**
M.R.A.H. – Brüssel AAN 75.3
Ton, H 23 cm, Ø 16 cm
Früher Horizont, ca. 900–400 v. Chr.
Cupisnique
Dieses Stück zeigt die Verwendung
zweier Techniken. Der Kopf, der eine
besondere Haartracht und mit Scheiben
geschmückte Ohren aufweist, ist dem
Gefäßkörper plastisch aufgesetzt,
während die anderen Körperteile durch
Ritzungen wiedergegeben sind, wobei
der Gefäßkörper in die Gestaltung mit
einbezogen wurde. Die Arme sind
unproportioniert dargestellt und die
Finger mit langen Nägeln versehen, die
an die der Chavín-Gottheiten erinnern.

47. FIGÜRLICHES GABELHALSGEFÄSS
L.M. – Stuttgart M 32346 L
Ton, H 25 cm
Früher Horizont, ca. 900–400 v. Chr.
Cupisnique
Das Gefäß erinnert an eine Kopf-
bedeckung, die mit einer Tiertrophäe
geschmückt ist. Derartiger Kopfputz
war in vorspanischer Zeit bei den
Bewohnern Perus weit verbreitet.
Der kranzartige Gefäßkörper trägt
einfachen Ritzdekor. Die Tiertrophäe ist
mit offenem Maul und gefletschten
Zähnen dargestellt. Die übrigen Merk-
male erlauben es jedoch nicht,
die Spezies sicher zu identifizieren.

48. ANTHROPOMORPHES
SCHMUCKPLÄTTCHEN
M.B.C.R. – Lima ACO-3231
Schneckenschale, H 3,8 cm
Früher Horizont, ca. 900–400 v. Chr.
Chavín

49. ANTHROPOMORPHES SCHMUCKPLÄTTCHEN

M.B.C.R. – Lima ACO-3232
Schneckenschale, H 3,8 cm
Früher Horizont, ca. 900–400 v. Chr.
Chavín

Trotz überwiegend anthropomorpher Merkmale weisen beide Plättchen auch die charakteristischen Züge eines Feliden auf, die sie in einen religiösen Kontext stellen. Die besondere Bedeutung dieser beiden Objekte, die offensichtlich aus einer Werkstatt stammen, wird auch durch die aufgelegte rote Farbe, vermutlich Hämatit oder Zinnober, unterstrichen. Diese Farbstoffe, wie auch Ocker, wurden schon in präkeramischer Zeit gewonnen und von Jägern und Sammlern benutzt, um Jagdszenen auf die Wände von Felsüberhängen zu zeichnen. Es dürfte sich bei diesen Stücken um Applikationen handeln, die auf Textilien oder andere Unterlagen aufgenäht waren, worauf auch die Durchbohrungen am Kopf hindeuten.

50. STROMBUSSCHNECKENGEHÄUSE MIT RITZDEKOR

B.M. – Brooklyn L.52.1
Schneckenschale, H 23,5 cm
Früher Horizont, ca. 900–400 v. Chr.
Chavín

Dieses Stück ist in zweierlei Hinsicht von besonderem Interesse. Zunächst ist es das Material, aus dem dieses Musikinstrument angefertigt wurde. Es handelt sich um eine Strombus-Schnecke, eine Spezies, die in den kalten Gewässern vor der Küste Perus nicht anzutreffen ist. Normalerweise findet sie sich nur in den warmen, nördlichen Gewässern entlang der Küste Ekuadors. Ihre Verwendung läßt darauf schließen, daß zwischen Peru und Ekuador während des Frühen Horizontes Verbindungen bestanden, die unter anderem der Versorgung mit speziellen Objekten für zeremonielle Zwecke dienten. Diese Kontakte werden außerdem durch das Auftreten von Spondylus-Muscheln belegt, die ebenfalls nur in warmen Gewässern vorkommen. Die zweite Besonderheit betrifft das Thema des Ritzdekors auf dem Schneckengehäuse, ein anthropomorphes Wesen, das eine ebensolche Schneckentrompete bläst. Der Trompeter ist von einem komplexen Gefüge typischer Elemente der Chavín-Ikonographie umgeben, wie der Schlange zu seinen Füßen.

51. GOLDBLECH

C.A.M. – Cleveland 46.117

Gold, H 40,6 cm, B 10,8 cm

Früher Horizont, ca. 900–400 v. Chr.

Chavín

Nach den ersten Anfängen der
Metallurgie in Waywaka kam es zu
einem Wiederaufleben dieser
Techniken in der Chavín-Kultur.
Erst kürzlich wurden von japanischen
Archäologen in Kuntur Wasi chavín-
zeitliche Goldarbeiten entdeckt.
Das zentrale Motiv dieses Pektorals
zeigt ein anthropomorphisiertes
Felidenwesen mit den typischen
Merkmalen der Chavín-Ikonographie,
wie z. B. Reißzähne und Schlangen.
Diese Motive finden sich auch
auf Keramiken und Steinreliefs.

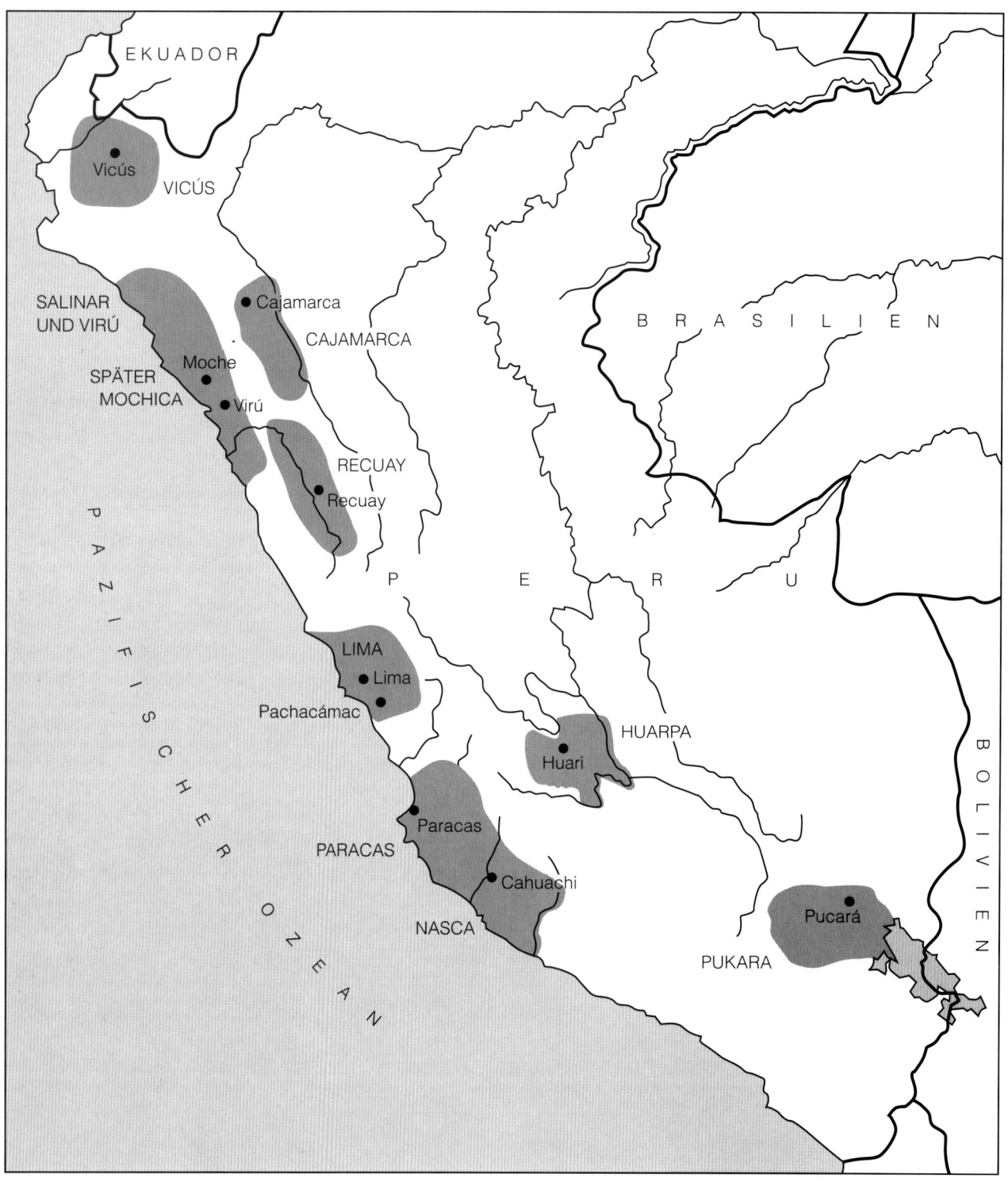

52. Regionalkulturen der frühen Zwischenperiode

FRÜHE ZWISCHENPERIODE

400 V. CHR. — 700 N. CHR.

Wenn sich im Frühen Horizont noch eine gewisse Einheit zeigte, die sich besonders in der Verbreitung einer Religion ausdrückte, in der der »Stabgott« und Gottheiten mit anatomischen Charakteristiken von Tieren, wie Raubkatze und Reptil, vorherrschten, so finden wir nun in einer ersten Phase um 400 v. Chr. und dem Beginn unserer Zeitrechnung kleinere, verstreute Königreiche.

Im Gebiet von Piura und bis nach Lambayeque bleibt die Chronologie der Vicús-Kultur noch unklar, man rechnet ihr etwa ein Jahrtausend (500 v. Chr. bis 500 n. Chr.) zu. Die ersten Funde aus heimlichen Ausgrabungen brachten eine Fülle bis dahin unbekannter Werke auf den Markt, die aus tiefen Gräbern stammten. Zwei verschiedene Epochen oder zwei verschiedene Quellen würden die bemerkenswerten Unterschiede in den Ausführungen erklären; einige Züge nämlich erinnern an Funde aus der Äquatorialzone, andere wieder könnten aus lokaler Inspiration entstanden sein.

Man denkt daher an die Koexistenz zweier fast gleichzeitig auftretender Stilrichtungen, die jedoch in ihrer Ausdrucksform völlig verschieden sind. Der Stil »Vicús-Vicús«, der seine Wurzeln in Ekuador hatte, zeigt »Grobkeramiken« mit expressionistischem Ausdruck.

Die zweite Stilrichtung, »Moche-Vicús« genannt, ist mit den Moche-Produkten der Phase 1 identisch, man bemerkt hier denselben Geschmack in der realistischen Darstellung von Menschen und besonders von Tieren. Hier ist die Skulptur, die hocherhabene Arbeit, vor allen anderen Ausdrucksformen vorherrschend. Möglicherweise wurde dieser Stil von den Moche-Leuten eingeführt, die bereits über eine fortgeschrittene soziale und politische Organisation verfügten. In den nördlichen Anden beherrschten sie die Kunst der Metallverarbeitung, dank derer die Metallkünstler der Vicús viele Gegenstände und Schmuck aus arsenhaltiger Bronze, Kupfer oder Tombak, einer Legierung aus Gold und Kupfer, anfertigten.

In den Tälern von Chicama und Moche herrschte in der Zeit von 600 bis 100 v. Chr. die Salinar-Kultur. Auf diesem eher kleinen Gebiet wurde die Salinar-Kultur von der Cupisnique-Kultur aufgesogen, die ihrerseits wieder stark von der Chavín-Kultur beeinflußt war. Die Kunst der Salinarepoche, besonders die Keramik, trägt in sich bereits den Samen jener Kultur, die ihr in eben diesen Tälern nachfolgte – der Moche-Kultur.

Gleichzeitig mit Salinar gedeiht im Tal von Virú die Virú- oder Gallinazo-Kultur (auch Virú/Gallinazo genannt). Sie ist besonders durch ihre Keramik bekannt, die mit ihren Negativverzierungen den Gefäßen im Stil Vicús-Vicús ähnelt.

Die Moche beherrschten während der Frühen Zwischenzeit die Nordküste von Peru. Um 100 v. Chr. erreichte diese Zivilisation im Tal von Chicama ihren Höhepunkt, dort, wo sich schon kurz vorher die Salinar-Kultur entwickelt hatte. Zwischen 200 und 400 n. Chr. eroberte oder vergrößerte die Moche-Kultur ihr Gebiet vom Tal von Jequetepeque bis zum Tal von Nepena, obgleich auch angenommen wird, daß ihre Spuren im Tal von Casma und von Huarmey ebenfalls als Nachweis einer Besiedlung angesehen werden können. Weitere Spuren ihrer Wanderung wurden bis zu den Chinchainseln und den Guanoinseln gefunden, wo sie sich mit Dünger versorgten. In zerbrechlichen kleinen Booten aus Totora wagten sie sich auf den Ozean hinaus, der wegen seiner ungestümen Wellen gefürchtet war und noch ist.

Die baulichen Funde aus der Moche-Zeit sind beeindruckend. Die Sonnenpyramide von Moche besteht aus übereinanderliegenden Plattformen, die eine Fläche von 228 x 136 m bedecken, angeblich zusammengesetzt aus 50 Millionen Adobeziegeln. Das Bauwerk trug ein Zeremonienhaus und diente gleichzeitig als Bestattungsort.

Tatsächlich stammen alle künstlerischen Funde dieser Zeit – mit Ausnahme der Wandmalereien – aus Gräbern mit mehr oder weniger kostbarer Ausstattung, je nach gesellschaftlichem Rang des Verstorbenen. Unter den im Zuge der wissenschaftlichen Ausgrabungen – oder bedauerlicherweise bei Raubgrabungen – gefundenen Gegenständen stellen die Töpferwaren wahrscheinlich jene Kunstrichtung dar, die die Moche-Kunst am eindrucksvollsten wiedergibt. Unter den Formen sind die Steigbügelgefäße am häufigsten vertreten. Mit Hilfe zweischaliger Modeln angefertigt, sind sie ein Beweis der technischen Genialität dieser Keramikkünstler. Übrigens ermöglichte die Verwendung von Modeln die Vervielfältigung einer Figur, was das gelegentliche Auffinden von »Zwillingen« nicht nur in verschiedenen Sammlungen, sondern auch in verschiedenen Gräbern erklärt.

Während der ersten drei Phasen der Moche-Kultur entstanden hauptsächlich Skulpturgefäße, wobei entweder Geschöpfe des wirklichen Lebens

oder Figuren aus der Götterwelt dargestellt wurden. Nach und nach erscheinen auf cremefarbigem Grund rot gemalte Szenen (manchmal auch weiß auf rotem Grund), in der letzten Moche-Phase (Phase V) ist dies überhaupt die am meisten geübte Malweise, während sich die Motive auf eine Wiederholung dicht angeordneter Szenen über die gesamte Ausbauchung der Gefäße beschränken.

Auch wenn Metallverarbeitung und besonders Goldschmiedekunst den Moche bekannte Techniken waren, so hat eine kürzlich gemachte Entdeckung, vorerst rein zufällig, später glücklicherweise methodisch, im Zuge der in der Gegend von Sipan gemachten Ausgrabungen gezeigt, wie sehr die Bewohner damals die verschiedenen Techniken beherrschten. Das Gebiet in der Region Lambayeque gibt Anlaß zu einer neuen Hypothese, wonach das Territorium der Moche-Kultur in zwei deutlich verschiedene künstlerische Zonen unterteilt werden muß. Lambayeque und seine Umgebung widmete sich hauptsächlich der Goldschmiedekunst – einer Tätigkeit, die auch für die Bevölkerung der neueren Zwischenzeit in diesem Gebiet charakteristisch ist. Im Süden hingegen, in den Tälern von Chicama, Moche, Sante, entwickelten die Künstler besonders Fertigkeiten in der Herstellung von Keramik. Diese »Abspaltung« ist möglicherweise darauf zurückzuführen, daß es für die Bewohner von Lambayeque besonders einfach war, sich Metalle, vor allem Gold, zu beschaffen.

Die Moche-Gesellschaft scheint sehr straff organisiert gewesen zu sein. Bemalte oder mit Reliefs versehene keramische Gefäße und der Reichtum der Gräber von Sipan sind Zeugen einer ebenso ausgeprägt hierarchischen wie tief religiösen Gesellschaft. Die Kampfszenen zwischen Menschen oder Göttern und Darstellungen von Gefangenen, die zur Opferung geführt werden, zeigen, daß die privilegierte Klasse jene der Krieger war, beherrscht von einem Gebieter, der zugleich als weltliches und religiöses Oberhaupt wirkte. Eben diese Organisation von Herrschenden erklärt auch, warum derart ungeheuerliche Erdarbeiten durchgeführt werden konnten, bei denen Adobeziegel auf Adobeziegel gelegt wurde – dank der Mobilisierung einer großen Anzahl von Menschen.

53. Pampa de Ingenio
Blick auf den Mörderwal. Nasca-Kultur,
Frühe Zwischenperiode

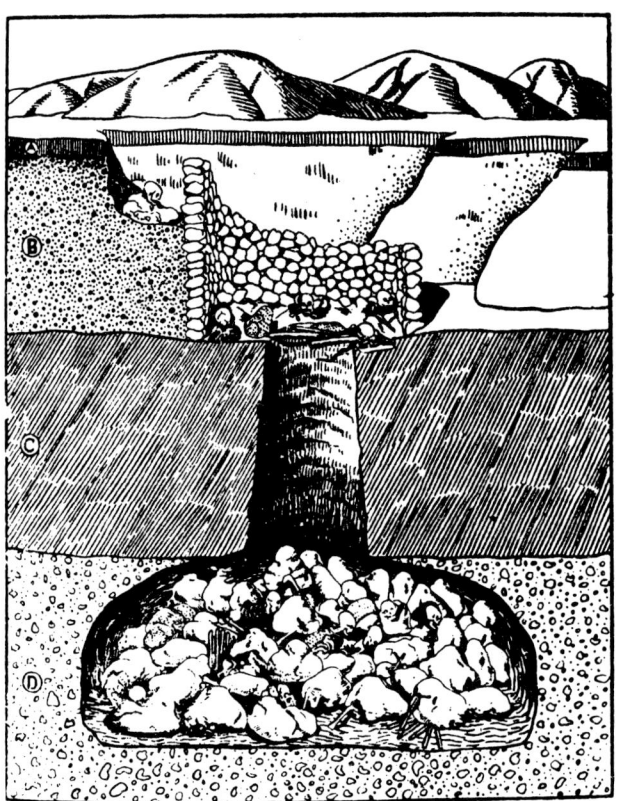

54. Paracas: Grab aus Paracas Cavernas
(nach Kauffmann-Doig)

Jagd, Fischerei und Ernte ergänzten den Bedarf an Nahrung, deren Basis durch den Ackerbau geliefert wurde. Dennoch führte das demographische Wachstum zu einer Politik der Eroberung mit dem Ziel der territorialen Ausdehnung und damit zur Vergrößerung der Anbauflächen. Die Bewässerungssysteme konnten sogar Täler untereinander verbinden.

Während der Phase V der Moche-Kultur wurde die Unterdrückung durch die Huari fühlbar – es kündigte sich der Untergang des Königreiches bzw. ein Aufgehen in einer neuen Kultur an. In den Keramikerzeugnissen vermischten sich nun Einflüsse der Moche mit den neuen der Huari, es entstand der Moche-Huari-Stil. An der mittleren Küste erstreckte sich die Lima-Kultur zu den Tälern von Chancay, Rimac, Chillón und Lurin. Tatsächlich deckt der Begriff Lima verschiedene Stilarten, darunter den Playa Grande-Stil, der den Namen einer Ausgrabungsstätte am Strand von Ancón trägt. Das dem Nieveria-Stil zugeschriebene Material, das erst kürzlich unter der Bezeichnung Maranga identifiziert wurde, stammt aus Begräbnisanlagen von Nieveria im Tal von Rimac. Im Verlauf der Geschichte der Archäologie Perus wurde dieser Stil unter verschiedenen Bezeichnungen bekannt: Pachacamac, Proto-Lima, Nieveria, Cajamarquilla, Altlima und Maranga.

Durch ihre Lage am Kreuzungspunkt zweier Kulturwege unterliegt die Lima-Kultur Einflüssen aus dem Norden (Moche), dem Süden (Nasca) und der Sierra (Recuay und Ayacucho); wesentlich ist sie durch Nasca und Ayacucho geprägt, die die Polychromie in der Keramik begründeten. Der Stil von Playa Grande, wahrscheinlich an Ort und Stelle gewachsen, weist hauptsächlich ineinander verschlungene Motive auf (Interlocking-Stil), die jenen der Wandmalereien von Cerro Culebra ähneln. Die Architektur zeigt sich als abgestumpfte Pyramide. Die bedeutendsten Bauwerke dieser Art stehen in Pachacamac, noch bevor dieser Ort ein großes Pilgerzentrum und ein berühmtes Orakelheiligtum wurde, das die Menschen aus allen Teilen Perus anzog. Noch heute kann man, durch Lima schlendernd, die Spuren dieser Kultur erblicken, besonders die Huaca Maranga, die Huaca Juliana, die einer zügellosen und undisziplinierten Urbanisierung trotzen. In diesen riesigen Pyramiden herrscht der Nieveria-Stil (oder Maranga-Stil) vor. Bei den Keramiken findet man am häufigsten die Gefäße mit Doppeltülle und Bügelhenkel, ein Beweis für die Bedeutung des Einflusses von Nasca. Auch die Moche-Kultur hinterließ ihren Eindruck in der Form der als Reliefs gearbeiteten Verzierungen; einige erinnern stark an die berühmten Portraitgefäße dieser nördlichen Kultur.

Während der Zwischenperiode bildete sich aber nur an der Südküste ein Kunsthandwerk aus, dessen Qualität dem bereits beschriebenen der Nordküste gleichwertig ist. Im Laufe eines Jahrtausends, etwa von 400 v. Chr. bis 600 n. Chr., entwickelte sich eine Tradition, die unter den Namen Paracas und Nasca bekannt ist. Tatsächlich aber widerspricht diese Unterscheidung der in diesem Jahrtausend herrschenden kulturellen Einheitlichkeit, die sich besonders in der Ikonographie ausdrückt. Diese Einheitlichkeit bedeutet jedoch keineswegs, daß nicht im Lauf der Jahrhunderte Änderungen stattgefunden hätten.

Zu Beginn ihrer Periode trägt die Paracas-Kultur noch Züge des Einflusses von Chavín. Nur zu einem einzigen Zeitpunkt entstehen an der Südküste Gefäße mit bügelförmigen Henkeln.

Die als Grabbeigaben gefundenen Tongefäße sind mit zoomorphen oder geometrischen Motiven geschmückt, die nach dem Brennen noch mit lebhaften Farben (mit Pigmenten gemischte Harze) unterstrichen wurden. Die in Embryostellung liegenden Toten sind in große einfarbige oder mit geometrischen Mustern geschmückte Leichentücher gehüllt (Abb. 54).

Diese Periode »Paracas Cavernas« oder »Ocucaje« weicht sodann dem Stil »Paracas Nekropolis«. Nun werden die Toten nicht mehr in Kammern beigesetzt, sondern übereinanderliegend beerdigt. In Cerro Colorado fand man 429 Mumienbündel an einer einzigen Stätte nebeneinander- und übereinander geschichtet liegend. Im Gegensatz zur vorherigen Periode sind die Mumien nun in mehrere Lagen Tücher gehüllt; die äußeren Lagen bestehen aus einfachem, weißem Leinen, während die direkt um den Körper gewickelten wunderschönen Totentücher vielfarbige Stickereien aufweisen. In den Falten der Tücher lagen einfarbige Gefäße und andere Opfergaben, die den Toten auf seinem Weg ins Jenseits begleiten sollten. Während der Paracas-Nekropolis-Periode scheint sich das Kunsthandwerk hauptsächlich auf die Herstellung von Textilien konzentriert zu haben, leicht zu transportierende und zu tauschende Produkte, die man eigenartigerweise noch nie außerhalb ihres kulturellen Bereiches gefunden hat.

Nunmehr wird auch der Einfluß von Chavín völlig verwischt, die Bilder der Paracas-Kultur werden deutlich und bleiben während der ganzen Nasca-Periode bestehen.

Um 200 v. Chr. entstehen in den Tälern des Südens – Pisco, Ica, Nasca, Acarí – große Bauwerke, einige davon sind befestigt. Das bedeutendste ist zweifelsohne jenes von Cahuachi im Tal von Nasca. Das Gebäude ist wie eine richtige Stadt angelegt, in der unterschiedliche Tätigkeiten verschiedenen Stadtteilen zugeordnet sind. Bei der Keramik verändert eine wahrhaft revolutionäre Technik den Stil jener Zeit – die ehemals nach dem Brennen aufgetragenen Farben machen mitgebrannten Engoben Platz. Für manche Wissenschaftler bedeutet diese Neuerung einen kulturellen Einschnitt, der zugleich die Geburtsstunde der Nasca-Kultur darstellt. Anders als bei den Moche, deren Farbpalette sich immer auf Rot (in allen möglichen Tönen) oder auf Ocker beschränkt, wobei Ocker gelegentlich durch flüchtig mit Schwarz

55. Pampa de Ingenio
Blick auf die Nasca-»Pisten«. Nasca-Kultur,
Frühe Zwischenperiode

gemalten Motiven betont wird – weisen die Erzeugnisse der Nasca bis zu 16 Farben auf. Tatsächlich trifft es gerade zu jener Epoche zu, daß jede der beiden Regionen durch zwei verschiedene Traditionen gekennzeichnet wird.

Der Norden liebt dreidimensionale Darstellungen, also Figurengefäße, während der Süden sozusagen im Kielwasser der Phase Paracas Ocucaje weiterhin für die Polychromie schwärmt.

Zu Beginn ihrer Periode lassen sich die Töpfer von Nasca hauptsächlich von der Natur inspirieren. Pflanzen und Tiere werden so realistisch gemalt, daß sie leicht identifiziert werden können. Dieser Stil wird Monumentalstil genannt. Die nun folgende Stilrichtung »Proliférant« = Klassische Nasca weist abstrakte Motive auf. Details und Anhängsel wiederholen sich, am häufigsten sind Darstellungen aus dem Kriegswesen. Die letzte Stilart in dieser Reihe, die Späte Nasca, genannt »Disjunktiv«, ist bereits degeneriert, wahrscheinlich als Folge der Berührung mit einer Kulturströmung aus der Hochebene, der Gegend der heutigen Stadt Ayacucho. Die meisten Motive bestehen aus geometrischen Verzierungen, deren Bedeutung wir nicht kennen. Viele Wissenschaftler sind mit dieser Unterteilung in drei Perioden nicht einverstanden, sondern unterscheiden insgesamt 9 Phasen der Nasca-Keramik. Die Beschreibung dieser langen kulturellen Tradition wäre unvollständig ohne die Scharrbilder der Pampa de Ingenio. Trotz zahlreicher Deutungsversuche, von denen einige ausgesprochen absurd sind, bleiben sie nach wie vor ein Rätsel, das die Neugierde aller weckt. Als im Jahr 1939 Paul Kosok das Gebiet überflog, entdeckte er die »Pisten« und die in den Boden eingearbeiteten Zeichen. Er vermerkte die Beobachtung, maß ihr aber damals keine weitere Bedeutung zu. 1946 lernte eine deutsche Mathematikerin, Maria Reiche, den Archäologen kennen, der ihr von der Anlage berichtete. Sie widmete daraufhin ihr weiteres Leben der Deutung dieser Zeichen und deren Rettung vor dem Vandalismus der Touristen.

Heute ist man allgemein der Ansicht, daß diese Ansammlung von »Pisten« und figuralen Scharrbildern einen riesigen Kalender darstellt, der von Figuren mit ritueller oder zeremonieller Bedeutung umgeben ist (Abb. 55). Durch das riesenhafte Ausmaß der Umrisse, die dadurch entstanden sind, daß man Steine wegräumte, so daß der helle Sandboden zum Vorschein kam, können die Bilder nur von oben gesehen werden. Man weiß nicht, ob sie gesehen, sicher aber, daß sie verwendet wurden. Außerdem wurden diese »Pisten« nicht während eines einzigen Abschnitts der Geschichte von Nasca errichtet. Genaue Beobachtungen ergaben, daß neuere Zeichnungen über älteren angelegt wurden, und es gibt Anzeichen dafür, daß sich die Ausführung über die gesamte Dauer der Nasca-Periode erstreckt, von Phase 3 (Klassisches Nasca) bis zur Phase 8 (Spätes Nasca). Übrigens haben die Bilder des Affen, der Spinne, des Killerwals (Abb. 53) und anderer Figuren starke Ähnlichkeit mit gleichen Motiven auf Gefäßwandungen.

Wenn man einmal jene absurden Ideen beiseite läßt, wonach die »Pisten« als Landeplätze für Raumschiffe aus einer anderen Welt dienten, so scheint es, daß man mit Hilfe bestimmter Linien den Stand der Sonne zur Sonnenwende und andere astronomische Erscheinungen beobachten konnte. Dies mußte für eine agrarisch strukturierte Gesellschaft von größtem Interesse sein.

Auf der Hochebene und in der Sierra ist eine ähnliche Unterteilung der Kulturen wie in den Bergen festzustellen. In den nördlichen Anden entwickelte sich, wenngleich etwas später als die beiden großen Küstenkulturen, ein eigenes künstlerisches Zentrum. Heute bekannt unter der Bezeichnung Cajamarca, erfuhr diese Kultur ihren regionalen Höhepunkt um 600 n. Chr. Sie hat uns schöne Keramiken aus weißem Kaolin hinterlassen, die mit einem sehr feinen Pinsel mit zoomorphen und geometrischen Motiven verziert wurden.

Unter den Formen fällt das Dreifußgefäß wahrscheinlich am meisten auf, im Tal von Virú wurden einige Exemplare gefunden. Es ist jedoch bemerkenswert, daß diese Form in Südamerika nur regional auftritt und die Herkunft aus den nördlichen Ländern (Ekuador, Kolumbien) sehr wahrscheinlich ist. Tatsächlich sind dreibeinige Gefäße in Mittelamerika weit verbreitet, und man sollte vielleicht dort nach den Ursprüngen dieser in den Zentralanden sehr kurz dauernden Produktion forschen.

Weiter im Süden, am Oberlauf des Flusses Santa, setzte gegen das 3. Jahrhundert n. Chr. die Recuay-Kultur ein. In derselben Umgebung, in der die Chavín-Kultur und die Tradition der Steinbildhauerei aufblühte, scheint Recuay diese Form der künstlerischen Ausdrucksweise in zahlreichen Plastiken von Kriegern, Frauen fortzusetzen. Die bildhauerische Technik ist sehr rudimentär, entbehrt aber nicht eines gewissen Charmes. Der Künstler kann sich bei seiner Arbeit nicht von den morphologischen Zwängen eines monolithischen Blockes befreien. Die Gliedmaßen, selbst der Kopf, scheinen mehr als Flachrelief in den Stein gehauen denn als Figur geformt.

Wenn es auch klar ist, daß Recuay und Moche eine Gleichheit von Motiven und Symbolen aufweisen, die auf das Bestehen von Kontakten – oder eines gemeinsamen Ursprungs – schließen lassen, so wissen wir über die Bewohner dieses Gebietes kaum etwas. Erst die Ausgrabungen von Terence Grieder in Pashash brachten neue Erkenntnisse, als man auf bislang unberührte Gräber stieß. Die oft sehr wertvollen Grabbeigaben umfassen aus Stein geschnittene Schalen, vergoldete Kupfernadeln und Tongefäße. Letztere zeigen besonders zwei Tiere, eine Katzenart – wahrscheinlich einen Jaguar, wenn man dem gefleckten Fell trauen kann – und eine Schlange mit Katzenkopf. Auch diese Motive lassen an Spuren der Moche-Kultur denken.

An den Ufern des Titicacasees lösten einander während der Zwischenzeit zwei Kulturen ab. Im Norden des Seebeckens entwickelte sich die Kultur von Pukara, die wahrscheinlich erste große Kultur mit städtischen Zeremonienzentren auf dem Altiplano. Nach ihrem Verschwinden übernahm eine Stätte ihren Platz als Hauptzeremonienzentrum in diesem Teil der Hochebene: Es handelt sich um Tiahuanaco, dessen imposante Ruinen sich in der Nähe des Ufers erheben. Heute liegt dieses Gebiet auf bolivianischem Hoheitsgebiet, fast 4 000 m hoch. Im 5. Jahrhundert n. Chr. errichtet, umfaßt Tiahuanaco verschiedene Bauten, die aus regelmäßig gehauenen Steinen erbaut und in der Ost-Westachse ausgerichtet sind. Eine menschenähnliche Figur, genannt »El Fraile«, schmückt die Esplanade von Kalasasaya. Das Sonnentor – fälschlicherweise so bezeichnet – steht in der Nordwestecke dieses Platzes. Es wurde aus einem monolithischen Andesitblock gehauen und ist fast 3 m hoch. Der Torsturz wird von drei waagrechten Friesen überdeckt, die geflügelte Wesen (Menschen und Vogelmenschen) zeigen. Diese Wesen laufen auf das Mittelmotiv zu, das an den »Stabgott« der Chavín-Kultur erinnert. Die Darstellung zeigt den Schöpfergott Viracocha, dessen Bild mit dem seiner Begleiter vielfach auf der Keramik der Huari (Mittlerer Horizont) zu sehen ist.

Sergio Purin

PARACAS

Auf der Suche nach der Herkunft der so kunstvoll bestickten Textilien, die in den Privatsammlungen von Lima und in Europa zu sehen sind, stieß der peruanische Archäologe Julio C. Tello auf die ausgedörrten und von den Winden des Cerro Colorado gepeitschten Hänge der Halbinsel Paracas. Im Zuge der Ausgrabungen, die von 1925 bis 1928 durchgeführt wurden, gelang es, zahlreiche bedeutende kulturelle Spuren zu identifizieren und grundlegende theoretische Schlüsse auf die Kultur von Paracas zu ziehen.

So konnte Tello am Cerro Colorado zwei unterschiedliche kulturelle Komponenten entdecken, Cavernas und Nekropolis genannt, die sich in Hinsicht auf verschiedene Objekte, architektonischen Stil und eine Verformung des Schädels unterscheiden. Tiefe Grabkammern in Flaschenform, sogenannte Cavernas, waren in die Felsen der sandigen, in Terrassen angeordneten Abhänge der Hügel gegraben. Diese Kollektivgräber beherbergten Männer, Frauen und Kinder, die alle Grabbeigaben mitbekamen. Bei den Grabbewohnern machten sich auch soziale Unterschiede bemerkbar – ärmere Verstorbene wurden lediglich in grobe Baumwolle gewickelt und bekamen als Grabbeigabe eine einfache Kalebasse-Schale mit Nahrung. Die Reicheren unter ihnen wurden in mehrere Umhangtücher gewickelt, reich geschmückt und bekamen zahlreiche Beigaben: Keramik, mit Brandmalerei verzierte Kalebassen, Gold- und Muschelschmuck, geflochtene Körbe, Siebe, Kämme, kleine Platten aus Kalk und Nahrung. Die Cavernas-Gräber sowie die Einzelgräber aus derselben Periode, die in der Umgebung von Wohnsiedlungen ausgegraben wurden, bargen zahlreiche Beispiele einer charakteristischen Töpferkunst, deren Keramik mit mehrfarbigen Pigmenten verziert war, die nach dem Brand aufgebracht wurden – ein Markenzeichen für die Kultur von Paracas. Tello stellte 1959 starke Ähnlichkeiten zwischen diesem alten Stil der Südküste und dem Chavín-Stil des nordzentralen Hochplateaus fest.

Die Cavernas-Bevölkerung weist eine besondere Schädelverformung auf, die als »keilförmig« bezeichnet wird und durch eine Abflachung der Stirn gekennzeichnet ist. Tello (1929: 144) rechnete aus, daß an mindestens 40% der Bevölkerung eine Trepanation durchgeführt wurde, bei der ein Teil des Schädels weggeschnitten oder -gekratzt wurde, um eine Schädelverletzung oder ein Trauma zu beheben. Diese Technik dürfte sehr erfolgreich gewesen sein, da zahlreiche Schädel Spuren einer Knochenneubildung aufweisen.

Bei den Ausgrabungen, die zwischen 1927 und 1928 in einem Bereich von unterirdischen, gemauerten Kammern im äußersten Norden des Cerro Colorado durchgeführt wurden, konnte eine Anhäufung von 429 Fardos (= Bündel) mit Mumien konischer Form gefunden werden. Hier handelt es sich um die Entdeckung von Nekropolis. Die größten Fardos – dreiunddreißig von ihnen waren mehr als 1,5 m hoch und hatten einen Durchmesser von mehr als 1,5 m – beinhalteten sehr gut konservierte Körper von alten Menschen. Die nackten Körper, ohne Beigaben wie Gold- und Muschelschmuck, waren in einer leicht gebeugten Stellung. Grabbeigaben wie Nahrung und Gegenstände, die rituelle Bedeutung hatten, waren am Körper, in Falten und Schlitze hineingesteckt. Ein geschmücktes Kleidungsstück war um den Körper gewickelt, ein anderes auf seinen Rücken gelegt, dann wurde der Körper in ein Baumwollgewand gesteckt und in einen nicht sehr tiefen Korb gesetzt. Die feinstens bestickten Gewebe, vor allem Kleidungsstücke, waren mit phantastischen anthropomorphen Gestalten verziert, andere Beigaben, wie z. B. Fächer aus Federn, Keulen mit Steinköpfen und Köpfen abgezogener Tierfelle, wurden systematisch in Schichten angeordnet, zwischen den Teilen des einfarbigen Baumwollgewandes. Ein großer Fardo konnte bis zu ungefähr hundert Beigaben verschiedener Gewänder beinhalten. Die Fardos wurden in den gemauerten Komplexen nach einem groben symmetrischen Schema aufgestellt, wobei die kleineren Fardos auf den größeren standen.

DAS SOZIALE GEFÜGE VON PARACAS

Die Bewohner von Paracas bildeten die erste komplexe Gesellschaft, die an der Südküste von Peru, ungefähr zwischen 550 v. Chr und 1 n. Chr., siedelte. Ihre Städte, Dörfer und Friedhöfe konnten auf den Hängen der Hügel nachgewiesen werden und befanden sich am Rande der fruchtbaren Täler im Inneren des Landes und entlang der Küste, in den Tälern von Chincha, von Pisco, Ica, Palpa und

Rio Grande von Nasca (Abb. 56). Das meiste Wissen über die Kultur von Paracas stammt aus Studien über Stil und Technik ihres Handwerks. Zahlreiche dieser Objekte sind Früchte von Plünderungen, einer Tätigkeit, die seit fast einem Jahrhundert sehr verbreitet ist. Gegenstände, die für die elitäre Gesellschaft oder für rituelle Zwecke erzeugt wurden, sind von den Sammlern hochgeschätzt und daher Hauptzielscheibe für die Grabplünderer. Sie weisen im allgemeinen eine größere stilistische Freiheit auf und eine breitere Palette von Gegenständen, als dies die Erzeugnisse bieten, die im Zuge wissenschaftlicher Forschungen unter normaleren Bedingungen von den Archäologen gefunden wurden. Wenn man versucht, das soziale Gefüge von Paracas wieder zusammenzustellen, müssen das Einzigartige und das Gemeine wieder in ihren eigenen sozialen Kontext gebracht werden.

Es können zumindest vier Phasen der Besetzung der Südküste von Paracas festgestellt werden, Phasen, die sowohl auf Änderungen der Siedlungsstandorte und der Organisation basieren als auch auf Stiländerungen im Bereich der Keramik und der Textilien. Das Tal von Ica, der Lieblingsort zahlreicher archäologischer Forschungen, liefert die detaillierteste Aufstellung über die soziale Änderung in Paracas sowie über die regionale Wechselwirkung auf die Südküste. Die absoluten Daten, die nachstehend angeführt sind, zeigen die Anhäufung von angeglichenen Messungen durch die Thermolumineszenz-Methode aus dem oberen Tal von Ica und den C-14-Daten, die in den Tälern von Ica und Pisco gemacht wurden (Massey 1986).

In der Phase 1, ungefähr 550 – 380 v. Chr., sind Modelle für die Errichtung von Standorten und für keramische Erzeugung erstellt, die sich in der zweiten Phase fortsetzen. Die Lokalisierung der meisten Standorte der Phase 1 ist nur durch die Abfallschichten der Standorte von Phase 2 bekannt, ohne bedeutende architektonische Hinterlassenschaften. Die meisten Ansiedlungen der Phase 1 sind klein und umfassen weniger als einen Hektar. Die Ansiedlungen des alten Paracas sind im unteren Tal von Ica gruppiert, im Becken von Callango und entlang der Schluchten von Chiquerillo sowie im oberen Tal von Ica, Gebiete, wo große Mengen Grundwasser in das alte Tal fließen. Eine Siedlung im Callengobecken ist größer als alle anderen und erbringt Nachweise von wahrscheinlich rituellen oder anderen religiösen Tätigkeiten.

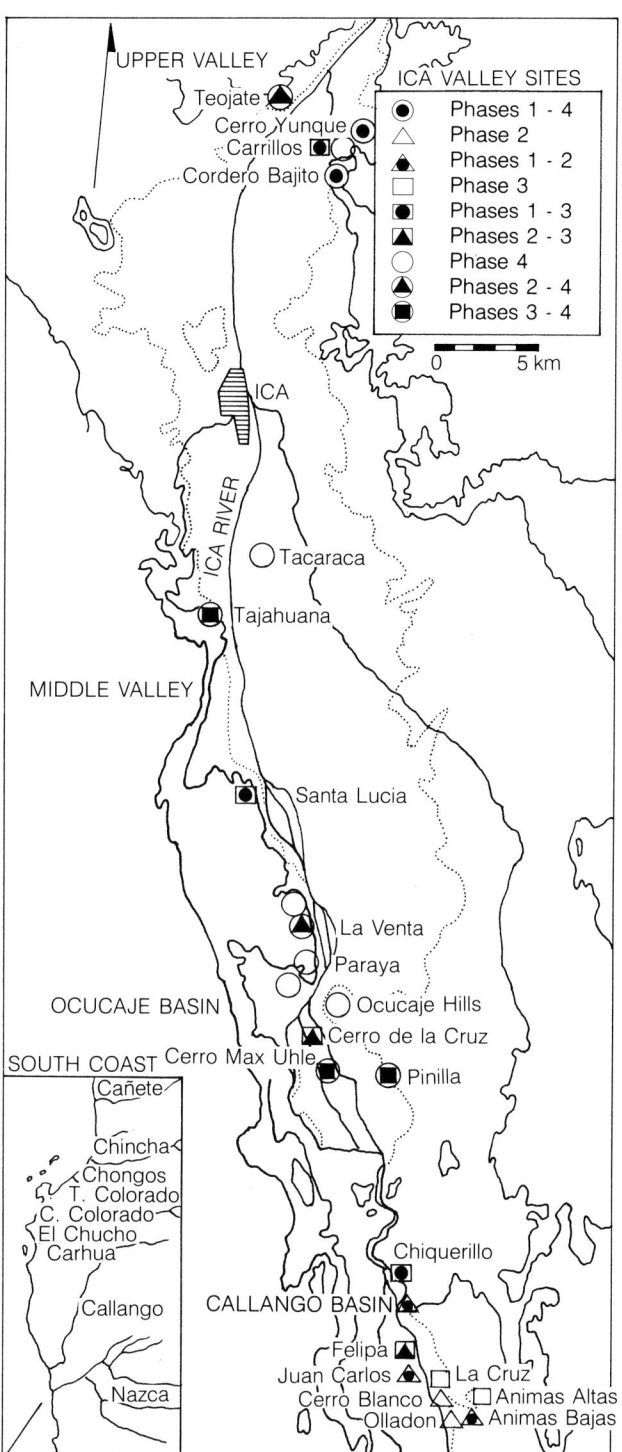

56. Ansiedlungen des Ica-Tales

Juan Carlos ist eine langgezogene geradlinige Siedlung neben einem nicht mehr in Betrieb befindlichen Bewässerungskanal, am Westufer des Flusses Ica. Seine Vertikalität wird noch durch lange Erhebungen unterstrichen, die mit einer dichten Schicht von Töpferabfällen bedeckt sind, von Steinwerkzeug, Muscheln und anderen Scherben. Ein niedriger Hügel wurde entlang des Nordkammrandes der Siedlung lokalisiert. Andere Ansiedlungen des alten Paracas befinden sich in den Tälern von Palpa und des Rio Grande von Nasca.

Der keramische Stil der Phase 1 ist vollständig entfaltet, obwohl man wenig lokale Vorformen kennt. Der keramische Stil weist mit Gewißheit auf regionale Unterschiede hin, was wiederum bezeichnend ist für die sozialen Unterschiede bei den ersten Paracasgruppen im Tal von Ica.

Der Austausch von elitären Erzeugnissen und Materialien über lange Strecken hinweg wurde für die alte Bewohnerschaft von Cerillos im oberen Tal bestätigt (Wallace 1962).

Die Phase 2, von 380 bis 220 v. Chr., ist eine Periode regionalen Wachstums. Alle bekannten Ansiedlungen aus Phase 1 sind besetzt, zahlreiche neue Wohnsiedlungen werden im gesamten Ica-Tal geschaffen. Die Phase 2 liefert den ersten wirklichen Beweis einer sozialen Trennung zwischen dem unteren und dem oberen Ica-Tal, sowie eine soziale Streuung in Form einer Siedlungshierarchie, die durch unterschiedliche Größen dieser Grundstücke und ihrer inneren Komplexität gekennzeichnet sind. Das Modell der kleinen Ansiedlungen aus der Phase 1, die um ein größeres Zentrum gruppiert sind, setzt sich fort im oberen Tal und im Becken des Callengo, erstreckt sich weiter bis in den Norden, einschließlich der Schluchten von Chiquerillo. Die weitläufigste und komplexeste Siedlung des Ica-Tales, Animas Bajas im Becken von Callango, umfaßt sieben kleine Hügel und mehrere lange Anhöhen, die mit einer dicken Schicht von Siedlungsabfällen in einem Bereich von ungefähr 60 Hektar bedeckt sind. Große, isolierte Siedlungen von mehr als 20 Hektar werden in jeder der anderen Sub-Regionen des unteren Tals eingeordnet. Es scheint sich hier vor allem um vornehme Wohngegenden gehandelt zu haben.

Animas Altas, das schätzungsweise 100 Hektar umfaßt, ist die weitläufigste und komplexeste An-

siedlung an der Südküste von Paracas. Dazu gehören dreizehn registrierte Wohnhügel, zahlreiche kleine Bauten, Vorrichtungen für eine zentrale Lagerung und ein großer, rechteckiger Platz. Alle Wohnhügel sind gemeinsam nach Norden ausgerichtet und folgen einem Standardschema. Jeder Wohnhügel besteht aus zwei Ebenen. Das obere Stockwerk besitzt eine niedere Fassade, hinter der eine Reihe von Räumen und geraden Gängen gebaut ist. Das untere Geschoß blickt auf einen kleinen rechteckigen Innenhof. Im westlichen Winkel zum Wohnhügel sind einige gemauerte Lager vorgesehen. Sekundärstrukturen konnten sich auf einer oder auf beiden Seiten des Innenhofes befinden. Die Plattformhügel werden um einen Erdkern aus rechteckigen Adobe-Ziegeln gebaut, die unregelmäßige Formen aufweisen und in Lehm oder schlammigem Mörtel eingeschlossen sind. Grasbündel füllen häufig die Spalten zwischen den Ziegeln. Die Oberfläche ist mit einem Gemisch aus Lehm und Stroh verputzt. Der Bau der Spitze wird auf dieselbe Weise ausgeführt.

Im nördlichen Sektor von Animas Altas liegt ein großer rechteckiger Platz, umgeben von kleinen Bauten mit Räumlichkeiten. Die meisten zentralen gemeinsamen Lagervorrichtungen befinden sich in der Nähe. Diese Lagerstrukturen setzen sich aus zwei oder drei Reihen quadratischer Einheiten zusammen, die sich unter der Erde befinden und eine gemeinsame Mauer haben. Ihre Maße sind 50 x 50 m. Andere Lagerstätten sind über die ganze Ansiedlung verstreut, im allgemeinen sind sie an einen Wohnhügel angeschlossen. Eine gewaltige Festungsmauer, die aus gestapelten Erdschichten und Strohbündeln mit einer Fassade aus Adobe-Ziegeln besteht, stellt eine Verbindung zum südlichsten Wohnhügel dar und verläuft über die westliche Seite der Siedlung.

Unmengen von Scherben bedecken die Siedlung. Ein kleiner Wohnhügel liegt im nordwestlichen Winkel von Animas Altas. Auf den Mauern eines großen Innenraumes befinden sich zwölf eingravierte mythologische Wesen. Hauptmotiv ist das »Augenwesen«. Die Raubkatze ist nicht mehr mit großen Fangzähnen, sondern mit großen Augen – daher die Bezeichnung »Augenwesen« – ausgestattet. Es ist auf der Ostmauer von vorne, mit einem Raubkatzenkopf dargestellt; die Silhouette seines Körpers im Profil ist von schlangenartigen Gewächsen und stilisierten Trophäenköpfen um-

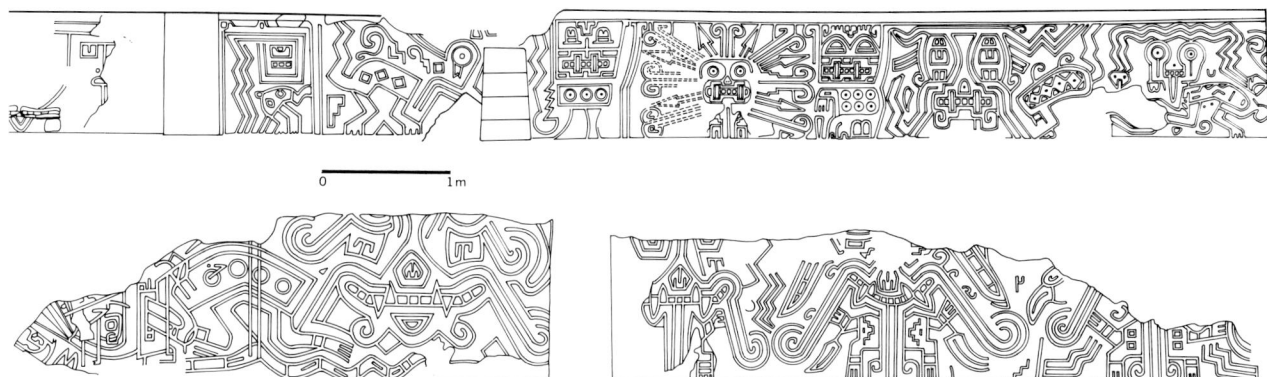

57. Animas Altas (Ica)
Eingeritzte Figuren mythischer Wesen. Paracas Phase 3

schlungen. Drei verschiedene Darstellungen des Augenwesens schmücken die Westmauer und unterscheiden sich in Haltung und Beiwerk. Von Ost nach West entlang der hinteren Mauer erscheinen die Darstellung eines Affen, ein menschliches Gesicht von vorne, eine menschliche Figur mit Tierkopf und Stock, eine Raubkatze mit Ringen, ähnlich wie bei einem Falken, ein Raubkatzenwächter von vorne, ein Wesen mit einem Schädel, der abwechselnd mit Spiralen und Pfeilspitzen umgeben ist, die aus seinem Kopf strahlen, ein zweiter Raubkatzenwächter von vorne, eine Raubkatze im Profil und eine Gottesanbeterin (Abb. 57).

Die Phase 3, von 200 bis 100 v. Chr., ist durch schnelle Änderungen und rasches Wachstum an der ganzen Südküste geprägt. Zahlreiche Ansiedlungen der Phase 3 werden im Chinca-Tal nachgewiesen.

Die Niederlassungen von Phase 2 werden in Phase 3 weiterhin besetzt und schaffen so einen Typus kleiner und großer Niederlassungen in jeder Sub-Region des unteren Tales.

Während der Phase 3 erscheinen an der gesamten Südküste eindrucksvolle Bauten, die als »Erdwerke« besser beschrieben sind, auf Grund der großen Menge Erde und Scherben, die bei ihrer Errichtung verwendet wurden.

Das beste Beispiel dafür ist die Siedlung von Tajahuana, die im äußersten Norden des unteren Ica-Tales gelegen ist. Drei oder vier parallele Festungsmauern von einer Höhe zwischen 2 und 3 m folgen den oberen Hängen der Peña de Tajahuana, auf einer Strecke von ungefähr 1,2 km. Die Festungsmauern sind aus Erdschichten, gemischt mit

Strohbündeln, gebaut. Die Außenmauern weisen Spuren von Steinverkleidungen auf. Ein kleines Wohngebiet liegt im nordöstlichen Eck der Siedlung innerhalb der Mauern. Vier Pyramidenformen erheben sich an der Spitze der Mesa, innerhalb des Mauerumkreises. Mehrere Mauern klettern die niedereren Hänge der Formationen hinauf, was vermuten läßt, daß sie mit der Besetzung von Phase 3 zeitgleich sind.

Öffentliche Bauwerke größeren Maßstabs erscheinen ebenfalls in den Küstensiedlungen von Carhua und El Chucho. Sie haben strategische Positionen inne und sind beide überhängend zu den geschützten Stränden in der Bahia de Independencia, zwischen den Tälern von Ica und von Pisco gebaut.

Bei diesen beiden Siedlungen wird das Interesse durch eine Reihe langer, paralleler Streifen geweckt, die aus Erde und Muscheln gemacht sind. Sie sind so angebracht, daß sie vor den heftigen Südwinden Schutz bieten, die am Nachmittag auf die Küste hereinbrechen. Behausungen halb unter der Erde, mit Kieselsteinen eingerahmt, sind in Reihen an der Nordseite der Streifen gebaut und führen weiter zu den Hängen mit einer leichten Erhebung. Carhua ist die größere von beiden; auf Grund der enormen Sandablagerungen ist die Berechnung der genauen Ausmaße schwierig.

Im Gegensatz zum unteren Tal, wo Änderungen im sozialen Gefüge die Standortwahl der Siedlungen, die Bauweise und die Bautechniken bestimmen, hat das obere Tal keine besonderen Änderungen in der Art der Niederlassungen während der Paracas-Periode erfahren. Die Ansiedlungen waren fast ständig besetzt.

In der Phase 3 wird die Töpferproduktion an der Südküste immer spezialisierter. Obwohl es mehrere Arten verzierter Keramik gibt, ist die stilistische Vielfalt jeder Art weniger ausgeprägt. Nur einige spezialisierte Formen, hauptsächlich riesige Tonkrüge, sind der esoterischen Ikonographie vorbehalten. Die religiöse oder kulturelle Hauptfigur der Phase 3 ist unter dem Namen »Augenwesen« bekannt, die ihre Bezeichnung von den großen Augen hat, die aus konzentrischen Ringen bestehen. Zwei lange Fortsätze schweben auf seinem Kopf, es trägt ein Griffmesser und Trophäenköpfe. Das Augenwesen ist auf Luxus- und Ritualobjekten dargestellt, wie zum Beispiel auf riesigen Tonkrügen, mit Brandmalerei verzierten Kalebassen, Musikinstrumenten, Mumienmasken und auf Textilien. Während die Töpferwaren der Phase 3, die aus dem Ica- und Piscotal kommen, von ähnlichem Stil sind, erscheinen Schalenformen, beeinflußt von Topara und verziert mit eingeschnittenen und nach dem Brand bemalten Motiven, in dem Tal von Chincha.

Die Phase 3 endet abrupt mit dem Sturz von Animas Altas, das anscheinend militärisch erobert wurde (Massey 1986). Ein sehr gewichtiges Argument, das für eine zentralisierte, regionale politische Organisation mit Animas Altas als Hauptstadt spricht, ist das Verlassen des Beckens von Callango in der Phase 4 und der Abstieg der sub-regionalen Zentren im unteren Tal von Ica und entlang der Küste Ica-Pisco.

Die Phase 4, von 100 v. Chr. bis 1 n. Chr., ist eine Periode des sozialen und politischen Übergangs. Zwei neue regionale Kräfte vereinen sich zum ersten Mal, und zwar die Topara-Kultur und die alte Nasca-Kultur. Die Topara-Kultur entwickelt sich im Tal von Canete und dehnt sich so weit aus, bis sie die Täler von Chincha, von Pisco und das obere Tal von Ica während der Übergangszeit Phase 2 einschließt.

Der Einfluß der Topara-Kultur auf die lokale Organisation der Täler von Chincha und von Pisco während der Phase 4 konnte noch nicht zur Gänze geklärt werden.

Die Phase 4 weist erste Zeichen von Bevölkerungszuwachs und sozialer Streuung in den Tälern von Palpa und Nasca auf. Die Siedlung Cahuachi, die als Hauptstadt des ersten Staates Nasca betrachtet wird, war zum ersten Mal in Phase 4 besetzt.

KUNST UND IKONOGRAPHIE

Zwei wesentliche Fragen spalten die Archäologen in verschiedene Lager: Zuerst die Beziehung zwischen der Kultur von Paracas und Chavín de Huántar und die Auswirkung der Ideologie Chavíns auf die erste Entwicklung der Südküste. Vor kurzem noch wurde Chavín de Huántar als Zentrum der ersten, gesamtperuanischen Kultur betrachtet, als Ausgangspunkt einer komplexen Religion, deren Symbolik in den Zeremonienzentren quer durch die Anden aufschien. Tello spekulierte als erster von zahlreichen Forschern mit der Ähnlichkeit zwischen dem Cavernas-Stil und dem lithischen Stil von Chavín (Tello 1959, 1960; Kroeber 1944, 1953; Willey 1951; Rowe 1967; Roe 1974).

Neuere Forschungen, die in Chavín de Huántar und in den Zeremonienzentren der Nordküste und der Zentralküste durchgeführt wurden, haben die Ansichten über die Chavín-Kultur geändert. Sie weisen nämlich darauf hin, daß der Aufstieg Chavíns zu einer gesamtperuanischen Kultur eher dem Untergang großer Küstenzentren gefolgt war, als ihr Vorläufer gewesen zu sein (Burger 1981). Der Einfluß des gesamtperuanischen Chavín erstreckte sich auf eine kurze Periode, von 380 bis 210 v. Chr. Der Großteil der Monumentalarchitektur und der Steinskulpturen wurde in dieser Zeit geschaffen. Deshalb ist es unerläßlich, die Studien über die Kunst und die Ikonographie von Paracas in das Licht seiner Entdeckung zu stellen.

Die Inspiration, die die Ikonographie der Phase 1 von Paracas nährte, ist unklar. Der Großteil der keramischen Verzierungen dieser Phase ist geometrisch und nicht figürlich. Die einzigen figürlichen Motive sind Raubkatzen- und Menschendarstellungen, die alle Gefäße und einige Schalen zieren. Die Töpferwaren der Phase 1 weisen zahlreiche Züge auf, die man früher der Inspiration Chavíns zuordnete, wie Raubkatzenmäuler, Raubkatzenmäuler mit Fangzähnen, die Flecken von Raubtierfellen in Form einer Acht, schrägkantige Ränder und schwarze, rauchige Oberflächen. Die Raubkatzenköpfe im Profil und von vorne haben ausgeprägte und gebogene Augenbrauen, eingefügte Eckzähne heben sich von einem abgerundeten Lippenband ab. Die menschlichen Figuren werden ohne Raubkatzenmaul dargestellt und unterstreichen im allgemeinen den mythischen Status seines Trägers. Einige Gefäße der Phase 1 haben einen

Henkel in Form eines Steigbügels mit einem zwiebelförmigen oder abgeschrägten Rand. Die Ähnlichkeiten sind derartig frappant, daß so mancher in Versuchung kommt, die archäologische Evidenz außer acht zu lassen und die Phase 1 der Expansionsperiode von Chavín zuzuordnen.

Die Messungen, die unabhängig voneinander mit der Radiokarbon-Methode und mit Thermolumineszenz an den Abfällen einer Fundstätte der Phase 1 in der Siedlung von Cerrilos, im oberen Ica-Tal durchgeführt wurden, erbrachten Daten zwischen 459 und 439 v. Chr., d. h. deutlich vor der großen Expansion von Chavín. Eine genauere Untersuchung an den Raubkatzen der Phase 1 weist stilistische Ähnlichkeiten mit einer näheren Einflußquelle der Zentralküste auf. Wallace (1962) fand mehrere Stücke kommerzieller Töpferwaren, die aus der Gegend der Zentralküste aus der Fundstätte von Cerrillos stammten. Die Langlebigkeit des Raubkatzensymbolismus innerhalb des Anden-Bereichs seit seinem Auftreten in den ersten Küstenzentren bis zu seiner Wiedergeburt in Chavín de Huántar kann auch seine Präsenz in der Ikonographie des alten Paracas rechtfertigen.

Die Phase 2 entspricht der religiösen und stilistischen Chavín-Einflußperiode auf die Südküste. Das komplette Repertoire der religiösen Chavín-Symbole und der stilistischen Übereinstimmungen ist auf den bemalten Baumwollstoffen von Carhua und vom Callango-Becken zu sehen. Ihre Ausmaße und ihre Organisation zeigen, daß sie als didaktische Werkzeuge oder als ritueller Aufputz bei der Verbreitung der religiösen Chavín-Vorstellung gedient haben. Die technische Analyse ergibt, daß diese Textilien außerhalb der Südküste, irgendwo im Bereich der Zentral- oder Nordküste erzeugt worden waren (Wallace 1979).

Das Fehlen jeglicher, dem lokalen Kult eigenen Figur in der Keramik oder der Textilerzeugung von Paracas könnte bedeuten, daß die göttlichen Chavín-Figuren, insbesondere der »Stabgott«, in der Theologie der Südküste integriert waren.

Bemalte Keramik mit Ritzornamentik, in fast reinem Chavín-Stil ausgeführt, wurde in den Ansiedlungen im Gebiet von Chiquerillo und im Becken von Callango, in der Gegend des unteren und oberen Tales entdeckt. Im wesentlichen stellt sie den »Stabgott« dar, zeigt aber nicht die stilistische und symbolische Komplexität des Chavín-Stils auf. Im Gegenteil, sie enthält die wesentlichen

Züge, das heißt das Maul mit den Fangzähnen und die schlangenförmigen Fortsätze, die aus dem Kopf flattern. Obwohl die Darstellungen des »Stabgottes« scheinbar den Luxusprodukten und Grabbeigaben vorbehalten waren, setzen mehrere stilistische Übereinstimmungen und ikonographische Themen unbedingt direkte Chavín-Vorläufer voraus.

Zahlreiche keramische Formen aus der Phase 2 stellen Chavín-Vorläufer dar. Das deutlichste Beispiel dafür ist jenes einer stehenden Raubkatzenfigur, ohne Fesseln, deren Form, Details des Gesichts und Körperflecken mit den Chavín-Raubkatzen der Steinmörser und der Gesimsornamente verglichen werden können. Eine andere Keramikform der Phase 2 ist häufig ein Wurm bzw. eine Schlange mit zwei Köpfen. Sie könnte den schlangenförmigen Stab mit dem Raubkatzengesicht des »Stabgottes« darstellen. Die spitzen Schnauzen der Raubkatzen mit den Fangzähnen, den Fellflecken in Achterform und konzentrischen Kreisen, mit der dreiteiligen Nase und den Augen mit rechteckigen Wulsten werden auf der Keramik der Phase 2 als Haupt- und Sekundärmotive verwendet. Einige Formen aus dem Callangobecken zeigen menschliche Wesen mit Raubkatzenmäulern. Stoffe aus Wolle und Baumwolle, die in Carhua gefunden wurden, zeigen ebenfalls menschliche Personen mit Raubkatzenmäulern oder mit Tierköpfen, die mit einem Fell bedeckt waren und Lanzen oder Stöcke trugen. Stilisierte Raubkatzenköpfe mit mittlerem Eckzahn – eine Reminiszenz der Goldschmiedekunst von Chavín – schmücken die Ränder.

Das Ende der Phase 2 von Paracas fällt mit dem Niedergang von Chavín de Huántar und dem direkten Chavín-Einfluß auf die Südküste zusammen. Das Zusammentreffen der »Modul-Breite« und der »doppelten Perspektive«, die menschlichen sowie Raubkatzendarstellungen mit mythologischen Symbolen sowie die Verwendung von katzenartigen Motiven haben ihren Ausgangspunkt in der Kunst von Paracas. Die Phase 3 ist durch das Erscheinen eines Hauptkults und einer göttlichen Figur lokalen Ursprungs gekennzeichnet, die auf religiösen oder Luxusgegenständen zu finden ist. Das »Augenwesen« schmückt riesige Tonkrüge, Musikinstrumente, mit Brandmalerei verzierte Kalebassen, Kleider und Mumienmasken aus gebranntem Ton sowie gewebte Textilien. Es ist verbunden mit Trophäenköpfen und trägt ein Messer mit Stiel und Lavaglasschneide. Zwei lange Schlangen fließen aus seinem Kopf. Die Darstellung von Themen, die mit dem Tod stark verbunden sind, wie die Fardos (Mumienbündel), Messer, Lanzen und Trophäenköpfe, die alle in der Ikonographie der Phase 3 zu finden sind, sowie die hoch spezialisierte Erzeugung von Grabbeigaben, wie z. B. Mumienmasken, setzen eine intensive Auseinandersetzung mit dem Tod und dem Leben im Jenseits voraus.

Das Augenwesen wird im allgemeinen als Einführung der Südküste, als erstes kulturelles Bild lokalen Ursprungs der Südküste betrachtet. Eine genauere Studie dieses mythologischen Wesens läßt vermuten, daß es auf eine Entwicklung aus der Phase 2, wahrscheinlich den »Stabgott« der Chavín-Kultur, zurückgeht. Darstellungen auf der Fassade von Animas Altas sowie auf Kalebassen mit Brandmalerei zeigen ein Wesen in Menschengestalt mit eindeutig raubkatzenartigen Attributen. Obwohl die Darstellungen auf den Gefäßen vereinfacht sind, weisen auch sie eine Figur mit Raubkatzenzügen auf. Das »Augenwesen« aus der Phase 3 nimmt zwei Hauptposen ein: Die Pose von vorne zeigt es mit gestreckten Armen. Sie erscheint auf Figuren mit menschlichen Körpern und Raubkatzenköpfen. Die Pose von der Seite findet man bei einem Wesen in Tiergestalt, mit krummen Tatzen, mit einem Schwanz, der Körper ist mit geometrischen Fellflecken geschmückt. Die Raubkatzenköpfe auf der Fassade von Animas Altas sowie auf den Abbildungen des Augenwesens auf den Kalebassen haben die gebogene Raubkatzenschnauze, die dreigeteilte Nase und Fortsätze in Form von Backenbärten, die den Raubkatzen von Phase 2 gemein sind.

Die meisten bekannten Textilien aus der Phase 3 kommen aus Cavernas. Die wichtigsten Ausnahmen sind bemalte Mumienmasken aus Baumwolle, die in den Gräbern aus dem Ocucaje-Becken gefunden wurden. Die Textilien aus der Phase 3 gehen über die strukturelle Verzierung mit Kettgarn und Schußgarn hinaus. Die beliebtesten Techniken sind nun Gaze, doppelter Stoff, Gobelin, Brokat. Am häufigsten wurde für die Textilarbeiten Baumwolle als Faser verwendet. Wie die Keramik zeigen auch die Textilien der Phase 3 sehr oft das Motiv des »Augenwesens«. Als Sekundärmotive sieht man häufig Vögel, Raubkatzen und Schlangen; sie sind stilisiert, um einen dekorativen Effekt zu erzielen. Die Verwendung von Farben ist begrenzt, sie sollen das allgemeine, dekorative Modell unter-

streichen. Im Laufe der Phase 4 spiegeln Stil- und Ikonographie-Unterschiede die Koexistenz von zumindest drei regionalen, voneinander unabhängigen Organisationen auf der Südküste wider. Der keramische Stil von Topara ist monochrom, er unterstreicht die technische Perfektion und die Entwicklung des Produktionsprozesses in Richtung auf dekorative Effekte. In der Phase 4 erscheint der Topara-Stil zum ersten Mal in den Tälern von Pisco, Ica und Nasca, hauptsächlich in Form von Grabbeigaben. In der Phase 4 sind die Gefäße am dünnwandigsten. Kürbisse und Kalebassenformen werden naturalistisch wiedergegeben.

Während der Phase 4 liegt in diesem Becken der Ursprung der Verbreitung des »Augenwesens«. Es hat seine Raubkatzenmerkmale verloren, sich in ein Wesen in Menschengestalt verwandelt, mit herzförmigem Kopf, runden Augen und einem wurstformigen Mund. Es trägt weiterhin den sinnbildlichen Trophäenkopf und das Lavaglasmesser, daneben auch Lanzen oder Klappern. Das »Augenwesen« ist nicht mehr die dominante Figur der Ikonographie von Paracas, obwohl es das einzige dargestellte mythische Wesen ist. Die menschlichen Wesen erscheinen zum ersten Mal seit der Phase 2, versehen mit Symbolen ihres Ranges und ihrer Funktion, wie Stirn- und Mundschmuck. Einige von ihnen haben ganz kleine Gesichter und Körper.

Die Textiltradition der Südküste änderte sich im Laufe der Phase 4. Die Erzeugung von Textilien mit gewebtem Dekor geht zugunsten von weicheren Stickereitechniken zurück. Die großen, deckenden Motive, typisch für die Phase 3, stehen im Kontrast zu den Motiven der Phase 4, die sich auf Borten beschränkten. Die Änderungen textiler Motive und stilistischer Überlieferungen spiegeln die Änderungen wider, die gleichzeitig bei der Keramikerzeugung auftauchen. Das Thema hat gewechselt – es gibt nun eine Vielfalt von mythischen und nicht mythischen Darstellungen. Menschliche Figuren mit ihrem Ritualschmuck sind sehr beliebt. Als populäres Motiv hält sich das »Augenwesen« weiterhin und bewahrt einen konstanten Stil während der ganzen Tradition der gestickten Textilien. Es bleibt ein wichtiges religiöses Bild innerhalb eines immer komplexeren symbolischen Systems, wo die Verwendung von Sekundärmotiven den mythischen Status mehr als die Macht einer Person vermitteln sollte.

Sarah Massey

PUKARA – EINE ALTE KOMPLEXE GESELLSCHAFT IM NORDBECKEN VON TITICACA

DAS ALTIPLANO DES TITICACASEES

Das Altiplano von Titicaca liegt südlich des Cuzco-Tales. Es erstreckt sich von Vilcanota im Norden (14 Grad 30 Minuten südlicher Breite) bis zum Poopó-See im Süden (19 Grad südlicher Breite), was dem heutigen Südperu und einem Großteil Boliviens entspricht. Es ist eine ausgedehnte ebene Grassteppe, die gelegentlich durch Hügelzüge unterbrochen wird. Die Höhe schwankt zwischen 3 812 m an den Ufern des Titicacasees und 5 000 m auf den verschneiten Berggipfeln, die ihn umgeben; sie beträgt durchschnittlich 4 000 m.

Heute zählt diese Gegend zu den trostlosesten und kargsten der Anden. Seit jeher führt man diese Situation auf die unwirtliche Umgebung zurück, die aufgrund der großen Höhe eine Grenzzone für die Existenz von tierischem und pflanzlichem Leben darstellt; überdies kann es durch die Unregelmäßigkeit der Regenfälle in einem Jahr zu Überschwemmung oder – bei ihrem Ausbleiben – im nächsten Jahr zu einer extremen Trockenperiode kommen; die starken täglichen Temperaturschwankungen lassen den Tag zum heißen Sommer und die Nacht zum eisigen Winter werden. All diese Faktoren verringerten jeweils die Produktionskapazität des Altiplano.

Dennoch können wir belegen, daß die »Verarmung« des Altiplano von Titicaca ein relativ junges Phänomen ist. Den ersten Beweis dafür stellen die spanischen christlichen Kirchen des 16. und 17. Jahrhunderts in der Umgebung des Sees dar, die das gehäufte Vorkommen von unermeßlichen Reichtümern zu Beginn der Kolonialisierung widerspiegelten (Gutiérrez u. a. 1979). Weiter wissen wir aus den Visitationsreisen im 16. Jahrhundert (Diez de San Miguel 1567, Gutiérrez Flores 1574, Gutiérrez Flores & Ramirez Zegarra 1581 – 1583), daß diese Gegend bei der Ankunft der Europäer so unermeßlich reich war, daß dieses Gebiet, das während der präkolonialen Epoche den Lupaqa gehörte, Eigentum der spanischen Krone wurde – zur selben Zeit wie die Insel von Puná im Golf von Guayaquil und Chincha an der peruanischen Küste. Außerdem versichern spanische Chronisten wie Cieza de León (1553), Matienzo (1567) und Polo de Ondegardo (1571), daß es sich um eines der bevölkerungsreichsten Gebiete in der Neuen Welt handelte.

Zweifelsohne verwandelten die Menschen, die sich im Andenhochland niedergelassen hatten, diese Gegend mit ihrer offensichtlichen Unwirtlichkeit allmählich – während jahrhundertelanger dynamischer Entwicklung – in ein Gebiet, das der Entwicklung der Kulturen in hohem Maße entgegenkam; für dieses Ökosystem geeignete Tier- und Pflanzenarten wurden domestiziert, es kam zur Entwicklung von neuen, auf die speziellen Umweltbedingungen abgestimmten Technologien.

Tatsächlich handelt es sich beim Titicaca-Becken – wie von den Botanikern Hawkes (1956, 1967), Ochoa (1962) und Ugent (1970) bescheinigt wurde – mit größter Wahrscheinlichkeit um das Zentrum der Kartoffelzüchtung (Solanum tuberosum). Sie stützen diese These auf das Vorhandensein der wilden Form (Solanum stenototum) und auf die Tatsache, daß die heutigen Bewohner dieser Region mehr als 400 Kartoffelarten kennen, eine Anzahl, die die Gesamtsumme der in den übrigen Teilen der Anden bekannten Arten überschreitet. Weiter wurde behauptet, daß die Quinoa (Chenopodium quinoa) und die Caihua (Chenopodium pallidicaule) im Titicaca-Becken oder in seiner Umgebung domestiziert wurden (Simmons 1965; Heiser & Nelson 1974; Pikersgill & Heiser 1977); diese Gräser stellten zusammen mit der Kartoffel, der Oca (Oxalis tuberosa), der Mashwa (Tropeaolum tuberosum) und dem Olluco (Ullucus tuberosus) (Lumbreras 1967, 1970, 1971) die Basis für eine erfolgreiche Wirtschaft im Andenhochland dar.

Zudem war das Titicaca-Becken wahrscheinlich eines der Zentren für die Domestikation der südamerikanischen Kameliden. Die Spanier stießen auf die stärkste Konzentration von Kameliden (Murra 1964), darunter wilde Arten wie das Guanako (Lama guanicoe, Müller 1776) und das Vikunja (Lama vicugna, Molina 1782) und domestizierte wie das Lama (Lama glama, Linneaus 1758) und das

58. Panoramaaufnahme des heutigen Dorfes Pucará
Im untersten Teil befindet sich die Haupt- oder Qalasaya-Pyramide und links die Nordpyramide.

Alpaka (Lama pacos, Linneaus 1758). Ricardo Latcham (1922: 82; 1936: 611) ist der Ansicht, daß sowohl das Lama als auch das Alpaka in eben diesem Becken domestiziert wurden, da es den Mittelpunkt ihrer geographischen Nord-Süd-Verbreitung in den Anden darstellt. Carl Troll (1931: 277) stellte dieselbe Hypothese auf und wies unter anderem darauf hin, daß das Titicaca-Becken die größte Dichte an Weidemöglichkeiten bester Qualität aufweist (1931: 265).

PUKARA: EINE ALTE
STÄDTISCHE KULTGESELLSCHAFT

Nach Tiahuanaco war Pukara die zweite bedeutende Kultur, die im Altiplano von Titicaca untersucht wurde. Die charakteristische Stätte von Pukara, die in 3 950 m Höhe gelegen ist, befindet sich 106 km von der heutigen Straße entfernt, die Puno, an den Ufern des Titicacasees, mit Cuzco verbindet. Die archäologische Ausgrabungsstätte erstreckt sich über eine Fläche von ungefähr 6 km².

Die Forscher stellten von Anfang an große Ähnlichkeiten zwischen den Überresten von Pukara und jenen von Tiahuanaco fest, was den Ausgangspunkt für eine Serie von Hypothesen bezüg-

lich ihrer Geschichte bildete (Valcarcel 1925, 1932, 1935; Tello 1929, 1940, 1942, 1943). Als erster behauptete Julio C. Tello, daß sich in Pukara die Vorläufer von Tiahuanaco befänden; später wurde diese Hypothese von Kidder (1943, 1948), Kroeber (1944) und Bennett (1948) gestützt. Seit damals wurde die Pukara-Kultur als Prä-Tiahuanaco-Kultur betrachtet und sollte in gewisser Weise den Ursprung von Tiahuanaco erklären.

Die späteren Ausgrabungen (Rowe 1958, 1963, 1969–1970; Mohr 1969, Chávez & Mohr 1970; Lumbreras & Amat 1968; Lumbreras 1970, 1974; Wallace 1958) untermauerten die alten Hypothesen und wiesen zudem auf die Notwendigkeit hin, 1. Pukara als historisches Verbindungsglied zwischen dem Altiplano und anderen Regionen im Gebiet der Zentralanden und 2. Pukara selbst als ein städtisches Zentrum zu betrachten, das zu einer bestimmten Zeit – vor Tiahuanaco – eine gleichrangige und ebenso bedeutende Rolle wie das berühmte bolivianische Zentrum spielte. Tatsächlich weisen die letzten Ausgrabungen darauf hin, daß die Bedeutsamkeit von Pukara nicht nur in seinem höheren Alter im Vergleich zu Tiahuanaco liegt, sondern auch in seiner eigenen Größe und Eigenart (Mujica 1978, 1979, 1985, 1988; Mujica & Wheeler 1981).

59. Ansicht der Qalasasya-Pyramide vor den archäologischen Ausgrabungen. Rechts, auf dem Hügel, liegt die Puca-orquo-Pyramide.

Heute wissen wir, daß Pukara im nördlichen Becken von Titicaca ein Beispiel für die völlige Beherrschung der Umwelt durch den Menschen darstellt, da er nicht nur alle verfügbaren natürlichen Ressourcen nützte, sondern auch neue erschloß. Die ersten Terrassenanlagen entstanden in dieser Zeit; ihre Form, ihre Größe und ihre Lage weisen darauf hin, daß sie hauptsächlich für »rituelle« Ernten verwendet wurden. Die »camellones« oder »huaru-huaru«, die sich für den Anbau in Überschwemmungsgebieten an den Ufern des Titicacasees eigneten, ermöglichten einen intensiven Ackerbau im Hochland (Erikson 1987, 1988).

DAS PUKARA-SIEDLUNGSMODELL

Das Pukara-Siedlungsmodell im Altiplano besitzt eine hierarchische Struktur; neben dem Siedlungskern existieren verschiedene kleinere, aber gut geplante Zentren und über das nördliche Becken von Titicaca verstreute Weiler. Sein Einflußbereich reichte über die nördliche Sierra bis zum Cuzco-Tal und bis auf einige Kilometer in den Süden von Tiahuanaco. An der Pazifikküste waren Spuren von Pukara in den Tälern von Moquegua (im äußersten Süden von Peru) und Azapa (im äußersten Norden von Chile) identifiziert worden, wiewohl es auch Spuren seiner Existenz im Gebiet von Iquique und bis zur Mündung des Loa-Flusses gibt.

PUCARÁ: DER SIEDLUNGSKERN

Die charakteristische Stätte von Pucará – im heutigen gleichnamigen Dorf gelegen – stellt das Zentrum der Siedlungsform der Pukara-Kultur dar und steht an der Spitze der Hierarchie. War sie bereits früher mehrmals zumindest teilweise beschrieben worden (Franco Inojosa 1940; Lumbreras 1969, 1971, 1974; Mujica 1978, 1979, 1987; Rowe 1963), so bieten die letzten Studien ein komplexeres Bild ihrer Beschaffenheit. Sie besteht aus einer Reihe verschiedener Konstruktionselemente, und zwar a) aus einer Abfallhalde, wo Kidder kleine mit Lehmmörtel errichtete Steinhäuser mit kreisförmigem Grundriß entdeckte (Franco Inojosa 1940: 131), b) aus einer Gruppe von in geschlossenen Einfriedungen angeordneten komplexen Wohnhäusern, die über die alte Schwemmlandterrasse verstreut sind, c) aus drei Gruppen von mas-

60. Seitenansicht der Qalasaya-Pyramide

siven und nicht zum Wohnen bestimmten Bauten, d) aus sechs massiven künstlichen Bauten mit der Form von treppenförmig abgestuften Pyramiden, die offensichtlich für Kultzwecke bestimmt waren, und e) aus einem letzten Teil mit Grabhügeln.

Die Existenz von Abfallhalden (a) in Pucará weist auf das Vorhandensein von Wohnstätten mit rustikalem Charakter hin, und ihre Dichte deutet auf eine ständige und dichte Besiedlung hin. Die auf allen Deponien herumliegenden Rohstoffe sind ein Zeichen für die Existenz von handwerklicher Facharbeit, wenn auch diese Hypothese noch durch letzte Ausgrabungen bestätigt werden muß.

Das Vorhandensein komplexer, in geschlossenen Einfriedungen angeordneter Bauten (b) in der Ebene am Fuß der Pyramiden weist auf eine Spezialisierung und eine Hierarchie im Inneren der Siedlung hin; die Tatsache, daß sich die Wohnstätten von früheren Bauweisen unterscheiden, ist ein Zeichen für eine sehr ausgeprägte soziale Differenzierung.

Das dritte Element (c), das sind massive und komplexe, aber im Vergleich zu den traditionellen Pyramiden weniger sorgfältig ausgeführte Bauten, bleibt eine große Unbekannte; bis heute sind sie unerforscht geblieben. Da sie sich von den Einfriedungen und den Pyramiden der Gruppen (b) und

61. Die Qalasaya-Pyramide und ihre Umgebung

(d) unterscheiden, nehmen wir an, daß sie einem anderen Zweck dienten. Die Existenz einer zweifelsohne kultischen Monumentalarchitektur (d) bestätigt das Entwicklungsniveau der Pukara-Kultur. Einerseits stellt sie einen Hinweis auf das Vorhandensein einer Oberschicht dar, die auf die Ausübung von rituellen Handlungen spezialisiert war. Die deutliche Ausrichtung der Pyramiden gegen Osten weist auf astronomische Beobachtungen hin. Andererseits ist aus der Komplexität und der Größe der Pyramiden (die größte umfaßt 300 m x 200 m x 32 m) zweifelsohne auf eine große Konzentration an Arbeitskräften und die Verfügbarkeit eines Nahrungsmittelüberschusses für deren Ernährung zu schließen, weiter auf technische Kenntnisse, die ihre Errichtung ermöglichten, und auf eine soziale und politische Organisation für die Leitung des Unternehmens.

DIE QALASAYA-PYRAMIDE

Diese Pyramide befindet sich zwischen dem Felsen von Cusi-Huasi (oder: kleiner Felsen) und dem Hügel Puca-orquo, Erhebungen, die die Läufe und die Pfoten einer »Katze« darstellen, deren Kopf und Körper der Felsen von Pucará und deren

Schwanz ein kleiner Nordausläufer ist (Abb. 58). Nach der Überlieferung wird die Qalasaya-Pyramide von den Gliedmaßen des Feliden praktisch umschlungen und geschützt (Abb. 59). Aus den an der Oberfläche sichtbaren Spuren zu schließen, müßte sie 315 x 300 m groß sein; diese Größenangaben sind allerdings durch künftige Ausgrabungen zu verifizieren.

Auf einem sanften Abhang gebaut, am Schnittpunkt der Hügel Calvario und Puka-orquo, die im Westen bzw. im Norden liegen, besitzt die Qalasaya-Pyramide lediglich auf der Süd- und Ostseite eine Anzahl künstlicher Plattformen, die ihr die Gestalt einer treppenförmig abgestuften Pyramide verleihen. Auf der Nord- und Westseite verschmilzt die Pyramide mit den Hügeln, da sie sich auf derselben Höhe wie die Abhänge befindet und in die sie umgebenden Hügel genau eingefügt zu sein scheint (Abb. 60).

Im großen und ganzen ähneln die stufenförmigen Plattformen den Ackerbauterrassen. Vom architektonischen Standpunkt aus bestehen sie aus einer Stützmauer, die mit großen behauenen Steinen verblendet ist, wobei eine Neigung nach innen auszumachen ist.

Wenn wir auch die vollständige Zusammensetzung des Aufbaues der Plattformen noch nicht kennen, sind wir doch in der Lage festzustellen, daß sie im Oberteil kleine Steine in willkürlicher Anordnung enthalten. Anstelle von Mörtel werden sie mit Lehmerde zusammengefügt. Zum gegenwärtigen Zeitpunkt scheint alles darauf hinzudeuten, daß der künstliche innere Aufbau der Qalasaya-Pyramide voll ist.

Dem Bau der Pyramide ging ein Planungsstadium voraus, das zusammen mit den architektonischen Besonderheiten darauf hinzuweisen scheint, daß die Pyramide in nur einer Epoche erbaut wurde. Diese Hypothese wird noch durch weitere Ausgrabungen genauer zu überprüfen sein.

Folgende Spuren lassen auf die planmäßige Durchführung schließen: Der bedeutendste Teil der Pyramide ist der obere, wo drei wahrscheinlich kultisch hintereinander im Norden, in der Mitte und im Süden liegende Einfriedungen nach Osten ausgerichtet sind. Jede von ihnen weist eine Reihe besonderer architektonischer Merkmale auf, wobei jene auf der Vorderseite, die die Haupt»fassade« der Pyramide bilden, am auffallendsten und relativ einfach auszumachen sind (Abb. 61). Die nördliche

62. Camellones
(bewässerte Anbaufelder)
im Gebiet von Pucará

63. Nordpyramide von der Qalasaya-Pyramide

Einfriedung ist mit einer großen platzartigen Plattform von ungefähr 68 m Länge und 48 m Breite verbunden, die tiefer als die Einfriedung selbst liegt. Die beiden Teile stehen miteinander durch eine in der Mitte der Trennmauer errichtete Treppe in Verbindung. Im Osten wird der Platz von zwei Plattformen, oder langen und schmalen Terrassen, begrenzt, die gemeinsam mit dem oben beschriebenen Platz den nördlichen Block der Hauptfassade der Pyramide bilden.

Die mittlere Einfriedung, bekannt als Weißer und Roter Tempel, in der Kidder im Jahre 1939 Ausgrabungen durchführte, ist – ebenfalls auf der Ostseite – mit einer Gruppe von Plattformen, oder kurzen und breiten Terrassen, verbunden, die südlich des Platzes, der mit der nördlichen Einfriedung in Verbindung steht, gelegen sind. Die Spuren an der Oberfläche lassen auf die Existenz einer Treppe mit der Form eines umgekehrten L oder etwas ähnlichem schließen, die zwischen diesen beiden Gruppen von Bauelementen liegt.

Seitlich ist die im äußersten Süden des oberen Teiles der Pyramide gelegene Einfriedung mit Plattformen oder Terrassen verbunden, die sich von jenen, die mit der mittleren Einfriedung in Verbindung stehen, unterscheiden. Es handelt sich hierbei um lange, schmale Plattformen, die von jenen in der Mitte durch eine von Ost nach West

(von oben nach unten) senkrecht zu den Plattformen verlaufende Mauer getrennt werden. Im unteren Teil der Pyramide, unmittelbar östlich der Plattformen des südlichen und mittleren Blocks, liegt eine große atriumähnliche Plattform mit den Maßen 160 m x 60 m. Vom natürlichen Plateau der Stätte aus ist sie über eine eingefügte Treppe zu erreichen, deren Überreste leicht nördlich der Stützmauer der Ostfassade zu sehen sind. Außerdem begrenzen – fast in der Mitte und ebenfalls leicht gegen Norden – fein geschliffene Platten in der Form eines Quadrates mit 55m Seitenlänge eine Vertiefung; hierbei könnte es sich um eine Art versenkten Innenhofes handeln, dessen Charakteristika noch nicht identifiziert sind.

Zum oberen Teil der Pyramide gelangt man über eine zentrale Treppe, die von der Mitte des Atriums ausgeht und bis in einen Sektor reicht, in dem sich ein störendes Bauwerk aus der Kolonialzeit zwischen der südlichen und mittleren Einfriedung befindet, störend deshalb, da die Größe dieses Bauwerkes, das vorerst den Namen »Quinta« trägt und eine sehr alte Kirche gewesen zu sein scheint, uns daran hindert, in diesem Sektor das Pukara-Modell zu erkennen. Die Tatsache, daß die Treppe unmittelbar zu diesem Bereich führt, legt die Vermutung nahe, daß sich hier irgendein bedeutender Teil im Zusammenhang mit der Pyramide befinden müßte. Diese Hypothese wird durch die Tatsache erhärtet, daß die Absicht der Kolonialmächte bekannt ist, einen früheren Kult dadurch zu bekämpfen oder auszulöschen, indem man ihm an den wesentlichsten Stellen ein Beweisstück der eigenen Macht (in diesem Fall: eine Kirche) entgegenstellt.

Das erste bekannte »Beweisstück« aus der Pukara-Epoche – mit Ausnahme der ursprünglich fast völlig verschütteten Hauptpyramide – war die von Kidder im Jahre 1939 erforschte zentrale Einfriedung. Kennzeichnend dafür sind die schachbrettartig angeordneten Mauern aus roten und weißen behauenen Steinen. Sie umfaßt einen viereckigen zentralen Platz, der 2 m tiefer gelegen ist und von einer Mauer aus weißen, mehr oder weniger viereckigen Steinplatten, die in einer einzigen Reihe angeordnet sind, begrenzt wird. In der Platzmitte stieß man auf Skulpturfragmente im Pukara-Stil und an jeder Ecke des Vierecks auf genau aus-

64. Puca-orqo-Pyramide

geführte Grabkammern, die außer den Überresten verschiedener Individuen einige Bruchstücke von Gold- und Kupfergegenständen enthielten. In die Kammern gelangt man durch Türen mit doppeltem Gewände; das äußerste Gewände schmückt ein treppenförmiges Motiv, das direkt in den Stein graviert ist. Rund um diesen Platz befindet sich eine etwas höher gelegene Plattform, die man vom unteren Platz aus über eine südlich der Ostfassade liegende Treppe erreicht. Die Süd-, West- und Nordseiten dieser Terrasse werden von roten Steinmauern begrenzt, die neun kleine Räume bilden (drei auf jeder Seite) und die zweifelsohne eine rituelle Funktion hatten.

Von den Ausgrabungsarbeiten im Jahre 1975 unter der Leitung von Lumbreras wissen wir, daß sie größer als die mittlere Einfriedung ist und elf Wohnstätten anstelle von neun zu umfassen scheint. Überdies weist die Existenz einiger Überreste darauf hin, daß die Ostseite von einem Hauptportal verschlossen wurde, das man vom vorderen Platz aus über die bereits erwähnte Treppe erreichte. Eine spätere Besiedlung dieses Ortes könnte auf eine Wiederverwendung von Platten aus der Pukara-Epoche deuten, die von anderen Stellen der Pyramide stammen.

Die Einfriedung im äußersten Süden scheint am stärksten zerstört zu sein, wodurch die Identifikation ihrer genauen Form unmöglich wird. Der versenkte zentrale Platz ist noch in gutem Zustand und – was seine Charakteristika betrifft – mit dem von Kidder erforschten Platz identisch, inklusive der vier Türen mit doppeltem Gewände in der Mitte jeder Seite. Einige der westseitig gelegenen Räume beweisen zumindest das Vorhandensein einiger Bauten aus gelben und grünen, behauenen Steinen.

Wenn die südliche Einfriedung bislang auch am wenigsten erforscht ist, so konnten doch zwei äußerst interessante Feststellungen gemacht werden. Zunächst konnte bewiesen werden, daß die farbigen, behauenen Steine, die die Viertel des Schachbrettbodens bilden, lediglich die Fundamente sind. Auf ihnen erhoben sich aus Erde und groben Steinen gebaute Wände von unbekannter Höhe. Die zweite Feststellung ist, daß diese Wände von einer Art grobem »Stuck« aus Lehm und Stroh, verziert mit eingravierten geometrischen Motiven, versehen waren, wobei unklar ist, ob hierbei auch die Grundmauern betroffen waren.

Im Inneren des alten oder Pukara-Modells der Haupt- oder Qalasaya-Pyramide befinden sich zwei architektonisch bedeutsame Elemente und eine Skulptur, die erwähnenswert sind. Das erste Element ist eine kleine Erhebung in Form einer abgestuften Pyramide auf der Spitze der Qalasaya-Pyramide, etwa 30 m westlich der südlichen Einfriedung. Obwohl sie relativ stark verschüttet ist, ist festzustellen, daß sie aus zwei übereinanderliegenden Plattformen und einer Haupttreppe auf der Ostseite besteht.

Beim zweiten Element handelt es sich um eine Art Einfriedung mit zweifelsohne kultischer Funktion, die sich am Fuß der Qalasaya-Pyramide befindet und im Süden an das oben beschriebene Atrium grenzt. Momentan gleicht es einer Plattform von ungefähr 100 m Länge und Breite, wobei diese Maße bei späteren Ausgrabungen noch zu korrigieren sein werden. Heutzutage wird die Plattform landwirtschaftlich genutzt, aber die großen behauenen Steine in derselben Anordnung wie in der von Kidder erforschten, zentralen Einfriedung sind dennoch nicht zu übersehen. Ihre tatsächliche Größe und ihre Form sind uns unbekannt. Aber ganz offensichtlich stehen wir hier vor den Überresten einer noch größeren und komplexeren Einfriedung, als es die anderen waren.

Aus dem figuralen Element, dem Fragment eines Monoliths und einer Platte in situ, kann mit großer Sicherheit geschlossen werden, daß zumindest die Terrassen der Hauptfassade der Qalasaya-Pyramide mit einigen der berühmten Pukara-Steinskulpturen verziert waren. Im Außenwinkel der zweiten Plattform, ziemlich nahe der Haupttreppe, haben wir das Beweisstück dafür (übrigens das erste dieser Ausgrabungsstätte) gefunden (Abb. 63).

Die Stellung von Pucará an der Spitze der Hierarchie der Kulturstätten ist nicht nur auf seine größere Vielschichtigkeit und seine Ausdehnung im Vergleich zu den anderen Stätten jener Zeit zurückzuführen, sondern auch auf seine geographische Lage im Inneren des Titicaca-Beckens, im Tal von Ayavari-Pucará, das nicht gerade durch seine Fruchtbarkeit herausragt. Vielmehr scheint seine Stellung an Faktoren gebunden zu sein, die über die direkte Produktion im Ackerbau und in der Viehzucht hinausgehen. Wie bereits erwähnt, stellt das Tal von Ayavari-Pucará die direkte natürliche Verbindung zwischen dem Titicaca-Becken,

65, 66. Bemalte Skulpturen, die anläßlich der Ausgrabungen im Jahr 1979 gefunden wurden. Die erste ist ein lebensgroßer, abgeschlagener Kopf, ein Motiv, das auch häufig auf der Keramik zu finden ist oder mit »Kopfabschneider«-Skulpturen assoziiert wird. Die zweite ist eine 10 cm hohe Statuette, die noch gelbe Farbspuren mit weißen Linien auf der Nase nach Art einer Tätowierung trägt.

67. El Degollador de Pukara (Der Kopfabschneider
von Pukara) ist die repräsentativste Skulptur.
Die Figur trägt eine Katzenmaske, hält eine Axt in der rechten
und einen abgeschlagenen Kopf in der linken Hand.

in dem in bedeutendem Ausmaß Viehzucht und Ackerbau betrieben werden, und dem Vilcanota-Becken mit seinem mesothermischen Ackerbau dar. Dieses Ineinandergreifen von Hochlandackerbau, Viehzucht und mesothermischer Feldwirtschaft scheint während der ganzen Entwicklung des Altiplano grundlegend gewesen zu sein.

Ein zweiter Faktor ist die zentrale Lage, die Pucará bezüglich des Zugangs zu verschiedenen Gebieten einnimmt. Im Norden befindet sich der Zugang zum Tal von Vilcanota und von Apurimac mit seinen zwei Hauptstädten Velille und Livitaca; im Süden umgeben der Titicacasee und die Berge die Stätte; im Osten befindet sich der Streifen der Selva am Osthang der Anden und im Westen der Zugang zu den Küstentälern und zur Pazifikküste. Andererseits gelangt man unmittelbar zu den höhergelegenen Anbaugebieten; das Weideland ist für die Kameliden aus der Umgebung ideal.

Ein dritter wesentlicher Faktor betrifft die Lage von Pucará im Zentrum unterschiedlicher Produktionszonen. Wie bereits erwähnt, läßt sich die Produktion im Altiplano von Titicaca aufgrund der täglichen Temperaturschwankungen und der unregelmäßigen jährlichen Niederschlagsverteilung nur schwer vorhersehen. Die Zone an den Flußufern und bis zum Osten des Altiplano ist produktiver als jene im Norden und Westen, die weniger ertragreich ist. Durch die Lage des großen Zentrums von Pucará im Schnittpunkt dieser beiden Achsen befinden sich beide Alternativen in unmittelbarer Reichweite; den Produktionsschwächen, die auf die klimatische Unbeständigkeit (lange Trockenzeiten oder Überschwemmungen der seenahen Gebiete) zurückzuführen sind, kann so abgeholfen werden, und die Risiken bleiben auf ein Minimum beschränkt (Abb. 64).

DIE NEBENZENTREN UND DIE WEILER

In der Umgebung des städtischen Kultzentrums von Pucará befinden sich – über das Altiplano von Titicaca verteilt – andere Stätten mit unterschiedlichen Charakteristika, die demselben politischen Gefüge angehören. Einerseits haben wir an strategischen Punkten die Stätten, die wir »semi-urbane Zentren« oder »Nebenzentren« nannten, wie Maravillas, Taraco und Incatunuhuire, die sich durch eine komplexe und ausgeklügelte Architektur auszeichnen, ohne jedoch jemals die Ausmaße von

Pucará zu erreichen. Hier finden sich beinahe immer Steinskulpturen (Abb. 65–72) und erlesene Pukara-Keramik, mit einer Ikonographie, die lediglich in dieser Art von Bauten vorkommt (Abb. 73–76).

Auf der anderen Seite umfaßt die dritte Art von Pukara-Niederlassungen über das Altiplano verstreute Stätten, deren materielle Überreste auf eine geringe Bevölkerungskonzentration und das Fehlen von Monumentalarchitektur schließen lassen. Die Ähnlichkeit dieser Niederlassungen mit jenen, die für die vorangehende Periode (Qaluyu) typisch waren, weist darauf hin, daß es sich um kleine Weiler handelt, die in Gebieten errichtet worden waren, wo Wasser, Rohstoffe und Acker- sowie Weideland zur Verfügung standen.

Der Pukara-Siedlungstyp im Altiplano von Titicaca läßt also auf eine dreistufige hierarchische Organisation schließen. Wir stellen die These auf (die durch archäologische Ausgrabungen zu stützen sein wird), daß die Hauptaufgaben der Weiler in der Rohstofförderung und in der Herstellung von Grundnahrungsmitteln lag; die »Nebenzentren« – zwischen den Weilern und Pucará – erfüllten wahrscheinlich eine Sammlungs- und Umverteilungsfunktion; das große städtische Kultzentrum verarbeitete die Rohstoffe weiter und gewährleistete die Produktion bzw. Umverteilung von Gütern und städtischen Dienstleistungen.

Aus der zweifelsohne erfolgten Vermehrung der Stätten ist auf ein beträchtliches Bevölkerungswachstum und auf eine Aufteilung der Bevölkerungsgruppen zu schließen, verbunden mit dem Wunsch, über eine größere Anzahl von Ressourcen in verschiedenen ökologischen Nischen zu verfügen. Zum ersten Mal in der historischen Entwicklung des Altiplano stößt man auf eine Gesellschaft, die dermaßen viele Höhenzonen, landwirtschaftliche Ressourcen in den Tälern und Waldgebiete sowie die Ufer und Inseln des Titicacasees nutzt und somit das erste regionale Integrationsmodell im ganzen Nordbecken begründet.

PUKARA AN DER PERIPHERIE DES ALTIPLANO

Das Modell regionaler Integration und gleichzeitiger Nutzung zahlreicher ökologischer Nischen, das in der Pukara-Epoche seinen Ursprung hatte, steht in krassem Gegensatz zur Mikroanpassung der früheren Kulturen, deren Entwicklung auf der

68. Fragment einer Skulptur: Der Kopf wurde wahrscheinlich von den Götzendienst-Gegnern in der ersten Kolonialzeit abgehackt. In den Händen hält die Figur ein abgeschlagenes Haupt – ein damals häufig reproduziertes Motiv.

69. Typische Figur mit Vogel als Kopfschmuck (auch das Tier wurde geköpft)

70. Verzierte Huanca eines Fisches
Dieser Stein wurde 1937 auf dem Südbau an der Spitze
der Qalasaya-Pyramide entdeckt.

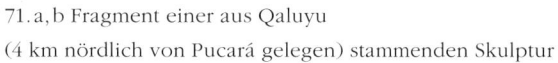

71.a,b Fragment einer aus Qaluyu
(4 km nördlich von Pucará gelegen) stammenden Skulptur

Stufe des Weilers oder Dorfes stehenblieb. Mit einiger Wahrscheinlichkeit sind die wesentlichsten Indikatoren für die Veränderung, die während dieser Epoche im Titicaca-Becken eintrat, die Existenz von Niederlassungen auf dem Hochplateau außerhalb ihrer Kernzone.

Es gibt verschiedene Spuren von Pukara-Völkern, die ihre Kernzone in der hohen andinen Sierra verlassen haben. Im Norden überquerten sie das Tal von Vilcanota und stießen bis zur Stätte von Batan Urqo, in der Nähe des heutigen Dorfes Huaro (Cusco) vor, die von T. Paterson im Jahre 1965 (1967) entdeckt wurde. Die zum gegenwärtigen Zeitpunkt von Archäologen aus Cusco an dieser Stätte durchgeführten Ausgrabungen könnten über die Natur der Pukara-Präsenz in diesem vom Altiplano weit entfernten Gebiet und über die Art und Weise, in der die Bevölkerungsgruppen die spätere kulturelle Entwicklung im Cusco-Tal beeinflussen konnten, Aufschluß geben.

Südlich des Sees existieren Beweise für eine Pukara-Präsenz auf dem Gebiet einer teilweise zeitgenössischen Gesellschaft (Mujica 1985) mit dem Namen Qeya (oder Tiahuanaco III oder altes Tiahuanaco). An der Stätte von Kallamarca (oder Qallamarka) (Portugal Zamora & Portugal Ortiz 1975; Portugal Ortiz & Portugal Zamora 1977), die in nur 12 km Entfernung südöstlich des großen städtischen Zentrums von Tiahuanaco gelegen ist und von dem Archäologen Portugal im Jahre 1971 entdeckt wurde, stieß man auf bedeutende Funde von Pukara-Keramik, ein Beweis für die Verbindung zwischen der ältesten Tiahuanaco-Keramik und Merkmalen des Pukara-Stils, wobei die Pukara-Kultur in ihrer Gesamtheit zweifelsohne vor der Tiwanaku-Kultur anzusetzen ist (Lumbreras 1974: 61). Sehr bedeutend war auch der Zugang zur Küste. Die ersten prätiahuanakischen Spuren, die von den Hochplateaus stammen, wurden auf der Anlage Azapa 70 (Arica) von den Archäologen Focacci und Erices (1971) entdeckt.

Die jüngeren Ausgrabungen im Tal von Moquegua im äußersten Süden von Peru lieferten eine überzeugendere Information (Feldman, im Druck; Goldstein & Feldman, im Druck). Im Gegensatz zu »isolierten« Pukara-Elementen, wie sie im obigen Absatz erwähnt werden, die lediglich auf Handelsbeziehungen zwischen Völkern des Altiplano und der Küste deuten könnten, handelt es sich hierbei um Niederlassungen mit vielfältigen Komponenten

72. Blitz- oder Wasserstele: Monumentalwerk, das zusammen mit der zuvor präsentierten Skulptur zu den bekanntesten Skulpturen der Epoche zählt

73. Typisches Pukara-Keramikfragment (Museum von Pucará)

74. Gefäß im Pukara-Stil
Die abgebildete Figur hält einen Stock in der linken und ein
Alpaka in der rechten Hand (M.N.A.A. – Lima).

in fruchtbaren Talgebieten, wodurch in der Chronologie der Südküste eine kulturelle Phase mit dem Namen Trapiche definiert werden konnte. Auch wenn das Tal nicht dicht besiedelt war, finden sich hier zumindest drei Wohngebiete mit Pukara-Keramik und Pukara-Textilien, die – in diesem Fall – auf eine ständige Besiedlung hindeuten. Chávez, ein Archäologe von Arequipa, bezeichnete und zeigte Pukara-Keramik, die von einer Anlage in Las Salinas, auf den Anhöhen von Arequipa, stammt und wies darauf hin, daß er in Chiguata, am Westhang der Kordillere, beim Abstieg nach Arequipa eine ähnliche Keramik gefunden hatte.

Das Vorhandensein von Pukara-Kulturgut an der Peripherie weist auf drei wesentliche Tatsachen hin: einerseits das Erreichen komplementärer, mehrere Tagesmärsche entfernter Ökologien seitens der Bevölkerung des Hochplateaus, was nur durch das Lösen ihrer Bindung an das ursprüngliche Umfeld und durch den Aufbau einer politischen und sozialen Struktur möglich war, wodurch die organisierte Bevölkerungsbewegung unterstützt wurde; an zweiter Stelle die Verschiedenheit der Kulturgüter an der Peripherie, wie z. B. vereinzelte Textilien in bestimmten Fällen oder in ständigen Siedlungen wiederentdeckte Textilien, die die Anwendung von zwei verschiedenen, aber komplementären Wirtschaftsmechanismen reflektieren. Einerseits bestand die Möglichkeit, durch den Handel an entfernte Ressourcen heranzukommen, andererseits war ein direkter Zugang dank der ständigen Niederlassungen gegeben; drittens ist die Entstehung komplexer Gesellschaften in Cusco wie in Tiahuanaco durch die Präsenz von Pukara-Völkern (bis nach Cusco im Norden und Tiahuanaco im Süden) zu erklären.

DAS ENDE VON PUKARA

Das Ende von Pukara naht um 380 n. Chr. Aus den Baudenkmälern geht hervor, daß sich die charakteristische Anlage sowie ein großer Teil des nördlichen Titicaca-Beckens auf friedlichem Wege entvölkerten. Wenn wir auch nicht die Gründe dafür kennen, so können wir doch die Konsequenzen nennen.

In den Ausgrabungen, die zwischen zwei der Kultbauten an der Spitze der Hauptpyramide von Pucará durchgeführt wurden, konnte das Ereignis dokumentiert werden. Ursprünglich existierte eine

Gruppe von sehr sorgfältig ausgeführten, mit großen Steinplatten gepflasterten Patios, die eine direkte Verbindung zwischen den beiden Tempeln darstellten und deren Pracht auch mit rituellen Funktionen in Zusammenhang stand. Diese Patios waren mit einer feinen roten Lehmschicht bedeckt, die offenbar vom Putz der Wände der Kultbauten stammte und durch Regenfälle abgewaschen wurde. Der ursprünglich gepflasterte, unter dieser Schicht völlig verborgene Boden weist keinerlei Brandspuren oder Zeichen sonstiger Verwüstung auf.

Später wurden die Patios wiederbesiedelt, die alten Bauten wurden teilweise weitergenutzt: Einige Türen wurden zugemauert, andere in die Mauer gebrochen – an den ursprünglichen Ecken des Tempels wird jedoch nichts geändert. Die erste – wenn auch leichte – Zerstörung der Anlage geht auf die Zeit zurück, als die gesamte Anlage von einer Abfallschicht bedeckt war.

Die Bewohner verwendeten weiter die Keramik aus der Pukara-Tradition, aber mit ausgeprägten Varianten: Neue, einfachere Formen werden eingeführt; die Motive werden beibehalten, aber ihre Ausführung erscheint einfacher und gröber; die Ausführung ist von geringerer Qualität – insbesondere was die Intensität der Farben betrifft.

Ursprünglich bezeichneten wir diese Phase als »dekadentes Pukara«, da sie den Niedergang des Stils und der Kultur illustriert; jetzt ziehen wir die Bezeichnung »Pukara« vor, da nicht auszuschließen ist, daß es sich hierbei um Pukara-Völker handelt, die ursprünglich die Weiler im Titicaca-Becken bewohnt hatten und schließlich das alte Zentrum wiederbelebten, nachdem es seine kultischen Funktionen verloren hatte und von der Oberschicht verlassen worden war. Jedenfalls handelt es sich nicht um Fremde, sondern um Angehörige der Pukara-Tradition, die die Anlage während zwei oder drei Regenzeiten bewohnten.

Um 380 v. Chr. wurde die Anlage endgültig verlassen und erst gegen 1250 n. Chr. wieder besiedelt. Dies ist stratigraphisch aus allen Grabungen in Pukara ersichtlich, woraus zu schließen ist, daß die Zerstörung erst ab diesem Zeitpunkt weiter fortschreitet.

Elias Mujica B.

75. Gefäß im Pukara-Stil. Motiv wie oben (M.N.A.A. – Lima)

76. Gefäß im Pukara-Stil. Jüngere Phase als obige Exemplare Der Felide mit aufgesetztem Kopf und im Profil eingraviertem Körper stellt ein im Pukara-Stil häufig reproduziertes Motiv dar.

DIE IKONOGRAPHIE VON MOCHE

Mehr als 1000 Jahre vor Beginn der Inkaherrschaft entfaltete sich in der Küstenebene im Norden Perus ein Volk, das wir heute Moche nennen. Die Moche kannten keine Schrift, in ihrer Kunst allerdings hinterließen sie Darstellungen ihres Lebens und ihrer Umgebung in besonders lebendiger Art und Weise. Durch ihre Wirklichkeitsnähe und ihre Sujets ist die Moche-Kunst eine der anziehendsten Stilarten der vorkolumbischen Zeit.

Der Ausdruck der Moche-Künstler ist erstaunlich vielfältig. Männer, Frauen, Tiere, Dämonen und vermenschlichte Götter werden bei der Ausübung mannigfaltiger Tätigkeiten wie Jagd, Fischfang, Kampf, Ausführung einer Bestrafung, sexuellen Handlungen und komplizierten Zeremonien gezeigt. Tempel, Pyramiden und Häuser werden ebenso dargestellt wie Kleider und Schmuck. Die gemalten und modellierten Sujets sind detailliert, verständlich und überaus realistisch dargebracht.

Diese abwechslungsreiche und komplexe Kunst scheint Geschichten zu erzählen und quälende Visionen aus dem Leben, den Zeremonien und der Mythologie der Menschen vorzuführen. Dadurch bietet sich die Möglichkeit, in die innere Natur dieser alten Kultur Einblick zu erhalten.

SYMBOLISCHE MITTEILUNG

Die Moche-Kunst verkörpert in sich ein System von Symbolen, das in seinen zahlreichen Erscheinungsformen dem Symbolsystem einer Sprache ähnelt. Sowohl in der Kunst als auch in der Sprache ist die Verständigung nur dann möglich, wenn völliges Verständnis und überlegtes Einverständnis mit den Gesetzen des Ausdrucks besteht.

Man kann die Moche-Kunst deuten, indem man die Modelle beobachtet, die aus der Arbeit der diese Gesetze respektierenden Künstler entstehen. Der logische Zusammenhang von Details liefert den Schlüssel der eigentlichen Botschaft. Eine bestimmte Person kann zum Beispiel identifiziert werden, indem man eine immer wiederkehrende Kombination von Zügen, eine charakteristische Kleidung – und indem man den Bereich der Handlungen zur Kenntnis nimmt, die mit dieser Person in Beziehung gebracht werden.

Wie sich jeder Anwender einer Sprache auf bestimmte Weise ausdrückt, so hatte auch jeder Moche-Künstler einen eigenen Stil, der sich übrigens im Laufe seines Lebens änderte. Auch wenn die Beschreibung derselben Szene oder Person je nach dem persönlichen Stil eines Künstlers verschieden sein mochte, gelingt die Vermittlung der Botschaft. Es ist gelegentlich schwierig, die stilistischen Unterschiede und die Variationen im Inhalt der Botschaften auseinanderzuhalten, aber das Wissen um diese Parameter ist von entscheidender Bedeutung. Zwischen der Moche-Kunst und der gesprochenen Sprache besteht noch eine letzte Analogie: Auch wenn die von jedem System gebrachte Information theoretisch unbegrenzt ist, beschränkt sie sich in der Praxis tatsächlich nur auf eine gewisse Anzahl von Themen. In der Sprache sind die Themen durch die Art der Beziehung zwischen den Individuen oder durch die Funktion, die die Mitteilung erfüllen soll, begrenzt. In der Moche-Kunst umspannt die zu überbringende Information nur ein geringes Themeninventar, und diese Themen hängen untereinander wieder so zusammen, daß es sich um eine spezifische und auf die Kunst selbst reduzierte Funktion handelt.

MITTEL DES KÜNSTLERISCHEN AUSDRUCKS

Die Keramik ist das bekannteste Ausdrucksmittel der Moche-Kunst. Mehr als 90 % der erhaltenen Kunstgegenstände dieser Kultur sind Keramiken. Bei der Herstellung von Gefäßen wurden verschiedene Techniken verwendet. Direktes Modellieren, Spiralwulst-Technik, Pressen, oder die Herstellung in der zweischaligen Form wurden, teilweise kombiniert, zur Erzeugung der Gegenstände benutzt. Bemalt wurden sie mit weißer und/oder roter Farbe. Mehrfarbige Verzierungen sind so gut wie nicht existent. Durch das Brennen, das oxydierend erfolgte, erhielt der Ton eine rotbraune oder beige Färbung. Einige Gefäße, die absichtlich reduzierend gebrannt wurden, zeigten eine graue bis schwarze Gesamttönung. Auf vielen Gefäßen wurde nach dem Brennen ein schwarzes organisches Pigment aufgesetzt und dieses nochmals leicht erhitzt, um Details in der Zeichnung der Gesichter, Schnurrbärte oder Verzierungen an den Gewändern besser zum Ausdruck zu bringen.

Metallverarbeitung war die zweite bedeutende Technik der Moche-Kunst. Gold, Silber, Kupfer und die jeweiligen Legierungen wurden in verschiedenen Kombinationen verwendet, viele Gegenstände waren vergoldet. Metallplättchen wurden gehämmert und geglüht, getrieben, gekerbt, geprägt oder ziseliert. Oft wurden bei der Herstellung eines Gegenstandes zwei oder mehrere dieser Techniken kombiniert. Beim Metallgießen wurde gewöhnlich das Verfahren der verlorenen Form angewendet, wobei man gelegentlich einen nichtmetallischen Kern einsetzte. Die Metallgegenstände der Moche zeigen ein hohes Maß an Geschicklichkeit und eine absolute Beherrschung der Technik.

Auch die Textilien stellen eine Hauptform des künstlerischen Ausdrucks der Moche dar. Weben war weit verbreitet, wobei Baumwollfäden für die Kette und Wollfäden für den Schuß gemischt wurden. Andere aufgefundene Textilien zeigen Wollstickereien auf einem Untergrund aus Baumwolle. Die Verzierungen auf den Gewändern der auf der Keramik dargestellten Personen weisen auf eine Vorliebe für aufgenähte Metallplättchen hin.

Auch zahlreiche Wandmalereien wurden entdeckt. Die meisten stellen menschliche oder menschenähnliche Figuren dar, bei denen die Umrisse eingeritzt und polychrome Pigmente auf vorbereiteten Flächen aufgetragen wurden. Geometrische und tierähnliche Motive wurden auch als Flachrelief ausgeführt und mit mineralischen Pigmenten koloriert.

Die Ikonographie der Moche zeigt sich auch bei den Bildhauerarbeiten auf Knochen, Stein und Holz. Bei der Bearbeitung all dieser Materialien läßt sich eine beträchtliche Kunstfertigkeit erkennen. Meist sind diese Werke als Hochrelief ausgeführt, wobei Details eingeschnitten oder eingelegt wurden. Die Technik der Einlegearbeit wurde in der Moche-Kunst besonders zur Darstellung bestimmter Einzelheiten eingesetzt. Kleine Teilchen aus Stein, Muscheln oder Metall wurden sorgfältig geformt und mit Hilfe eines pflanzlichen Harzes auf Knochen, Stein, Holz, Metall, Keramik und Muscheln aufgeklebt. Mit Brandmalerei verzierte Kalebassen, die als Schalen, Tassen oder Teller verwendet wurden, waren mit einfachen geometrischen Motiven, aber auch mit komplizierteren Figuren verziert.

Andere Formen des künstlerischen Ausdrucks waren die Tätowierung und die Körperbemalung.

Häufig erscheinen auf den Unterarmen und den Gesichtern sehr präzise Zeichnungen. Viele in der Moche-Kunst dargestellte Figuren weisen sehr kompliziert ausgeführte Körperbemalungen auf; andererseits fand man bei Ausgrabungen in Moche-Gräbern öfter rote, mineralische Pigmente auf Teilen der Skelette.

Drei künstlerische Formen dienen in der Moche-Kunst zur Verzierung verschiedener Untergrundmaterialien, und zwar entweder jede für sich oder aber gemeinsam: die zweidimensionale Darstellung, das Flachrelief und das Hochrelief. Jede Form hat ihre Gesetze, die die Art der Sujetdarstellung, unabhängig von der Natur des Untergrunds, regeln. Aus diesem Grund erscheint eine auf einem Gefäß zweidimensional gezeigte menschliche Figur nahezu identisch mit der gleichen Figur, die in ein Metallplättchen ziseliert, auf eine Mauer gemalt, in einen Stoff eingewebt oder auf die menschliche Haut tätowiert ist. Dies gilt auch für eine dreidimensionale Darstellung: Ein aus Metall gegossener Uhukrieger hat eine außergewöhnliche Ähnlichkeit mit der gleichen Figur, die aus Lehm geformt oder aus Holz, Stein oder Knochen geschnitten ist.

DIE REGELN DER KUNST

Der hervorstechendste Zug der Moche-Kunst ist ihr stark ausgeprägter Naturalismus, der in der Schöpfung individueller Portraits gipfelt. Fast alle dargestellten Objekte fand der Künstler in seiner unmittelbaren Umgebung. Selbst die phantastischen, übernatürlichen Geschöpfe waren aus Teilen zusammengesetzt, die es in der Nähe des Künstlers zu sehen gab. Die Umformung dieser Objekte in andere Gestalten, deren Bedeutung sie dann annahmen, unterlag mehreren spezifischen Kanons, die von den Künstlern, die die jeweiligen Grundformen bearbeiteten, eingehalten wurden.

DER MASZSTAB

Mit Ausnahme einiger weniger Moche-Künstler erzeugten die meisten von ihnen Gegenstände, die zwischen 1 und 30 cm hoch waren; die Mehrzahl lag zwischen 5 und 20 cm, unabhängig vom verwendeten Material. Auch die meisten ikonographischen Darstellungen der Moche-Kultur liegen in diesem Bereich. Größere Gegenstände, wie Textili-

77.b Abwicklung der Szene (s. Abb. 77.a)

77.a Gabelhalsgefäß. Die gemalte Szene stellt Bestrafung
und Behandlung von Gefangenen dar. Höhe: 31,8 cm
(mit freundlicher Genehmigung des American Museum
of Natural History, New York)

en, waren so dekoriert, daß um eine zentrale Figur ein großer Freiraum gelassen wurde, oder die Fläche wurde mit vielen kleinen Figuren bedeckt. Auch bei diesen Unterlagen maßen die eigentlichen Figuren nicht mehr als 5 – 20 cm. Die einzige bemerkenswerte Ausnahme stellen die bunten Wandbilder dar, auf denen die Figuren manchmal bis 120 cm groß sein konnten. Schließlich findet sich in der Moche-Kunst nichts, das einer kolossalen Steinfigur, einem riesigen Gefäß oder einer lebensgroßen Statue ähneln könnte. Diese Beschränkung der Maße hat natürlich zur Folge, daß das dargestellte Sujet kleiner als in Wirklichkeit ist. Ein weiteres Kennzeichen der Moche-Kunst ist die leichte Transportierbarkeit der Gegenstände, was zweifelsohne zur Gleichförmigkeit dieser Kunst in ihrem gesamten Einflußbereich beigetragen hat.

Relative Maße

Wenn die Moche-Künstler mehr als eine Figur in einer Szene darstellten, entspricht das Größenverhältnis von z. B. Mensch zu Hirsch, oder Hirsch zu Hund, im allgemeinen dem natürlichen Verhältnis. Eine menschenähnliche Figur ist in Menschengröße wiedergegeben. Berge, Häuser und große Bäume sind die einzigen Elemente, die ständig verkleinert scheinen. Wenn mehrere Hirsche, Seelöwen oder andere Kreaturen auf einer Zeichnung vorkommen, haben alle Tiere derselben Gattung normalerweise auch dieselbe Größe. Dies gilt auch für Menschen oder menschenähnliche Gestalten. Dennoch gibt es drei Ausnahmen. Die erste wird

auf Gefäßen sichtbar, deren Dekor spiralenförmig angeordnet ist, so daß die erste Figur am Boden der Ausbauchung kleiner als die anderen ist, und zwar wegen des kleineren verfügbaren Platzes. Die zweite Ausnahme betrifft die Tiefenwirkung, die dadurch erzielt wird, daß die Figuren im Hintergrund kleiner abgebildet werden als jene im Vordergrund (Abb. 79). Die dritte Ausnahme ist die häufigste, sie setzt die Größe einer bestimmten Figur zur Bestimmung ihres Ranges ein.

Die Vergrößerung von Händen und Köpfen ist bei Darstellungen von Menschen, Tieren und menschenähnlichen Gestalten eine normale Erscheinung. Die Geschlechtsorgane sind gelegentlich ebenfalls vergrößert, gewöhnlich sind sie aber proportioniert oder gar nicht sichtbar.

Verdrehung

Die dreidimensionale Skulptur zeigt die Objekte in ihrer natürlichen Art, auch wenn bestimmte Verdrehungen üblich sind, besonders vergrößerte Hände und Köpfe. Flächige Darstellungen oder Flachreliefs weisen größere Distorsionen auf und folgen damit mehreren spezifischen Regeln der Kunst. Darstellungen menschlicher und menschenähnlicher Wesen vereinigen in sich oft Seitenansicht, Vorderansicht und Aufriß. Schräg- oder Dreiviertelansichten sind unbekannt. Arme und Beine, Köpfe und Füße sind meist im Profil dargestellt, Körper, Augen und Hände von vorn. Dennoch erscheinen die Hände manchmal verformt, die angezogenen Finger beider Hände sind zum

78. Abwicklung: Szene einer Hirschjagd

79.b Abwicklung der Szene (s. Abb. 79.a)

79.a Gabelhalsgefäß mit dem »Präsentationsthema«
Höhe: 27,5 cm
(mit freundlicher Genehmigung des
Staatlichen Museums für Völkerkunde, München)

Betrachter hin gewendet (Abb. 78). Weil der Daumen oberhalb der Hand dargestellt ist, vermitteln die Gestalten oft den Eindruck, als hätten sie zwei rechte oder zwei linke Hände.

Dünne und flache Gegenstände sind von vorne gezeigt, wahrscheinlich zur schnelleren Identifizierung. Schmuck an Köpfen, Nasen und Ohren sowie Umhängetaschen sind generell so dargestellt. Bei der flächigen oder flach erhabenen Darstellung nichtmenschlicher Kreaturen halten die Moche-Künstler das Prinzip der Seitenansicht viel strikter ein. Trotzdem ist das Auge immer von vorne gezeigt, ebenso die Barthaare der meisten Tiere. Der Schnabel der Moschusente ist besonders interessant, weil er von oben, der übrige Körper des Vogels im Profil gezeigt wird. Krabbe, Spinne, Krake, Rochen und Tausendfüßler sind eher im Aufriß als im Profil zu sehen, weil sie so leichter zu erkennen sind. Vier dieser Tiere – die Krabbe, der Krake, die Spinne und der Rochen – sind oft ungewöhnlich vermenschlicht dargestellt. Da sie keinen deutlich erkennbaren Kopf besitzen, wurde ein menschlicher Kopf angefügt, so daß das Tier zwei Gesichter hat: eines auf dem Körper, das andere auf dem menschlichen Kopf.

Bei den zweidimensionalen Abbildungen sind Pflanzen immer von der Seite zu sehen, jedoch mit einer bemerkenswerten Ausnahme: Die Blüten einer oft dargestellten Süßwasserpflanze sind in der Draufsicht gezeigt.

Perspektive

Im Flachrelief und in der zweidimensionalen Darstellung verwenden die Moche-Künstler zwei besondere Methoden, um den Eindruck der Perspektive zu erzielen. Bei der ersten werden kleine Figuren oder Gegenstände im oberen Teil der Szene so eingefügt, daß sie weiter entfernt zu sein scheinen (Abb. 79.a). Bei der zweiten Methode wird die Szene in zwei oder mehrere horizontale Bahnen unterteilt, von denen jede eine Gruppe von Figuren enthält. Auf Abb. 79.b stellen die einzelnen Bahnen zwei deutlich verschiedene Ebenen dar, die vom Betrachter unterschiedlich weit entfernt sind.

RANG

Der Rang menschlicher und menschenähnlicher Figuren wird durch verschiedene künstlerische Regeln sichtbar gemacht, von denen die meisten wahrscheinlich von den damals in der Moche-Gesellschaft verwendeten Statussymbolen abgeleitet sind. Ein hoher Rang wird dargestellt, indem die Figur prächtige Kleider trägt, von einem lebenden Katzenraubtier begleitet wird, auf einer Bühne sitzt oder in einer Sänfte getragen wird.

Personen niedrigeren Standes tragen relativ einfache Kleider, es fehlen die Statussymbole, und sie sind oft mit häuslichen Arbeiten beschäftigt. Der Rang spiegelt sich auch im Größenverhältnis der Figuren einer Ebene und einer Szene wider. Bei vielen Darstellungen von Feierlichkeiten, in denen die wichtigste Figur auch die größte ist, sind die Krieger um ein geringes kleiner, die Essenträger noch kleiner und die unterste Schicht am kleinsten dargestellt.

WÜRDE

Szenen, die den Kampf oder die Behandlung von Gefangenen darstellen, lassen an das Vorhandensein einer Reihe von Regeln denken, die die Niederlage im Kampf bzw. den Verlust der Würde kennzeichnen. Auch diese stammen wahrscheinlich aus den Bräuchen der Moche-Gesellschaft. Die besiegten Gegner werden an den Haaren gehalten. Man hat ihnen die Kleider weggenommen, sie tragen einen Strick um den Hals, die Hände sind hinter dem Rücken gefesselt, und oft rinnt Blut aus der Nase. Eine Gestalt, die mit einem oder mehreren dieser Kennzeichen dargestellt ist, hat offenbar ihre Würde, aber nicht immer ihren Rang verloren. Die in Abbildung 79 dargestellten Personen sind zwar entkleidet, sie werden aber trotzdem noch in einer

80.a Kalebassengefäß mit Flachreliefdarstellung der »Präsentation«. Höhe: 27 cm
(mit freundlicher Genehmigung des American Museum of Natural History, New York)

80.b Rekonstruktion der Szene als Flachrelief

Sänfte getragen. Man kann daher logischerweise annehmen, daß jemand, dem man die Kleider auszieht, gerade eine Schlacht verliert; sind die Kleider bereits abgelegt, hat er auch schon die Schlacht verloren.

KÜNSTLERISCHE THEMEN

Auch wenn die Moche-Kunst den Eindruck vermittelt, als würde eine nahezu unbeschränkte Zahl von Themen behandelt, so zeigt die genaue Analyse eine eher begrenzte Anzahl von Grundthemen. Um den Begriff des Grundthemas zu klären, wollen wir eine Parallele zur christlichen Kunst ziehen. Bei der Untersuchung einer großen Anzahl christlicher Werke fallen gewisse Themen durch die Häufigkeit ihrer Darstellung auf.

Darunter sind die Geburt Christi, das Letzte Abendmahl und die Kreuzigung. Bei sorgfältigem Studium der zahlreichen Illustrationen eines dieser Themen wäre es möglich, eine besondere Gruppe charakteristischer Symbolelemente zu identifizieren. Bei der Geburt Christi zum Beispiel würden die symbolischen Elemente bestimmte Personen – das Kind, die Jungfrau, Josef, die Heiligen Drei Könige, die Hirten usw. – und bestimmte Attribute umfassen – die Krippe, den Ochs, den Esel, den Stern. Jede Person in der Szene erfüllt bestimmte traditionelle Aufgaben. Da diese Aufgaben eng mit der Geburt Christi verbunden sind, können wir sie – indem wir sie erkennen – als verschiedene Darstellungen dieses Ereignisses und somit als Beispiele für das Thema der Geburt identifizieren. Wenngleich die symbolhaften Elemente, die das Thema der Geburt kennzeichnen, einen Hinweis darstellen, so variiert doch die Art ihrer Zusammenstellung. Auf manchen Bildern sieht man vielleicht nur ein Element: entweder das neugeborene Kind oder den Stern oder die Krippe. Viel öfter aber wählt der Künstler eine Kombination von Elementen. Es gibt daher viele Bilder, die die Jungfrau und das Kind zeigen oder die Jungfrau, das Kind und Josef. Andere Künstler verbinden das Kind, die Krippe und den Stern zu einem einfachen Bild oder stellen die Heiligen Drei Könige, den Stern und das Kind dar. Die Zahl der möglichen Anordnungen ist unbegrenzt. Wir wollen aber dennoch festhalten, daß der gesamte Bestand an symbolischen Elementen selten auf einem einzigen Bild dargestellt ist.

Eines der beliebtesten Themen in der Moche-Kunst ist die rituelle Darreichung eines Bechers an eine wichtige Persönlichkeit, daher »Präsentation« genannt. Auf Abbildung 79, einer idealen Darstellung dieser Szene, scheinen folgende Figuren und die ihnen eigenen Symbole auf:
A. ein Priester-Krieger, mit aus Kopf und Schultern austretenden Strahlen, üblicherweise von einem Hund begleitet;
B. eine menschengestaltige Vogelfigur;
C. eine Frau mit langen Zöpfen;
D. eine Person, geschmückt mit Bändern mit gezackten Rändern, die von den Schultern hängen, sowie mit einer Art Sack, dessen Rand mit Scheiben verziert ist;
E. ein nackter Gefangener, gefesselt und blutend;
F. Zauberer, der eine ein Mensch, der andere eine menschengestaltige Raubkatze.
Andere Symbole, die oft bei der »Präsentation« auftreten:
G. Schlangen,
H. ein Fuchs, ein Vogel oder als Krieger verkleidete Raubkatzen,
I. Waffensammlungen mit Keulen und Schildern,
J. Ulluchu-Früchte.

Eine einfache Version der »Präsentation« verziert als Flachrelief die Vorderseite eines Kalebassengefäßes (Abb. 80). Ein Priester-Krieger (A) nimmt die linke obere Ecke ein. Ihm gegenüber der menschengestaltige Vogel (B), der ihm den Becher reicht; darunter ein nackter und gefesselter Gefangener (E), der von einem Katzenzauberer (F) festgehalten wird. Der untere linke Bereich wird von einem menschengestaltigen Vogelkrieger (H) zwischen Waffensammlungen (I) ausgefüllt. Der Künstler hat in diese Szene auch Schlangen (G) und Ulluchus (J) eingebunden, die um die Hauptperson schweben. Mit Hilfe des Grundbestandes an Figuren und dem Erkennen der mit der »Präsentation« zusammenhängenden Handlungen ist es möglich, viele Symbole auch dann zu erkennen, wenn sie in der Moche-Kunst isoliert auftreten. So können zum Beispiel die Einzelfiguren der gefesselten Gefangenen, die von Katzen gehalten werden (Abb. 81), als zur »Präsentation« gehörend identifiziert werden.

Auf diese Weise gestattet uns die Identifizierung grundlegender Themen der Moche-Kunst auch die Auslegung vieler Bilder, die ohne dieses

Wissen wenig Sinn ergäben. Wenn man die Tatsache akzeptiert, daß der Künstler öfter ein komlexes Motiv nur durch ein Symbol darstellen konnte oder durfte, könnte dies die heutigen Forscher, die sich mit der Ikonographie der Moche befassen, ermutigen, über eine einfache Erklärung eines gegebenen Stückes hinauszugehen und das Grundthema zu suchen, dem dieses Stück angehört.

DIE PROFANE KUNST

Die Begriffe »religiös« und »profan« oder »übernatürlich« und »natürlich« lassen an eine Einteilung denken, wie sie in der westlichen Kultur üblich ist, deren Unterscheidung jedoch dem Geist vieler Völker, die keine Schrift haben, nicht klar sein kann: Es gibt wenig Grund zur Annahme, daß dies nicht auch bei den Völkern des Alten Peru der Fall gewesen ist. Ganz im Gegenteil, diese Menschen faßten die Welt wahrscheinlich als ein Ganzes auf, ohne Grenze zwischen dem, was wir als natürlich und übernatürlich, als profan oder religiös einordnen. Ein Bauer, der seine Ernte einbrachte, mußte nicht unterscheiden zwischen Bewässerung und Kultivierung einerseits und Gebet und Ritual andererseits. Diese Handlungen waren mit dem ganzen Prozeß verbunden, der zu einer reichlichen Ernte führte. Dennoch – auch wenn diese Trennung von Profanem und Religiösem dem Weltbild der Moche fremd zu sein schien – ist sie für uns nützlich, weil wir damit die wesentliche Bedeutung oder die fundamentale Botschaft der Moche-Ikonographie verstehen können. Man glaubte, daß diese Moche-Ikonographie sämtliche Aspekte des Lebens erfaßt habe. Unter Berücksichtigung des weiten Bereiches der eingesetzten Sujets fällt auf, daß in den Darstellungen keine der vielen alltäglichen Begebenheiten und Handlungen verwendet wurde. Es gibt zum Beispiel keine einzige Szene, die den Ackerbau, die Viehzucht oder den Bergbau zum Inhalt hätte. Ebenso fehlen Tätigkeiten, die mit der Küche in Zusammenhang stehen, das Waschen, das Weben, das Töpfern, das Behauen der Steine oder die Herstellung von Kalebassen. Man sieht viele Darstellungen der Architektur, aber die eigentliche Bautätigkeit ist nirgends zu sehen. Alle diese Handlungen, die im täglichen Leben eine wichtige Rolle spielen, hätten in andere Handlungen eingebunden werden müssen, wenn die Moche-Kunst eine profane Kunstform gewesen wäre.

81. Gabelhalsgefäß
Gefangener mit katzenartigem Räuber, die Szene entstammt dem Thema der »Präsentation«. Höhe: 27,3 cm
(mit freundlicher Genehmigung des Peabody Museum, Harvard University, Cambridge)

Zahlreiche Darstellungen, die profaner Natur sind, erweisen sich bei genauer Analyse als offensichtlich rituell. So könnten zum Beispiel jene Szenen mit der Jagd auf Seelöwen auf den ersten Blick als durchaus profane Handlungen gelten; in Wirklichkeit aber sind sie unmittelbar mit dem Schamanentum verbunden. Die Heilkundigen im heutigen Peru, die noch viele der präkolumbischen Heilungsrituale ausüben, glauben, daß die von den Seelöwen verschlungenen kleinen Strandkiesel starke Heilkräfte besitzen. Beim Töten der Seelöwen werden die Steine gesammelt. Daher sieht man auf den Darstellungen einer Seelöwenjagd kleine Steine, die in der Nähe der Seelöwen, in oder vor ihren Mäulern angeordnet sind. Folglich stellen die von den Moche-Künstlern gemalten Jagdszenen mit Seelöwen keine profane, sondern eine rituelle Jagd auf der Suche nach diesen heilkräftigen Steinen dar.

Andere Jagdszenen in der Moche-Kunst zeigen menschliche Wesen, die einen Hirsch verfolgen (Abb. 78). Hier ist die Feststellung wichtig, daß die mit der Verfolgung des Wildes beschäftigten Jäger reich gekleidet sind. Ihre Anzüge, die Gesichtsbemalung, der Ohrschmuck, die gewaltigen, mit Schmuck besetzten Kopfbedeckungen, die prächtig gefalteten Tuniken, die Halsketten und Armbänder sind nicht gerade eine bequeme Ausstattung für die Verfolgung und Tötung eines Hirsches. Wenn diese Darstellungen so sorgfältig ausgeführt sind, ist es doch viel wahrscheinlicher, daß wir Zeuge einer möglicherweise religiösen Zeremonie sind, bei der die Jagd von der Elite der Gesellschaft ausgeübt wird.

Die erotische Kunst der Moche hat bei den Kunsthistorikern und Archäologen eine gewisse Berühmtheit erlangt und war zudem Gegenstand aller möglichen Auslegungen. Man ist allgemein der Ansicht, daß die erotische Kunst eine Vielfalt sexueller Praktiken darstellt; in Wirklichkeit beschränkt sie sich auf eine sehr genaue Reihe von Beziehungen und Stellungen. Keine dieser sexuellen Handlungen zeigt eine Stellung, die zu einer Befruchtung und in der Folge zu einer Geburt führen würde. In allen jenen Fällen, in denen die Details ausreichend deutlich zu erkennen sind, ist zu sehen, daß nur der Analkoitus (Sodomie) ausgeübt wird. Die übrigen dargestellten Handlungen sind die Fellatio, die Masturbation, das Streicheln der Brust und der Kuß. Das Fehlen jeglicher Hand-

lung, die eine Geburt als Folge hätte, widerspricht der Deutung der erotischen Moche-Kunst als einer mit der Fruchtbarkeit verbundenen Praktik; man denkt viel eher an ein Ritual in Verbindung mit einer Zeremonie. Dies wird durch historische Angaben bestätigt, die die eingeborene Bevölkerung an der Nordküste Perus zur Zeit des Aufeinandertreffens mit den Europäern beschreiben. Nach diesen betrieben die Eingeborenen die Sodomie und veranstalteten Feiern mit sexuellen Orgien.

Jedesmal, wenn die Archäologie, die Geschichte oder die Völkerkunde ausreichende Informationen liefern, helfen sie bei der Deutung eines spezifischen ikonographischen Themas. Es wird auch klar, daß das, was im ersten Augenblick als profaner Akt ausgelegt wird, in Wirklichkeit direkt mit der Religion, mit Riten oder schamanistischen Handlungen dieser alten Bevölkerung zusammenhängt. In den meisten Fällen ist es so, daß, je komplexer die Szene oder je genauer eine Gestalt dargestellt ist, es um so leichter zu beweisen ist, daß die Szene im übernatürlichen oder religiösen Bereich spielt. Sitzende rudimentäre menschliche Figuren sind schwierig zu deuten, ebenso einzelne Tiere oder Vögel. Trotzdem ist es möglich, daß auch diese Gestalten religiöse Symbole in der Moche-Kultur darstellen.

Die Moche-Künstler haben eindeutig Objekte und Handlungen aus ihrer Umgebung abgebildet. Sie haben eine erstaunlich vollständige Malerei hinterlassen, mit deren Hilfe man auf einzigartige Weise diese alte Kultur, ihre Welt und ihre besondere und wunderbare Art, diese Welt zu sehen, verstehen kann.

Christopher B. Donnan

DIE SEXUALITÄT IM ALTEN PERU

Es gibt für die Historiker, die sich mit dem Alten Peru befassen, überhaupt keinen Zweifel, daß nahezu alle mythischen Handlungen auf gesellschaftliche und wirtschaftliche Vorteile ausgerichtet waren. Man muß daher festhalten, daß die Sexualität der Vorinka- und Inka-Kulturen eine wichtige Rolle spielte und daß sie notwendigerweise den magisch-religiösen Werten ihrer ideologischen Struktur gleichzusetzen ist.

Wenn auch die Chroniken ausgezeichnete Informationsquellen sind und bestimmte Aspekte des täglichen Lebens im Alten Peru gut erklären, so ist doch offensichtlich, daß diese Berichte im Hinblick auf die religiösen und besonders die sexuellen Aspekte durch kulturelle, ideologische, philosophische, moralische und andere Vorurteile verfälscht sind.

Die vollständigste Information wurde vom Chronisten Cieza de León in seiner »Crónica del Perú« zusammengetragen. Von ihm wissen wir, daß die Sexualität an der Nordküste am meisten Bedeutung hatte, nicht nur als Akt, sondern auch unter den verschiedensten Formen. Puerto Viejo, Santa Elena, die Insel Puna, Tumbés und ganz allgemein die Nordküste werden oft im Zusammenhang mit der erotischen Aktivität ihrer Bewohner erwähnt. Was einem als erstes auffällt, ist die Tatsache, daß Cieza de León die Fakten, die er beobachtete, sehr deutlich beschrieb, und das unter Berücksichtigung seiner eigenen Prinzipien und Gewohnheiten: »...noch ehe sie sich verheirateten, verdarben sie diejenigen, die einen Ehemann haben mußten, indem sie an ihnen ihre Lust ausübten« (Kap. XLIX).

In den alten peruanischen Kulturen und auch heute noch in manchen Andengebieten bestand und besteht der Brauch der »Probeehe«, eher bekannt unter der Bezeichnung »Servinacuy«. Diese Einrichtung bestätigt, daß die Inka ausgezeichnete Familienplaner und somit auch Sozialplaner waren. Die Lebensinstrumente, die sie schufen, und die Mittel, die sie ins Bewußtsein der Männer und Frauen einpflanzten, waren für die Stärkung ihrer Einigkeit, der Bindungen zwischen dem Paar und der Nation und der Erzielung eines besseren Lebenssystems essentiell.

Cieza de León versichert: »...es gab daher viele Frauen, manche von ihnen sehr schön, und die meisten praktizierten offen (so hat man es mir versichert) die unselige Sünde der Sodomie, derer sie sich auch noch brüsteten...« Diese bemerkenswerte Beschreibung fährt fort mit der Erzählung über »...ihre Eß- und Trinkgelage, und ihre Unkeuschheiten mit den Frauen, die Tage und Nächte währten, ohne daß sie ermüdeten...«, und er fügt noch hinzu, daß es auch »Freudenhäuser« gab (Kap. LXVIII).

Auch der Chronist Bernabé Cobo schreibt in seiner »Historia del Nuevo Mundo«, daß »...die Eltern ihren Kindern, solange diese noch klein waren, eine Frau gaben, die sie wusch und ihnen diente, bis sie erwachsen waren, und bevor sie sich verheirateten, lehrten diese Ammen sie die Laster und schliefen mit ihnen«. Er behauptet auch, daß »die Sitte herrschte, daß kinderlose Witwen Waisen aufziehen konnten und später gemeinsam mit ihnen lebten, bis sich der junge Mann verheiratete, oder bis er die Kosten für seine Erziehung zurückgezahlt hatte...«.

Ohne hier soweit gehen zu wollen, subjektive und verstiegene Überlegungen zu äußern, muß man dennoch auf einen wichtigen Punkt verweisen. Die Sexualität der alten Peruaner war in ihrem religiösen oder magischen Aspekt grundlegend von den Mythen der Vermehrung und Befruchtung geleitet. Dies wird von Père Avila in seinem »Dioses y Hombres de Huarochiri« meisterhaft ausgedrückt (1966, Kap. 10) und später von Jiménez Borja (1985) kommentiert, als er die Geschichte von Runa Coto und Chaupi Namca, zwei heiligen Steinen, erzählt. Runa Coto war männlich und Chaupi Namca war weiblich. In den alten Zeiten konnten diese Huacas menschliche Gestalt annehmen und gehen. In der Geschichte Avilas wird berichtet, daß Runa Coto einen großartigen Phallus besaß. Männer, die ein zu kleines Glied besaßen, kamen zu ihm und baten, auch sie zu begünstigen. Runa Coto und Chaupi Namca trafen einander, und Runa Coto »erfüllte sie reichlich, dank seines großen männlichen Gliedes«. Deswegen bevorzugte sie ihn vor allen anderen Huacas und lebte auf ewig mit ihm. Die Priester, Huacasas genannt, feierten zu Ehren von Chaupi Namca viele Feste. Sie führten viele Tänze auf, darunter einen besonderen, der Casayaco hieß: »Um ihn zu tanzen, legten sie ihre Kleider ab.« »Die Männer bedeckten ihre Schamteile mit einem kurzen Baumwolltuch.« Sie sagten: »Chaupi Namca freut sich sehr, wenn sie unsere Schamteile sieht«. »Und während sie sangen und tanzten, begann die Welt und die Erde zu reifen.«

Die Polarität der Geschlechter war immer und wird ewig bestehen, darin wohnt ihre Anziehung. Das sexuelle Leben im Alten Peru hat immer universellen Gefühlen und Prinzipien entsprochen. Die alten Peruaner, und besonders jene, die zur Zeit der Inka-Kultur lebten, hatten schon damals ein Dualitätsprinzip aufgestellt, nach dem die Sonne männlich und die Erde weiblich ist, und ihre Riten der Liebesvereinigung dienten dazu, daß die Erde zum Wohl der Menschheit überreichlich Früchte trug.

Mit der Invasion der Huari-Kultur im 7. Jahrhundert unserer Zeitrechnung verschwinden diese Ideen und ihre plastischen Darstellungen, oder sie sind zumindest nicht so häufig zu beobachten wie während der Phase I, II und III der Moche-Kultur. Im Zuge der regionalen Unabhängigkeit und mit dem Untergang des Reiches der Ayacucho ist eine Rückkehr zu den lokalen Überlieferungen und deren freiem Ausdruck zu bemerken. Besonders in der Metallurgie und der Keramik der Chimú-Kultur manifestieren sich erneut phallische Szenen und Darstellungen. Trotz einer Zwischenzeit von zwei Jahrhunderten hatte diese magisch-religiöse Tradition überlebt, auch wenn deutlich wird, daß die Künstler der Chimú-Epoche die Kenntnisse ihrer Moche-Vorgänger über Tonmischungen, Brennvorgänge oder die Verwendung farbgebender Oxydierungen verloren hatten. Ihre Werke zeigen sich als unproportionierte schwarze Keramiken, ohne die Harmonie und den Realismus der Mochica.

Dieser Hinweis führt uns zur Keramikkunst der Moche-Kultur an der Nordküste Perus. Ihre Erzeugnisse umfassen ungezählte Stücke aus Keramik oder Metall, die eine große Anzahl sexueller Themen darstellen – von der Sexologie als normal oder als Ausdruck der Spontaneität geschätzt. Diese Stücke, schamvoll betrachtet, manchmal eifersüchtig als Gegenstände der Sünde versteckt oder aus den gleichen Gründen nur heimlich gezeigt, wurden einfach als Pornographie eingestuft. Tatsächlich aber müssen diese Stücke mit sexuellen Motiven mit einem Rechtsprinzip in Ver-

bindung gebracht werden: Zu keinem Zeitpunkt haben die Künstler sie als unmoralische oder tabuisierte Gegenstände angesehen, sondern vielmehr als völlig normale Darstellungen in Verbindung mit dem Entstehen neuen Lebens.

Bei der Gesamtheit der sexuellen Darstellungen sind männliche und weibliche Geschlechtsorgane für sich auf den Gefäßen abgebildet. Später, als sich die Bildhauerkunst so meisterlich entwickelte, sind die Darstellungen von Phallus und Vulva mit dem Körper verbunden. Sie sind immer absichtlich unproportioniert, damit sie durch diese Übertreibung im Verhältnis zum menschlichen Körper zur Geltung kommen.

Dennoch beschränkt sich die sexuelle Darstellung nicht nur auf die Menschen, sie umfaßt gleichermaßen die Tierwelt, mit verschiedenen Darstellungen von Kröten, Fröschen, Hunden, Eichhörnchen, aber auch die Pflanzenwelt mit vergöttlichtem oder vermenschlichtem Mais oder Knollenpflanzen. Dann kommen noch die geschlechtlichen Aktivitäten der Götter, wie man bei dem Bild sich paarender Pumas sehen kann. Es handelt sich um ein kosmogonisches Gleichgewicht, das von der zentralen Idee der Reproduktion oder der Fruchtbarkeit bewegt wird und aus dem abgeleitet wird, daß der Mensch kein isoliert oder einzeln für sich stehendes Wesen ist, sondern sehr wohl ein ergänzendes Element in der animistischen und theogonischen Auffassung der Mochica. Daher zeigen sich Liebe und Sex mit transzendentalen Gefühlen und Praktiken, im Bereich einer Denaturalisierung, die uns in einen niedrigeren Rang verweist.

Enrique Vergara

DIE IKONOGRAPHIE VON NASCA

Für die Menschen der alten Nasca-Kultur, welche die Täler der Südküste Perus zwischen 200 v. Chr. und 600 n. Chr. beherrschten, war das Leben in der regenlosen Wüstenregion besonders hart. Obgleich alle bedeutenderen, im Andenraum domestizierten Nahrungspflanzen vorhanden waren, bildete die Unsicherheit der Wasserversorgung eine ständige Bedrohung ihrer Existenz. Dennoch entwickelten die Nasca-Leute eine hohe Kultur, die ein Gebiet umfaßte, das sich vom Pisco-Tal im Norden bis zu den Tälern von Yauca und Acarí im Süden erstreckte. Während 800 Jahren brachten sie vielerlei kunsthandwerkliche Gegenstände hervor, darunter feingewebte Textilien, brandverzierte Kalebassen und Schmuck aus Gold und Kupfer. Am besten bekannt ist die Nasca-Kultur jedoch durch ihre vorzügliche polychrome Keramik, die sowohl mit realistischen als auch mit mythischen Themen verziert worden ist. Hier soll die Ikonographie dieser Keramik erläutert und der Versuch unternommen werden, ihre Bedeutung im sozialen Gefüge zu erklären.

Seitdem die ersten Nasca-Gefäße nach der Mitte des 19. Jahrhunderts in europäischen Sammlungen auftauchten, wurden sie wegen ihrer Schönheit und komplexen Verzierungen hoch geschätzt (Macedo 1881; Hamy 1882; Wiener 1880; Seler 1893 u.a.).

Der deutsche Archäologe Max Uhle war der erste, der Nasca-Gräber in kontrollierter Spatenarbeit freilegte. Dies geschah 1901 auf dem Gebiet der Hacienda Ocucaje im Ica-Tal, wo er den Stil »entdeckte« und damit seine Herkunft an der Südküste lokalisierte (Uhle 1906; 1913; 1914). Uhles sorgfältige Ausgrabungen in den von ihm entdeckten Gräberfeldern sowie seine genauen Aufzeichnungen über den Inhalt jedes einzelnen Grabes sind von großer archäologischer Bedeutung. Max Uhle bestimmte auch das zeitliche Verhältnis dieses neuen Stils zu den späteren Stilen im Ica-Tal. Seine Anwendung von Stratigraphie und Seriation bildete die Grundlage für das heute in der peruanischen Archäologie verwendete chronologische Schema (Rowe 1954; Proulx 1970).

Spätere Arbeiten von Tello und Kroeber zeigten, daß das Zentrum dieser Kultur im Nasca-Tal südlich von Ica lag. Weitere Grabinhalte wurden 1922 von Farabee und 1926 von Kroeber ausgegraben. Heute finden sich Tausende von Nasca-Gefäßen verstreut in den Sammlungen peruanischer, nordamerikanischer und europäischer Museen. Leider wurden die meisten Stücke durch Kauf von Huaqueros (Raubgräbern) und Sammlern erworben, ohne verläßliche Informationen hinsichtlich ihrer Herkunft. Während das Fehlen von Daten über die Fundzusammenhänge gewisse Fragen unbeantwortet läßt, ist die große Zahl der Gefäße ideal für Studien des Kunststils, seiner Eigenart und seiner Variabilität.

Ikonographie ist jener Zweig der Kunstwissenschaft, der sich mit dem Darstellungsinhalt oder der Bedeutung von Kunstwerken befaßt (Panofsky 1939: 3). Betrachten wir die Werke einer alten, schriftlosen Kultur wie Nasca, die fast 2000 Jahre vor unserer Zeit existierte und deren Weltbild uns fremd ist, so kann das Problem der Interpretation, ja sogar die Erkennung der Hauptthemen ihrer Kunst äußerst schwierig sein. In dieser Studie werden Methoden der Archäologie, der ethnographischen Analogie und der »thematische Ansatz« angewandt, um eine Beschreibung und Deutung der Bilderwelt von Nasca zu versuchen.

Eine Kenntnis der zeitlichen Abfolge ist ein wesentliches Element jeder ikonographischen Analyse. Kunststile sind im Zeitablauf Veränderungen unterworfen; die Bedeutung von Symbolen kann sich ebenfalls ändern.

Der Nasca-Stil hielt sich mehr als 800 Jahre. Während dieses Zeitraumes nahm die Kunst eine Entwicklung, ausgehend von im wesentlichen realistischen oder konventionellen Motiven, zu sehr ornamenthaft oder abstrakt wirkenden Wiedergaben, um schließlich eine Endphase abgekürzter Vereinfachung zu erreichen. Die grundlegende Sequenz für den Nasca-Stil wurde durch die Seriation entwickelt, welche als Methode zur Anordnung von Artefakten nach ihrer Ähnlichkeit miteinander definiert werden kann. In der Archäologie können wir eine Reihe von Tongefäßen in ihrer richtigen Abfolge ordnen, indem wir kleinste Änderungen in Gefäßform und -dekor sorgfältig untersuchen. Aufgrund dieser Evidenz haben die Archäologen die Nasca-Sequenz in neun Phasen unterteilt (siehe Tabelle).

NASCA-CHRONOLOGIE

Die ersten sieben Phasen dieses Schemas fallen in die Zeit, welche Frühe Zwischenperiode (200 v. – 600 n. Chr.) genannt wird, während die beiden letzten Phasen dem folgenden Mittleren Horizont (600 – 1000 n. Chr.) angehören. Ein einfacheres Schema, das von Sawyer (1968) und anderen verwendet wird, teilt die Nasca-Sequenz nur in eine frühe, eine mittlere und eine späte Phase. Die meisten auf das Andengebiet spezialisierten Archäologen verwenden jetzt die neun Phasen unterscheidende Sequenz von Dawson-Rowe.

Ein anderer Weg, Stiländerungen im Zeitablauf zu betrachten, besteht darin, Gruppen von Phasen in »Stilrichtungen« zusammenzufassen, die Veränderungen in der Art der Zeichnung und der Abbildung von Themen widerspiegeln. Die Phasen 2 bis 4, zum Beispiel, werden als »Monumentale Stilrichtung« klassifiziert, welche durch die Wiedergabe von relativ deutlich und realistisch gemalten Themen charakterisiert wird. Die Figuren haben einfache Umrisse, die große Farbflächen einschließen (Roark 1965: 2). Häufig dargestellt werden Pflanzen und Tiere mit soviel Details, daß die einzelnen Arten identifiziert werden können. Auch mythische Wesen sind in ihrer klaren und konventionellen Zeichnung leicht erkennbar.

Die Phasen 6 und 7 gehören zu einer durch wuchernde Formen gekennzeichneten Stilrichtung (»Proliferous Strain«), deren Motive oft abstrakte Elemente als Teil des Dekors enthalten. Strahlen und Quasten sind vielen Motiven angefügt, besonders denjenigen, welche sich auf mythische Themen beziehen (Roark 1965: 2). Andere Darstellungen werden in zunehmendem Maße ornamental ausgestaltet und ihre Elemente zur Flächenfüllung mehrfach wiederholt. Anatomische Verhältnisse folgen weniger dem Naturvorbild; eine Tendenz, Schmuckelemente und Körperteile zu vervielfachen, ist unverkennbar (Roark 1965: 54). Kleinere Elemente wie Mundmasken oder Stirnschmuck erlangen eine zentrale Bedeutung und weitere Ausgestaltung. Gleichzeitig ändern sich auch Zahl und Art der Motive, wobei kriegerische Themen (Krieger, Waffen, Trophäenköpfe) und geometrische Formen in der Kunst häufiger erscheinen.

Die Phasen 8 und 9 fallen in die durch Tendenzen zu einer Auflösung der Formen bestimmte Stilrichtung (»Disjunctive Strain«). In dieser Zeit nimmt die künstlerische Qualität merkbar ab, möglicherweise unter äußerem Druck infolge der Entwicklung des Huari-Reiches im Hochland. Der Dekor wird immer abstrakter, inhaltlich ärmer, auch schlechter gezeichnet. Die meisten Motive sind geometrisch, viele davon wahrscheinlich symbolische Abstraktionen älterer konventioneller Themen. Großenteils verschwunden sind die früheren religiösen und realistischen Motive.

Schließlich ist noch zu vermerken, daß in der Nasca-Kunst lokale Unterschiede zwischen Talsystemen und sogar zwischen einzelnen Fundplätzen und Gebieten innerhalb von Talsystemen existierten (Proulx 1968). Besonders während der Phasen 5 und 7 scheinen zwei oder mehr zeitgleiche, jedoch in der Bildwiedergabe und Themenwahl voneinander abweichende »Substile« vorhanden zu sein. In der Phase 5 sind diese Substile als »konservativ«, »progressiv« und »bizarr« bezeichnet worden (Blagg 1975; Wolfe 1981; Carmichael 1988).

Perioden	Zeit (ca.)	Stilrichtungen	Phasen nach Dawson	Phasen nach Sawyer
Mittlerer Horizont	600 n. Chr.	Tendenz zur Auflösung der Formen (disjunctive)	9	Nasca-Huari
			8	
Frühe Zwischenzeit	550 n. Chr.	Tendenz zu wuchernden Formen (proliferous)	7	Nasca
	425 n. Chr.		6	
	300 n. Chr.	Übergang (transitional)	5	Nasca
	175 n. Chr.	Monumentale Tendenz (monumental)	4	Nasca
	50 n. Chr.		3	
	75 v. Chr.		2	Proto-Nasca
	200 v. Chr.		1	

Ähnliche Substile sind für die Phase 7 erkannt, jedoch noch nicht definiert worden.

Die in der keramischen Kunst dargestellten Themen lassen sich in drei Hauptkategorien einteilen: 1. realistische Motive wie Vögel, Landtiere, Blumen und Pflanzen, Reptilien und Amphibien, Fische und andere Seetiere etc.; 2. religiöse und mythische Motive einschließlich des »Anthropomorphen mythischen Wesens«, des »Mythischen Mörderwals«, der »Gefleckten Katze«, des »Schrecklichen Vogels«, des »Schlangenwesens«, des »Mythischen Bringers der Lebensmittel« und der »Harpyie«; 3. geometrische Muster wie Kreise, Bänder, Kreuzschraffur.

Wichtig ist auch, welche Themen in der Nasca-Ikonographie fehlen. Bei diesem Kunststil gibt es keine Porträts oder Darstellungen bestimmter Individuen; menschliche Wesen werden in steifer Haltung wiedergegeben. Individuelle Züge fehlen fast gänzlich; außer Gesichtsbemalung oder Ohrschmuck sind wenige Anzeichen für soziale Rangunterschiede erkennbar. Relativ selten sind Darstellungen aus dem Alltagsleben, und diese beschränken sich auf Kampfszenen und rituelle Vorgänge auf Gefäßen der Phasen 6 und 7. Wiedergaben von Himmelserscheinungen wie Sonne und Mond fehlen, nur Sterne mögen durch geometrische Muster dargestellt worden sein. Häuser und andere Bauten erscheinen ab und an, öfter in Form der relativ seltenen modellierten Gefäße. Offenbar war die Nasca-Kunst mehr symbolisch als deskriptiv-abbildend orientiert.

Die Ikonographie der Nasca-Keramik entwickelte sich direkt aus den Bildern auf Paracas-Keramik und Textilien des Frühen Horizonts (900 – 200 v. Chr.). Realistische Motive wie der Fuchs, der Kondor, die gefleckte Katze, der Affe und verschiedene andere Vogel-, Fisch- und Reptilienformen waren in der späten Paracas-Kunst sämtlich vorhanden (siehe Dwyer 1979; Sawyer 1961). Das in der religiösen Ikonographie von Nasca so bedeutende »Anthropomorphe mythische Wesen« erscheint bereits voll entwickelt auf späten Paracas-Textilien. Die Ursprünge des »Mythischen Mörderwals« lassen sich auf Paracas-Keramiken erkennen. Paracas und Nasca bilden so eine ununterbrochene kulturelle Tradition während fast 1500 Jahren. Die Anfänge dieser Tradition gehen teilweise auf religiöse Einflüsse der Chavín-Kultur des nördlichen Peru auf Paracas zurück; die lokale religiöse Ideologie der Südküste blieb in diesem Synkretismus jedoch vorherrschend.

Der Beginn der Nasca-Abfolge wird nicht durch einen scharfen Bruch mit früheren Traditionen markiert, sondern durch zwei künstlerische Neuerungen: 1. Nach dem Brand aufgetragene Harzfarben bei Keramik werden ersetzt durch bereits vor dem Brand angebrachte Schlämmung und Malerei; 2. Tongefäße ersetzen die Textilien als Hauptmedium der Wiedergabe religiöser Ikonographie.

Die Monumentale Stilrichtung (»Monumental Strain« der Phasen 2 bis 4) umfaßt zahlreiche realistische wie auch mythische Themen, charakterisiert durch die Klarheit ihrer Wiedergabe und die Einfachheit ihrer Form. Die Geschöpfe der natürlichen Umwelt – Vögel, Fische und Landtiere ebenso wie Pflanzen – sind außerordentlich häufig in diesen Phasen, während derer sie mit solcher Genauigkeit gezeichnet werden, daß einzelne Arten erkennbar sind. Einige stellen die Hauptquellen der Nahrung dar: Mais, Jíquima, Achira, Chili, Lúcuma und Bohnen. Es ist auffallend, daß manche Pflanzen fehlen, vor allem Knollenfrüchte wie die Kartoffel, aber auch Cocablätter. Vielleicht waren diese aus dem Hochland kommenden Erzeugnisse noch nicht an der Küste verbreitet. Vögel treten besonders hervor, wie Kolibris, Schwalben, Kondor und Wasservögel wie der Reiher. Die in der Kunst dargestellten Meerestiere reichen vom Mörderwal bis zu kleinen Mollusken und Elritzen. Landtiere, Reptilien und Amphibien sind relativ selten in der Monumentalen Stilrichtung. Zu den abgebildeten Landtieren zählen Füchse und die Pampakatze (felis colocolo). Schlangen, Eidechsen, Spinnen, Ameisen, Mäuse, Kaulquappen und Schnecken finden sich in kleiner Zahl. Alle diese Motive zeugen von der guten Beobachtungsgabe der frühen Nasca-Leute.

Realistische Motive werden in der Kunst der Phasen 6 und 7 (»Proliferous«) sowie 8 und 9 (»Disjunctive«) zunehmend seltener, und wenn sie abgebildet werden, beschränken sie sich auf kleinere, mit mythischen Wesen verbundene Elemente. Die mythische Ikonographie wird in den späteren Phasen stärker betont bei geringerem Interesse an der Wiedergabe von Themen, die der natürlichen Umwelt entlehnt sind.

Geometrische Muster bilden während der gesamten Nasca-Sequenz einen Großteil der Motive. In den früheren Phasen scheinen viele davon rein geometrische Elemente zu sein (Kugeln, Halbmonde, Spiralen, Stufenmuster etc.), einige können aber auch als Symbole für Pflanzen oder andere Formen in der Natur angesehen werden. Die Häufigkeit des geometrischen Dekors nimmt im Laufe der Zeit zu und wird in den Phasen 5 und 6 sehr hoch. In den Phasen 8 und 9 (der zur Auflösung tendierenden Stilrichtung) machen sie einen Großteil der Motive aus, doch sind viele dieser späten »geometrischen« Formen in Wirklichkeit geometrisierte Verkürzungen mythischer Wesen oder ihrer Bestandteile. Weitere Untersuchungen werden nötig sein, um rein geometrischen Dekor von symbolischen Abstraktionen zu unterscheiden.

Die mythische oder religiöse Ikonographie offenbart am besten, wie die Nasca-Leute ihre Welt gesehen haben. Der Begriff »mythisches Wesen« wird auf jedes anthropomorphisierte Tier oder auf menschengestaltige Wesen angewandt, deren besondere Charakteristika vermuten lassen, sie seien übernatürlicher Art. Das am häufigsten auftretende »mythische Wesen« in den frühen Nasca-Phasen ist das »Anthropomorphe mythische Wesen«. Dieser Terminus bezieht sich auf verschiedene halbmenschliche, maskierte Gestalten mit Feliden-Attributen, die gewöhnlich auf Gefäßen mit zwei Gußröhren, auf Schalen und weniger oft auf anderen Gefäßformen zu finden sind. Das »Anthropomorphe mythische Wesen« hat einen menschlichen Körper, der mit einem Hemd und einem Lendenschurz bekleidet ist, es wird mit einer charakteristischen Mundmaske und einem Stirnschmuck dargestellt (Abb. 82.a). Seler nannte es den »Katzendämon«, in der Meinung, dies sei primär eine Tiergestalt mit menschlichen Merkmalen. Blasco und Ramos (1980) andererseits nennen es ein »phantastisches (Menschen-) Wesen«, indem sie seine anthropomorphen Züge betonen und darin die Wiedergabe eines Menschen mit Merkmalen eines übernatürlichen Tieres sehen. Bestätigt wurde diese Ansicht durch archäologische Funde von Mumien an der Südküste, welche aus Gold gefertigte Mundmasken und Stirnschmuck trugen, was darauf hindeutet, daß männliche Angehörige der Elite, vielleicht Priester, sich als Abbild dieser mythischen Wesen kleideten.

Am häufigsten wird das »Anthropomorphe mythische Wesen« horizontal um die Wandung einer Tonflasche mit zwei Gußröhren oder eines hohen Bechers gelegt dargestellt. Der Körper kann

82.a »Anthropomorphes mythisches Wesen«, Phase 3 (nach Proulx 1968, Fig. 19)
82.b »Anthropomorphes mythisches Wesen«, Phase 5 (nach Roark 1965, Fig. 40)
82.c »Anthropomorphes mythisches Wesen«, Phase 6 (nach Roark 1965, Fig. 37)

entweder ausgestreckt oder nach unten gewandt sein; gewöhnlich findet sich in der einen Hand eine Keule und ein menschlicher Trophäenkopf in der anderen. Hinter dem Kopf des Wesens erstreckt sich ein mantelartiger Anhang (»signifer«). Der Rand dieses Anhangs ist gewöhnlich mit Spitzen oder Stacheln besetzt, zwischen denen Trophäenköpfe oder Pflanzen erscheinen. Das Endstück dieses Anhangs kann verschiedene Formen annehmen, darunter die eines Felidenkopfs mit Tatzen, die eines Vogels, eines Landtiers, eines Fisches oder einer Pflanze (Abb. 82.a). Der Terminus »signifer«, wie er von Roark (1965) verwendet wird, weist darauf hin, daß dieser Teil des Motivs zur näheren Bezeichnung von Art und Identität der auf das Gefäß gemalten Variante gedient haben kann, vergleichbar christlichen Heiligen, die in der europäischen Kunst durch ihre Attribute identifiziert werden können. Andere Formen des »Anthropomorphen mythischen Wesens« schließen die Variante einer stehenden, mehr menschenähnlichen Figur ein, die Keule und Trophäenkopf in ihren Händen hält (Abb. 83). Eine vogelartige Variante mit Flügeln wird abgebildet, wie sie einen menschlichen Trophäenkopf verzehrt (Abb. 84), während eine andere vogelähnliche Variante eher konventionell dargestellt wird (Abb. 85).

Das »Anthropomorphe mythische Wesen« geht auf die Textilkunst von Paracas zurück und hält sich im Nasca-Stil bis Phase 6, nach welcher Zeit seine Einzelzüge, wie die Mundmaske, ein Eigenleben führen; sie werden in der Folgezeit stark verkürzt und abstrahiert wiedergegeben. Nach der Geometrisierung in Phase 5 (Abb. 82.b) kommt es zu den größten Veränderungen dieses Motivs in der durch wuchernde Formen gekennzeichneten Stilrichtung (Phase 6), wenn die anthropomorphen Elemente den Einzelzügen untergeordnet werden, die wiederum eine Ausgestaltung erfahren, barocke oder wuchernde Formen annehmen (Abb. 82.c).

Der »Mythische Mörderwal«, der das mächtigste Meerestier darstellt, nimmt in seiner Bedeutung hinter dem »Anthropomorphen mythischen Wesen« die zweite Stelle ein. Ebenfalls aus der Paracas-Kunst hervorgehend, erscheint dieses Wesen in der Nasca-Phase 1 realistisch mit Ausnahme des menschlichen Armes, der an der Bauchseite ansetzt. Bald jedoch werden Mörderwale dargestellt, die Messer oder menschliche Trophäenköpfe in

83. Stehendes »Anthropomorphes mythisches Wesen«, Phase 3 (nach Seler 1923, Abb. 27a)

84. »Anthropomorphes mythisches Wesen« als Vogel oder »Trophäenkopf-Koster«, Phase 3 (nach Seler 1923, Abb. 74)

85. »Anthropomorphes mythisches Wesen« mit Flügeln in konventionellerer Art, Phase 5 (nach Seler 1923, Abb. 85)

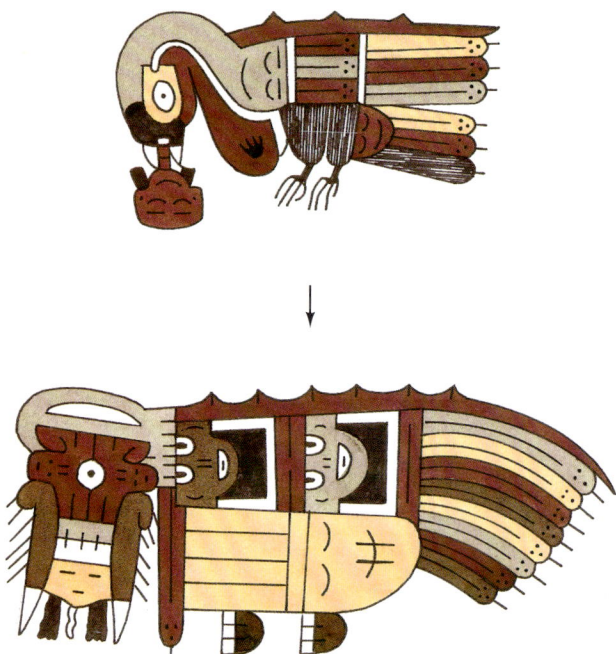

86. a, b Realistischer »Schrecklicher Vogel«
beim Fressen eines menschlichen Trophäenkopfes
(nach Seler 1923, Abb. 101)

ihren menschlichen Händen halten (Abb. 87.a), und diese Verbindung mit Trophäenköpfen und Blut setzt sich durch die ganze Nasca-Sequenz hindurch fort.

In der Nasca-Phase 5 sind grundlegende Veränderungen in der Wiedergabe »Mythischer Mörderwale« zu beobachten. Es erscheint eine abgekürzte Form, eine Frontalansicht des Kopfes, für die offene Kiefer und ein Blutfleck (Symbol eines Trophäenkopfes) charakteristisch sind. Roark (1965) hat für diese Variante den Begriff »Blutiges Maul« geprägt (Abb. 87.c). Die Sonderform mit dem blutigen Maul tritt vor allem in Phase 5 auf, setzt sich jedoch in Phase 6 fort; in den Phasen 7 und 8 wird sie abgelöst von einer Seitenansicht mit ausgezackter Zahnreihe im Maule (Abb. 87.d). In der Zwischenzeit sind Attribute des Mörderwals dem »Anthropomorphen mythischen Wesen« in der Form von »signifers« angefügt, die in der Gestalt eines Mörderwal-Schwanzes enden (Abb. 87.b,d).

Mit der Zeit werden die Darstellungen des »Mythischen Mörderwals« häufiger und übertreffen schließlich die Anzahl der Darstellungen des »Anthropomorphen mythischen Wesens«. Für unser Verständnis der Nasca-Religion ergeben sich aus diesen Veränderungen keine klaren Folgerungen, man könnte jedoch einen langsamen Wechsel in der Bedeutung und Beliebtheit einzelner mythischer Wesen annehmen.

Der »Schreckliche Vogel« ist ein anthropomorphisierter Raubvogel, wahrscheinlich eine Verbindung von Kondor und Falke, der die mächtigsten Himmelskräfte repräsentiert. In den frühesten Phasen wird der »Schreckliche Vogel« als realistischer Raubvogel wiedergegeben, oft damit beschäftigt, menschliche Körperteile zu fressen (Abb. 86.a). Von der Phase 3 an wird das Motiv durch Hinzufügung menschlicher Beine anthropomorphisiert. Seine Form wird stärker stilisiert, ausgestattet mit einem langen, in weißen Spitzen endenden Schnabel, der einen menschlichen Trophäenkopf packt, und mit flächiger Wiedergabe der Flügel, die auch Trophäenköpfe zeigen (Abb. 86.b). Noch weitere Veränderungen mit bizarren Neuerungen erscheinen in der Phase 5, in der der »Schreckliche Vogel« seinen Höhepunkt erreicht. Das Motiv verschwindet plötzlich und unerklärlich am Ende der Phase 5; es gibt keine Darstellungen des »Schrecklichen Vogels« in der durch wuchernde Formen gekennzeichneten Stilrichtung.

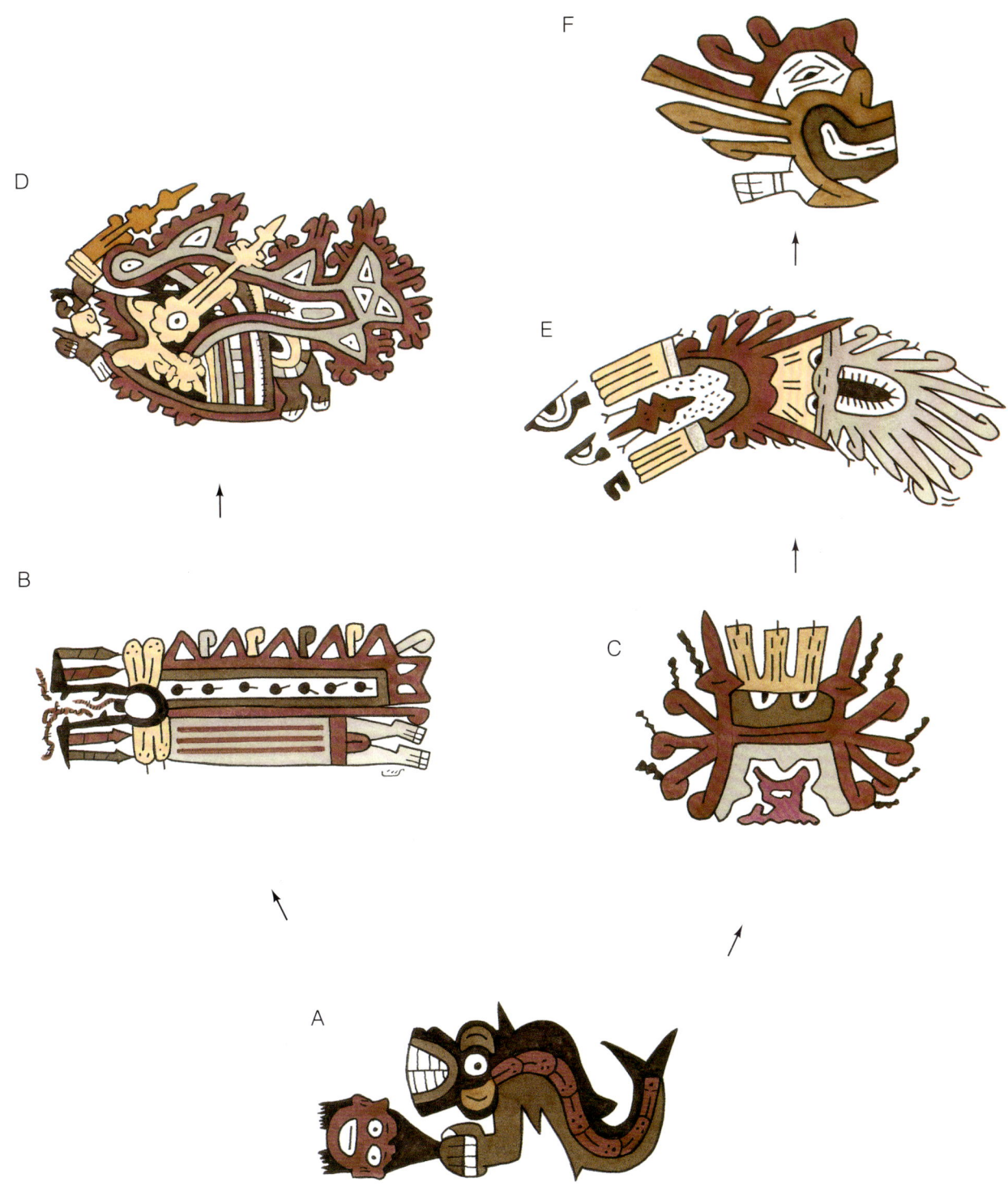

87. a Früher »Mythischer Mörderwal« mit menschlichem
Trophäenkopf, Phase 3 (nach Yacovleff 1932, Fig. 2i)
87. b Anthropomorphisierter »Mythischer Mörderwal« Phase 5
(nach Seler 1923, Abb. 333)
87. c Das »Blutige Maul« als Form des »Mythischen Mörderwals«,
Phase 5 (nach Roark 1965, Fig. 45)

87. d Später »Mythischer Mörderwal«, Phase 7
(nach Yacovleff 1932, Fig. 13j)
87. e »Mythischer Mörderwal« mit Fächerkopf, Phase 6
(nach Seler 1923, Abb. 235)
87. f »Lächelnder Kopf«
als Form des »Mythischen Mörderwals«, Phase 8
(nach Seler 1923, Abb. 255)

88. »Harpyie«, Phase 5 (nach Seler 1923, Abb. 90)

89. »Mythische gefleckte Katze«, Phase 3
(nach Seler 1923, Abb. 8)

90. Maskiertes »Schlangenwesen«, Phase 3
(nach Seler 1923, Abb. 66)

Einem anderen mythischen, vogelähnlichen Wesen wurde der Name »Harpyie« nach einer ähnlichen Form in der altgriechischen Kunst gegeben. Die »Harpyie« hat einen Menschenkopf und einen Vogelkörper. Der Kopf, bekrönt von zwei oder drei schwarzen Buckeln, trägt häufig die Zeichnung des Falken um die Augen und hat eine herausgestreckte Zunge. Schwarze »Haarsträhnen« fallen zu beiden Seiten des Kopfes herab (Abb. 88). Wie beim »Schrecklichen Vogel« zeigen die Flügelflächen der »Harpyie« oft menschliche Trophäenköpfe. Die »Harpyie« hat im Nasca-Stil nur ein kurzes Leben, sie erscheint in der Phase 3, erreicht ihren Höhepunkt in Phase 5 und verschwindet dann wieder aus dem Repertoire.

Die »Mythische gefleckte Katze« kann bis auf ihre realistischen Prototypen im Paracas-Stil zurückverfolgt werden. Einstmals als Fischotter oder »gato de agua« von Yacovleff (1932) identifiziert, besteht jetzt kein Zweifel, daß ein kleiner lokaler Felide dargestellt ist, die Pampakatze (Felis colocolo), charakterisiert durch ihre halbmondförmige Fellzeichnung, quergestreiften Schwanz und kleine Ohren, die durch eine »Kappe« getrennt sind. Beginnend in der Phase 2, erscheint eine mythische Variante mit Mundmaske, und in der Phase 3 werden dem Körper Pflanzen angefügt, ein Zug, der dieses Wesen mit Feldbau und Fruchtbarkeit verbindet (Abb. 89). In der Phase 4 wird die »Gefleckte Katze« eckiger, oft sind die Augen von der Falkenzeichnung umgeben. So wie der »Schreckliche Vogel« verschwindet praktisch auch die »Gefleckte Katze« gegen Ende der Phase 5.

Das »Schlangenwesen« setzt sich zusammen aus einem schlangenartigen Körper und einem Menschen- oder Felidenkopf, manchmal mit einer Mundmaske (Abb. 90). Dieses mythische Wesen scheint mit Vegetation und Fruchtbarkeit in Beziehung zu stehen. Seine Ursprünge gehen auf die Paracas-Kultur zurück, in der Darstellungen dieser Gestalt auf Textilien als dem »Anthropomorphen mythischen Wesen« angefügte Annexe oder Bänder zu finden sind. Das »Schlangenwesen« ist in der Monumentalen Stilrichtung ein geläufiges Thema, es verschwindet jedoch während der Phase 5, welche zu der durch wuchernde Formen gekennzeichneten Stilrichtung überleitet.

Phase 5 war eine Zeit großer Experimente und Neuerungen im Nasca-Stil. Wie bereits erwähnt, verschwanden viele traditionelle Motive der Monumentalen Stilrichtung während dieses Zeitabschnitts und eine Anzahl neuer Züge trat hervor. Untersuchungen von Roark (1965), Blagg (1975) und Wolfe (1981) weisen darauf hin, daß zwei, vielleicht auch drei kontemporäre Substile in der Nasca-Kunst der Phase 5 existierten. Einerseits gibt es den konservativen oder traditionellen Substil, der viele alte Motive besonders aus der religiösen Ikonographie weiterführt. Dies ist im wesentlichen eine Fortsetzung der Monumentalen Stilrichtung, mit kleineren Veränderungen in der Anordnung des Dekors wie dem Zusammenziehen der Dekorfläche, so daß ein ganzes Motiv sichtbar wird, ohne daß man das Gefäß drehen muß (s. Abb. 85).

Der progressive Substil andererseits enthielt Elemente, die – wie Pfeile und Pflanzen – den mehr traditionellen Motiven angefügt wurden (s. Abb. 92). Die Dekorfläche wird durch die beigefügten Elemente stärker ausgefüllt. Die Bedeutung dieses Substils liegt darin, einen Prototyp für die Verwendung und Entwicklung kleinerer Dekorelemente zu schaffen, was für die durch wuchernde Formen gekennzeichnete Stilrichtung in der nächsten Phase grundlegend war.

Der bizarre oder radikale Substil wird nicht nur durch die Einführung neuer Motive charakterisiert, sondern auch durch Veränderungen im Kanon der Zeichnung. Dazu gehört die ungeordnete Zusammenstellung von Körperteilen, eine Neuorientierung traditioneller Muster auf der Gefäßoberfläche, die Ausgestaltung kleinerer Motive und die Hinzufügung ausufernder Elemente zu den mehr traditionellen Motiven (Abb. 91). Die Ausgestaltung kleinerer Züge des Dekors zusammen mit der Unterordnung oder dem Verschwinden größerer Motive lassen darauf schließen, daß die symbolische Bedeutung des ganzen Motivs den Mitgliedern der Gemeinschaft offenkundig war, so daß nunmehr Teile der Darstellung genügten, ein Thema zu verdeutlichen.

Nach Blaggs Meinung gibt es eine radikale Neuinterpretation des Stils nahe dem Ende von Phase 5, vielleicht bewirkt durch eine religiöse Revolution von geringer Dauer (1975: 68). Nach ihrer Ansicht ist dies mehr als nur eine Abweichung von einem ansonsten homogenen Stil, es war ein Erneuerungsversuch, eine Zwischenstufe in der Herausbildung des »Proliferous Strain« in Phase 6. Obgleich einige Innovationen des bizarren Substils in der durch wuchernde Formen gekennzeichneten Stilrichtung erhalten blieben, gab es eine Rückkehr zur vertrauten Ikonographie und eine offensichtliche Ablehnung des neuen Kults durch die Gesellschaft.

Zu den Neuerungen der Phase 5 zählt eine starke Zunahme von kriegerischen Themen. Dabei erscheint eine neue Art von »Anthropomorphem mythischem Wesen«, gewöhnlich horizontal um den Gefäßkörper gezeichnet, von dessen Kopf und Armen Speere oder Pfeile ausgehen, die auch an den Körper angehängt sind (Abb. 92). Abbildungen von Kriegern, die es im Nasca-Stil auch früher gibt, erscheinen nun viel häufiger und erreichen ihre größte Verbreitung während Phase 7 mit mehreren Varianten, die sich in der Art ihrer Zeichnung und Gesichtsbemalung unterscheiden (Abb. 93). Wenige, seltene Kampfszenen finden sich auf den Gefäßen der Phase 7. Sie zeigen rivalisierende ethnische Gruppen im Kampf (erkennbar durch Unterschiede in der Gesichtsbemalung, Bekleidung und Hautfarbe) einschließlich Enthauptungsszenen (Carmichael 1988: Illustrationen 18 und 19). Die Nasca-Kultur erreichte ihre größte Ausdehnung während der Phase 7, in der sich ihr Einfluß vom Cañete-Tal im Norden bis zu den Tälern von Acarí und Yauca im Süden und bis zur Gegend von Ayacucho im Hochland erstreckte. Ferner gibt es Hinweise auf Kontakte zwischen den zeitgleichen Nasca- und Moche-Kulturen in der Phase 7 (Paulsen 1986).

Menschliche Trophäenköpfe sind ein Hauptthema der Nasca-Kunst, das auf die früheren Paracas- und Chavín-Stile zurückgeht. An der Südküste, wo dank des trockenen Klimas die Erhaltungsbedingungen hervorragend sind, wurden an Paracas- und Nasca-Fundplätzen mehr als 100 Trophäenköpfe entdeckt (s. Proulx 1989). Diese Köpfe wurden präpariert, indem man durch ein vergrößertes Loch an der Schädelbasis das Gehirn entfernte, die geschlossenen Lippen mit Dornen feststeckte und die Stirn zur Anbringung einer Tragschnur durchbohrte. Das Kopfabschneiden war in erster Linie rituell begründet. Ethnographische Analogie, welche sich an den heutigen Jivaro-Indianern im östlichen Peru und Ekuador orientiert, läßt vermuten, daß Köpfe abgeschnitten und auf die beschriebene Weise präpariert wurden, um einen im Kopfe wohnend gedachten Rachegeist daran zu hindern, dem Krieger zu schaden (Proulx 1971; 1989). Andere Autoren meinten, daß die

91. Zusammengesetzte Figur, Radikal-Substil, Phase 5
(nach Roark 1965, Fig. 48)

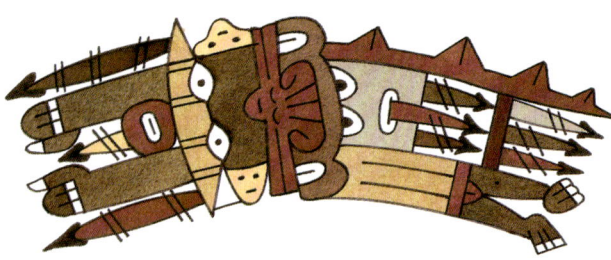

92. »Anthropomorphes mythisches Wesen« mit anhängenden
Pfeilspitzen, Phase 5 (nach Eisleb 1977, Abb. 57)

93. Krieger und Trophäenköpfe, Phase 6
(nach Seler 1923, Abb. 133)

Köpfe bei rituellen Menschenopfern als Gaben für die Götter dienten (Baraybar 1987). Es gibt jedoch genügend archäologische Indizien für die Annahme, daß manche Köpfe tatsächlich im Kampfe erbeutet und danach öffentlich ausgestellt wurden. Die Kopftrophäen stehen in engem symbolischen Zusammenhang mit der Fruchtbarkeit. Bei einigen sprießen Pflanzen aus dem Mund des Opfers. Bei anderen Beispielen finden sich Trophäenköpfe und Blut verbunden mit Darstellungen von Pflanzen.

Menschliche Trophäenköpfe zählen zu den häufigsten Motiven in der gesamten Sequenz des Nasca-Stils von Phase 1 an. Sie erscheinen sowohl als selbständige Motive wie auch in Verbindung mit mythischen Wesen. Im »Proliferous Strain« erreichen sie den Höhepunkt ihrer Popularität entsprechend einer zunehmend kriegerischen Tendenz, die sich in anderen Motiven dieser Zeit ausprägt. Viele Arten von Trophäenköpfen lassen sich erkennen, von strahlenförmigen bis zu mehr realistischen Gesichtern.

Der »Bringer der Lebensmittel« (»Harvester«) ist ein anderes, die Idee der Fruchtbarkeit betonendes Motiv. Der »Bringer der Lebensmittel« stellt einen Bauern dar, der einen konischen Hut trägt, dessen Vorderseite vertikal zusammengenäht und hinten mit einem Nackenschutz versehen ist. Er wird in Vorderansicht gezeigt, mit ausgestreckten Händen, in denen er Pflanzen hält (Abb. 94). Die meisten Darstellungen dieses Wesens finden sich in Phase 5, nach der es schnell und gänzlich verschwindet. Frühere modellierte Figuren des »Bringers der Lebensmittel« gibt es in den Phasen 2 und 3, wo er an der gefleckten Gesichtsbemalung und den gemalten Pflanzen, die er in den Händen hält, erkennbar ist. Eine mythische Variante dieser Gestalt wird durch das Vorhandensein »übernatürlicher« Züge charakterisiert, wie Spondylus-Muschel-Halsketten, bemalte oder gefleckte Gesichter und Mundmasken.

Die durch wuchernde Formen gekennzeichnete Stilrichtung, die teilweise aus den radikalen Neuerungen der Phase 5 hervorging, brachte nicht nur tiefgreifende Veränderungen in der Darstellungsweise, sondern auch viele neue Motive. Das »Anthropomorphe mythische Wesen« verliert seinen überlieferten Menschen-/Felidenkopf, der jetzt eine Vielzahl von Formen annimmt, manche mit Felidenzügen, während andere mit großen, grotesken, gelb oder schwarz umgebenen Augen im wesentlichen dem Mörderwal zu entsprechen scheinen. Gleichzeitig wird der ausgestreckte menschliche Körper beibehalten, aber der »signifer« auf Stäbe mit Voluten und einer Art Rollwerk reduziert (Abb. 95). Es hat den Anschein, daß der Kopf des Wesens nun die Funktion des »signifer« der früheren »Anthropomorphen mythischen Wesen« zur Bestimmung einzelner Varietäten übernommen hat. Zu weiterer Verkürzung des »Anthropomorphen mythischen Wesens« kommt es in Phase 7, in der der menschliche Körper verschwindet und durch ein großes, fächerförmiges Element ersetzt wird. Die Betonung liegt jetzt gänzlich auf dem Kopf, der das Wesen insgesamt symbolisiert (Abb. 96).

Andere neue mythische Wesen, die im »Proliferous Strain« auftauchen, sind der »Zackenstabgott« (»Jagged Staff God«), eine Menschenfigur, die »Blitzstrahlen« in den Händen hält; der »Jäger«, ein menschlicher Krieger mit besonderer Gesichtsbemalung, der Speere und Speerschleudern in seinen Händen hält, und ein »Anthropomorpher Affe« (Schlesiers »Affendämon«), der ebenfalls Zackenstäbe hält.

Der »mythische Mörderwal« in seinen zahlreichen Erscheinungsformen gewinnt in der Religion seit Phase 5 an Bedeutung. Das Mörderwal-Motiv behauptet sich bis in Phase 8 hinein, zu welcher Zeit es auf die Form eines »Lächelnden Kopfes« vereinfacht worden ist (Abb. 87).

Die Ausgestaltung kleinerer Motive wie Mundmasken und Stirnschmuck bestimmt die Kunst der durch wuchernde Formen gekennzeichneten Stilrichtung. In vielen Fällen steht die Hauptfigur nicht im Mittelpunkt und verbirgt sich hinter der barocken Wucherung der Mundmasken, Reihen von Köpfen, Strahlen und Voluten. Während der Nasca-Sequenz erlangen die Zungen mythischer Wesen große Bedeutung, oft verbinden sie direkt ein Dekorelement mit einem anderen. Bisweilen wird ein zungenartiges, aus dem Munde hervorkommendes Element zu einem Dekorfeld verbreitert, das eine Anzahl von Themen zeigen kann, von Kaulquappen bis zu menschlichen Feldbauern. Strahlenförmige Gesichter, manche Trophäenköpfe, die Harpyie und viele andere Wesen werden mit ausgestreckten Zungen abgebildet. Vielleicht ist dies in der Nasca-Kunst noch ein weiteres Symbol für Fruchtbarkeit.

94. »Bringer der Lebensmittel«, Phase 5
(nach Roark 1965, Fig. 54)

95. Katzengesichtiges »Anthropomorphes mythisches Wesen«
mit »Blitzstab-Signifer«, Phase 6
(nach Seler 1923, Abb. 224)

96. »Anthropomorphes mythisches Wesen«
mit Fächerkopf, herausragender Zunge und verkürztem
Körper, Phase 6/7
(nach Eisleb 1977, Abb. 228)

97. Geometrisierte abstrakte Figuren, Phase 9
(nach Seler 1923, Abb. 256)

In der durch Tendenzen zur Auflösung der Formen bestimmten Stilrichtung (»Disjunctive Strain«, Phasen 8 und 9) zu Beginn des Mittleren Horizonts (600 – 1000 n. Chr.) zerfällt der Stil in eine Reihe geometrisierter abstrakter Symbole. Viele dieser »geometrischen Muster« sind abstrahierte Vereinfachungen mythischer Wesen oder ihrer Teile, die für ein ungeübtes Auge nun praktisch unerkennbar werden (Abb. 97). Ein starker Einfluß aus der Gegend von Ayacucho im Hochland machte sich an der Südküste geltend, in entgegengesetzter Richtung als in der Phase 7. Politisch gesehen brach die Nasca-Macht zusammen, was sich in der Kunst und in den archäologischen Befunden dieser Zeit widerspiegelt.

INTERPRETATION

In einer schriftlosen Gesellschaft wie bei Nasca sind visuelle Wiedergaben das hauptsächliche Hilfsmittel zur Kulturübertragung durch die Zeiten hindurch. »In einem ikonographischen System sind die Bildelemente Symbole; sie beziehen sich auf Ideen oder dienen als Begriffsträger« (Allen 1981: 45). Um die Ikonographie einer schriftlosen Gesellschaft interpretieren zu können, müssen wir Techniken verwenden, die verschiedenen Disziplinen entstammen, wie Kunstgeschichte, Ethnologie, Archäologie und Ethnohistorie.

Erwin Panofsky beschrieb (1939) drei Stufen ikonographischer Analyse. Die erste Stufe ist im Grunde beschreibend: Identifizierung und Beschreibung der verschiedenen Motive des betreffenden Stils. Die zweite Stufe verbindet Motive oder Motivkombinationen mit Themen und Vorstellungen. Nun ist oft der »thematische Ansatz« hilfreich zur Identifizierung von Einzelzügen. Der »thematische Ansatz« versucht eine Interpretation der Kunst durch das Studium konventioneller Darstellungen, die dadurch entstanden, daß der Künstler bestimmten, ihm von der Gesellschaft vorgegebenen Regeln folgte (Donnan 1976: 5 – 10; 1978). Verbindungen bestimmter Züge kommen immer wieder vor, wie zum Beispiel menschliche Trophäenköpfe mit einer Gruppe mythischer Wesen oder Pflanzen mit einer anderen Gruppe. So können bestimmte mythische Wesen durch ihre ständige Verbindung mit speziellen Bildelementen identifiziert und definiert werden. Die dritte Stufe der Analyse, die den tieferen Sinn und Gehalt der

Kunst zu rekonstruieren versucht, ist die schwierigste, vor allem dann, wenn es sich um eine schriftlose Kultur handelt. In unserem Fall schließt sie den Versuch ein, Symbole zur Feststellung der Werte oder der Grundhaltung des Nasca-Volkes zum Verständnis seiner Religion und seiner Sicht der Welt heranzuziehen.

Die ethnographische Analogie kann für das Erreichen der dritten analytischen Ebene von Nutzen sein. Gehen wir von der Annahme aus, daß die Träger der alten Kultur von Nasca sich ähnlich verhielten und ihre Umwelt ähnlich verstanden wie rezente schriftlose, Feldbau treibende Gruppen, für die Totemismus, Schamanismus und vielfach der Gebrauch halluzinogener Drogen zur Kommunikation mit den Geistern typisch sind, so ergeben sich Anhaltspunkte für die Interpretation der Nasca-Darstellungen. Es ist nicht verwunderlich, daß in der Nasca-Ikonographie die mächtigsten Wesen der verschiedenen Naturbereiche, von Land, See und Himmel, dominieren: Feliden (»Mythische gefleckte Katze« und »Anthropomorphes mythisches Wesen«) und Schlangen, der Mörderwal, der Kondor (»Schrecklicher Vogel«). In vielen Stammesgesellschaften des heutigen Südamerika behaupten die Menschen, von bestimmten Tieren abzustammen (Totemismus). Unter der Einwirkung starker halluzinogener Drogen »verwandeln« sich Stammesmitglieder in mächtige Tiere. Bei den Jivaro, zum Beispiel, werden die jungen Männer ermutigt, einen »arutam wakani« zu erwerben, eine Seele, die man sich als ein Paar riesiger Anakondas oder Jaguare vorstellt (Harner 1972: 138).

Die mythischen Wesen in der Nasca-Kunst sind oft so wenig realistisch und in Kombinationen gezeichnet, daß sich die Schlußfolgerung ergibt, die Betonung habe auf der symbolischen Bedeutung gelegen. Der »Mythische Mörderwal«, zum Beispiel, besitzt einen walartigen Körper, Haiflossen und einen Menschenarm mit Hand. Oft wird er wiedergegeben, indem er einen abgeschnittenen Menschenkopf hält oder, in den späteren Phasen, diesen auffrißt. Die Bilder verkörpern die Begriffe Macht, Menschenopfer und Meer. Andererseits weist die »Mythische gefleckte Katze« mit ihrer Verbindung zu Pflanzen auf die Fruchtbarkeit der Nahrungspflanzen hin. Auch in abgekürzter Form wie bei den Wiedergaben des »Blutigen Mauls« beim »Mörderwal« der Phase 5 war die Symbolik den Nasca-Leuten deutlich. Eine weitere, auf ethnographischer Analogie beruhende Interpretation dieser Wesen ist die, daß sie als Herren der Tiere in ihren jeweiligen Bereichen über andere Wesen wachten und herrschten. Einige südamerikanische Stämme glauben an den »Herrn der Fische«, von dem angenommen wird, daß sämtliche Wassertiere seiner Fürsorge und Kontrolle unterworfen sind.

Ich habe die religiösen Motive als »mythische Wesen« bezeichnet, weil ich glaube, daß sie zusätzlich zu ihrer eigentlichen symbolischen Bedeutung auch als Basis für viele allegorische und metaphorische Mythen dienten. Das »Anthropomorphe mythische Wesen« mit seinen vielfältigen Erscheinungsformen und veränderlicher Gestalt des »signifer« kann an eine ähnliche Art komplexer religiöser Bilder erinnert haben wie die Geburt oder die Kreuzigung in der christlichen Kunst. Vielleicht kleideten sich Priester in die Ausstattung dieser mythischen Wesen. Die Archäologie hat Mumien zutage gebracht, die mit goldenen Mundmasken, Stirnschmuck und Halsketten aus Spondylus-Muscheln ausgestattet sind, welche auch in der Kunst abgebildet wurden.

Das Nasca-Universum und die Hierarchie der darin wohnenden Geister und Wesen sind für uns schwer zu verstehen, aber sie stimmen mit traditionellen Mustern andinen Denkens und andiner Symbolik überein. Vielleicht werden wir nie in der Lage sein, Religion und Ideologie der alten Nasca-Kultur in all ihren Einzelheiten und Zusammenhängen zu rekonstruieren, doch mögen künftige Forschungen, vor allem archäologische Grabungen, ein klareres Bild erschließen.

Donald A. Proulx

98. FLASCHENFÖRMIGES GEFÄSS MIT KOPF ALS MÜNDUNG

M.B. – Lambayeque MB 9417

Ton, H 24 cm, Ø 16 cm

Früher Horizont oder Anfang der Frühen Zwischenperiode,
ca. 600 v. – 200 n. Chr.

Salinar (?)

Bemerkenswert an diesem Gefäß ist die Gestaltung des
Ausgusses in Kopfform. Isolierte Darstellungen von Köpfen
finden sich häufig in der Keramik Alt-Perus.

99. FLASCHENFÖRMIGES GEFÄSS

M.A.U.N. – Trujillo o. Nr.

Ton, H 24 cm, Ø 12 cm

Früher Horizont oder Anfang der
Frühen Zwischenperiode,
ca. 600 v. – 200 n. Chr.

Salinar (?)

Der deutlich gegliederte Gefäßkörper
weist im oberen Teil kerbschnittver-
zierte Applikationen auf, während
der zylindrische untere Teil mit einem
umlaufenden Rautenmuster verziert ist,
welches durch Politur aufgebracht
wurde.

100. BICHROMES GEFÄSS MIT RITZDEKOR

M.R.A.H – Brüssel AAM 76.6

Ton, H 17,5 cm, Ø 15,5 cm

Frühe Zwischenperiode, ca. 300 v.–300 n. Chr.

Salinar

Die Ritzverzierung besteht aus einem wiederkehrenden
Stufenmotiv auf dem Gefäßkörper. Die glänzend polierte
Oberfläche steht in Kontrast zu den mit matter, creme-
farbener Engobe bedeckten Motivflächen.

An der Verbindung der Brücke mit der blinden Gußröhre
befindet sich eine Pfeifvorrichtung.

101. HENKELFLASCHE

M.A.U.N. – Trujillo U 4814

Ton, H 22 cm, Ø 10 cm

Frühe Zwischenperiode,

ca. 300 v.–300 n. Chr.

Salinar

Die sorgfältig polierte, monochrome
Flasche zeigt einen schlichten Ritzdekor
auf der Gefäßschulter, der aus einer
gezackten Doppellinie besteht, die eine
punktierte Fläche begrenzt.

102. ANTHROPOMORPHE FIGURINE

M.A.U.N. – Trujillo o. Nr.

Ton, H 17 cm

Initialperiode oder Früher Horizont,
ca. 1800 – 400 v. Chr.

Salinar (?)

Die schlichte Ausführung dieses
Stückes und das Fehlen von Bemalung
erschweren die Zuordnung zu bekannten
Kulturen. Die Gesichtszüge erinnern an
einige Werke des Salinar-Stils.

Im Gegensatz zu den plastischen
Darstellungen der jüngeren Kulturen an
der Nordküste, die teilweise auf
Cupisnique zurückgehen, verweist diese
Figurine auf andere lokale Traditionen.

103. ANTHROPOMORPHES GEFÄSS

M.B.C.R. – Lima ACE. 726

Ton, H 21 cm

Frühe Zwischenperiode,

ca. 300 v.–300 n. Chr.

Salinar

Dieses Gefäß stellt einen Krieger dar, wahrscheinlich eine bedeutende Persönlichkeit der Gesellschaft.

Alle Merkmale der folgenden Moche-Keramik sind bereits zu erkennen: die gewählte vollplastische Art der Darstellung, die Beschränkung auf zwei Farben und nicht zuletzt die spezifischen Gegenstände, die von der Figur getragen werden.

Die gesamte Keramik ist mit einer orangefarbenen Engobe überzogen, und verschiedene Partien sind mit cremefarbener Engobe übermalt.

Was die vom Krieger getragenen Ausrüstungsgegenstände betrifft, zählen die Keule in der Rechten, der Schild am linken Unterarm und der »tumi«-förmige Kopfschmuck zu den Elementen, die sich mit der Moche-Kultur noch weiter verbreiteten.

Dennoch sollten Unterschiede in der keramischen Produktion von Salinar und Moche nicht übersehen werden. So wird z. B. die Brücke mit der spitzen Gußröhre, bei dieser Figur am Rücken angebracht, von der Moche-Kultur nicht übernommen.

104. ANTHROPOMORPHER KOPF
M.f.Vo. – Wien 147.973
Ton, H 11,7 cm, Ø 12 cm
Frühe Zwischenperiode, ca. 300 v.–300 n. Chr.
Salinar
Die Salinarkultur, die sich in den beiden nördlichen Tälern von
Moche und Chicama entwickelt zu haben scheint, hat ebenfalls
figürliche Keramik hervorgebracht, die in ihrer ursprünglich-
ausdrucksstarken Gestaltung bereits auf die Moche-Kunst
verweist. Die Augenschlitze könnten vermuten lassen, daß es
sich um den Kopf eines Verstorbenen handelt.

105. TROMMEL

M.A.U.N. – Trujillo, o. Nr.

Ton, H 37 cm, L 25 cm

Frühe Zwischenperiode, ca. 300 v.–300 n. Chr.

Virú/Gallinazo (?)

Die lokalen Kulturen der Frühen Zwischenperiode in den nördlichen Küstenkulturen, wie Vicús, Gallinazo und Salinar, sowie ihr Verhältnis untereinander und ihr Anteil an der Herausbildung der Moche-Kunst, lassen noch viele Fragen offen. Eine Zeitlang wurde angenommen, daß einzelne Merkmale, etwa die Reservetechnik, auf einen Vicús-Einfluß zurückzuführen seien, in der Annahme einer zeitlichen Sequenz. Doch heute wird aufgrund besserer Datierungsmethoden eher von einer Gleichzeitigkeit dieser frühen Kulturen ausgegangen.

106. DOPPELGEFÄSS

M.B.C.R. – Lima ACE. 894

Ton, H 17,8 cm, L 19 cm

Frühe Zwischenperiode, ca. 300 v.–300 n. Chr.

Virú/Gallinazo

In den Kulturen der Nordküste treten Architekturmodelle relativ häufig auf. Dies gilt auch für Virú/Gallinazo. Das hier dargestellte Gebäude hat drei Wände mit einem Pultdach, das durch »Akroterien« geschmückt ist. Die beiden Seitenwände sind treppenartig ausgeschnitten, so daß eher der Eindruck eines Schutzdaches als eines Gebäudes entsteht. Die Figur im Inneren erinnert durch ihre hieratische Haltung eher an ein göttliches als an ein sterbliches Wesen.

107. DOPPELGEFÄSS

M.B.C.R. – Lima ACE. 764

Ton, H 23,7 cm, L 24 cm

Frühe Zwischenperiode,

ca. 500 v.–400 n. Chr.

Vicús

In der Vicús-Keramik sind die Darstel-
lungen von Musikern recht häufig.
Der vordere Gefäßkörper ist als Musiker
ausgeformt, der eine Panflöte bläst,
ein im Andenraum früh auftretendes
Musikinstrument.
Beide Gefäßkörper weisen eine
Verzierung in Reservetechnik auf.

108. DOPPELGEFÄSS

M.B.C.R. – Lima ACE. 874

Ton, H 19 cm, L 24 cm

Frühe Zwischenperiode,

ca. 500 v.–400 n. Chr.

Vicús

In der Vicús-Keramik ist eine Gefäßform weit verbreitet, die eine Person
innerhalb eines Gebäudes darstellt.
Diese Gebäude können als Modelle
damals bestehender Bauten angesehen
werden. Deutlich ist ein Satteldach zu
erkennen, während die Öffnungen Tür
und Fenster darstellen.

109. DOPPELGEFÄSS

M.B.C.R. – Lima ACE. 779

Ton, H 17,2 cm, L 27,5 cm

Frühe Zwischenperiode, ca. 500 v.–400 n. Chr.

Vicús

Die beiden Figurinen auf dem würfelförmigen Gefäßkörper stellen Musikanten dar, ein Thema, das wiederholt in der Vicús-Keramik zu beobachten ist (Kat.-Nr. 107.).

Eine der Figurinen hält eine Flöte («quena») in den Händen. Musikanten spielten offensichtlich eine wichtige Rolle in der Gesellschaft.

111. ANTHROPOMORPHE DARSTELLUNG

M.B.C.R. – Lima ACE. 807

Ton, H 16,8 cm

Frühe Zwischenperiode, ca. 500 v.–400 n. Chr.

Vicús

Die Einzeldarstellungen von Frauen, wie dieses Stück, sind in den vorspanischen Kulturen Perus selten, was auch Rückschlüsse auf ihren gesellschaftlichen Status erlaubt. Erst für die Inka-Zeit geben schriftliche Quellen Auskunft über die Rolle der Frau. Es scheint, daß die Frau im religiösen Leben einiger vorspanischer Gesellschaften wichtige Funktionen innehatte. Manche waren vermutlich als Schamanen tätig und nahmen aktiv an religiösen Zeremonien teil, wie eine Reihe von Moche-Gefäßen zeigt. In ihrer Haltung erinnert dieses eindrucksvolle Werk an anthropomorphe Figurengefäße des frühen Moche.

110. ANTHROPOMORPHES DOPPELGEFÄSS

R.J.M. – Köln, Sammlung Ludwig 20

Ton, L 26 cm

Frühe Zwischenperiode, ca. 500 v.–500 n. Chr.

Vicús

Die Figuren dieses Gefäßes führen einen sexuellen Verkehr durch, bei dem eine Befruchtung möglich ist. In einem für Vicús-Gefäße typischen Stil sind die Sexualorgane in übertriebener Größe dargestellt, vermutlich in der Absicht, die Bedeutung des Sexualaktes zu unterstreichen.

113. ANTHROPOMORPHES
DOPPELGEFÄSS
R.J.M. – Köln, Sammlung Ludwig 21
Ton, H 21 cm
Frühe Zwischenperiode,
ca. 500 v.– 500 n. Chr.
Vicús
Auch der hier dargestellte Sexualakt
zweier sitzender Figuren kann zu einer
Befruchtung führen.

112. GEFÄSS MIT FIGURENSZENE
R.J.M. – Köln, Sammlung Ludwig 22
Ton, H 21 cm
Frühe Zwischenperiode, ca. 500 v.– 500 n. Chr.
Vicús
Auch die Darstellung auf diesem Gefäß unterstützt die These, daß die
Mehrzahl erotischer Szenen nicht im Zusammenhang mit der Frucht-
barkeit gesehen werden kann. So ist dieses Paar, ein Mann und eine
Frau, beim Analverkehr zu sehen, eine sexuelle Praktik, die anschei-
0nend an der Nordküste Perus weit verbreitet war und von der auch
der spanische Chronist Cieza de León berichtet.

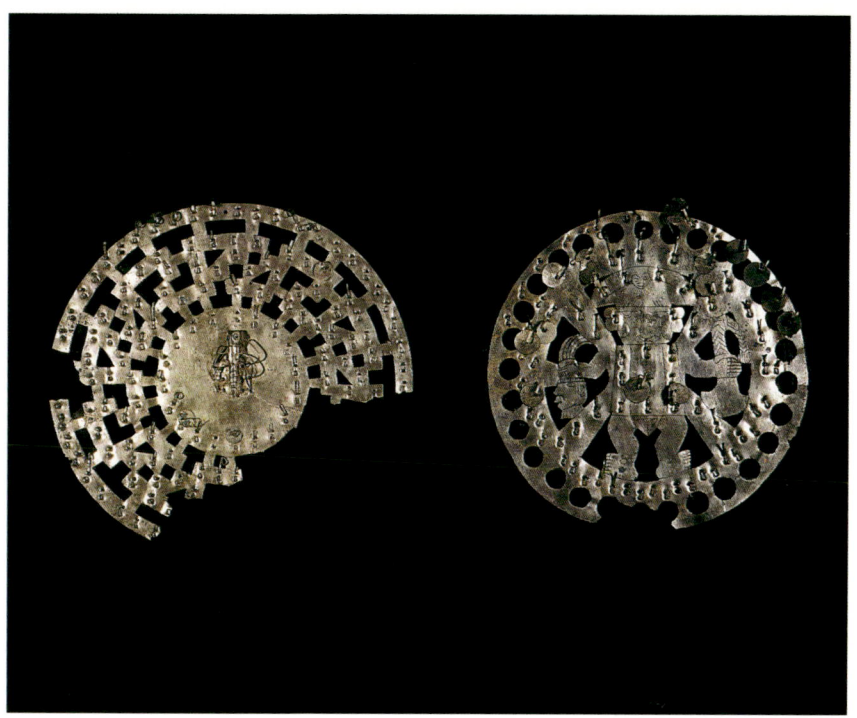

114. ZWEI SCHMUCKSCHEIBEN

L.M. – Stuttgart M. 32472L. und M. 32474L.

Kupfer (?), vergoldet, Ø 20 cm

Frühe Zwischenperiode, ca. 100 v.– 500 n. Chr.

Vicús (?) (Moche-Vicús)

Die beiden durchbrochen gearbeiteten Scheiben wurden
vermutlich als Schmuckanhänger getragen.

Die linke Scheibe zeigt im wesentlichen geometrische Motive,
während die rechte ein mythisches Wesen darstellt, erkennbar
an den Fangzähnen. In der Rechten hält es einen Trophäenkopf
an den Haaren gepackt, in der Linken ein Zeremonialmesser.
Die übernatürlichen Attribute werden durch ein Motiv in Form
eines Andreaskreuzes vervollständigt.

115. SCHALE

R.v.V. – Leiden 39.94.1

Gold, H 10 cm, Ø 16 cm

Frühe Zwischenperiode, ca. 500 v.–500 n. Chr.

Vicús

Die Wandung der Schale ist in vier plastische anthropomorphe Gesichter ausgeformt, die voneinander durch eine Art Kinnband abgegrenzt sind.

116. GEFÄSS IN FORM EINES BEINES
R.J.M. – Köln, Sammlung Ludwig 42
Gold, Silber, H 19 cm, ⌀ 8,7 cm
Frühe Zwischenperiode,
ca. 500 v.– 500 n. Chr.
Vicús

In den Kulturen der Nordküste Perus
finden sich häufig Nachbildungen
menschlicher Gliedmaßen. Die Moche
stellten Arme, Hände und Beine hauptsächlich in Keramik dar.

Dieses Stück wird zwar der Vicús-Kultur
zugeschrieben, könnte aber auch aus der
Moche-Region stammen oder von ihr
beeinflußt sein. Seine Besonderheit liegt
in der gleichzeitigen Verwendung von
Gold und Silber. Zwei unterschiedliche
Metalle zu verbinden erforderte genaue
Kenntnisse und gelang nur, wenn die
Ränder der verschiedenen Metallstücke
übereinandergelegt und gleichzeitig
erhitzt wurden, so daß sie miteinander
versintern konnten.

Die Chimú setzten die Tradition bimetal-
lischer Arbeit fort und begründeten so
ihren guten Ruf als Metallhandwerker.
Nach der Eroberung durch die Inka
wurden sie nach Cusco gebracht, um für
die Elite des Inka-Staates zu arbeiten.

117. ZOOMORPHES GEFÄSS

M.B.C.R. – Lima ACE. 1070

Ton, H 19 cm, L 31 cm

Frühe Zwischenperiode,

ca. 500 v.–400 n. Chr.

Vicús

Archäologische Befunde zeigen, daß
Haustiere im alten Peru selten
waren. Unter den Vögeln findet sich
nur die Moschus-Ente, die in erster
Linie wegen ihrer Federn und
weniger wegen ihres Fleisches
geschätzt worden sein dürfte.
Das Stück gehört zu der Gruppe der
Pfeifgefäße.
Der Pfeiflaut entsteht beim
Ausgießen von Flüssigkeit durch die
dabei auftretende Luftzirkulation in
einer bestimmten Vorrichtung im
Kopf des Tieres.

118. a,b ANTHROPOMORPHES GEFÄSS

M.A. – Madrid 1425

Ton, H 32,5 cm

Frühe Zwischenperiode, ca. 100 v.–600 n. Chr.

Moche IV

Das Gefäß stellt einen sitzenden, unbekleideten Gefangenen
dar, dessen Hände hinter dem Rücken gefesselt sind und der
einen Strick um den Hals trägt. Das Gesicht ist bemalt, und die
angedeuteten Durchbohrungen der Ohren weisen auf ehemals
vorhandenen Schmuck hin. Das Individuum wurde aller
Standesmerkmale beraubt, um seine völlige Demütigung zu
verdeutlichen. Es handelt sich hier um die charakteristische
Darstellung eines Kriegsgefangenen der Moche-Kultur.
Weitere Keramikdarstellungen belegen, daß diese Gefangenen
geopfert wurden.

119. a,b ANTHROPOMORPHES GEFÄSS

M.A. – Madrid 1064

Ton, H 21 cm

Frühe Zwischenperiode, ca. 100 v.–600 n. Chr.

Moche IV

Wie Kat.-Nr. 118., stellt auch dieses Gefäß einen Gefangenen
dar, der jenem in vielen Details gleicht, wie die sitzende Haltung mit untergeschlagenen Beinen, die hinter dem Rücken
gefesselten Hände und der Strick um den Hals. Im Gegensatz
zur vorangegangenen Darstellung trägt dieser Gefangene ein
Hemd in Ritzdekor angedeutet und einen Kopfputz, der das
Haupt eines Mischwesens mit anthropomorphen und feliden
Zügen zeigt.

120. a,b ANTHROPOMORPHES GEFÄSS

M.A. – Madrid 1065

Ton, H 19 cm

Frühe Zwischenperiode, ca. 100 v.– 600 n. Chr.

Moche IV

Dieser Gefangene ist wiederum mit untergeschlagenen Beinen,
auf dem Rücken gefesselten Händen und einem
Strick um den Hals dargestellt.

Die Ohren weisen auch wieder Spuren ursprünglich
getragenen Schmucks auf. Im Gegensatz zum
vorangegangenen Gefäß sind Hemd, Kopfputz und Stricke
farblich abgesetzt. Bemerkenswert ist bei den Gefangenen-
darstellungen, daß die Geschlechtsteile selbst dann unbedeckt
bleiben, wenn noch ein Teil der Kleidung angedeutet ist.

121. a,b ANTHROPOMORPHES GEFÄSS

M.R.A.H. – Brüssel AAM 46.7.178

Ton, H 20,3 cm

Frühe Zwischenperiode, ca. 100 v.–600 n. Chr.

Moche III–IV

Dieser Gefangene ist wie der in Kat.-Nr. 118 beschriebene
völlig nackt dargestellt. Allerdings weist dieser hier eine
reichere Körperbemalung auf. Das Gesicht trägt ein Doppel-
motiv in Form von Spiralen, die eine schmückt den rechten
Mundwinkel, die andere das linke Auge. Ähnliche Motive
finden sich auf den Schultern, während ein netzartiger Dekor
auf der Brust auf eine andere Körperbemalung oder Tatauierung hindeutet.

Möglicherweise sind dieses charakteristische Zeichen für die
Zugehörigkeit zu einer anderen ethnischen Gruppe, die den
Moche feindlich gesinnt war.

122. ANTHROPOMORPHES GEFÄSS

M.f.V. – Berlin VA 48078 K 90

Ton, H 21 cm

Frühe Zwischenperiode,
ca. 100 v.–600 n. Chr.

Moche III – IV

Die hier dargestellte Szene verweist auf
einen weiteren Aspekt im Zusammenhang mit den Gefangenen und ihren
Qualen. So könnte es sich auch um die
Darstellung eines Kriminellen handeln.
Auf manchen Gefäßen sind Gefangene
abgebildet, die an ähnliche Vorrichtungen gefesselt vor Gebäuden sitzen,
die vermutlich eine öffentliche Funktion
hatten.

123. ANTHROPOMORPHES GEFÄSS

A.I. – Chicago 58.584

Ton, H 25,4 cm

Frühe Zwischenperiode,

ca. 100 v.–600 n. Chr.

Moche IV

Der hier abgebildete Gefangene ist vollkommen
nackt, die Hände sind hinter dem Rücken gefesselt,
und um den Hals trägt er einen Strick. Der Körper
weist keinerlei Spuren einer Bemalung auf, die
Ohrläppchen zeigen die runden Vertiefungen,
die zur Aufnahme von Ohrschmuck dienten.
Wenn es auch schwierig ist, den einstigen sozialen
Rang des Gefangenen zu erkennen, so kann doch
angenommen werden, daß es sich um eine
bedeutende Persönlichkeit gehandelt hat, da das
Tragen von Ohrschmuck vermutlich ein Zeichen von
Personen hohen Ranges war.

124. GEFÄSS MIT ANTHROPOMORPHER DARSTELLUNG
M.B. – LAMBAYEQUE MB 968
Ton, H 24 cm
Frühe Zwischenperiode, ca. 100 v. – 600 n. Chr.
Moche IV

Kampfszenen oder, wie bei diesem Gefäß, Einzeldarstellungen von Kriegern sind in der Moche-Keramik zahlreich
vertreten, aber der Zusammenhang, in den sie gehören, ist bis
heute ungeklärt.

Aus der Mehrzahl dieser szenischen Darstellungen ergibt sich
der Eindruck, daß die Krieger vermutlich der gleichen
ethnischen Gruppe angehörten. Diese Auseinandersetzungen
könnten demnach das Ziel gehabt haben, Gefangene zu
machen, die dazu bestimmt waren, versklavt oder geopfert zu
werden.

125. ANTHROPOMORPHES GEFÄSS
R.v.V. – Leiden 32.77.5
Ton, H 23 cm
Frühe Zwischenperiode, ca. 100 v. – 600 n. Chr.
Moche III

Dieses Gefäß zeigt alle typischen Merkmale eines Moche-
Kriegers: den mit einem Nackenschutz versehenen Helm,
den Ohrschmuck, den in diesem Fall eckigen Schild und die
Keule. Die Bekleidung besteht aus einem ärmellosen, mit
Spiralmotiven verzierten Hemd und einer Art Lendenschurz.
Hinten hängt im allgemeinen ein Rückenschutz herab, der
den unteren Teil des Körpers vor Keulenhieben oder Speer-
würfen schützen sollte. Kleidungsstücke und Waffen wurden
auch einzeln als Gefäße modelliert, wie z. B. der Kopfputz und
der Keulenkopf (Kat. Nr. 127 und 128).

126. FIGÜRLICH GESTALTETES
GABELHALSGEFÄSS
P.M.A.E. – Cambridge
T 1362 09-3-30/5629
Ton, H 24 cm, L 21 cm
Frühe Zwischenperiode,
ca. 100 v.– 600 n. Chr.
Moche IV

Der sitzend dargestellte Krieger
entspricht weitgehend den zuvor
beschriebenen Figuren. Er erhebt
seine rechte, mit einem Rundschild
bewehrte Hand, als ob die
Notwendigkeit bestünde, sich gegen
einen von oben geführten Schlag
schützen zu müssen. Er sitzt in einer
Gebirgslandschaft. Die dargestellten
Kakteen sind die typischen Vertreter
der Vegetation der ariden Vorgebirge
des Moche-Gebietes Nordperus.

127. GABELHALSGEFÄSS IN FORM EINES KOPFPUTZES

M.f.Vo. – Wien 58.331

Ton, H 24 cm

Frühe Zwischenperiode, ca. 100 v.–600 n. Chr.

Moche IV

Dieses Gefäß zeigt einen anderen von den Moche-Kriegern getragenen Kopfputz. Er besteht aus einer Kappe, die mit dem Fell einer kleinen Raubkatze eingefaßt ist, deren Kopf an der Vorderseite belassen wurde. Ein weiteres Schmuckelement ist in Form eines »tumi« hinter dem Kopf des Feliden angebracht.

128. GABELHALSGEFÄSS
R.v.V. – Leiden 50, 51-1
Ton, H 19,2 cm
Frühe Zwischenperiode,
ca. 100 v. – 200 n. Chr.
Moche I (Moche-Vicús)
Die Unkenntnis der Moche-Ikonographie
könnte dazu verleiten, dieses Gefäß als
geometrischen Körper zu interpretieren.
Hier wird jedoch eine Eigenart der Moche-
Keramik deutlich: die Aufsplitterung oder
Reduzierung von Themen auf ihre einzelnen Figuren und Elemente. Die Bedeutung
der Darstellung wird erst mit dem Wissen
klar, daß es sich um den Kopf einer Keule
handelt, einer Waffe, die in Kampfszenen
oft abgebildet worden ist.

129. GABELHALSGEFÄSS

R.v.V. – Leiden 35.77-6

Ton, H 30 cm

Frühe Zwischenperiode,
ca. 100 v.–600 n. Chr.

Moche IV

Die Szene, die den Gefäßkörper bedeckt,
zeigt unter anderem die einzelnen Stücke
der kompletten Ausrüstung eines Kriegers.
Diese umfaßt sowohl Kleidung als auch
Waffen und wurde im allgemeinen dem
Gegner abgenommen. Diese Beute banden
die Sieger als Zeichen des Triumphes an
ihre Keulen.

Der hier abgebildete Besiegte steht dem
Sieger frontal gegenüber und ist bereits
seiner Kleider und Waffen beraubt.

Er blutet aus der Nase und wird von
seinem Bezwinger am Schopf gepackt, als
Ausdruck von Sieg und Gefangennahme.

130. GABELHALSGEFÄSS IN FORM
EINES ARCHITEKTURMODELLS
G.E.M. – Göteborg 29.13.1
Ton, H 21 cm, Ø 12 cm
Frühe Zwischenperiode,
ca. 100 v.–600 n. Chr.
Moche III–IV

Witterungseinflüsse und menschliche
Eingriffe haben im Laufe der Jahrhunderte die Moche-Architektur weitgehend
zerstört. Archäologische Ausgrabungen
konnten nur Unterbauten aus luft-
getrockneten Lehmziegeln (»adobe«)
freilegen.

Die Hauptquelle unserer Kenntnisse
über die vorspanische Architektur Perus
bilden die zahlreichen realistischen
Darstellungen der Moche-Keramik.
Dieses Gefäß zeigt eine dreistufige
Pyramide, deren Rampenaufgänge seitlich angedeutet sind. Die Plattform ist
mit einem nach vorne offenen Gebäude
bebaut.

Die mit Fensteröffnungen versehenen
Seitenwände tragen ein Pultdach und ein
Satteldach, das durch einen Firstpfosten
abgestützt wird. Auf die Dächer sind
Verzierungen in Form von Keulenköpfen
aufgesetzt. Es ist ungeklärt, ob es sich
vielleicht um Siegestrophäen handelt,
die auf den Rang der im Inneren des
Gebäudes dargestellten Person hindeuten
sollten.

131. GABELHALSGEFÄSS MIT FIGURENSZENE

M.B. – Lambayeque MB 925

Ton, H 12 cm

Frühe Zwischenperiode, ca. 100 v. – 600 n. Chr

Moche III

Oft wird davon ausgegangen, daß es in der Moche-
Ikonographie keine Darstellungen mit profanem Charakter
gäbe. Dieser Hypothese scheinen solche Szenen zu widersprechen. Offensichtlich wird hier von einem Paar ein
Getränk zubereitet, vermutlich »chicha«, das durch Gärung
unreifer und vorgekauter Maiskörner entsteht. Noch heute
ist dieses Getränk bei Festlichkeiten im Ritualkalender des
Andenraumes von großer Bedeutung.

132. GABELHALSGEFÄSS MIT FIGURENSZENE

M.B.C.R. – Lima ACE. 2976

Ton, H 19,5 cm

Frühe Zwischenperiode, ca. 100 v. – 600 n. Chr.

Moche III–IV

Im Mittelpunkt dieser Darstellung sitzt ein übernatürliches
Wesen, erkennbar an seinen Fangzähnen, bei einer rituellen
Haarwaschung. Im zentralen Andenraum ist die Bedeutung der
Haare im kultischen Bereich vielfach belegt. Die am
Gefäßkörper erkennbaren Fische und Säugetiere scheinen
auf eine mit dem Meer in Verbindung stehende, feierliche
Handlung zu verweisen.

133. GABELHALSGEFÄSS

M.f.V. – Berlin VA 18285 K91

Ton, H 16,7 cm, L 11,8 cm

Frühe Zwischenperiode, ca. 100 v.–600 n. Chr.

Moche IV

Diese vielfigurige Szene vereinigt die Darstellung von
Elementen der Architektur, der Landschaft, von Lebewesen aus
dem maritimen Bereich und verschiedenartigen
anthropomorphen Gestalten, deren Deutung viele Hypothesen
zuläßt. So könnte dieses Gefäß in die Reihe der Darstellungen
von Heilpraktiken gehören, auf denen ein Heiler («curandero»)
und seine Assistenten tätig werden. Solche Zeremonien sind bis
in unsere Tage in Peru lebendig geblieben.

134. GABELHALSGEFÄSS

M.f.V. – Berlin VA 65538 K93

Ton, H 24,4 cm, L 16,3 cm

Frühe Zwischenperiode, ca. 100 v.–600 n. Chr.

Moche IV

Der Dekor des Gefäßkörpers erinnert an die Reliefs einiger
Pyramiden im Chicama-Tal, wie z. B. Huaca Licapa und El
Brujo. Die Motive in farbig ausgefülltem Ritzdekor zeigen
Schlangen- oder Fischköpfe mit Zackenbändern und Stufen-
dreiecken. Die geometrisierten Formen und ihre Anordnung
erinnern an den sog. »Interlocking-Stil« der Zentralküste.

135. GEFÄSS MIT FIGURENSZENE

M.f.V. – Berlin VA 48094 K913

Ton, H 17 cm, L 13,5 cm, Frühe Zwischenperiode,

ca. 100 v.–600 n. Chr., Moche III–IV

Die Darstellung des Treppenmotivs, das in eine wellenförmige Volute ausläuft, steht im Zusammenhang mit einem göttlichen Wesen, das vorspringende Fangzähne und einen Gürtel mit doppelköpfiger Schlange trägt.

Die Szenerie könnte auf einen Opfervorgang im Zusammenhang mit der Meereswelt hinweisen.

136. GABELHALSGEFÄSS IN FORM EINER HAND

M.B.C.R. – Lima ACE. 670

Ton, H 17,5 cm, L 18,5 cm

Frühe Zwischenperiode, ca. 100 v.–600 n. Chr.

Moche I (Moche-Vicús)

Ebenso wie der Krieger und seine einzelnen Ausrüstungs-
gegentände in Gefäßform dargestellt wurden, kam es auch
zur Darstellung einzelner menschlicher Gliedmaßen.
So wurden auch Arme und Beine von den Moche-Töpfern
modelliert. Diese »Zerstückelung« hatte offenbar eine
besondere Bedeutung.

137. GEFÄSS IN FORM EINES BEINES
M.A. – Madrid 11079
Sammlung Martínez Compañón
Ton, H 20,5 cm, T 17 cm
Frühe Zwischenperiode,
ca. 100 v. – 600 n. Chr.
Moche
Dieses Gefäß stammt aus einer der
frühesten Sammlungen peruanischer
Altertümer in Europa. Sie geht zurück auf
Baltasar Jaime Martínez Compañón, der
sie in seiner Amtszeit als Bischof von
Trujillo zusammenstellte und
sie zwischen 1788 und 1790 an den
spanischen Hof sandte.

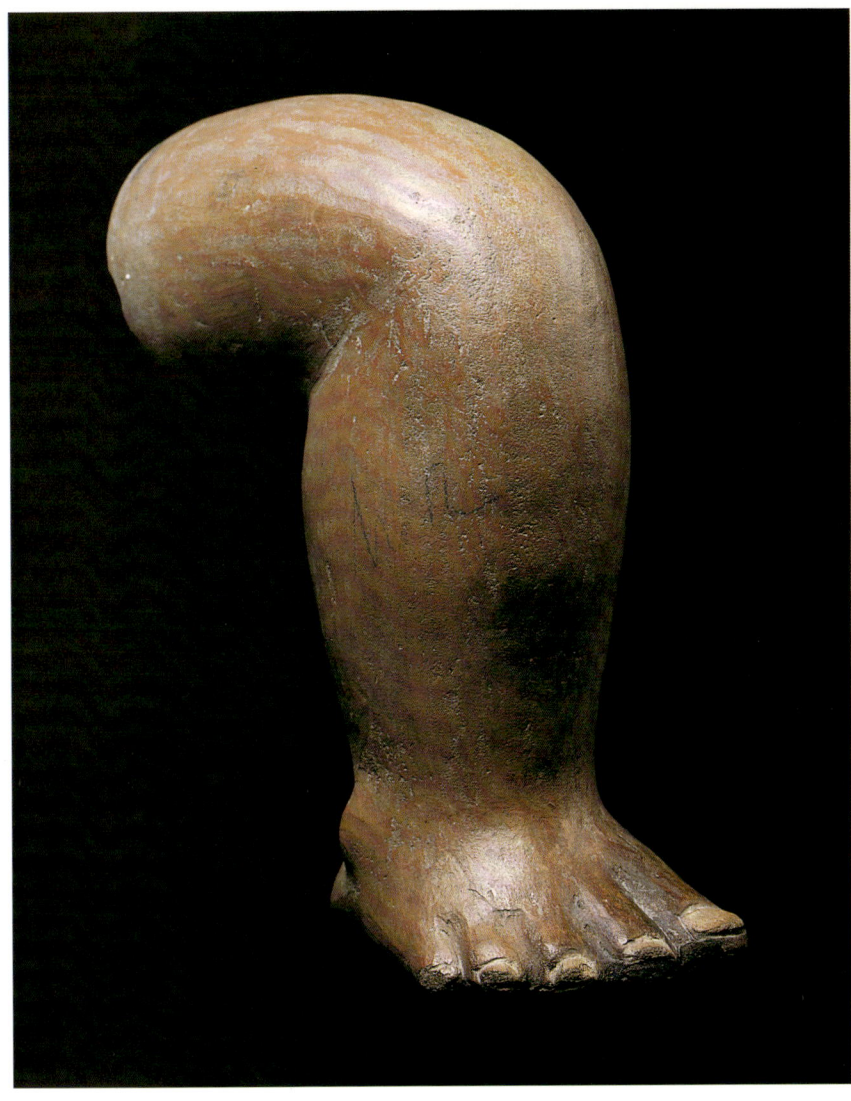

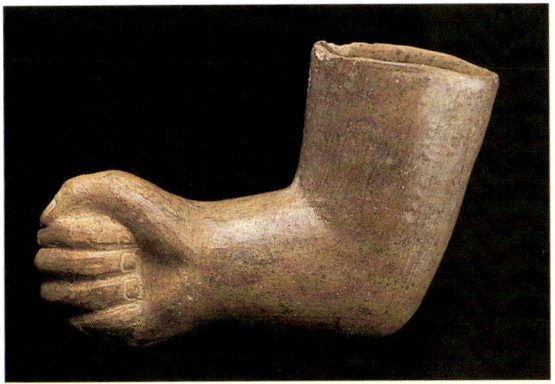

138. GEFÄSS IN FORM EINES
UNTERARMES
M.f.V. – Berlin VA 64765 K89
Ton, H 15 cm, L 19,8 cm
Frühe Zwischenperiode,
ca. 100 v. – 600 n. Chr.
Moche
Dieses Gefäß stellt einen Arm mit
geballter Faust dar, ein weiteres
Beispiel für die Wiedergabe einzelner
menschlicher Gliedmaßen.

139. GEFÄSS IN FORM EINES UNTERARMES

G.E.M. – Göteborg 57.14.1

Ton, H 17 cm, L 34 cm

Frühe Zwischenperiode, ca. 100 v.–600 n. Chr.

Moche

Die Darstellung dieser bewaffneten Faust weist auf
einen religiösen oder mythischen Kontext hin. Die Hand hält
eine besondere Waffe (»tumi«), wie sie bei Opferungen
Verwendung fand.

140. »PACCHA« IN FORM EINES ARMES

M.B.C.R. – Lima ACE. 956

Ton, L 20 cm

Späte Zwischenperiode,
ca. 1000–1450 n. Chr.

vermutlich Chimú

Am mittleren Gelenk des Mittelfingers
ermöglicht eine Öffnung das Ausfließen
der im Gefäß vorhandenen Flüssigkeit.
Im Späten Horizont ist dieser Gefäßtyp
weit verbreitet.

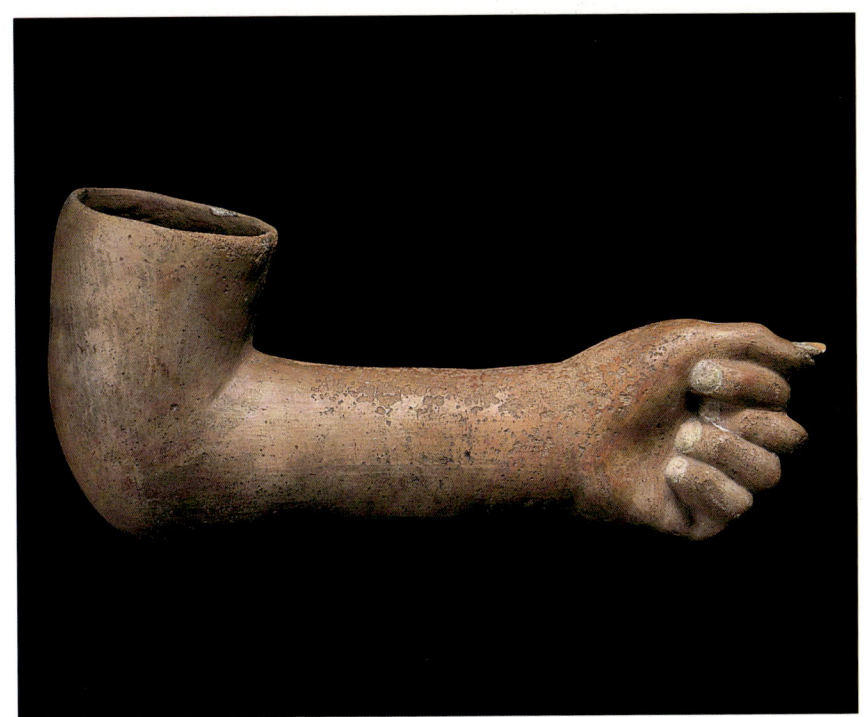

141. GEFÄSS IN FORM EINES UNTERARMES

M.f.V. – Berlin VA 48175 K93

Ton, L 29,7 cm

Frühe Zwischenperiode, ca. 100 v.–600 n. Chr.

Moche

Die Darstellung dieses Unterarmes ist deswegen hervorzuheben, weil der Daumennagel verlängert dargestellt ist und
der Mittelfinger im Gegensatz zu den anderen Fingern der
geschlossenen Hand hervorsteht. Diese Geste hat zweifellos
eine symbolische Bedeutung (siehe auch Kat.-Nr. 142).

142. GEFÄSS IN FORM EINES
UNTERARMES
M.A.U.N. – Trujillo U 1355
Ton, H 28 cm, L 12 cm
Frühe Zwischenperiode,
ca. 100 v.– 600 n. Chr.
Moche (vermutlich III)
Die Haltung des Armes und der Faust ist
als Bergdarstellung interpretiert worden.
Der Mittelfinger überragt die anderen
vier Finger, vergleichbar der Hand von
Kat.-Nr. 141.
Diese Geste wird oft isoliert dargestellt,
sie ist mitunter Bestandteil von Figuren
erotischen Charakters. Wahrscheinlicher
jedoch ist die Interpretation des vor-
stehenden Mittelfingers als Berggipfel,
der eine Gebirgslandschaft dominiert,
welche durch die übrige geschlossene
Hand symbolisiert wird.

143. GABELHALSGEFÄSS IN FORM EINES PORTRAITKOPFES

A.I. – Chicago 55.2340

Ton, H 30,5 cm

Frühe Zwischenperiode, ca. 100 v.–600 n. Chr.

Moche IV

Ein charakteristischer Gefäßtyp der Moche-Keramik sind die sog. Portraitköpfe, die zu den eindrucksvollsten Kunstwerken Alt-Perus gehören. Der Realismus und die große Formenvielfalt zeugen von der Beobachtungsgabe und Kreativität der Künstler. Der geometrische Dekor der Kopfbedeckung deutet textile Musterung an und wird durch eine große rosettenförmige Applikation auf der Stirn bereichert.

144. ANTHROPOMORPHES GEFÄSS

M.R.A.H. – Brüssel AAM 39.9

Ton, H 37,8 cm, L 26,3 cm

Frühe Zwischenperiode,

ca. 100 v.–600 n. Chr.

Moche IV

Die gedrungene Gestalt trägt einen Kopfputz aus dem Balg einer kleinen Raubkatze (vergleiche Kat.-Nr. 127). Die Ohren werden von sehr großen Scheiben bedeckt, die nicht nur Schmuckelemente darstellen, sondern einem Krieger auch als Schutz dienen konnten. Der Schmuckkragen, der auch die Schultern bedeckt, trägt das Bild eines mythischen Tieres, das in ähnlicher Form besonders häufig auf Recuay-Keramiken dargestellt ist und in der Moche-Ikonographie zuweilen mit dem Mond assoziiert ist. Die übrige Kleidung besteht aus einem Hemd und einem kleinen Lendenschurz.

145. GABELHALSGEFÄSS IN FORM EINES PORTRAITKOPFES

M.A. – Madrid 1001

Ton, H 27,5 cm, L 14 cm

Frühe Zwischenperiode, ca. 100 v.–600 n. Chr.

Moche IV

Dieses Portrait weist in seiner etwas stilisierten Darstellung
weichere Züge auf als Kat.-Nr. 143 und 146. Auffallend sind die
mandelförmigen, etwas schräg gestellten Augen und die
markanten Ohren. Die Nasenscheidewand ist zur Aufnahme
eines Schmucks durchbohrt.

146. GABELHALSGEFÄSS IN FORM EINES PORTRAITKOPFES

M.R.A.H. – Brüssel AAM 52.11

Ton, H 31,2 cm, L 15,2 cm

Frühe Zwischenperiode, ca. 100 v.–600 n. Chr.

Moche IV

Unter einer Kopfbedeckung, die aus einer mit Fischmotiven verzierten Kappe und einem Nackenschutz besteht, zeigt sich ein sorgfältig ausgearbeitetes Gesicht, das möglicherweise wiederum eine Persönlichkeit von hohem Rang innerhalb der Moche-Gesellschaft darstellen soll. Eine Durchbohrung der Nasenscheidewand zeigt, daß hier vermutlich einst ein Nasen-schmuck (Nariguera) aus Edelmetall angebracht war.

Ursprünglich wurde angenommen, daß Gefäße dieser Art authentische Abbildungen hochrangiger Personen waren (Portraitköpfe) und ihnen mit ins Grab gegeben wurden.

Mittlerweile aber haben weitere Grabungen identische Portraitköpfe aus verschiedenen Gräbern zutage gefördert.

So können sie kaum dem Antlitz des Toten entsprechen, dem sie beigegeben worden sind.

147. MASKE

M.f.V. – Berlin VA 18057 K90

Ton, H 21,5 cm, L 21 cm

Frühe Zwischenperiode,

ca. 100 v.–600 n. Chr.

Moche

Masken, die in der Moche-Kultur nicht sehr zahlreich vorkommen, wurden meistens aus Ton oder Metall hergestellt. Selten treten auch Masken auf, die ein vollständiges Gesicht darstellen. Im kürzlich aufgedeckten Fürstengrab von Sipán war das Antlitz des Toten mit einer mehrteiligen Goldmaske bedeckt.

Offensichtlich stellt die hier gezeigte Maske ein übernatürliches Wesen dar, eine der Hauptgestalten im Moche-Pantheon, charakterisiert durch die über die Mundwinkel herausragenden Fangzähne, das zerfurchte Gesicht, den Ohrschmuck in Form kleiner Felidenköpfe und das bekannte Stirn-band aus einem kleinen Katzenbalg.

148. ANTHROPOMORPHES GABELHALSGEFÄSS

M.B.C.R. – Lima ACE. 426

Ton, H 16 cm

Frühe Zwischenperiode, ca. 100 v. – 600 n. Chr.

Moche I

Die Zusammengehörigkeit der folgenden vier Figuren ist ein
Hinweis auf den begrenzten Formenkanon der Moche-Keramik.
Sie stammen nicht aus einem Model, es sind verschiedene
Arbeiten, die ein und denselben Figurentyp darstellen, sich aber
in Details und Ausführung unterscheiden.

149. ANTHROPOMORPHES GABELHALSGEFÄSS

M.B.C.R. – Lima ACE. 424

Ton, H 16,5 cm

Frühe Zwischenperiode, ca. 100 v. – 600 n. Chr.

Moche I

Der turbanartige Kopfputz der Figuren Kat.-Nr. 148–150
läuft am Hinterkopf in dekorative Quasten aus.

150. ANTHROPOMORPHES GABELHALSGEFÄSS

M.B.C.R. – Lima ACE. 423

Ton, H 17 cm

Frühe Zwischenperiode, ca. 100 v.–600 n. Chr.

Moche I

In Sipán wurden zahlreiche Beispiele eines ähnlichen
Figurentyps entdeckt. Im Unterschied zu den anderen
Beispielen dieser Reihe sind hier die Augen nicht
eingetieft.

151. ANTHROPOMORPHES GABELHALSGEFÄSS

M.B.C.R. – Lima ACE. 429

Ton, H 14 cm

Frühe Zwischenperiode, ca. 100 v.–600 n. Chr.

Moche I

Die eingetieften Augen sind bei diesem Stück mit Türkis-
einlagen versehen. Vergleichbare Vertiefungen an den
Handgelenken deuten auf Armschmuck aus einem anderen
Material hin.

152. a–c ZOOMORPHES GABELHALSGEFÄSS

M.B.C.R. – Lima ACE. 297

Ton, H 21, 8 cm

Frühe Zwischenperiode, ca. 100 v.–600 n. Chr.

Moche I

Schnecken dürften in der Moche-Zeit von einiger Bedeutung gewesen sein. Dies geht auch aus einer Vielzahl von Gefäßmalereien hervor, die Szenen vom Einsammeln der Schnecken zeigen. Die Sammelnden sind reich geschmückt, was darauf hindeutet, daß das Schneckensammeln ähnlich rituellen Charakter hatte wie beispielsweise die Hirschjagd.

153. GABELHALSGEFÄSS

A.I. – Chicago 1955.2680

Ton, H 25,1 cm

Frühe Zwischenperiode,
ca. 100 v. – 600 n. Chr.

Moche IV

Vielfigurige Darstellungen von Flora
und Fauna des küstennahen sumpfigen
Bereichs sind auf zahlreichen Gefäßen
zu finden. Deutlich sind Schilfbündel
und Blüten, Fische und Vögel verschiedener Gattungen zu erkennen. Es ist
fraglich, ob eine Verbindung zwischen
dieser Gefäßform mit der geschlossenen
Mündung (die hier noch einen Frosch
trägt) und dem Flächendekor besteht.
Auffällig ist die Beschränkung der
Malerei auf den oberen Teil des Gefäßkörpers und deren Verbindung mit
plastischen Applikationen in Form von
Fröschen.

154. ZOOMORPHES GABELHALSGEFÄSS

M.B.C.R. – Lima ACE. 579

Ton, H 17,5 cm

Frühe Zwischenperiode, ca. 100 v. – 600 n. Chr.

Moche I oder II

Die Frösche erscheinen nicht nur im Zusammenhang mit Sumpfdarstellungen in plastischer Form, sondern werden häufig auch als Figurengefäße dargestellt. Zweidimensionale Darstellungen von Fröschen scheinen hingegen nicht vorzukommen.

155. ZOOMORPHES GABELHALSGEFÄSS

M.R.A.H. – Brüssel AAM 39.106

Ton, H 14,4 cm, L 12,9 cm

Frühe Zwischenperiode, ca. 100 v. – 600 n. Chr.

Moche I oder II

Die Besonderheit dieser Amphibiendarstellung besteht in ihrer Zweifarbigkeit. Die eine Hälfte ist grau, was der Grundierung der Keramik entspricht, die andere braun. Vermutlich ist der Frosch in Verbindung mit Kulten und Praktiken zu sehen, die das lebensspendende Wasser sichern sollten. Die Nordküste ist eine Region mit äußerst geringen Niederschlägen, und alle Erwartung richtet sich auf das periodische Anschwellen der Flüsse, die Schmelzwasser aus dem Gebirge zur Bewässerung der Talauen herabführen.

156. ZOOMORPHE TROMPETE

P.M.A.E. – Cambridge 46-77-30/5016

Ton, H 14 cm, L 37 cm

Frühe Zwischenperiode, ca. 100 v.–600 n. Chr.

Moche IV

Auch Trompeten wurden von den Moche-Töpfern mit großer
Sorgfalt angefertigt. Die Ausformung ihrer Mündung als Jaguar-
oder Papageiendarstellung (ursprünglich beides Tiere aus dem
Tiefland) könnte auf eine zeremonielle Funktion verweisen.
Viele Moche-Trompeten haben eine gewundene Form,
wodurch tiefe Töne hervorgebracht werden konnten.
Vereinzelt sind Trompeter mit reicher Ausstattung auf men-
schengestaltigen Pfeifen abgebildet.

157. ZOOMORPHES GABELHALSGEFÄSS

M.B.C.R. – Lima ACE. 302

Ton, H 20,5 cm

Frühe Zwischenperiode, ca. 100 v.–600 n. Chr.

Moche I

Der Kondor, der majestätische Vogel der Anden, ist oft als
Vollzieher einer Opferung dargestellt oder im Zusammenhang
mit einer Menschengestalt, die seinen Schnabelattacken
ausgesetzt ist.

158. ZOOMORPHES GABELHALSGEFÄSS

M.A.U.N. – Trujillo U 2637

Ton, H 26 cm, L 23 cm

Frühe Zwischenperiode, ca. 100 v. – 600 n. Chr.

Moche IV

Der abgebildete Vogel ist vermutlich eine Harpyie
(südamerikanischer Schopfadler), die eine Schlange verzehrt.
Auch dieses Tier tritt im Zusammenhang mit Menschenopfern
auf. Es wird auch dargestellt, wie es den Inhalt einer vor
ihm stehenden Schale leert, eines Gefäßes, das zur Aufnahme
des Blutes geopferter Gefangener diente.

159. ZOOMORPHES GABELHALSGEFÄSS

M.B.C.R. – Lima ACE. 350

Ton, H 18 cm, L 14,5 cm

Frühe Zwischenperiode, ca. 100 v. – 600 n. Chr.

Moche I

Realistische Tierdarstellungen dieser Art finden sich vor allem
in der Moche-Phase I, die auch Moche-Vicús genannt wird, und
zeichnen sich durch ihre hohe Qualität aus, die auch eine
aufmerksame Beobachtung der Umwelt mit einschließt.
Die nachtaktiven Raubvögel, seien es Uhus oder Eulen,
nehmen auch oft als Mischwesen mit anthropomorphen Zügen
an Zeremonien teil, die an Opferungen oder an die bekannte
Darbietungsszene erinnern.

160. ZOOMORPHES GABELHALSGEFÄSS

R.J.M. – Köln 37829

Ton, H 26 cm

Frühe Zwischenperiode, ca. 100 v.–600 n. Chr.

Moche IV

Die Hirsche, vor allem die Taruca (Hippocamelus bisculus) sind häufig mit heraushängender Zunge abgebildet.

Ein anderes besonderes Merkmal ist die Verzierung des Ohres, die an ein Blatt erinnert. Die Jagd auf diese Tiere scheint eine große Bedeutung gehabt zu haben.

Die erhaltenen Abbildungen lassen erkennen, daß die Jäger mit festlicher Kleidung ausgestattet sind, was ebenfalls auf einen zeremoniellen Charakter der Jagd hinweist.

161. ZOOMORPHES GABELHALSGEFÄSS

M.R.A.H. – Brüssel AAM 30.40

Ton, H 20,5 cm, L 20,3 cm

Frühe Zwischenperiode, ca. 100 v.–600 n. Chr.

Moche IV

Auch der Fuchs ist Gegenstand zahlreicher Abbildungen. Wie der Hirsch war er vermutlich ebenfalls Beutetier ritueller Jagden, wie dies auf wenigen bemalten Gefäßen zu erkennen ist. Die vorliegende Tierfigur unterstreicht die Begabung der Moche-Töpfer, Naturbeobachtungen in künstlerische Qualität umzusetzen.

162. ZOOMORPHES GABELHALSGEFÄSS

M.R.A.H. – Brüssel AAM 75.2

Ton, H 18,4 cm, L 19,5 cm

Frühe Zwischenperiode, ca. 100 v.–600 n. Chr.

Moche I

Raubkatzen sowie Affen scheinen in der Moche-Kultur im
Tauschhandel aus dem amazonischen Tiefland importiert
worden zu sein. Mitunter werden sie als gezähmte Tiere
dargestellt, die einen Strick um den Hals tragen.

Die Bedeutung dieser Raubkatze kommt auch in den Kopfbedeckungen ranghoher Persönlichkeiten zum Ausdruck,
die mit Fellen von Raubkatzen verziert sind. Überdies darf nicht
übersehen werden, daß die Fangzähne auch allgemein
Symbole eines göttlichen Wesens sind.

163. GABELHALSGEFÄSS IN FORM
EINES MISCHWESENS

M.A.U.N. – Trujillo U 4382

Ton, H 19 cm

Frühe Zwischenperiode,

ca. 100 v.–600 n. Chr.

Moche IV (?)

Die Darstellung von Gottheiten als
Mischwesen, die zoomorphe und
phytomorphe Charakteristika vereinen,
ist in der Moche-Keramik
selten.

Die Gefäße, die eßbare Pflanzen
wie Erdnüsse, Wurzelknollen oder Mais
wiedergeben, sind Ausdruck einer
agrarisch strukturierten Gesellschaft.
Der Tierkopf dieses Beispiels ist keiner
eindeutigen Spezies zuzuordnen,
während der Körper an Knollenfrüchte
erinnert.

164. GABELHALSGEFÄSS
IN FORM EINES MISCHWESENS
L.M. – Stuttgart o. Nr.
Ton, H 28 cm
Frühe Zwischenperiode,
ca. 100 v.–600 n. Chr.
Moche IV
Auf die Rolle des Fuchses bei rituellen
Jagden wurde schon in Verbindung mit
Kat.-Nr. 161. hingewiesen.
Hier handelt es sich entweder um einen
anthropomorphisierten Fuchs oder einen
Menschen mit Fuchsmaske. Der turban-
artige Kopfputz mit aufgesteckter
Schmuckscheibe charakterisiert ihn als
Teilnehmer an rituellen Wettläufen.

165. GABELHALSGEFÄSS MIT
FIGURENSZENE
M.A. – Madrid 1441
Ton, H 15 cm, L 16,2 cm
Frühe Zwischenperiode, ca. 100 v. – 600
n. Chr.
Moche
Dieses Gefäß, dessen Gabelhals fehlt,
stellt ein Mischwesen mit den Merkmalen
einer Raubkatze, einer Echse und einer
Schlange dar. Die Pranken packen einen
menschlichen Kopf, dessen Augen
geschlossen sind.
Das drachenartige Tier verweist auf
Praktiken der Kopfjagd, die in der Moche-
Zeit übernatürlichen Wesen vorbehalten
waren.
Die Seitenwände des quaderförmigen
Gefäßkörpers tragen aufgemalte
Schlangen mit Felidenköpfen. Auch ihr
Körperdekor könnte als Fellzeichnung
einer Raubkatze interpretiert werden.

166. GABELHALSGEFÄSS IN FORM EINES MISCHWESENS

M.B. – Lambayeque MB 934

Ton, H 22,5 cm

Frühe Zwischenperiode, ca. 100 v.–600 n. Chr.

Moche IV

Auf dem Gefäßkörper erscheinen zwei miteinander
verschränkte Mischwesen. Eines ist ein Krabbendämon mit
menschlichen Beinen und einem Rückenpanzer mit anthropomorphem Antlitz, dem ein weiterer kleiner plastischer Kopf
aufgesetzt ist. Ihm gegenüber erhebt sich die Gestalt eines
übernatürlichen Wesens mit Fangzähnen und ausladendem
Kopfputz, die von den Scheren der Krabbe gepackt wird; eine
Darstellung, die an einen Götterkampf denken läßt.

167. FIGURENGRUPPE MIT TRICHTERFÖRMIGEM GEFÄSS
P.M.A.E. – Cambridge T 1367 16-62-30/F722
Ton, H 15 cm, L 18 cm
Frühe Zwischenperiode, ca. 100 v.–600 n. Chr.
Moche

168. FIGURENGRUPPE MIT TRICHTERFÖRMIGEM GEFÄSS
P.M.A.E. – Cambridge T 1367 16-62-30/F722
Ton, H 16 cm, L 18 cm
Frühe Zwischenperiode, ca. 100 v.–600 n. Chr.
Moche

Die beiden nahezu identischen Figurengruppen, die ein
göttliches Wesen einer Frau mit Kind im Rückentuch
gegenüberstellen, sind in ihrer plastischen Ausarbeitung
ungewöhnlich. Die Gefäßfunktion wird hier reduziert auf
einen trichterförmigen Annex am Rücken der Hauptfigur.
Das Mischwesen, mit Fangzähnen und Schlangengürtel
ausgestattet, packt mit der Linken die Frau an den Haaren
und tritt mit dem rechten Fuß gegen ihr Knie.
Eine Interpretation dieser Szene ist kaum möglich, obgleich
sicher jeder Geste eine Bedeutung zukommt, denn weitere
Darstellungen, die diese Gruppe in einem größeren Zusammenhang zeigen, sind nicht bekannt.

169. GABELHALSGEFÄSS MIT FIGURENSZENE

M.B.C.R. – Lima ACE. 2975

Ton, H 22,3 cm, L 29,5 cm

Frühe Zwischenperiode, ca. 100 v.–600 n. Chr.

Moche III–IV

Den Gefäßkörper bildet eine Komposition aus Fisch und
Binsenboot. Aus Binsenbündeln zusammengebundene Boote
(»caballitos de totora«) werden zum Fischfang an der Nordküste
Perus noch heute benutzt. Die dargestellte Szene ist in einen
mythischen Kontext zu stellen, worauf die Fangzähne der
zentralen Figur wie auch die Fischgestalt des Bootes selbst
hinweisen. An dem Bug ist eine Frau gefesselt, eine weitere
sitzt hinter dem Gott. Es scheint sich um eine Opferszene mit
maritimen Bezügen zu handeln.

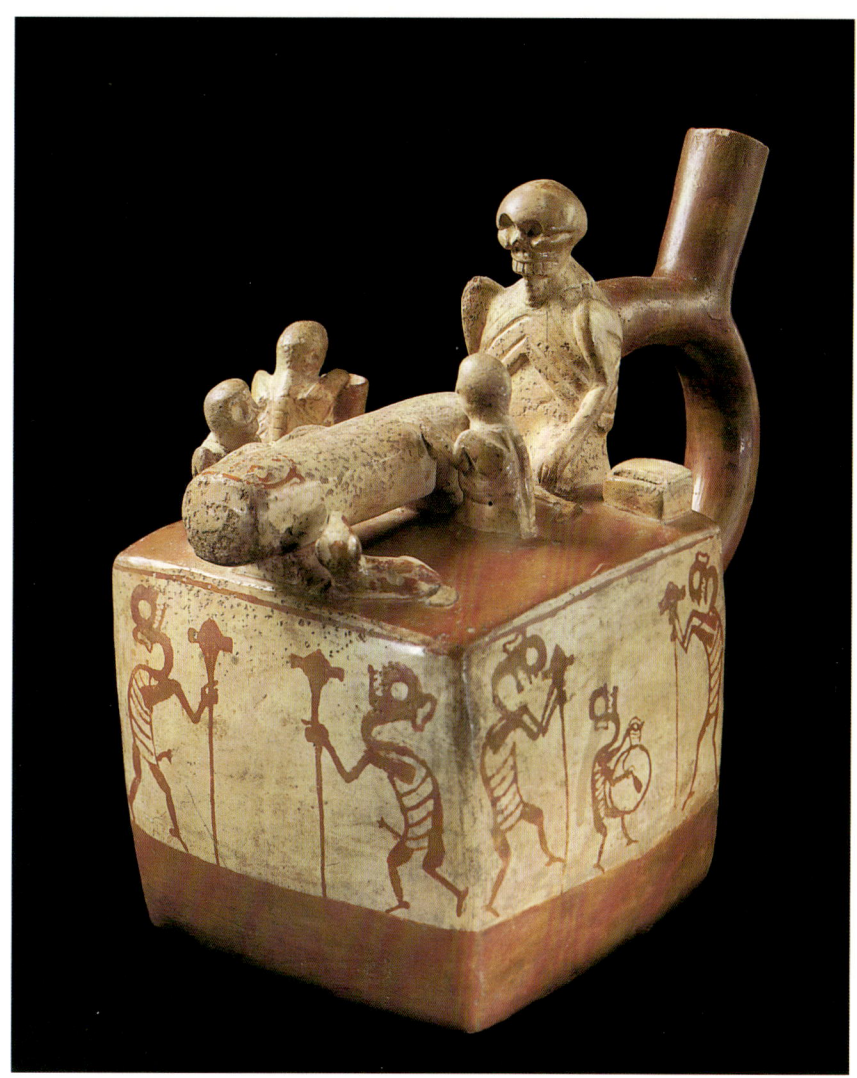

170. GABELHALSGEFÄSS MIT FIGURENSZENE

P.M.A.E. – Cambridge T 1364 16-62-30/F724

Ton, H 18 cm, L 23 cm

Frühe Zwischenperiode, ca. 100 v.–600 n. Chr.

Moche IV

Die Szene wird von einer großen Skelettfigur dominiert. Drei weitere Skelette und ein Hund gruppieren sich um einen zylindrischen Gegenstand, der mit einem Gesicht bemalt ist. Das ließe an einen Sarg oder ein Totenbündel denken, möglicherweise handelt es sich jedoch um eine große Trommel.

Den würfelförmigen Gefäßkörper umzieht ein Figuren-fries von Skeletten in der Art eines Totentanzes.

171. ANTHROPOMORPHES GEFÄSS

A.I. – Chicago 55.2680

Ton, H 21,6 cm

Frühe Zwischenperiode,

ca. 100 v.–600 n. Chr.

Moche III (?)

Unter den Gefäßen mit erotischen Darstellungen finden sich ithyphallische Figuren mit übertriebenen Geschlechtsteilen.

Diese Übertreibung kann durchaus mit Fruchtbarkeitsvorstellungen in Zusammenhang gebracht werden. Bei der thronenden Figur könnte es sich um ein Mitglied der Oberschicht handeln, möglicherweise einen Priester.

172. GABELHALSGEFÄSS MIT FIGURENSZENE

R.J.M. – Köln, Sammlung Ludwig 26

Ton, H 30 cm

Frühe Zwischenperiode,

ca. 100 v.–600 n. Chr.

Moche IV

Die Mehrzahl der Gefäße mit erotischen Szenen stammt von der peruanischen Nordküste; von der Zentralküste hingegen sind bisher kaum Beispiele bekannt. Das Gefäß zeigt eine Fellatio, bei der die Frau von ihrem männlichen Partner in einer Unterwürfigkeitsstellung gehalten wird. Zudem hat dieser Kleidung und Schmuck nicht abgelegt, als solle sein sozialer Rang erkennbar bleiben.

Die große Aufmerksamkeit, die erotischen Darstellungen geschenkt wurde, hat auch zu Meinungsdifferenzen bei der Interpretation geführt. Die vielfach geäußerte Meinung einer Verbindung mit Fruchtbarkeitsriten wird dadurch in Frage gestellt, daß es sich bei der Mehrzahl der dargestellten Szenen um Praktiken handelt, bei denen eine Befruchtung ausgeschlossen ist.

173. ANTHROPOMORPHES
GABELHALSGEFÄSS
A.I. – Chicago 1955.2311
Ton, H 23,1 cm, L 18,5 cm
Frühe Zwischenperiode,
ca. 100 v.–600 n. Chr.
Moche IV
Auf den ersten Blick scheint hier eine mit
untergeschlagenen Beinen sitzende
Person dargestellt zu sein, nach Moche-
Art gekleidet, das Haar durch einen
Mittelscheitel geteilt. Die Farbgebung
und die Form der Haartracht sowie die
hervortretenden runden Knie vermitteln
jedoch den Eindruck eines Penis mit
Hoden.

174. GABELHALSGEFÄSS MIT FIGURENSZENE

R.J.M. – Köln, Sammlung Ludwig 25

Ton, H 21 cm

Frühe Zwischenperiode, ca. 100 v.–600 n. Chr.

Moche IV

Die dargestellte Szene zeigt ein Paar beim Analverkehr.

Die zahlreichen sexuellen Darstellungen in der Moche-Keramik muten wie eine Zusammenstellung sexueller Praktiken an, die dazu gedient haben könnte, die unterschiedlichen Formen der Sexualität zu vermitteln, zumal auch Szenen des Liebesspiels wie das Liebkosen der weiblichen Brust oder des Penis zu finden sind.

Andere Darstellungen wiederum zeigen Personen beim Liebesakt, deren Körper von Geschwüren und Pusteln bedeckt sind. Dies könnte bedeuten, daß sie als Beispiele gedacht waren, nicht nur die Freuden, sondern auch die möglichen verhängnisvollen Folgen des sexuellen Verkehrs zu verdeutlichen.

175. a–c ZEREMONIALSTAB
M.R.A.H. – Brüssel AAM 39.8
Holz, H 117 cm
Frühe Zwischenperiode, ca. 100 v.–600 n. Chr.
Moche

Dieser ruderförmige Stab trägt zwischen dem Schaft und dem schaufelartig auslaufenden oberen Abschnitt eine voll-plastische, anthropomorphe Figur, die eine Gottheit des Moche-Pantheon wiedergibt. Das übernatürliche Wesen steht auf einem Sockel, es trägt ein ärmelloses Hemd und einen Lendenschurz. Im Gegensatz zu dieser einfachen Kleidung steht die reich gearbeitete Kopfbedeckung. An einer Kappe ist ein halbkreisförmiger Aufsatz angebracht, dessen Mitte ursprünglich noch ein Tierkopf zierte. Andere Beispiele der Moche-Ikonographie zeigen, daß es sich um eine Feliden-darstellung gehandelt haben könnte. Am Rücken hängt ein »tumi«- förmiges Objekt herab. Die halbkreisförmigen Augen, die Mundform und die gefletschten Zähne lassen die typischen Merkmale der Gottheit erkennen. In der Linken hält sie ein »tumi«, ein rituelles Messer, in der Rechten einen Trophäenkopf, ein Hinweis auf ihre Rolle als Vollzieher von Menschenopfern.

176. SPIEGEL

M.N.A.A. – Lima MN-11/370

(S.A. 16G 1E) MO-10228

Holz, Pyrit, Muschelschale

H 20 cm, B 10 cm

Frühe Zwischenperiode,

ca. 100 v.–600 n. Chr.

Moche

Der Kopf, der die Rückseite des Spiegels
bildet, ähnelt der Darstellung auf dem
Zermonialstab (Kat.-Nr. 175). Dieses Stück
ist jedoch größer und detailreicher ausgeführt.

Die Perlmutteinlagen lassen Augen und
Zähne stark hervortreten. Auch die Falten
betonen das Gesicht noch zusätzlich.

Die Kopfbedeckung ist hier vollständig
erhalten und scheint aus dem Balg eines
Feliden, möglicherweise eines Jaguars,
zu bestehen. Der Spiegel selbst dürfte
aus einer Platte aus Pyrit bestanden haben,
ein von Natur aus glänzendes und
spiegelndes Mineral.

178. SPATEL

M.f.Vo – Wien 147.698

Knochen, L 16 cm

Frühe Zwischenperiode,

ca. 100 v.–600 n. Chr.

Moche

Die Funktion dieses aus einem
Knochen geschnitzten Spatels
mit seinem figürlich gestalteten Griff
bleibt unklar.

Ein Vogel hackt mit seinem langen
Schnabel auf den Kopf eines Menschen
ein, vielleicht eines Toten, der seinerseits auf einem großen menschlichen
Kopf zu ruhen scheint.

Die Darstellung erinnert an ähnliche
Szenen in der Moche-Kunst, bei denen
Gefesselte von Raubvögeln attackiert
werden.

177. PERLE IN FORM EINES KOPFES

A.I. – Chicago 55.2524

Knochen, H 2,5 cm, L 2,5 cm

Frühe Zwischenperiode,

ca. 100 v.–600 n. Chr.

Moche

In der Moche-Kultur überwiegt die plastische Gestaltung in Ton, was möglicherweise auf die Vielseitigkeit des Materials
zurückzuführen ist. Härtere Materialien,
wie Holz und Bein, wurden in dieser
Weise nur selten bearbeitet.

Das hier abgebildete Objekt ist trotz seiner
geringen Ausmaße von ebenso großem
Realismus wie die sog. Portraitkopf-
Gefäße der Moche.

179. SPEERSCHLEUDER
R.v.V. – Leiden 37.88-3
Holz, Knochen, Schnur,
H 7,6 cm, L 50 cm
Frühe Zwischenzeit,
ca. 100 v.–600 n. Chr.
Moche
Als Griff dieser Speerschleuder dient
eine Knochenschnitzerei. Der obere
Teil ist figürlich ausgestaltet in Form
eines Feliden, der in seinen Vorderpfoten
den Kopf eines Tieres gepackt hält;
dabei scheint es sich um einen Hirsch
oder einen Kameliden zu handeln. Die
Bedeutung dieser Gruppe geht sicherlich
über die eigentliche Darstellung hinaus.

180. SPEERSCHLEUDER
G.E.M. – Göteborg 32.2.60
Holz, Knochen, Schnur,
H 8 cm, L 54,5 cm
Frühe Zwischenperiode,
ca. 100 v.–600 n. Chr.
Moche
Die Ausführung dieses Speerschleuder-
griffes entspricht weitgehend dem zuletzt
beschriebenen Stück. Hier hält der Felide
einen menschlichen Schädel in seinen
Pranken.
Felidenwesen in Verbindung mit Gefan-
genen in Opferszenen gehören zu den
Themen der Moche-Ikonographie.

181. a,b SPEERSCHLEUDER
G.E.M. – Göteborg 32.16.190
Holz, Knochen, Kupfer, Lapislazuli,
Schnur;
Frühe Zwischenperiode,
ca. 100 v.–600 n. Chr.
Moche (?)
Mit der Speerschleuder konnte in
Verlängerung des Armes eine stärkere
Hebelwirkung und damit eine größere
Reichweite des geschleuderten Speeres
erzielt werden als im direkten Wurf.
Diese Waffe wurde vor allem bei der
Jagd eingesetzt.
Bei diesem Stück ist der Griff in Form
eines Menschenkopfes ausgearbeitet und
mit Einlagen versehen.
Am anderen Ende der Schleuder ist ein
Kupferhaken als Widerlager für den
Speer eingelassen.

182. ANTHROPOMORPHE FLÖTE

M.B.C.R. – Lima A.HU.3141

Knochen, L 13,4 cm

Frühe Zwischenperiode,

ca. 100 v.–600 n. Chr.

Moche (?)

Die vorspanischen Musikinstrumente
der Anden beschränkten sich im wesentlichen auf die Trommel, die Panflöte und
die »quena«.

Dieses Instrument stellt eine besondere
Flötenart dar, deren Mundstück aus einer
einfachen, abgerundeten Kerbe besteht,
die von dem sie benutzenden Musiker
eine spezielle Mundbewegung verlangt,
um einen Ton hervorbringen zu können.
Nach Angaben von Musikwissenschaftlern
umfaßte die bei den Andenbewohnern
übliche Tonleiter nur fünf Töne,
eine Schlußfolgerung, die durch die
Analyse der Konstruktion diverser
Musikinstrumente unterstrichen wird.
Das Ziermotiv der vorliegenden Flöte
besteht aus einem Skelett.
Der Schädel ist realistischer modelliert als
der Körper, dessen Rippen einfach
graviert sind. Abbildungen von Toten sind
in der Moche-Ikonographie häufig.
So finden sich bestimmte Szenen,
die Totentänze zeigen, bei denen Skelette
auftreten, die auf verschiedenen Instrumenten spielen.

183. GRIFF EINER SPEERSCHLEUDER (?)

M.B.C.R. – Lima A.HU.3155

Knochen, H 7,5 cm

Frühe Zwischenperiode,

ca. 100 v.–600 n. Chr.

Moche

Dieses Objekt, vielleicht der Griff einer
Speerschleuder, ist mit zwei anthropo-
morphen Figuren geschmückt, die in
Form eines »Y« angeordnet sind.
Möglicherweise wurde die Stellung der
Figuren durch die Funktion des
Gegenstandes bestimmt. Die größere
Gestalt hält eine Handtrommel.

184. a,b KOPF UND PFOTEN EINES CANIDEN
D.A.M. – Helsinki 926
Kupfer, Kopf L 15 cm
Frühe Zwischenperiode, ca. 100 v.–600 n. Chr.
Moche

Diese Tierdarstellung ist unvollständig, es fehlt
der Körper, der möglicherweise aus Holz gefertigt
war und nicht mehr erhalten ist. Kopf und Pfoten
sind aus gehämmerten Kupferblechen zusammengesetzt.

Sie zeigen die einfachste Art der Bearbeitung, das
Hämmern. Um zu verhindern, daß das Metall bei
der Bearbeitung brüchig wurde, ist es wahrscheinlich während des Vorgangs erhitzt worden.

Die Augen sind durch Einlagen aus anderen Mate-
rialien betont. Die genaue Herkunft ist unbekannt.
Vielleicht stammt das Stück aus dem Lambayeque-
Tal, einem Zentrum der Metallverarbeitung der
Moche-Zeit.

Die Ursprünge amerikanischer Metallverarbeitung
werden in Peru vermutet.

Die bisher ältesten Metallfunde stammen aus
Waywaka, wo natürlich vorkommendes Gold
(aus Seifen) durch Erhitzen und Hämmern zu
einfachen Blechen verarbeitet wurde. Zwischen
diesen Funden, die auf ca. 1500 v. Chr. datiert
werden, und den Funden aus der Chavín-Kultur
besteht eine große zeitliche Fundlücke.

185. ANTHROPOMORPHER KOPF
M.B. – Lambayeque 7145
Kupfer, H 21 cm, B 22,2 cm
Frühe Zwischenperiode, ca. 100 v. – 600 n. Chr.
Moche
Herkunft aus Sipán

HALSKETTE
M.B. – Lambayeque S:TS/CS: 1
Perlmutt, spitze Ornamente H 7,8 cm, B 0,8 cm,
trapezförmige Ornamente H 8,5 cm, B 2,5 cm
Frühe Zwischenperiode, ca. 100 v. – 600 n. Chr.
Moche
Herkunft aus Sipán

Beide Objekte stammen aus Sipán. Dort wurde eine überreich ausgestattete Grabanlage der Moche-Elite entdeckt.

Aus dieser Anlage stammen Funde von großer Bedeutung, auf die aber bedauerlicherweise erst aufmerksam gemacht wurde, als »huaqueros« (Raubgräber) die ersten dieser bis dahin unbekannten Objekte auf dem Antiquitätenmarkt anboten.

Der Schmuck, der dem »Herrn von Sipán« beigegeben wurde, bestand aus verschiedenen Objekten aus Gold, Silber, vergoldetem Kupfer sowie Perlmutt und Kupfer. Die Maske und die Perlmutthalskette stellen nur einen ganz kleinen Teil der über 800 Objekte dar, die den Verstorbenen ins Grab begleiteten.

186. HALSKETTE

M.R.A.H. – Brüssel AAM 62.2

Gold, L 28,5 cm

Frühe Zwischenperiode, ca. 100 v.–600 n. Chr.

Moche

Diese Halskette besteht aus 53 goldenen Hohlperlen sowie einer zylindrischen Schließe. Die Perlen setzen sich jeweils aus zwei Halbkugeln zusammen, die verschweißt oder verlötet wurden.

187. EIN PAAR SCHMUCKSCHEIBEN

M.R.A.H. – Brüssel AAM 65.16 1/2 2/2

Gold, Ø 7,5 cm

Frühe Zwischenperiode, ca. 100 v. – 600 n. Chr.

Moche

Die beiden ausgehämmerten Scheiben sind mit einem
gepunzten Dekor versehen, der Kriegsszenen zeigt. Auf der
rechten Scheibe sind die siegreichen Krieger zu erkennen,
die vor sich die nackten besiegten Feinde abführen, ein Motiv,
das sich in der Keramik wiederfindet.

189. KANNE MIT RELIEFKÖPFEN
M.f.Vo. – Wien 144.134
Ton, H 22 cm, Ø 18 cm
Frühe Zwischenperiode, ca. 400 v.–300 n. Chr.
Recuay
Das Gefäß zeigt eine reich geschmückte anthropomorphe
Hauptfigur, die von zwei Feliden flankiert wird.
Die Köpfe sind jeweils plastisch aufgesetzt, während die
Körper in Flächendekor wiedergegeben sind, der bei der
anthropomorphen Figur zwei gegenübergestellte doppel-
köpfige Schlangenwesen aufweist. Aus dem Kopfputz ragt
eine Ausgußtülle.

188. GEFÄSS IN FORM EINES
ARCHITEKTURMODELLS
M.B.C.R. – Lima ACE. 897
Ton, H 19 cm
Frühe Zwischenperiode,
ca. 400 v.–300 n. Chr.
Recuay
Wie bei den Architekturmodellen
von Moche geben auch die der
Recuay-Kultur Hinweise auf die
damaligen Bauformen. Während
die Moche-Modelle sich meist
aus drei Wandflächen und einem
Satteldach zusammensetzen, sind
die Recuay-Gebäude häufig um
einen Innenhof gruppiert; dabei
ist eine eindeutige Unterscheidung zwischen sakralen und
profanen Bauten nicht möglich.

190. GEFÄSS IN FORM EINES BEINES
M.f.V. – Berlin VA 4751 (146) K 98
Ton, H 15,3 cm, L 21 cm
Frühe Zwischenperiode,
ca. 400 v.–300 n. Chr.
Recuay
Übereinstimmungen in der Wahl der
Themen und Motive sind in der
Moche- und Recuay-Keramik häufig
zu beobachten, wie bei Architektur-
modellen oder einzelner menschlicher
Gliedmaßen (Kat.-Nr. 137).
Auch das zoomorphe Hauptmotiv auf
dem Knie findet in der Moche-Ikono-
graphie eine Parallele.

191. GEFÄSS MIT FIGURENSZENE
R.J.M. – Köln, Sammlung Ludwig 5
Ton, H 21 cm
Frühe Zwischenperiode,
ca. 400 v.–300 n. Chr.
Recuay
Die erotischen Szenen der Keramik
von Recuay sind in der Darstellung
zurückhaltender als etwa bei den
Moche. So bleibt zumindest ein Teil
des Körpers unter einer Decke ver-
borgen. Bemerkenswert ist auch die
Anwesenheit weiterer Figuren, die
das Paar umgeben, möglicherweise
Kinder oder Frauen.

192. ZOOMORPHES GEFÄSS

M.N.A.A. – Lima 10/4.58

Ton, H 11 cm, L 21,3 cm

Frühe Zwischenperiode, ca. 400 v. – 300 n. Chr.

Pashash

Dieses Gefäß zeigt ein Mischwesen aus Schlange und Felide, ein mythisches Wesen, das auch in der Moche-Ikonographie wiederholt dargestellt worden ist (siehe Kat.-Nr. 165).

Der Körper wird von einer Schlange gebildet; Ohren, Gebiß und Raubtierzüge des Kopfes weisen auf ein Katzentier hin.

193. RINGFÖRMIGES GEFÄSS MIT
ZOOMORPHER APPLIKATION
M.A. – Madrid 8421
Larco Herrera – Sammlung
Ton, H 8,5 cm, L 14 cm
Frühe Zwischenperiode,
ca. 400 v. – 300 n. Chr.
Recuay
Das ringförmige Gefäß ist mit einer
flachen Brücke versehen, die den
Gußtrichter und die zoomorphe
Darstellung miteinander verbindet.
Die Oberfläche des Gefäßes weist
unter anderem stilisierte Tierköpfe
in Reservedekor auf.

194. GEFÄSS MIT STIELGRIFF
M.N.A.A. – Lima 10/1
Ton, H 5,7 cm, Ø 18 cm
Frühe Zwischenperiode,
ca. 400 v. – 300 n. Chr.
Pashash
Die zweifarbige Bemalung (schwarz
und rot) auf weißem Grund bedeckt
die Außen- und die Innenflächen des
Gefäßes. Um die Außenwandung zieht
sich ein Fries stilisierter Vogelfiguren.

195. ZOOMORPHES GEFÄSS

M.A.U.N.M.S.M. – Lima 23
Ton, H 11 cm, L 19,5 cm
Frühe Zwischenperiode,
ca. 300 v.–800 n. Chr.
Recuay (?)

Dieses Gefäß stammt aus dem von
Luis G. Lumbreras in Chavín entdeckten Grab Nr. 17. Die äußere Form ist
mit ihrer Raubtierschnauze und den
ineinandergreifenden Fangzähnen
noch von der Chavín-Kultur geprägt.
Die Fortsätze am Kopf erinnern an das
sog. Recuay-Tier (siehe Kat.-Nr. 190.)
und entfernt auch an Darstellungen
der Moche-Keramik (siehe Kat.-Nr. 144.).

196. SCHALE MIT RELIEFFIGUREN

M.N.A.A. – Lima 10/4G – 106,175
Stein, H 7,2 cm, Ø 11,2 cm
Frühe Zwischenperiode,
ca. 400 v.–300 n. Chr.
Pashash

Die Innenseite des Gefäßes weist
Bearbeitungsspuren auf, die beim
Aushöhlen des Gefäßes entstanden
sind. An der Außenwand sind alter-
nierend anthropomorphe Figuren und
Feliden im Relief herausgearbeitet.
Eine ähnliche Gruppierung von
Menschen und Katzenwesen findet
sich auf Steinreliefs aus der Gegend
von Huaráz.
Die Augen der aufrecht stehenden
Person sind mit Türkisen eingelegt,
die Armhaltung erinnert entfernt an
den Stabgott von Chavín.

197. ZOOMORPHES GEFÄSS

M.N.A.A. – Lima 10/4.55

Ton, H 14,5 cm, L 16,5 cm

Frühe Zwischenperiode, ca. 400 v.–300 n. Chr.

Pashash

Das Gefäß trägt den charakteristischen Kopf eines
Feliden, während der ringförmige Gefäßkörper eine
eingerollte Schlange wiedergibt, deren gesamte
Oberfläche mit geometrischen Motiven verziert ist.

198. ZOOMORPHES GEFÄSS

M.N.A.A. – Lima 10/4.51

Ton, H 13 cm, L 16 cm

Frühe Zwischenperiode, ca. 400 v.–300 n. Chr.

Pashash

Bei diesem Gefäß handelt es sich nicht um ein Mischwesen, sondern um die Darstellung eines Feliden in Seitenlage. Die Pfoten ragen plastisch hervor, und die Oberfläche ist mit geometrischen Mustern verziert.

199. ANTHROPOMORPHE FIGUR

M.A.R. – Huaráz MAA 58

Stein, H 95 cm

Frühe Zwischenperiode, ca. 400 v.–300 n. Chr.

Wilkawain (Huaráz)

Die Steinskulpturen des nördlichen Hochlandes setzen in gewisser Weise die Chavín-Tradition fort.

Das vorspanische Peru hat mit Ausnahme von Chavín und dem späteren Tiahuanaco (im südlichen Hochland gelegen) keine große Tradition auf dem Gebiet der Steinplastik entwickelt.

Die Zuordnung dieser Steinskulpturen zu einer Recuay-Kultur ist nicht gesichert, da trotz der relativ hohen Zahl von Beispielen keines aus archäologisch eindeutigem Fundzusammenhang stammt. Es scheinen zwei zeitgleiche Stilvarianten aufzutreten, die nach ihren Fundorten als Aija- und Huaráz-Stil bezeichnet werden.

200. ANTHROPOMORPHE FIGUR
M.A.R. – Huaráz MAA – Z(3)
Stein, H 89 cm
Frühe Zwischenperiode,
ca. 400 v. – 300 n. Chr.
Huaráz

201. ANTHROPOMORPHE FIGUR
M.A.R. – Huaráz MAA 46(12)
Stein, H 95 cm
Frühe Zwischenperiode,
ca. 400 v. – 300 n. Chr.
Huaráz

202. ANTHROPOMORPHE FIGUR

M.A.R. – Huaráz 19

Stein, H 85 cm

Frühe Zwischenperiode, ca. 400 v.–300 n. Chr.

Huaráz

Steinskulpturen sind in weiten Teilen des Callejón de Huaylas und in Aija auf dem Westabhang der Cordillera Negra zu finden.

Es werden drei lokale Stilvarianten unterschieden: Aija, Huaráz und Huántar. Der Aija- und Huaráz-Stil zeigen überwiegend Figuren, die als Frauen und Krieger bezeichnet werden können. Gemeinsam ist ihnen die ausgeprägte Betonung der Kopfpartie mit flächig ausgeführtem Gesicht. Bei diesen Sitzfiguren sind die Beine an den Leib gezogen und die Füße nach innen oder außen gerichtet.

203. ANTHROPOMORPHER ZAPFENKOPF

M.A.U.N. – Trujillo U 997

Stein, H 38 cm, L 43 cm

Frühe Zwischenperiode,

ca. 400 v.–300 n. Chr.

Nördliches Hochland

Unter den Zapfenköpfen können verschiedene Stilarten unterschieden werden. Diese Skulptur ist aus einer kubischen Grundform herausgearbeitet und zeigt ausgeglichene Proportionen. Die Ohrscheiben und die Art des Kopfputzes deuten auf die Darstellung eines Kriegers hin.

204. ANTHROPOMORPHER ZAPFENKOPF

M.A.R. – Huaráz MAA: 9 68

Stein, Ø 58 cm

Frühe Zwischenperiode,

ca. 400 v.–300 n. Chr.

Huaráz

Dieses Objekt zeigt einen stilisierten anthropomorphen Kopf, dessen Gesichtszüge auf einfache geometrische Formen reduziert sind, Kreise für die Augen und Ohren und für Mund und Nase jeweils ein Rechteck. Die Verzierung der Kopfbedeckung, die an Hände oder Pfoten erinnert, bildet dazu einen fast naturalistischen Gegensatz.

205. ANTHROPOMORPHER KOPF

A.M.N.H. – New York 41.2/5702

Stein

Huamachuco (?)

Herkunft Cajamarca

Trotz starker Beschädigungen läßt sich
diese Skulptur einer Gruppe nordperua-
nischer Zapfenköpfe aus der Region von
Huamachuco zuordnen (vergleiche Kat.-
Nr. 203).

Deutlich zu erkennen sind noch eine der
großen Ohrscheiben und Teile der
Kopfbedeckung.

206. ANTHROPOMORPHER ZAPFENKOPF

R.M. – Zürich
Stein, H 18 cm, L 57 cm
Frühe Zwischenperiode,
ca. 400 v.–300 n. Chr.
Pashash

Von allen gezeigten Zapfenköpfen
weist dieser durch das ovale Gesicht
sowie durch die ausgeformten Augen-
brauenbögen und Ohren sehr realistische Züge auf. Anthropomorphe wie
auch zoomorphe Köpfe schmückten die
Mauern von Bauwerken. Die Tradition
der Zapfenköpfe ist bereits für die
Chavín-Zeit belegt (siehe Kat.-Nr. 34)
und breitete sich später offensichtlich
bis in den Callejón de Huaylas und das
angrenzende nördliche Hochland aus.

207. ZOOMORPHER ZAPFENKOPF

M.A.R. – Huaráz MAA: 92
Stein, H 36 cm, L 69 cm
Frühe Zwischenperiode,
ca. 400 v.–300 n. Chr.
Kekamarca (Huaráz)

Bei diesem Stück handelt es sich um
den Kopf eines Feliden mit deutlich
hervorgehobenen Fangzähnen.
Die Betonung liegt auf der kubischen
Grundform, während die Details als
Flachrelief ausgeführt sind.

208. TÜRSTURZ (?) MIT RELIEF

M.A.R. – Huaráz MAA 22(5)

Stein, H 63 cm, L 156 cm

Frühe Zwischenperiode, ca. 400 v. – 300 n. Chr.

Huaráz

Dieser Sturzstein zeigt die Reliefdarstellung eines
anthropomorphen Wesens zwischen zwei männlichen
Feliden.

Die zentrale Figur ist mit Ausnahme des komplexen
Kopfschmucks nackt. In der Linken trägt sie
einen Trophäenkopf und in der Rechten eine Keule.

209. TÜRSTURZ (?) MIT RELIEF

M.A.R. – Huaráz MAA 17

Stein, H 37 cm, L 168 cm

Frühe Zwischenperiode, ca. 400 v. – 300 n. Chr.

Huaullac (Huaráz)

Die dargestellte Szene ähnelt der des vorangegangenen
Türsturzes, weist jedoch einige Besonderheiten auf.
Die Köpfe der Feliden sind weitaus plastischer als die
übrigen Partien aus dem Stein herausgearbeitet.
Ihre Geschlechtsmerkmale sind ebenso wie bei der
zentralen anthropomorphen Figur deutlich zu erkennen.
Die Zentralfigur hält in der Rechten einen Trophäenkopf,
in der Linken Schild und Keule. Aus dem Haupt
entspringen zwei schlangenförmige Annexe mit Köpfen,
die bis zu den Schultern herabhängen.

210. ANTHROPOMORPHE STATUE

M.A.R. – Huaráz MAA 276

Chachacoma-Holz, H 140 cm, B 24 cm

Frühe Zwischenperiode, ca. 400 v. – 300 n. Chr.

Recuay (?)

Mit anderen anthropomorphen Darstellungen aus Holz
verglichen, ist die Ausführung dieser Statue eher einfach.
Die anatomischen Details sind stark stilisiert.
Die Zuordnung zur Recuay-Kultur bleibt zweifelhaft,
der relativ gute Erhaltungszustand des Stückes könnte
eher auf eine Herkunft von der Küste hindeuten.

211. a, b SCHMUCKNADELN

M.N.A.A. – Lima 12/7.10 86,768

Kupfer, vergoldet, L 22 cm

Frühe Zwischenperiode, ca. 400 v. – 300 n. Chr.

Pashash

Herkunft aus der inneren Kammer des Tempels von
La Capilla, Pashash

Der Unterschied zu den folgenden Schmucknadeln besteht
in der gestreckten Form und dem tordierten Schaft.
Der Nadelkopf ist an seiner Außenseite mit einem Motiv
geschmückt, das sich auf den folgenden beiden Nadeln
wiederfindet und ein zoomorphes Wesen mit einem Kopfannex
zeigt, das häufig mit dem Mond in Verbindung
gebracht wird.
Auf der Oberseite des Nadelkopfes befindet sich die
Darstellung einer Eule, die an ihren großen kreisförmigen
Augen zu erkennen ist.

212. a–c EIN PAAR U-FÖRMIG
GEBOGENE SCHMUCKNADELN
M.N.A.A. – Lima 12/7.3 86,767(a)–
12/7.9(1278) 86,792
Kupfer, vergoldet, L 11,9 cm
Frühe Zwischenperiode,
ca. 400 v.–300 n. Chr.
Pashash
Herkunft aus der inneren Kammer
des Tempels von La Capilla, Pashash.
Die Oberseiten der Nadelköpfe zeigen
eine unterschiedliche Verzierung.
Der Linke weist im Zentrum einen
anthropomorphen Kopf auf, während
der Rechte einen Felidenkopf zeigt.
Die Außenseiten der Nadelköpfe sind
jeweils in drei Felder gegliedert, von
denen jedes wiederum die Darstellung
eines zoomorphen Wesens mit Kopfannex trägt, ein typisches Motiv der
Recuay-Ikonographie.

213. DREIFUSSGEFÄSS
M.f.Vo. – Wien 164.319
Ton, ⌀ 16,5 cm
Frühe Zwischenperiode,
ca. 400 – 800 n. Chr.
Cajamarca III
Eine der Besonderheiten der
Cajamarca-Keramik ist das Vor-
kommen von Dreifußgefäßen,
eine Form, die sich nur bei den
Töpfern von Cajamarca durch-
setzen konnte.

214. SCHALE
M.R.A.H. – Brüssel AAM 73.21
Ton, H 7,4 cm, ⌀ 21,2 cm
Frühe Zwischenperiode,
ca. 400 – 800 n. Chr.
Cajamarca III
An der Außenwand ist das Gefäß mit
einem an Pflanzenmotive erinnernden
Dekor verziert, der sich über die gesamte Fläche verzweigt. Die Innen-
wandung weist zwei Zackenbänder
auf, und ein stark stilisiertes Tier, das
von einem Ring geometrischer Motive
umgeben ist, ist auf dem Boden zu
erkennen.

215. DREIFUSSGEFÄSS

M.f.Vo. – Wien 164.327

Ton, H 10 cm, Ø 13 cm

Frühe Zwischenperiode,

ca. 400–800 n. Chr.

Cajamarca III

Bei der Herstellung der Cajamarca-Keramik wurde Kaolin (Porzellanerde) verwendet, wodurch die weiße Grundfarbe der Keramik vorgegeben war, die dann mit schwarzen und/oder orangen Motiven verziert wurde.

216. SCHALE

M.R.A.H. – Brüssel AAM 73.22

Ton, H 7,3 cm, Ø 21,3 cm

Frühe Zwischenperiode,

ca. 400–800 n. Chr.

Cajamarca III

Dieses Gefäß erinnert durch seine Form an das in Kat.-Nr. 224 beschriebene, doch unterscheidet es sich in seiner Verzierung. Die Außenwandung ist in geometrische Felder gegliedert, in die Schlangenlinien, Stufendreiecke und stilisierte Tierköpfe (?) eingesetzt sind.

217. ZOOMORPHES DOPPELGEFÄSS

L.M. – Stuttgart M 30151

Ton, H 14,3 cm

Frühe Zwischenperiode, ca. 1–500 n. Chr.

Nievería

Dieses Gefäß ist in Form eines Vogelpaares, vermutlich
Männchen und Weibchen, ausgeführt. Die beiden durch eine
Brücke verbundenen Gußröhren gehören zum Formeninventar
der Südküste (Nasca). Die runden Körper und die Zeichnung
des Gefieders deuten darauf hin, daß es sich um Rebhühner
handelt, Vögel, die in den Lomas der peruanischen Küstenregion heimisch sind, einem Biotop, dessen Vegetation von
jahreszeitlich bedingten Schwankungen der Luftfeuchtigkeit
(Nebel) abhängig ist.

218. GEFÄSS MIT ZOOMORPHER FIGURENGRUPPE

M.N.A.A. – Lima C. 54731 35068 (1737)

Ton, H 13,8 cm, ∅ 17,7 cm

Frühe Zwischenperiode, ca. 1–500 n. Chr.

Nievería

Durch seine geographische Lage war der Lima- oder Nievería-Stil dem Einfluß zweier anderer künstlerischer Traditionen der Frühen Zwischenperiode, Nasca und Moche, ausgesetzt.

Die plastische Darstellung des Raubvogels mit der Schlange zeigt große Ähnlichkeit mit dem Moche-Gefäß Kat.-Nr. 158, während die polychrome Farbgebung auf die Südküste und insbesondere die Nasca-Kultur verweist.

219. ZOOMORPHES GEFÄSS

M.is. – Pachacamac TVP – 10714 Sp. 91

Ton, L 24 cm

220. ZOOMORPHES GEFÄSS

M.is. – Pachacamac TVP – 10756 Sp. 57

Ton, H 8,5 cm, L 16 cm

221. ZOOMORPHES GEFÄSS
M.is. – Pachacamac TVP – 10716 Sp. 42
Ton, H 14,1 cm

222. ZOOMORPHES GEFÄSS
M.is. – Pachacamac TVP – 10714 Sp. 83
Ton, H 10 cm, L 12 cm
Späte Zwischenperiode,
ca. 1000 – 1100 n. Chr.
Lima (Epigonal)
Von den vier Gefäßen stellen zwei
oder drei Fische dar, Tiere, die in
enger Verbindung zur Hauptgottheit
von Pachacamac zu sehen sind.
Alle Gefäße stammen von Ausgrabungen
im Bereich des Alten Tempels.

223. KALKBEHÄLTER
S.M.f.V. – München 455
Holz, H 7,5 cm
Frühe Zwischenperiode,
ca. 400 v.–600 n. Chr.
Lima

Dieser kleine hölzerne Kalkbehälter
zeigt eine janusartige Doppelfigur.
Doppelfiguren sind in den vorspani-
schen Kulturen selten. Ein bekanntes
Beispiel ist das Idol von Pachacamac,
ein langer Stab, der ebenfalls zwei
Personen Rücken an Rücken aufweist.
Bei einem genauen Vergleich
der sich ergänzenden Figuren zeigen
sich geringfügige Unterschiede in
Waffen und Kopfbedeckung, eine Eigen-
tümlichkeit, die auch der Stab von
Pachacamac aufweist. Zwischen dem
Thema und der Funktion dieses
Behälters scheint es einen Bezug zu
geben. Viele Darstellungen zeigen
Krieger beim Koka-Kauen oder wie sie
den dazu benötigten Kalk aus einem
Behälter entnehmen. Der Genuß von
Koka war möglicherweise eine
Belohnung für siegreiche Krieger oder
diente dazu, sie vor dem Kampf
in einen rauschartigen Zustand zu
versetzen.

224. ANTHROPOMORPHE FIGURINE

M.B.C.R. – Lima ACE. 2892

Ton, H 13,5 cm, L 19,3 cm

Frühe Zwischenperiode, ca. 400 – 100 v. Chr.

Paracas (?)

Die sitzend dargestellte Figurine, deren Farbgebung
ursprünglich viel leuchtender gewesen sein muß,
trägt ein großes Tablett. Da die Farbe erst nach dem Brand
aufgetragen worden ist, konnte sie die Zeit nicht
unbeschadet überdauern.

225. UNTERARM

T.M. – Washington 91.204

Ton, L 25,6 cm, Ø 6 cm

Frühe Zwischenperiode,

ca. 300 – 100 v. Chr.

Paracas

Die Handfläche ist mit einem Motiv
versehen, das ein anthropomorphes
Wesen zeigt.

Die verwendeten Farben Schwarz und
Orange auf rötlich-braunem Grund
wurden erst nach dem Brand aufgetragen, wie es für die Paracas-Keramik
als charakteristisch angesehen wird.

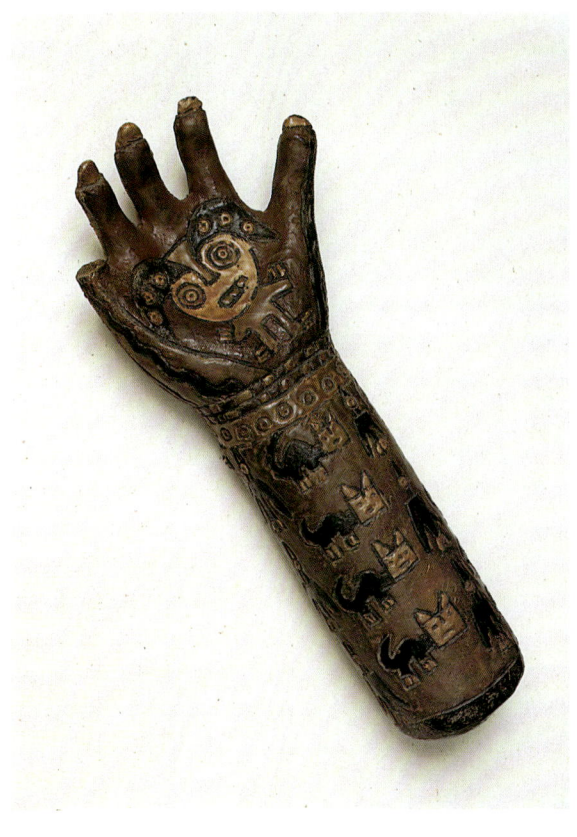

226. SCHALE

M.Ar.R. – Ica 179

Ton, H 4,3 cm, Ø 15,8 cm

Frühe Zwischenperiode,

ca. 400 – 100 v. Chr.

Paracas, Ocucaje 8

Die Bemalung dieser Schale ist in zwei
Zonen unterteilt. Der Rand ist mit geometrischen Motiven verziert, die drei
frontale Darstellungen von Felidenköpfen voneinander trennen, während
im Zentrum der Schale
die zugehörigen Körper in Seitenansicht dargestellt sind. Dieses Thema
ist wahrscheinlich als Folge des
religiösen Einflusses der Chavín-Kultur
anzusehen, der in dieser Region kurze
Zeit bestanden hat.

227. ANTHROPOMORPHES GEFÄSS

M.Ar.R. – Ica 4121 MR 2578

Ton, H 23 cm, Ø 17 cm

Frühe Zwischenzeit,

ca. 400 –100 v. Chr.

Paracas, Ocucaje 8

Vielfach trat an der Südküste die plastische Ausgestaltung figürlicher Keramik zugunsten der Polychromie zurück. Hier wird der Leib einer menschlichen Figur durch den kugeligen Gefäßkörper gebildet, auf dem der mit sparsamen plastischen Mitteln ausgestattete Kopf aufgesetzt ist. Auffallend sind die vierfingrigen Hände, die wie andere Einzelheiten dieser Figur in farbig ausgefüllter Linienritzung dargestellt sind.

228. GEFÄSS IN FORM EINES
TROPHÄENKOPFES
M.Ar.R. – Ica 000 420-ARD/108 INC
Ton, H 7 cm, L 10,3 cm
Frühe Zwischenperiode,
ca. 400–100 v. Chr.
Paracas
Dieses ungewöhnliche Gefäß ist die
verkleinerte Wiedergabe einer Kopf-
trophäe, worauf auch der Stirnfortsatz
hindeutet, bei dem es sich vermutlich
um eine Trageschnur handelt.

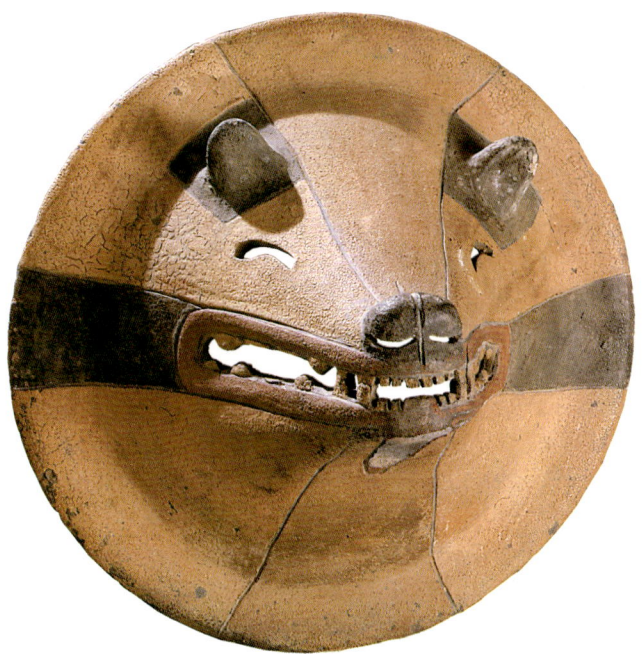

229. ZOOMORPHE MASKE
M.B.A.F.A.M. – Montreal 948.AD.32
Ton
Frühe Zwischenperiode,
ca. 400–100 v. Chr.
Paracas
Aus der Paracas-Kultur ist eine Anzahl
von Masken bekannt, die Tiere oder
andere Wesen darstellen. Bei diesem
mit plastischen Ohren und einer langen,
abgeplatteten Nase versehenen Stück
dürfte es sich um einen Fuchs handeln,
der sich auch in der Ikonographie der
Moche-Kultur an der Nordküste relativ
häufig findet.

230. ANTHROPOMORPHE FIGURINE
M.Ar.R. – Ica INC 000431/ARD 119
Ton, H 29 cm
Frühe Zwischenperiode,
ca. 400 – 100 v. Chr.
Paracas

Dieses Werk scheint dem zu widersprechen, was zuvor über die Kunst der plastischen Darstellungen an der Südküste gesagt wurde.

Einzelne Körperpartien, wie auch die Bekleidung, sind durch Ritzungen angedeutet und durch Farben, die ursprünglich sehr kräftig und leuchtend gewesen sein müssen, zusätzlich hervorgehoben.

Besonders zu erwähnen ist die seitlich unter das Stirnband geschobene »quena«, eine indianische Flöte. Diese Flöten dienten mitunter selbst als Träger anthropomorpher Darstellungen. Manchmal ist das Mundstück in Form eines Kopfes ausgeführt, der eine Gesichtsbemalung oder Tataurierung aufweist, die zum Körperschmuck gehörte. Dies ist auch durch Mumienfunde belegt, die vor allem auf den Armen Tataurierungen aufweisen.

231. GEFÄSS MIT RITZDEKOR
UND BEMALUNG
P.M.A.E. – Cambridge T 1363
N.969.46.30/8656
Ton, H 15 cm, Ø 17 cm
Frühe Zwischenperiode,
ca. 400–100 v. Chr.
Paracas
Herkunft aus Juan Pablo (Ica)
Dieses Gefäß mit zwei durch eine flache
Brücke verbundenen Gußröhren gehört
zum Formeninventar der Südküste und
wird bis in die Nasca-Keramik weiterver-
wendet. Häufig ist eine der Gußröhren
geschlossen und zu einem Vogelköpfchen
gestaltet.
Der Ritzdekor auf dem Gefäßkörper,
mit leuchtenden Farben ausgefüllt,
die nach dem Brand aufgetragen wurden,
stellt einen Felidenkopf dar.

232. GEFÄSS MIT RITZDEKOR UND
BEMALUNG
P.M.A.E. – Cambridge T 1359
N.58.5130/8170
Ton, H 16 cm, Ø 27 cm
Frühe Zwischenperiode,
ca. 400–100 v. Chr.
Paracas
Herkunft aus Juan Pablo I (Ica)
Bei diesem Gefäß treten Ritz- und Farb-
dekor gegenüber einer Reserveverzierung
in den Hintergrund. Ein Reservedekor ent-
steht durch Abdecken des gewünschten
Musters vor anschließendem Schmauchen.
Nach dem Schwärzen wird die Abdeck-
masse (Reserve) entfernt, und das Muster
erscheint hell auf dunklem Grund.

233. PONCHO

G.E.M. – Göteborg GEM 35.32.186

Wolle, Baumwolle, 72,5 x 71 cm

Frühe Zwischenperiode, ca. 400–100 v. Chr.

Paracas (Nekropolis)

Die Textilkunst von Paracas zählt zu den eindrucksvollsten
ganz Perus; obwohl sie eine der ältesten ist, wurde ihre
Qualität in späterer Zeit kaum noch erreicht.

Der Poncho weist ein Schachbrettmuster auf, und die Ränder
werden von vier Borten eingefaßt, deren Motive sich am Hals-
ausschnitt und in den Motivfeldern des Schachbrettmusters
wiederholen. Die Farbzusammenstellung dieser Motive
wechselt ständig. Erst nach 8, 12 oder 16 unterschiedlichen
Kompositionen wird die erste Zusammenstellung wiederholt.

234. ANTHROPOMORPHES GEFÄSS

D.A.M. – Helsinki 909

Ton, H 21 cm

Frühe Zwischenperiode, ca. 100 v.–100 n. Chr.

Nasca 1

Die Keramik der Nasca-Phase 1, die auch Proto-Nasca
genannt wird, trägt noch typische Merkmale von Paracas.
An der Südküste kommt es dabei zu einer wichtigen
Neuerung: Erstmals werden Engoben verwendet.
Diese werden mitgebrannt und sind daher beständiger als
die Farben auf früheren Beispielen.

235. ANTHROPOMORPHES GEFÄSS

N.Ar.R. – Ica INC 000419/ARD 107

Ton, H 23,5 cm, L 17,3 cm

Frühe Zwischenperiode,
ca. 100 v.–100 n. Chr.

Nasca 1

Unter den figürlichen Gefäßen der Nasca-
Keramik ist das Thema des Fischers relativ
häufig. Hier ist er an dem Fisch, den er in
den Händen hält, und dem Netz über der
Schulter zu erkennen.

236. ANTHROPOMORPHES GEFÄSS

U.N. – Manchester 0.9707155

Ton, H 20,5 cm, Ø 11 cm

Frühe Zwischenperiode,

ca. 100 v.–100 n. Chr.

Nasca 1

Die hier dargestellte Person ist mit
verschiedenen Attributen ausgestattet.
Die Schlange in ihren Händen stellt die
Figur in einen bestimmten religiösen
oder rituellen Kontext. Die Schlange
wird in den Andenkulturen häufig mit
der Unterwelt in Verbindung gebracht.
Der auffällige Kopfputz in Form einer
Raubkatze könnte ebenso wie Kinn
und Schnurrbart ein Rangabzeichen
wiedergeben.

237. DOPPELGEFÄSS

M.Ar.R. – Ica INC 000448/ARD 135

Ton, H 39 cm, L 71 cm

Frühe Zwischenperiode, ca. 100 v.–100 n. Chr.

Nasca 1

Dieses Gefäß, besonders auffällig durch seine Größe, stellt
zwei Personen dar. Um die Mündung des einen Gefäßes zieht
sich eine Reihe von Köpfen, möglicherweise Trophäenköpfe,
ein Thema, das sich in den späteren Nasca-Phasen häufig
wiederfindet.

238. TROMPETE

M.Ar.R. – Ica DA 1063

Ton, H 36 cm

Frühe Zwischenperiode, ca. 100–700 n. Chr.

Nasca 3

Die gerade Trompete ist ein für die Südküste Perus typisches Musikinstrument. Die polychrome Bemalung um die Mündung des Schalltrichters zeigt ein anthropomorphes mythisches Wesen, das eine Kopftrophäe in der Hand hält. Während des Frühen Horizonts traten in der Chavín-Kultur ähnliche Trompeten aus Metall auf.

239. POLYCHROMES GEFÄSS
M.A. – Madrid 8217
Ton, H 15,3 cm, Ø 12 cm
Frühe Zwischenperiode,
ca. 100 – 700 n. Chr.
Nasca 3

Das Gefäß weist einen bauchigen Körper
und eine stark abgesetzte, schalenförmig
erweiterte Mündung mit Stufenhaken-
Motiv auf. Auf der Gefäßschulter sind
zwei Wesen zu erkennen, deren Körper
von der Seite, deren Köpfe jedoch von
vorn dargestellt sind. Auffallend sind die
langen, heraushängenden Zungen und
die Kopftrophäen am Rücken.

235

240. a–d TROMMEL

M.B.C.R. – Lima ACE. 978

Ton, H 46 cm, Ø 28 cm

Frühe Zwischenperiode, ca. 100–700 n. Chr.

Nasca 6

Diese Form der Trommel mit drei Füßen ist im Gegensatz zu
der mit abgerundetem Boden eher selten.

Die polychrome Verzierung findet sich sowohl auf dem Körper als
auch auf den Füßen der Trommel. Der Körper weist ein
mythisches Wesen auf, das von weiteren Figuren begleitet wird.
Ein Felide reckt drohend seine Pranken mit herausgestreckten
Krallen. Auf der Unterseite der Standfüße sind drei gleichartige
Köpfe abgebildet, die sich nur durch ihre Farbgebung unterscheiden. Die äußeren Umrisse sind stark stilisiert, der Mund ist
offen, so daß die Zähne sichtbar sind, die Augen halb geöffnet
und die Ohren als Voluten wiedergegeben, an denen quasten-
förmiger Schmuck befestigt zu sein scheint.

Neben den Köpfen und auf der Wandung der Standfüße sind
schleifenartige Elemente abgebildet. Vermutlich handelt es sich
beiden dargestellten Häuptern um Trophäenköpfe.

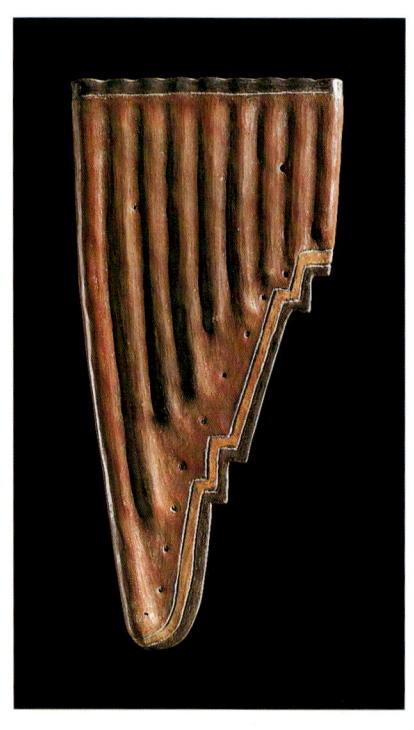

241. a–d VIER PANFLÖTEN
D.A.M. – Helsinki 922
Ton, H 25 cm
Frühe Zwischenperiode,
ca. 100–700 n. Chr.
Nasca
Jede der vier Panflöten setzt sich aus
neun Pfeifen zusammen.
Musikwissenschaftliche Untersuch-
ungen haben ergeben, daß es in der
Nasca-Kultur möglich war, eine Serie
von Instrumenten mit gleicher Ton-
folge herzustellen.
Die Verzierung der vier Panflöten
beschränkt sich auf einfache Muster
und Farbeffekte.

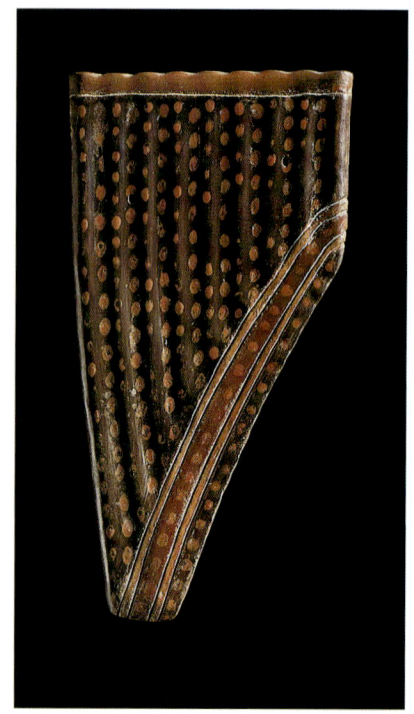

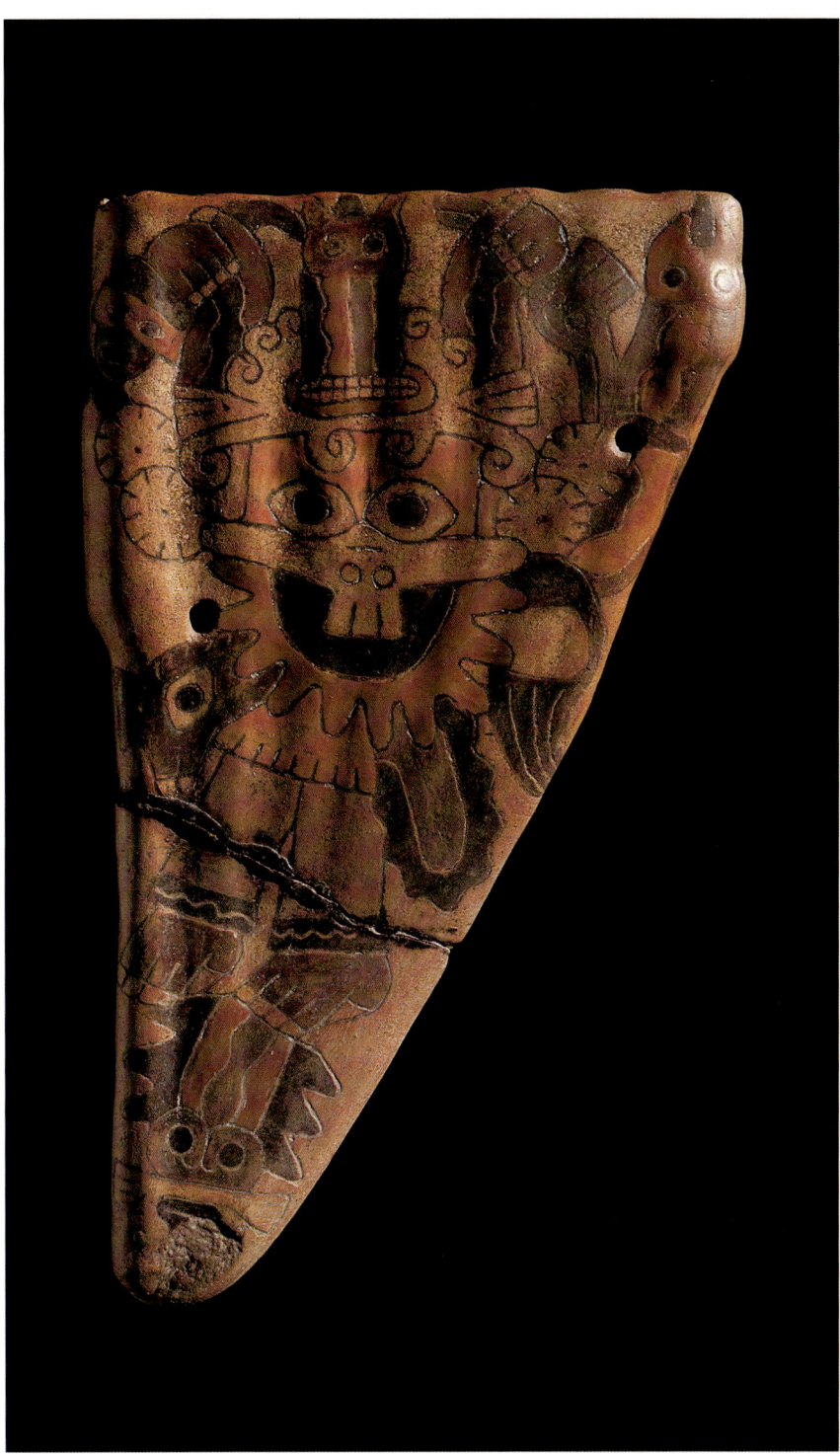

242. PANFLÖTE

D.A.M. – Helsinki 911

Ton, H 25 cm

Frühe Zwischenperiode,
ca. 100–700 n. Chr.

Nasca 3

Im Gegensatz zu den vorherigen
Panflöten besteht diese aus sieben
Pfeifen. Die zwei Durchbohrungen
dienten dazu, eine Schnur zur
Befestigung hindurchzuziehen.
In einer Verbindung von Ritzdekor
und polychromer Bemalung ist das
»Anthropomorphe mythische Wesen«,
das in der einen Hand einen
Tophäenkopf, in der anderen einen
Stirnschmuck hält, zu erkennen.

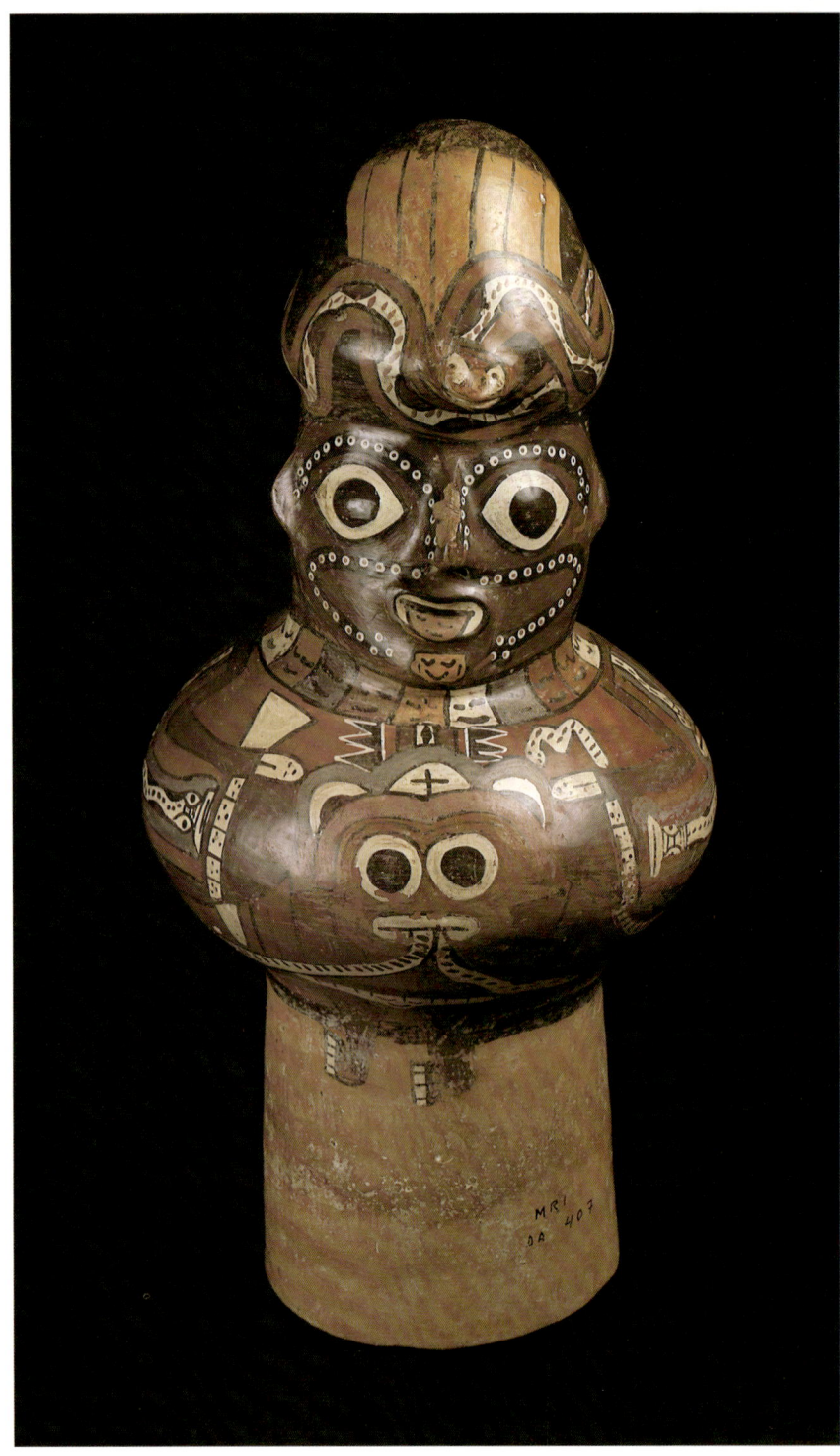

243. TROMMEL

M.A.R. – Ica DA 407

Ton, H 52 cm, Ø 26 cm

Frühe Zwischenperiode,

ca. 100 – 700 n. Chr.

Nasca 6/7

Plastische Ausformung und polychromer Dekor ergänzen einander in der Wiedergabe eines anthropomorphen Wesens. Im Gegensatz zur dreifüßigen Trommel, die auf den Boden gestellt werden konnte, mußte dieses Instrument mit abgerundetem Boden in einen lockeren Untergrund eingedrückt oder hingelegt werden.

244. ANTHROPOMORPHE FIGUR MIT SCHALE

M.Ar.R. – Ica DA 589

Ton, H 23 cm, Ø 17 cm

Frühe Zwischenperiode, ca. 100–700 n. Chr.

Nasca 6/7

Plastische Darstellungen dieser Art finden sich in der
Nasca-Keramik nur selten. Hier wird gezeigt, wie die
Trommel gehandhabt wurde. Mit einer Hand wurde sie
liegend gehalten, während die andere mit einem Schlegel
auf die gespannte Membran schlug. Einige Abbildungen
von Nasca-Musikern lassen erkennen, daß manchmal
auch zwei Instrumente gleichzeitig gespielt wurden, z.B.
Panflöte und Trommel oder Trompete und Trommel.

245. BECHER IN FORM EINES KOPFES
M.R.A.H. – Brüssel AAM 5052
Ton, H 22 cm, Ø 15,6 cm
Frühe Zwischenperiode,
ca. 100 –700 n. Chr.
Nasca 3
Häufig werden solche Kopfbecher
als Wiedergabe von Trophäenköpfen
bezeichnet, jedoch fehlen bei diesem
und den drei folgenden Gefäßen
spezielle Merkmale von Trophäenköpfen, wie etwa die durch Dornen
verschlossenen Lippen.

246. BECHER IN FORM EINES KOPFES
M.R.A.H. – Brüssel AAM 46.7.154
Ton, H 14,7 cm, Ø 12,7 cm
Frühe Zwischenperiode,
ca. 100 –700 n. Chr.
Nasca 3
Im Vergleich mit den »Moche-Portrait-
köpfen« sind die Nasca-Kopfbecher
weniger realistisch gestaltet. Individuelle
Züge beschränken sich hier im wesent-
lichen auf stark variierende Gesichts-
bemalung oder Tatauierung.

242

247. BECHER IN FORM EINES KOPFES
M.R.A.H. – Brüssel AAM 5040
Ton, H 9,5 cm, Ø 8,3 cm
Frühe Zwischenperiode,
ca. 100–700 n. Chr.
Nasca 3
Besonders wirkungsvoll erscheinen
hier die Augen auf dunklem Grund
(vergleiche auch Kat.-Nr. 251). Wie bei
den anderen Kopfbechern beschränkt
sich die plastische Ausgestaltung auch
hier auf die Nasenpartie.

248. BECHER IN FORM
EINES KOPFES
M.R.A.H. – Brüssel AAM 5053
Ton, H 16,1 cm, Ø 12,4 cm
Frühe Zwischenperiode,
ca. 100–700 n. Chr.
Nasca 3
Auch bei diesem Antlitz heben sich
die Augen wirkungsvoll von dunklem
Grund ab. Die kleinen dunklen Recht-
ecke unterhalb des Kopfputzes geben
Haarsträhnen wieder, während Kinn-
und Schnurrbart durch einfache Linien
angedeutet sind.

249. ANTHROPOMORPHES GEFÄSS

G.E.M. – Göteborg GEM 32.16.37

Ton, H 25 cm, ∅ 15 cm

Frühe Zwischenperiode,

ca. 100–700 n. Chr.

Nasca 3

Die Tatsache, daß diese Figur einen besonderen Stirnschmuck und eine Mundmaske aus Gold sowie mehrere Trophäenköpfe trägt, läßt die Vermutung zu, daß es sich um das »Anthropmorphe mythische Wesen« handelt. Diese bedeutende Gestalt der Nasca-Ikonographie dürfte der Paracas-Tradition entstammen.

250. ANTHROPOMORPHES GEFÄSS

S.M.f.V. – München X.929

Ton, H 35 cm

Frühe Zwischenperiode,

ca. 100–700 n. Chr.

Nasca

In der Nasca-Kultur bildeten die Krieger mit Schleudern vielleicht eine besondere Gruppe. Die Schleuder erscheint nicht nur in den Händen des Kriegers, sondern ist auch in Form eines Stirnbandes um den Kopf gewickelt. Aus Grabungen sind um die Stirn gelegte Schleudern ebenfalls bekannt.

251. ANTHROPOMORPHES GEFÄSS

P.M.A.E. – Cambridge

T 1357 09-3-30/75658

Ton, H 34 cm, Ø 21 cm

Frühe Zwischenperiode,

ca. 100–700 n. Chr.

Nasca

Hier wird ein anderer Krieger dargestellt, der drei Speere und eine Speerschleuder in den Händen hält. Vermutlich wurden diese Waffen auch wie bei den Moche bei der Jagd verwendet.

252. ANTHROPOMORPHES GEFÄSS

R.v.V. – Leiden 32.77-10

Ton, H 16,5 cm

Frühe Zwischenperiode,

ca. 100–700 n. Chr.

Nasca

Dieses Gefäß scheint eine alltägliche Handlung wiederzugeben. Es zeigt eine Frau, die ein Lama mit einem Strick um Ohren und Hals führt. Auf dem Rücken trägt sie ein Bündel Holz, das durch ein Stirnband gehalten wird. Die Gesichtsbemalung oder Tatauierung der Frau könnte als Hinweis auf eine nicht-profane Bedeutung dieser Szene verstanden werden.

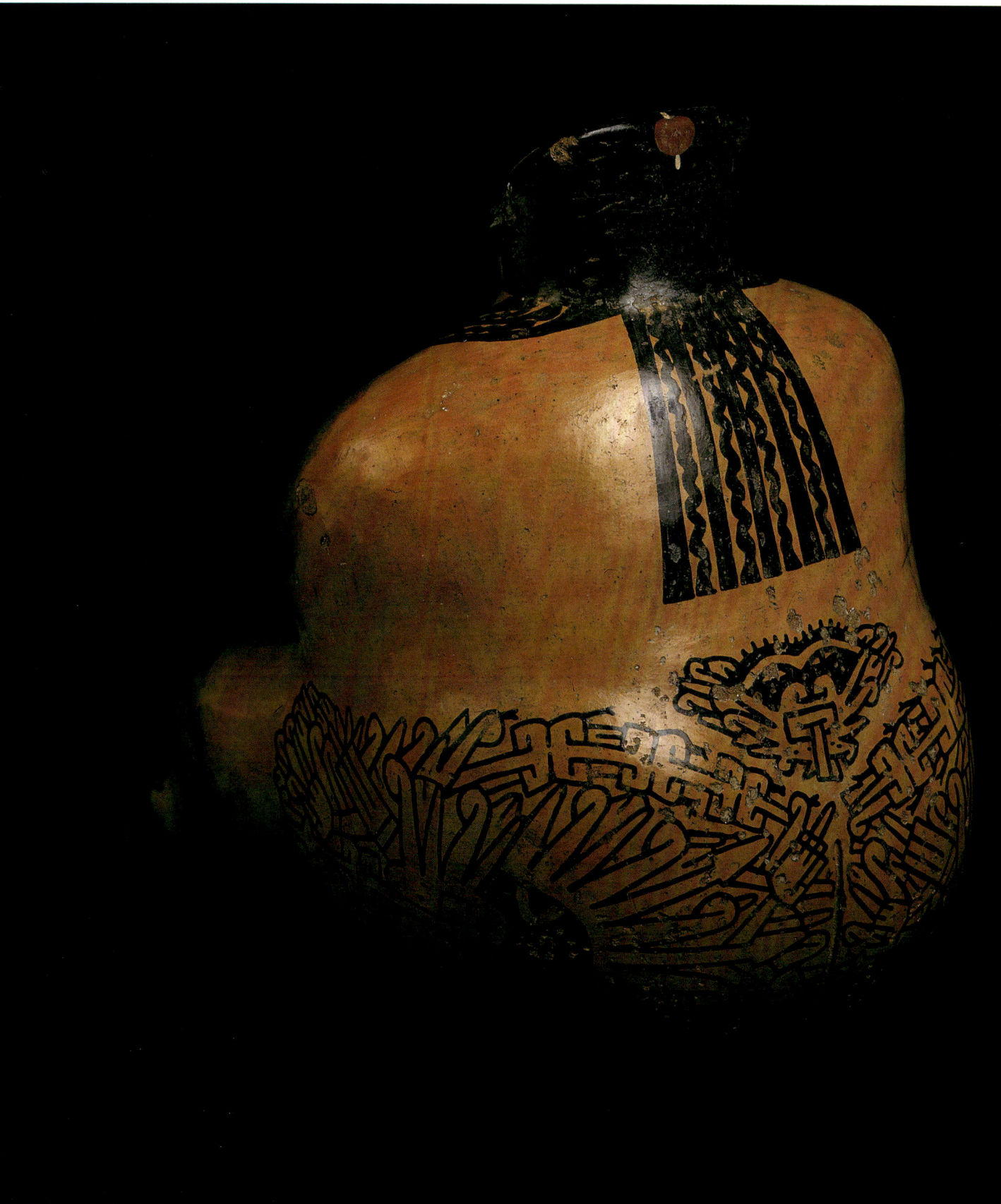

Abb. S. 246–247

253. ANTHROPOMORPHE FIGUR

M.Ar.R. – Ica DA 1051 (R/V)

Ton, H 25,5 cm

Frühe Zwischenperiode,

ca. 100–700 n. Chr.

Nasca 6/7

Diese Figur einer rundlichen Frau
ist im Gesäß- und Schambereich mit
Darstellungen eines mythischen
Wesens mit anthropomorphen
Gesichtszügen verziert, die von
strahlenartigen Fortsätzen umgeben
sind. Aus dem Mund des Wesens
ragt eine lange Zunge heraus.
Die Haare der Frau hängen in drei
Strähnen herab, zwei auf der Brust
und eine auf dem Rücken.

254. ANTHROPOMORPHE FIGUR

M.f.Vo. – Wien 148.104/1

Ton, H 16,5 cm

Frühe Zwischenperiode,

ca. 100–700 n. Chr.

Nasca

Die stehende weibliche Figur ist
mit einem groben Baumwollgewebe
bekleidet. Derartige Frauenfiguren
werden mit Fruchtbarkeitsriten in
Zusammenhang gebracht.

255. ZOOMORPHES GEFÄSS
M.N.A.A. – Lima C. 54262 3/6668
Ton, H 18,5 cm, L 34,5 cm
Frühe Zwischenperiode,
ca. 100–700 n. Chr.
Nasca 3

256. ZOOMORPHES GEFÄSS
M.Ar.R. – Ica DA 571
Ton, H 14,5 cm, L 25 cm
Frühe Zwischenperiode,
ca. 100–700 n. Chr.
Nasca 3
Beide Gefäße zeigen die Darstellung
des »Mythischen Mörderwals«.
Die Bedeutung dieser Gottheit nahm
immer mehr zu und übertraf schließ-
lich jene des »Anthropomorphen
mythischen Wesens«, was auf einen
Wandel innerhalb der religiösen
Vorstellungswelt schließen läßt.
Wie das »Anthropomorphe mythische
Wesen« wird auch der »Mythische
Mörderwal« in Verbindung mit
Trophäenköpfen dargestellt, die
entweder als fortlaufende Reihe seine
Seite schmücken oder die er in einer
ihm angefügten menschlichen Hand
gepackt hält.

257. POLYCHROME SCHALE

G.E.M. – Göteborg GEM 35.32.23

Ton, H 6 cm, Ø 20 cm

Frühe Zwischenperiode, ca. 100–700 n. Chr.

Nasca 3 (?)

Auf dieser Schale ist ein Fischschwarm dargestellt, offenbar die gleiche Spezies in wechselnder Farbgebung, was zur Lebendigkeit der Szene beiträgt.

Sie symbolisiert auch den Fischreichtum und die Vielfalt der Meeresfauna in den kalten Küstengewässern Perus.

258. ZOOMORPHES GEFÄSS

M.B.C.R. – Lima ACE. 034

Ton, H 21 cm, L 27 cm

Frühe Zwischenperiode,
ca. 100–700 n. Chr.

Nasca 3 (?)

Neben der Darstellung von menschen-
oder tiergestaltigen, übernatürlichen
Wesen in der Nasca-Keramik gibt es eine
beträchtliche Zahl realistischer
Wiedergaben, die eine Benennung
der Spezies erlauben. Hier scheint ein
Kondor dargestellt zu sein.

259. GEFÄSS IN FORM EINES MISCHWESENS

M.Ar.R. – Ica DA 588

Ton, H 7,8 cm, L 22,5 cm

Frühe Zwischenperiode, ca. 100–700 n. Chr.

Nasca 3

Das Gefäß stellt ein doppelköpfiges mythisches Schlangenwesen
dar, dessen Rücken und Flanken mit stilisierten Trophäenköpfen
besetzt sind.

260. ZOOMORPHES GEFÄSS

P.M.A.E. – Cambridge T 1360 46-77-30/5369

Ton, L 22 cm, B 16 cm

Frühe Zwischenperiode, ca. 100–700 n. Chr.

Nasca

Eine Identifizierung des hier dargestellten Tieres ist nicht mit Sicherheit möglich. Es könnte sich um einen Hund, ein Meerschweinchen oder ein Lama handeln, wobei letzteres aufgrund der Proportionen von Körper und Kopf eher auszuschließen ist. Meerschweinchen und Hund waren zur Nasca-Zeit seit langem bekannt und domestiziert. Beide können ein zweifarbiges oder geflecktes Fell haben, doch sprechen die langgezogene Schnauze und die dreieckigen Ohren für einen Hund. Darstellungen dieses Tieres finden sich auch unter den Geoglyphen der Pampa del Ingenio.

261. POLYCHROME SCHALE

P.M.A.E. – Cambridge

T 1366 09-3-30/75689

Ton, H 14 cm, Ø 22 cm

Frühe Zwischenperiode,

ca. 100 – 700 n. Chr.

Nasca

Herkunft aus dem Nasca-Tal

262. POLYCHROME SCHALE

P.M.A.E. – Cambridge

T 1353 09-3-30/75691

Ton, H 14 cm, Ø 23 cm

Frühe Zwischenperiode,

ca. 100 – 700 n. Chr.

Nasca

Herkunft aus dem Nasca-Tal

Das Auftreten von Gefäßpaaren in
Grabinventaren des präkolumbischen
Peru ist häufig zu beobachten.
Im Gegensatz zur Nasca-Produktion,
wo in der Regel nicht mehr als zwei
gleichartige Gefäße vorkommen,
haben die Moche-Töpfer mit Hilfe
von Modeln größere Serien hergestellt.

263. GEFÄSS IN FORM EINES MISCHWESENS

M.A. – Madrid 8224

Ton, H 15,5 cm, L 18,5 cm

Frühe Zwischenperiode,

ca. 100–700 n. Chr.

Nasca

Das bogenförmige Gefäß zeigt das doppelköpfige Schlangenwesen, vergleichbar mit Kat.-Nr.259. Allerdings treten in der
Gestaltung des mit einer Mundmaske versehenen Gesichts
die menschlichen Züge deutlicher hervor, während die
Trophäenköpfe auf Rücken und Flanken der Schlange noch
stärker stilisiert worden sind.

264. SCHALE MIT BEMALUNG

R.v.V. – Leiden 32.77-16 und 32.77-17

Ton, H 13 cm, Ø 36,5 cm

Frühe Zwischenperiode,

ca. 100–700 n. Chr.

Nasca 3

Wie die Gefäße Kat.-Nr. 261 und
Kat.-Nr. 262 gehört auch diese Schale
zu einem Paar.

Die Ausmaße sind bei solchen
Schalenpaaren vollkommen identisch,
obwohl die Gefäße nicht in Modeln
hergestellt worden sind.

265. POLYCHROMES GEFÄSS

M.Ar.R. – Ica DA 2265

Ton, H 33 cm, Ø 38 cm

Frühe Zwischenperiode,

ca. 100–700 n. Chr.

Nasca 3

Bemerkenswert ist bei diesem Gefäß
die Gestaltung der Schulter, auf der
ein Schlangenwesen dargestellt und
eine Ausgußröhre angebracht ist.
Die Gefäßmündung ist innen mit geo-
metrischem Dekor bemalt.

266. GEFÄSS MIT POLYCHROMER BEMALUNG

G.E.M. – Göteborg GEM 32.16.9

Ton, H 20 cm, Ø 18 cm

Frühe Zwischenperiode, ca. 100–700 n. Chr.

Nasca 3 (?)

Der Dekor dieses Gefäßes besteht zum einen aus ineinander verschlungenen schlangenähnlichen Tieren, die den gesamten Gefäßkörper bedecken und einfache Köpfe mit heraushängenden Zungen aufweisen; zum anderen aus den Darstellungen vierfüßiger Tiere mit gefletschten Zähnen und spitzen Ohren. Alle diese sich überkreuzenden Wesen scheinen in einen Kampf verwickelt zu sein, dessen Bedeutung nicht ersichtlich ist. Trotz ihrer besonderen Eigenart kann die Nasca-Ikonographie ihre Wurzeln im Frühen Horizont nicht verleugnen. Die zuvor beschriebenen Nasca-Gefäße veranschaulichen diese Abhängigkeit von einem frühen Weltbild: Die Schlange steht für eine untere Welt, der Felide für die Erde und der Kondor für eine obere Welt in einer Art von Dreifaltigkeit.

267. GEFÄSS IN FORM EINES KOPFES

M.R.A.H. – Brüssel AAM 44.8

Ton, H 11,7 cm, Ø 13 cm

Frühe Zwischenperiode, ca. 100–700 n. Chr.

Nasca

Das rundliche Gefäß ist durch sparsame plastische Mittel und reiche Bemalung als Felidenkopf gestaltet. Einen Hinweis auf den übernatürlichen Charakter des Katzenwesens gibt die aufgemalte Mundmaske. Es könnte sich um die »Gefleckte Katze«, eine wohl von der Pampakatze (Felis colocolo) inspirierte Gottheit, handeln.

268. TROMMEL

M.Ar.R. – Ica DA 1712

Ton, H 92 cm, Ø 72 cm

Frühe Zwischenperiode, ca. 100–700 n. Chr.

Nasca

Auf den ersten Blick scheint es sich bei diesem außergewöhnlich großen Behälter um eine Urne oder ein Vorratsgefäß zu handeln. Es war jedoch möglich, durch die Überreste eines Bandes, das zur Befestigung der Membran diente, das Objekt als Trommel zu identifizieren. Im Gegensatz zu den bereits beschriebenen Exemplaren (Kat.-Nr. 240 und Kat.-Nr. 243), die komplexeren Dekor aufwiesen, ist diese Trommel nur durch vertikale Farbbänder gekennzeichnet.

269. a,b POLYCHROMES GEFÄSS MIT RITZDEKOR

M.f.V. – Berlin VA 16427 K100

Ton, H 13,5 cm, Ø 9,5 cm

Frühe Zwischenperiode, ca. 100–700 n. Chr.

Nasca (?)

Auffällig ist die eigenartige Form des Gefäßes:
der muschelförmige Körper weist auf beiden Seiten jeweils
eine eingeritzte Spirallinie auf. Der aufgesetzte, becherförmige
Hals ist mit einem umlaufenden Band einfacher, geometrischer
Elemente bemalt.

270. ZYLINDRISCHES GEFÄSS
M.N.A.A. – Lima 8782 30/772
Stein, H 25,5 cm, Ø 8,4 cm
Frühe Zwischenperiode,
ca. 100–700 n. Chr.
Nasca
Steingefäße sind in der Nasca-Kultur
selten. Der Ritzdekor stellt eine weitere
Besonderheit dar. Die Wiedergabe des
»Anthropomorphen mythischen Wesens«
ist mit ähnlichen Abbildungen auf
Keramiken vergleichbar.
Die herausgestreckte Zunge des Wesens
endet in einem Kopf, aus dem ebenfalls
eine Zunge herausragt.

271. ANTHROPOMORPHER KOPF

M.Ar.R. – Ica MRI – DB – 01

Holz, H 50 cm, B 28 cm

Frühe Zwischenperiode,

ca. 100–700 n. Chr.

Nasca

Das Gesicht ist aus einer rechteckigen
Grundform herausgearbeitet, und
die Gesichtszüge beschränken sich auf
einige wesentliche Merkmale.

Von der Ica-Chincha-Kultur, die nach
einer Unterbrechung durch Huari auf die
Nasca-Kultur folgte, sind zahlreiche
Arbeiten aus Holz erhalten. Die Nasca-
Kultur hingegen war ganz von der
polychromen Malerei bestimmt und
brachte nur wenige Holzbildwerke
hervor.

272. HOHE KOPFBEDECKUNG
M.R.A.H. – Brüssel AAM 46.7.239
Wolle, Baumwolle, Pflanzenfasern,
Federn, H 49,5 cm, Ø 24 cm
Frühe Zwischenperiode,
ca. 100 – 600 n. Chr.
Nasca
Derartige zylindrische Kopfbedeckungen
sind selten. Diese besteht aus einem
mit Stoffbändern verstärkten Geflecht.
Den unteren Abschluß bilden
zwei seitlich befestigte Federbüschel.

273. DOPPELKONISCHE SCHALE

P.M.A.E. – Cambridge T 1361 39-101/2352

Ton, H 14 cm

Frühe Zwischenperiode, ca. 200 v.– 200 n. Chr.

Pukara

Die von Ritzungen eingefaßte polychrome Verzierung des
Gefäßes erinnert, ebenso wie der halbplastische Raubkatzenkopf unterhalb des Gefäßrandes, noch an den Chavín-Einfluß
in diesem Teil Perus. Die Pukara-Kultur ist jenes Bindeglied,
das die Übertragung von Motiven aus dem Frühen Horizont
auf die Werke der Tiahuanaco-Kultur erklärt.

274. KANNE MIT RELIEFDEKOR

P.M.A.E. – Cambridge T 1365 39-101/2347

Ton, H 18 cm

Frühe Zwischenperiode, ca. 200 v.– 200 n. Chr.

Pukara

Die Oberfläche dieses Gefäßes ist in ähnlicher Weise wie bei Kat.-Nr. 273 verziert. Die hier wiedergegebene katzenköpfige Gestalt erinnert an den Stabgott von Chavín, ein weiterer Hinweis auf die Mittlerrolle von Pukara zwischen dem Frühen und Mittleren Horizont.

275. a,b ANTHROPOMORPHE FIGUR
S.M.f.V. – München 14.6.2
Stein, H 19,5 cm
Frühe Zwischenperiode,
ca. 200 v.– 200 n. Chr.
Pukara
Pukara war ein altes Kulturzentrum im
Norden des Titicaca-Beckens.
Die Pukara-Kultur scheint in ihrer Wirt-
schaftsweise die Nutzung diverser
Höhenstufen mit unterschiedlichen
ökologischen Bedingungen mit einbe-
zogen zu haben, um so den Zugang zu
verschiedenen Ressourcen zu sichern.
Die Steinskulpturen von Pukara umfas-
sen alle Größen, von kleinen Figuren,
wie der vorliegenden, bis hin zu monu-
mentalen Statuen oder Stelen.
Auf dem Rücken dieser anthropomorphen
Darstellung ist ein Frosch oder eine Kröte
erkennbar, ein für den Titicaca-See
typisches Tier, das mit dem Regenkult in
Verbindung steht.
Noch heute werden von der lokalen
Bevölkerung Kröten in Gefangenschaft
gehalten, die mit ihrem Quaken die
Götter dazu bewegen sollen, den Regen
zu schicken, um die Klage der Tiere zu
beenden.

276. a–c ANTHROPOMORPHE FIGUR

B.H.M. – Bern Pe 145

Stein, H 16 cm

Frühe Zwischenperiode,

ca. 200 v.–200 n. Chr.

Pukara

Nur der dem blockartig geschlossenen Körper aufsitzende
Kopf ist plastisch stärker durchgebildet. Augen und Ohren
weisen Vertiefungen auf, die möglicherweise Inkrustationen
enthielten. Von Ohren und Scheitel winden sich über Schulter
und Rücken vier Schlangen herab. Wie bei Figur Kat.-Nr. 275
ist auf dem Rücken ein Frosch oder eine Kröte dargestellt. Um
die Basis zieht sich ein Ritzdekor mit zoomorphen Motiven.

277. a,b STELE

M.A.U.N.S.A.A.C. – Cusco 42-1386

Stein, H 120 cm, L 52 cm

Frühe Zwischenperiode,

ca. 200 v.– 200 n. Chr.

Pukara

Diese Stele ist auf zwei Seiten mit
Flachrelief versehen. Eine der beiden
zoomorphen Darstellungen ist von
einem reliefierten Rahmen eingefaßt.
Die abgebildete Spezies läßt sich in
beiden Fällen nicht sicher identifizieren,
doch deutet einiges bei der rahmen-
losen Relieffigur auf einen bestimmten
Süßwasserfisch des Altiplano (»suche«)
hin, wobei hervorzuheben ist, daß hier
nur ein Skelett abgebildet worden ist.
Das andere Motiv stellt offensichtlich
ein vierfüßiges Landtier mit eingeroll-
tem Schwanz dar.

DER MITTLERE HORIZONT

Ab 600 n. Chr. wird das politische und wirtschaftliche Leben in den meisten der unabhängigen Königreiche kräftig durcheinandergeschüttelt. Moche, Cajamarca, Recuay, Lima, Paracas und Nasca müssen die Konsequenzen der expansionistischen Politik von Huari tragen, einem Stadtstaat nahe der heutigen Stadt Ayacucho.

Es entstand zum ersten Mal ein peruanisches Reich, das für alle Gebiete geltende, einheitliche Lebensweisen und einheitliche künstlerische Regeln diktierte. Diese Ausdehnung scheint das Ergebnis eines politischen Systems gewesen zu sein, das von einer starken Kriegerklasse getragen wurde. Ganze Städte hat man verlassen und neue errichtet. Zudem veränderte der Städtebau sein Aussehen: Die Städte schlossen sich hinter Mauern ein, sie wuchsen in quadratischen Vierteln, was sich wiederum auf die kommenden Zivilisationen auswirkte.

Zu Beginn der Huari-Kunst findet man noch die Charakteristiken der Nasca-Kunst; die Polychromie und Ikonographie der Kultur der Frühen Zwischenperiode gelangen zur Stadt Huari, die ihrerseits ihre künstlerischen Visionen auf die Kultur der Küste überträgt. Eine zweite geistige Strömung verdrängte die Nasca-Kultur, nun bedecken der Stabgott und Flügelwesen aus Tiahuanaco die Gefäße.

Der für die Keramik aus Tiahuanaco so typische eckige Stil wird nicht nur von den Huari-Töpfern imitiert, sondern auch in den vom neuen Reich unterworfenen Gebieten. Manchmal entsteht daraus eine Mischkultur, wie der Moche-Huari-Stil, wo die Moche-Kultur die Form und Ikonographie der Gefäße und die Huari-Kultur die von den Nasca überlieferte Polychromie beisteuert. Eigenartigerweise sind solche Arbeiten nicht sehr zahlreich, sie finden sich hauptsächlich in Piura im äußersten Norden Perus, wo sich der Moche-Vicús-Stil entwickelt hatte.

Auch die Textilkunst unterliegt tiefgreifenden Änderungen. Die Gewebe sind mit typischen Motiven aus Huari und Tiahuanaco geschmückt, die ebenso eckig-geometrisch bis abstrakt wie die Verzierungen der Tongefäße sind. Eine Entdeckung veränderte dieses Gewerbe grundlegend: die Cochenillefarbe. Kürzlich durchgeführte Analysen der zum Färben von pflanzlichen und tierischen Fasern verwendeten Farbstoffe haben ergeben, daß die Farbe Rot, die bisher aus einer Muschel

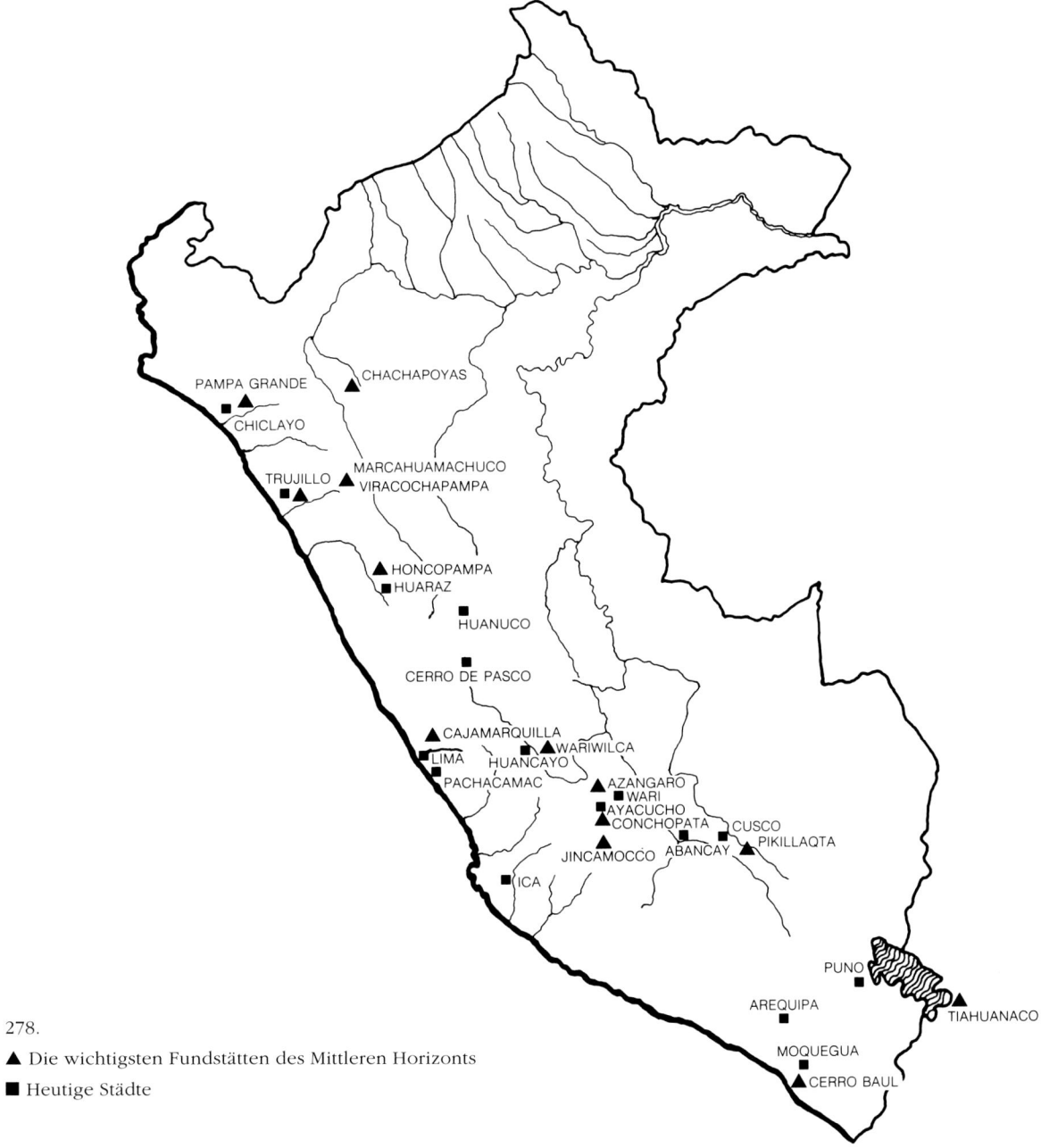

278.

▲ Die wichtigsten Fundstätten des Mittleren Horizonts

■ Heutige Städte

gewonnen wurde, mit der Ankunft der Huari durch einen roten Farbstoff ersetzt wurde, der von der Cochenillelaus gewonnen wird, einem auf der Opuntie lebenden parasitären Insekt.

Gegen 1000 n. Chr. scheint das Reich von Huari plötzlich zu zerfallen. Die Hauptstadt Huari wird von ihren Bewohnern verlassen. Heute noch fragt man sich, welche Gründe es für diesen plötzlichen Zusammenbruch gegeben haben mag.

Vielleicht hatte sich das Los der politischen Machthaber gewendet und damit deren Sturz bewirkt.

Vielleicht aber traf eine Bevölkerungszunahme mit einer Reihe von Mißernten aufeinander, so daß eine Hungersnot die Bevölkerung zwang, in fruchtbarere Gebiete auszuwandern, wie zum Beispiel zur Ostseite der Anden. Gerade hier findet man zu dieser Zeit Zuwanderungen von Völkern aus der Sierra. Man darf auch keineswegs die Auswirkungen ungünstiger Klimaänderungen oder anderer Naturereignisse außer acht lassen. Wahrscheinlich war ein Zusammenspiel aller dieser möglichen Gründe das auslösende Moment für das Verlassen der Stadt.

S. Purin

DAS HUARI-REICH

URSPRUNG

In der Huarpa-Phase (200 v. Chr. bis 500 n. Chr.) kam es im Gebiet von Ayacucho zu Veränderungen, die eine vermehrte und bessere Nutzung der vorhandenen Ressourcen mit sich brachten; so waren zum Beispiel die Anbauflächen damals viel größer als heute. Diese Veränderungen und verschiedene andere Aktivitäten führten zur Entstehung des ersten andinen Reiches etwa im 6. Jahrhundert unserer Zeit. Die Periode ist auch unter dem Namen »Mittlerer Horizont« bekannt. Die oben angeführten Aktivitäten betrafen den Tauschhandel mit den Bewohnern der Küstengegend von Nasca, wo man sich vor allem eine Reihe von Rohstoffen beschaffte, die zur mehrfarbigen Bemalung der Keramik aus der Gegend von Ayacucho verwendet wurden, oder auch den Tauschhandel mit dem Altiplano von Tiahuanaco, der ideologische Elemente mit sich brachte, die auf den ritualen Gegenständen wiederzufinden sind.

Nach den verschiedenen Stilen in der Keramik und an deren Elementen wird die Huari-Kultur in drei verschiedene Epochen unterteilt:
Frühes Huari: Epochen 1A – 1B
Mittleres Huari: Epochen 2A – 2B
Spätes Huari: Epochen 3 – 4

Jede dieser Phasen repräsentiert unterschiedliche Keramik-Stile, was für die Huari-Kultur typisch ist; das heißt, daß das gleichzeitige Bestehen unterschiedlicher künstlerischer Stilrichtungen mit zwei Traditionen zusammenhängt, nämlich einer lokalen und einer offiziellen, reichsbezogenen Tradition. Die sozialen Unterschiede kommen in den verschiedenen architektonischen Stilen, in den Bestattungsformen und in der Keramikproduktion deutlich zum Ausdruck.

Das Tal von Ayacucho hat ein relativ trockenes Klima, mit einer Niederschlagsmenge zwischen 500 und 1000 mm pro Jahr; von August bis November herrscht gemäßigtes Klima; die Regenzeit beginnt im November und dauert bis April. Die durchschnittlichen Jahrestemperaturen schwanken zwischen 12 und 18 Grad Celsius.

Oberhalb des Tales in einer Höhe von 3500 bis 4000 m liegt die Puna, die mit Weiden bedeckt ist und sich für die Haltung von Lamas und Alpakas und für den Anbau von Pflanzen eignet (Kartoffel, Olluco, Mashua, Oca). In dieser Zone ist die Landwirtschaft nur beschränkt möglich, da die Humusdecke sehr dünn ist; außerdem reicht das von der benachbarten Stadt Huari kommende Wasser nur für die Bewässerung einiger Hektar in Nähe der Stadt und ermöglicht – wie auch heute – nur einen Ackerbau ohne künstliche Bewässerung.

Im Tal von Huanta herrschen im unteren Teil des Beckens auf Grund des geringen Gefälles sowie der Wasservorräte bessere Bedingungen für einen Ackerbau mittels Bewässerung. Die Entwicklung und das Wachstum dieser Region ermöglichte den Bewohnern, neue Gebiete zu erforschen, was für die Beschaffung neuer Ressourcen diente.

Parallel dazu führte ein großer Bevölkerungsüberschuß im Gebiet von Ayacucho zu einer verstärkten Suche nach neuen Siedlungsgebieten. Dies bewirkte eine Expansion der Huari-Gesellschaft in den Zentral-Anden, vor allem durch kriegerische Eroberungen. Dieser Prozeß spielte sich aller Voraussicht nach zwischen dem 6. und 9. Jahrhundert ab, wo sich im Großraum der Anden eine Lebensweise entwickelte, die gleiche Merkmale aufwies.

Veränderungen zeigen sich in Kunst, Religion und Architektur und vor allem im Handwerk, das einen sichtlichen Fortschritt zu verzeichnen hatte. Dies führte zur Entstehung einer Wirtschaft mit einer verstärkten städtischen Produktion und bedeutenden Überschüssen, die für den Austausch benötigt wurden.

Die Hauptstadt dieses Reiches war die Stadt Huari (in 25 km Entfernung von der heutigen Stadt Ayacucho und in 2800 m Höhe) (Abb. 279), die seit ungefähr 200 v. Chr. bewohnt war. Diese Zeit ist bekannt unter den Bezeichnungen »Regionale Kulturen« oder »Frühe Zwischenperiode«; jedoch die Stadt erlangte ihre größte Bedeutung – sowie auch ihre größte Ausdehnung und ihren Höhepunkt – ungefähr 500 bis 800 n. Chr. Damals nahm sie eine Fläche von ungefähr 1000 bis 1500 ha ein und hatte eine Einwohnerzahl von ungefähr 35 000 – 70 000 (Isbell 1984: 100).

Eine Expansion dieser Größenordnung läßt sich nicht durch eine Organisation erklären, die nur Kontakte zwischen den Stämmen pflegte; die Planung der Orte, die als Folge der Expansion auftrat, sowie ihre spezifischen Merkmale sind trotz

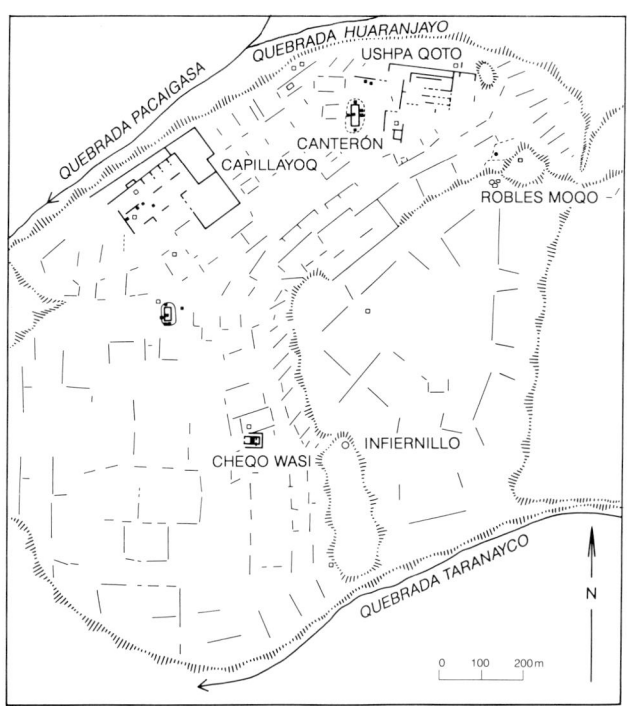

279. Huari
Grundriß der einzelnen Abschnitte der Fundstätte
(nach Bennett)

unter anderem die Errichtung von landwirtschaftlichen Terrassen auf Hügeln und den Bau von Wegen unter Berücksichtigung dieser Terrassen mit sich brachten.

An der Nordküste treten ebenfalls einige Veränderungen auf, aber die Existenz kultureller Elemente, die von Ayacucho stammen, läßt sich nicht klar feststellen. Einige Autoren sprechen vom Fortbestand örtlicher Traditionen – und sogar von autonomen Organisationsformen –, die parallel zur Entstehung von Huari-Siedlungen im Süden von Peru beibehalten wurden (Menzel 1968; Topic & Topic 1986; Bauer 1988). Tatsächlich mangelt es an Untersuchungen, an Hand derer die Präsenz des Huari-Reiches im nördlichen Territorium von Peru festgestellt werden könnte.

An der Zentralküste hingegen wurde Pachacamac – beinahe wie die Stadt Huari – ein Zentrum höchster Bedeutung; es scheint sogar, daß das große Heiligtum von Pachacamac, das zur Zeit der spanischen Eroberung noch immer in Verwendung war, einen speziellen Einfluß an der Zentralküste gehabt hatte, indem es während des »Mittleren Horizonts« zum panandinen Orakelzentrum wurde. Das Tal von Nasca stand im Schatten von Pachacamac, und auch Ica gelangte unter den starken Einfluß von Pachacamac. Dies sind zwei zusätzliche Entwicklungsprozesse, die sich während des »Mittleren Horizonts« IIb abspielten.

Die Fundstätte von Maranga im Tal von Rimac wurde praktisch verlassen, als die Huari-Bewohner Cajamarquilla im selben Tal bauten.

der Meinungsverschiedenheiten zwischen einigen Forschern der klare Beweis für eine städtische Planung. Mit dieser Expansion hat sich die Stadt in ein Reich umgewandelt, das die unterschiedlichen Sprachgemeinschaften und Gesellschaftsformen entlang der Zentral-Anden in sich vereinte.

Während dieser Expansion kam es nicht nur zu kriegerischen Auseinandersetzungen, sondern auch zu diplomatischen Verhandlungen, was sich in den späteren Reichen der Zentral-Anden fortsetzte. Die Symbologie/Ideologie spielte eine bedeutende Rolle, da sie zu einer weltoffenen Anschauung führte, was den Eroberern nur recht war, und speziell auch den hochrangigen Regierungsbeamten, die die oben angeführte Expansion leiteten, die Aufgaben innerhalb der Gesellschaft überwachten und damit betraut waren, die Ideologie zu definieren und die dem Reich unterstehenden, tributpflichtigen Arbeitskräfte zu lenken.

Der Charakter dieser Expansion ist schwer zu definieren. Es gibt Unterschiede vor allem in den Merkmalen der dem Reich unterstehenden Gesellschaften. Zum Beispiel sind im Gebiet von Carhuarazo (Provinz Locanas, Ayacucho) Veränderungen in den Siedlungsmodellen zu verzeichnen, die

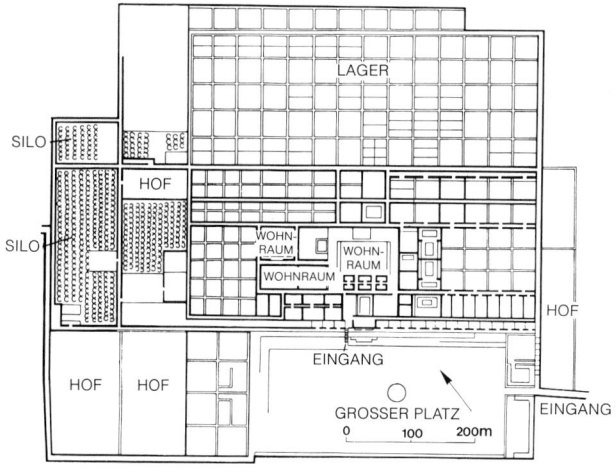

280. Pikillaqta: Übersichtsplan der Fundstätte

281. Pikillaqta: Noch erhaltene Mauer der Fundstätte

Die südlichen Grenzen dieser Expansion scheinen sich bis Moquegua (Cerro Baul) und Sicuani zu erstrecken; im Norden sind die Grenzen nicht klar festgelegt, es scheint aber, daß sie zwischen Lambayeque und Piura und zwischen dem Norden von Cajamarca und dem Süden des Amazonas verlaufen; im Osten bildet die schwer zugängliche Selva eine natürliche Grenze. Innerhalb dieser Grenzen entstanden große Verwaltungsstädte, wie Pikillaqta (Dep. Cusco) und Huiracochapampa (Dep. La Libertad).

Die Stadt Pikillaqta befindet sich in einer Entfernung von 25 km von Cusco und liegt auf 3200 m Höhe. Dank einer schlagkräftigen Organisation, in der es aller Wahrscheinlichkeit nach einen auserlesenen Personenkreis gab, der mit der Verwaltung des südlichen Gebietes betraut war und auch für den Schutz der örtlichen Bevölkerung zuständig war, besitzt die Stadt Pikillaqta eine sehr ausgefeilte Architektur.

Auf einer Fläche von ungefähr 750 x 630 m befinden sich Überreste von mehr als 700 Bauten; einige Mauern, die auch heute noch stehen, errei-

chen eine Höhe von 12 m (Abb. 281). Die Fundstätte ist nach einem relativ regelmäßigen Verlauf in einzelne Abschnitte unterteilt (Abb. 280).

Huiracochapampa (La Libertad) erstreckt sich über eine Fläche von ungefähr 560 x 580 m; ihr Grundriß ist ähnlich dem von Pikillaqta, aber ihre Abmessungen sind kleiner. Es scheint, daß sie niemals fertiggestellt wurde (McEwan 1987: 73) (Abb. 283). Es existieren weitere große Städte, die in derselben Epoche errichtet wurden: Huarihuillka im Tal von Mantaro, Honco Pampa und Huillcahuain im Callejon von Huaylas, Cajamarquilla im Tal von Rimac, San Nicolas in Supe etc.

Im Gebiet von Ayacucho wurden ebenfalls einige Verwaltungszentren errichtet, wie zum Beispiel Cerro Churo und Tahuacocha im Westen von Huari, Jincamocco in der Mitte zwischen Ayacucho und Nasca, Azangaro im Gebiet von Huanta. Im letzteren konnte man beachtliche Unterschiede zwischen den staatlichen und lokalen Konstruktionen feststellen (Anders 1986). Alle diese Städte waren untereinander durch ein großes Straßennetz verbunden, das nötig war, um der Verwaltung die Überwachung über die verschiedenen eroberten Städte zu ermöglichen. Es ist wahrscheinlich, daß das Straßennetz der Inka auf diesen ältesten Wegen errichtet wurde, da zahlreiche Anlagen mit den typischen Merkmalen von Huari entlang dieses neuesten Netzes zu finden sind.

DIE KERAMIK: EINIGE ALLGEMEINE MERKMALE

Die stilistische Einordnung der Keramik, die von Dorothy Menzel (1986) aufgestellt wurde, zeigt, daß die oben genannten provinziellen Zentren hauptsächlich während der Periode des »Mittleren Horizonts« 1B errichtet wurden, obwohl die größten Erneuerungen in Kunst und Religion während des »Mittleren Horizonts« 1A (Isbell 1987: 91) auftraten; aber diese Hypothesen müssen noch an Ort und Stelle überprüft werden. Die Keramikproduktion des »Mittleren Horizonts« ist bemerkenswert auf Grund der Homogenität der Motive, der Formen und der Verwendung der Farben. In dieser Epoche erreichte die Keramik einen gewissen Grad an Homogenität in den Zentral-Anden, zumindest was die zeremonielle Keramik betrifft

282. Becher mit mehrfarbigem Dekor
Darstellung des »Stabgottes« (M.R.A.H. – Brüssel)

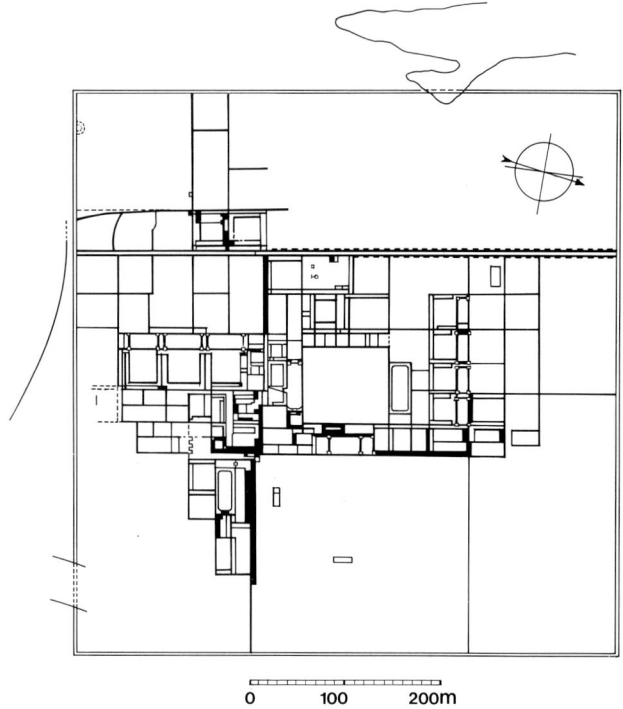

283. Huiracochapampa: Plan der Fundstätte (nach McCown)

(Abb. 282). In der ersten Hälfte des 6. Jahrhunderts traten im Gebiet von Ayacucho verschiedene Keramikstilrichtungen auf, wie zum Beispiel Chaquipampa und Ocros, die eine Fortsetzung der älteren Keramiktradition des Gebietes waren, Conchopata und Robles Moqo mit genaueren Motiven und Merkmalen aus dem Altiplano. Andere Stilrichtungen traten ebenfalls in Erscheinung.

Die Keramik von Chakipampa ist eine Fortsetzung der lokalen Keramik von Huarpa mit Elementen, die offensichtlich aus der Gegend von Nasca stammen. Diese Keramik ist vor allem durch die Verwendung einer bläulichroten Engobe gekennzeichnet und besteht hauptsächlich aus kleinen Gefäßen mit relativ dünnen Wänden. Die zoomorphen und phytomorphen Motive sind in roter und grauer Farbe gemalt und schwarz umrahmt; ein Band mit Fischgrätenmuster sowie ein Oktopus sind die häufigsten Motive dieser Gruppe. Der Ocros-Stil ist auch eine lokale Variante und verwendet eine leuchtend orange Engobe, die die gesamte Fläche des Gefäßes bedeckt und das hervorstechende Merkmal ist. Typische Formen dieser Gruppe sind Schalen und Näpfe, die Verzierung besteht vor allem aus gekreuzten Bändern. Bis heute wurde diese Keramik an keinem anderen Ort gefunden, mit Ausnahme einiger Einzelstücke, wie im Fall von Socos im Tal von Chillon (Isla & Guerrero 1987: 26).

Ein anderer charakteristischer Stil der ersten Epoche des »Mittleren Horizonts« wird auf Grund der schwarzen Engobe der häufig polierten Gefäße »schwarz verziert« genannt. Offene Formen sind in dieser Gruppe vorherrschend. Die Motive sind rot und weiß und enthalten Zickzack- oder waagrechte Linien sowie kleine rote und weiße Punkte.

Der Conchopata-Stil, entsprechend der Epoche 1A von Menzel, gehört zur zeremoniellen Keramik, die man hauptsächlich in Form von Fragmenten großer Urnen an der eponymen Stätte wiederfindet.

Auf dieser Keramik ist derselbe Gott wie auf dem »Sonnentor« von Tiahuanaco dargestellt. Er hält zwei Stöcke, hat einen raubkatzenhaften Kopf und ist mit geflügelten Wesen umgeben, die dieselben Abmessungen wie der Hauptgott haben (1968: 66). Es handelt sich um eine männliche Gestalt, deren Kopf mit einem haarähnlichen Gebilde versehen ist. Die Keramik von Conchopata ist exakt ausgeführt, gut poliert, die Farben variieren von Orange bis Ockergelb.

Die Phase nach dieser Periode ist nach Menzel der »Mittlere Horizont« 1B, gekennzeichnet durch die Existenz zeremonieller Keramik vom Typ Robles Moqo, wovon man Spuren – im Gegensatz zum Conchopata-Stil, der nur in Ayacucho gefunden wurde – in einer großen, zusammengehörigen Menge von Opfergaben in Pacheco entdeckt hat, außer einigen Fragmenten an der Fundstätte des Hügels von Robles Moqo in Huari und anderen Einzelfragmenten, die neben dem Flughafen der Stadt Ayacucho gefunden wurden. Dieser Stil beinhaltet sowohl kleine als auch große Gefäße, was auf verschiedene Funktionen innerhalb jeder Gruppe schließen läßt.

Der Hauptunterschied zur Keramik von Cochopata liegt in der Verzierung, deren Motive zahlreicher sind und die gesamte Außen- und Innenfläche bedecken. Die Endbearbeitung scheint auch sorgfältiger durchgeführt worden zu sein, was vielleicht auf eine bessere Oberflächenbehandlung zurückzuführen ist.

Die auf den großen Gefäßen dargestellten Figuren ähneln jenen von Conchopata, da zweifelsohne »ein männlicher und ein weiblicher Gott« zu erkennen sind. Man findet auch neue Elemente in der Verzierung, wie Mais, Oco, Quinoa; nicht zu vergessen sind die Colcas, die auch zu diesen Pflanzen gehören. Große Gefäße enthalten auch

284. Zoomorphes Gefäß, das ein Lama darstellt

Stil Robles Moqo (M.N.N.A – Lima)

anthropomorphe Darstellungen und Abbildungen von Lamas (Abb. 284).

Während der zweiten Epoche trat eine gut bearbeitete Keramikform – genannt Viaque – in Erscheinung; die Merkmale sind von den Stilrichtungen Robles Moqo und Chakipampa mit einem gewissen Einfluß von Nasca abgeleitet.

Es handelt sich vor allem um offene Gefäße mit flachem Boden und einer Verzierung aus geometrischen Figuren, kleinen Kreisen, Punkten und Teilungslinien sowie stilisierten, anthropomorphen Bildern.

Neben dieser feinbearbeiteten Keramik findet man in der gesamten Gegend gröbere Keramik, deren Oberfläche nie ausreichend poliert wurde. Sie wird Huamanga genannt. Es scheint, daß es sich um die lokale Huari-Keramik handelt. Typische Formen sind Näpfe; die Motive sind geometrisch (parallele Linien, Dreiecke etc., oft mit weißen oder schwarzen Linien umrandet).

EINIGE ARCHITEKTONISCHE MERKMALE

Das architektonische Modell von Huari weist ausreichend definierte Merkmale auf. Dieses Modell wurde natürlich perfektioniert, kurz nachdem die Stadt Huari eine gewisse Komplexität erreicht hatte; das Modell zeichnet sich durch die Errichtung von Stadtzentren aus, die von Mauern umgeben und gut geplant waren und sich an strategischen Punkten befanden, wo dies die koloniale Expansion erforderte. Dasselbe Modell umfaßt außerdem eingefriedete Flächen rund um einen zentralen »Patio«. Innerhalb der Siedlungen bildeten diese Teile trapezförmige Einheiten mit Türen, die die Verbindung von einem Teil zum anderen darstellten. Wir können behaupten, daß diese Anlagen einen Zusammenhang mit Wasserquellen (Puquiales) oder Tälern hatten. In der Sierra fand man sie im allgemeinen in Form einer ökologischen Zwischenstufe, wodurch sie Zugang sowohl

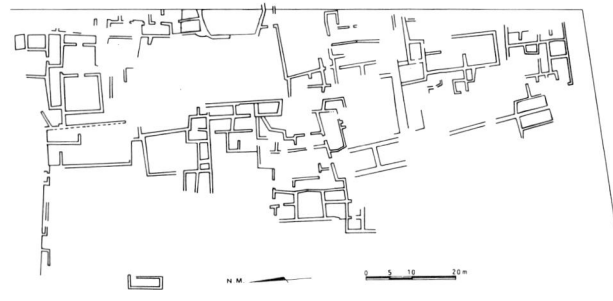

285. Conchopata: Grundriß des Sektors A der Fundstätte

zur Puna als auch zu den tiefer gelegenen Teilen der Täler hatten. In den meisten dieser Städte – wie zum Beispiel in Huari – wurden Abschnitte mit großen Gebäuden und hohen Mauern (5 bis 6 m) entdeckt. Stellenweise konnten Zugangsöffnungen oder Türen nicht klar identifiziert werden. Es gibt somit große Mauern, die mit Verkehrsflächen in der Art von Wegen in Verbindung stehen, auf denen man sich bewegen kann. Im allgemeinen führen sie zu großen Plätzen und erreichen manchmal eine Länge von 200 m.

Es gibt auch Gebäude mit konischem Dach, die mit zentralen Lagersystemen in Zusammenhang gebracht werden können und in den großen Urnen des Stiles Robles Moqo gut zum Ausdruck kommen. Trotzdem sind unsere Kenntnisse diesbezüglich sehr gering.

Städte mit gleichen Merkmalen findet man entlang der Zentral-Anden im »Mittleren Horizont«.

Nur einige Abschnitte der Stadt Huari sind wirklich gut bekannt, da für den Großteil Ausgrabungen fehlen und keine Gesamtuntersuchung durchgeführt wurde. Die Konstruktionen wurden mit einfachen, unregelmäßigen oder manchmal zugeschnittenen Steinen, die mit Lehmmörtel verbunden wurden, gebaut. Es existieren verschiedene Bauwerke, wo sich die unterschiedlichen Bautechniken abzeichnen. Manchmal sind Reihen von relativ flachen, unregelmäßigen Steinen in die Mauern eingebunden. Es kann sein, daß diese zur Unterstützung des Daches dienten, da ja gewisse Gebäude aus zwei bis drei Stockwerken bestanden. Wir wissen nicht genau, mit welchem Material die geneigten Dächer gedeckt waren; es wird angenommen, daß man Materialien aus pflanzlichen Stoffen verwendete. Nach Lumbreras (1974: 127) waren die Mauern nicht mit den Dachkonstruktionen verbunden; um ihre Stabilität zu ge-

währleisten, mußten sie daher mittels großer Seile aus Pflanzenfasern verbunden werden.

Die verschiedenen, in der Stadt Huari entdeckten Abschnitte konnten anhand architektonischer Details sowie anhand der kulturellen Einrichtungen, die im Inneren dieser Abschnitte gefunden wurden, unterschieden werden.

Der Sektor von Moradochayoq nimmt eine Fläche von ungefähr einem halben Hektar ein. Die Spuren (dekorative Keramik, Fehlen von Produktionselementen) scheinen den Nachweis zu erbringen, daß es sich um ein Viertel handelt, das für hochrangige Personen gebaut wurde oder für solche, die Staatsfunktionen innehatten (Reste von Lapislazuli, Trophäenköpfe, Kupfergegenstände, Spondylus-Schnecken sind ein Beweis dafür). Es wurde wahrscheinlich während des »Mittleren Horizonts« 1B errichtet und zu Beginn des »Mittleren Horizonts« 2A verlassen.

Im Sektor Cheqowasi findet man unterirdische Gebäude aus bearbeiteten Steinen, die sich perfekt ineinander einfügen und mit Lehm beschichtet wurden; sie bilden Kammern, die häufig mit kleinen Öffnungen – ähnlich Lüftungsschlitzen – versehen waren, deren wirkliche Funktion aber nicht bekannt ist. Es scheint, daß diese Kammern Bestattungszwecken dienten. Sie sind mit Wänden, bestehend aus exakt angeordneten Steinen, umgeben; sollte es sich um Grabstätten handeln, dann waren diese für bedeutende Persönlichkeiten bestimmt. In einigen Fällen haben die Kammern die Form eines runden oder viereckigen Walles. Außerdem gibt es Beweise, daß einige dieser Kammern aus zwei oder drei Niveaus bestanden. Es muß auch gesagt werden, daß es bei diesen Kammern eine Hierarchie gab. Dies würde bedeuten, daß es Unterschiede in der Bestattung der einzelnen Personen gab.

Capillapata ist ein Komplex, bestehend aus Mauern, die mittels mit Ton verbundenen, langen Steinen aufgestellt wurden und deren Abmessungen 8 bis 12 m betragen. Der Großteil dieser Mauern ist teilweise zerstört. Es läßt sich jedoch feststellen, daß sie ausgehend von einer Doppelmauer, deren Sockel bis zu 3 m Dicke erreichte und deren Höhe 0,8 bis 1,2 m betrug, aufgezogen wurden. Ihr Querschnitt ist trapezförmig, und die Länge kann bis zu 400 m betragen. Es ist möglich, daß innerhalb dieser Mauern Gruppen von Personen wohnten, die spezielle Tätigkeiten verrichteten.

Das Vorhandensein von Monolithen in der Stadt Huari ist ein Beweis für die Existenz ritueller Funktionen; diese Aktivitäten werden durch Ausgrabungen im Abschnitt Vegachayoq Moqo eindeutig nachgewiesen, wo man einen zeremoniellen Komplex entdeckte, der sich auf einer pyramidenförmigen Erhebung, umgeben von Plätzen und hohen Mauern, befand und mit zwei Haupteingängen und einer großen »Straße«, die Zugang zum Tempel gewährte, versehen war; auf der Vorderseite hatte der Tempel zwei Plattformen, deren Wände weiß und rot bemalt waren, und Stufen; im Unterteil des Gebäudes befinden sich verschiedene »Altäre« mit Seitenwänden, in denen Nischen enthalten sind. Einige Flächen im unteren Teil, die mit Nischen und Feuerstellen versehen sind, grenzen an die mittlere Plattform; alle haben Zugang zu einer kreisförmigen Konstruktion, die sich im untersten Teil auf der Innenseite befindet. In den hohen, den Tempel umgebenden Mauern befinden sich auf der Innenseite Hohlräume, die für die Bestattung mehrerer Personen dienten (3 bis 4 Personen mit deformiertem und manchmal trepaniertem Schädel). Auf der Außenseite dieser Mauern gegenüber dem rituellen Zentrum fand man ebenfalls bestattete Personen, aus der Zeit der neueren Keramik von Chanka (1100–1300 n. Chr.). Ihre Schädel waren nicht deformiert.

Andere Plätze wie der Tempel von Monjachayoq waren rituelle bzw. zeremonielle Zentren.

ENTSTEHUNG DES REICHES

Die Entstehung des Staates und das Auftreten der Reiche in den verschiedenen Regionen der Zentral-Anden waren in den letzten Jahren ein viel diskutiertes Thema.

Conchopata, ein wichtiges Forschungsgebiet, nimmt eine Sonderstellung ein; es handelt sich um ein Handwerkszentrum, das sich auf die intensive Produktion bestimmter Produkte spezialisierte und von einer Gruppe mächtiger Personen überwacht werden mußte. Außerdem liegt Conchopata in einem Gebiet, wo eine Vielzahl von Tonen und Magerungsstoffen vorkommt, nämlich im heutigen Gebiet von Ayacucho (Provinz von Huamanga) in 2700 m Höhe, ähnlich der Gegend von Huari. Die Fundstätte nimmt nur eine Fläche von 4 Hektar ein. Ein anderer großer Teil wurde bei Arbeiten während der letzten Jahre zerstört. Anhand von Luftaufnahmen und vorher durchgeführten Nachforschungen wissen wir, daß es große landwirtschaftliche Kulturen sowie einige Terrassen, die heute praktisch verschwunden sind, in der Umgebung gab.

Die ersten Informationen über die Fundstätte gehen auf das Jahr 1927 zurück. Jedoch erst 1942 wurden die ersten Ausgrabungen unter der Leitung von Julio C. Tello durchgeführt; sie führten zur Entdeckung großer, zeremonieller Urnen, die er Conchopata nannte. Die gleichen Gefäße fand auch Lumbreras bei Untersuchungen im Jahr 1962, ebenso das Instituto Nacional de Cultura d'Ayacucho und das Huari Urban Prehistory Project im Jahr 1976.

Die Ausgrabungen, die 1982 abgeschlossen wurden, führten zu einer allgemeinen Aufnahme des Sektors A (Abb. 285), aus der zu erkennen ist, daß die Konstruktionen keinem eindeutig festgelegten Modell entsprechen, da es sich anscheinend um einen ländlichen Komplex handelt, der aufgrund eigener Bedürfnisse ein großes Wachstum zu verzeichnen hatte. Es ist wahrscheinlich, daß das der Grund war, warum Conchopata nicht dem typischen Huari-Schema entspricht.

Nach Lumbreras (1980: 81) »beginnt der Huari-Prozeß mit Marktplätzen – wie jenem in Conchopata –, die eine große Bevölkerungsdichte aufwiesen und auf denen Gebäude aus Stein und Erde nach einem einheitlich rechteckigen Modell angeordnet waren und die Paläste, Zugangswege und eine Kanalisation für die Wasserversorgung und offensichtlich auch für die Entwässerung und Ableitung der Abwässer besaßen«.

Es ist jedoch zu beachten, daß man bei den Ausgrabungen von 1982 auf mindestens zwei verschiedene Sektoren stieß: einen für Wohnzwecke, der von hochrangigen Personen bewohnt wurde und sich nördlich des untersuchten Gebietes befand; den anderen ebenfalls für Wohnzwecke, aber offensichtlich verbunden mit Keramikwerkstätten, im Süden.

Während dieser Arbeiten beschäftigte man sich nur mit einem Teil der Originalfundstätte. Isbell spricht auch von der Existenz eines Tempels an dieser Fundstätte. Laut seiner Aussage mußte dieser Tempel existiert haben, da sich Conchopata »dank seines neuen Tempels und einer neuen Religion schnell vergrößerte« (1987: 104–105). Außerdem mußte er »für ein spezielles Ritual, das die Zerstörung großer Tonkrüge mit Abbildungen beinhaltete«, errichtet worden sein (Isbell 1987: 100).

Abschließend sollte erwähnt werden, daß es einen Tauschhandel über große Entfernungen gab. Die Beweise dafür sind aufgefundene Mollusken, Spondylus-Schnecken, Gegenstände aus Kupfer, Gold und Türkis etc.

Wenn Conchopata ein besonderer Marktflecken gewesen ist, der von Keramikern bewohnt wurde, dann ist die Fundstätte von Azangaro im Tal von Huanta ein Beweis für eine unterschiedliche Rangordnung innerhalb der lokalen Organisation, die von der Regierung festgelegt wurde. Dieser Ort kann als Verwaltungszentrum betrachtet werden, das speziell für die Wahrung der Staatsinteressen errichtet wurde und relativ kurz bewohnt war. Spuren einer späteren Wiederbesiedlung sind nicht vorhanden. Diese Situation gilt für den Großteil der Fundstätten aus der Huari-Kultur, die anscheinend abrupt verlassen worden sind. Die C-14-Daten von Azangaro variieren zwischen 760 ± 75 und 990 ± 65 n. Chr.

Keine Spur weist darauf hin, daß Azangaro ein Produktionszentrum gewesen ist; zweifelsohne läßt die Existenz zweier Gebäudearten – regelmäßig und unregelmäßig – zwei Arten von Funktionen vermuten: in den unregelmäßigen Gebäuden fand man landwirtschaftliche sowie andere, für die Metall- und Holzbearbeitung bestimmte Werkzeuge. Jedoch entdeckte man in allen Gebäuden Gegenstände, die mit häuslichen Tätigkeiten in Zusammenhang standen.

Die Fundstätte ist ein Beweis für eine Vielzahl von Tätigkeiten: Landwirtschaft, Jagd, Zubereitung von Nahrung, Keramikproduktion etc.

In Azangaro hatte die Art der Eroberung eine relative Autonomie der Lehnsherren gegenüber dem zentralen Staat bedingt; dies würde eine Erklärung für die Errichtung dieses Zentrums durch sie selbst sowie für die Koexistenz zweier Autoritäten in dieser Region sein. Die erste Autorität stände in Verbindung mit den unregelmäßigen Gebäuden und landwirtschaftlichen Tätigkeiten, während sich die zweite Autorität, die den zentralen Sektor bewohnte, rituellen Funktionen und der Führung eines dualistischen Sonne-Mondsystems gewidmet hätte. Die Anlage wurde abrupt verlassen, und das Ende ihrer Besiedlung würde dem jähen Verfall des Huari-Reiches am Ende des »Mittleren Horizonts« 2 B entsprechen.

DER VERFALL DES REICHES

Der Verfall und das Aussterben des Huari-Reiches werfen Fragen auf, die bis heute noch unbeantwortet sind. Das plötzliche Ende der Huari-Anlagen ist frappierend. Einige Forscher bekräftigen die Möglichkeit, daß es Naturkatastrophen gab, die der Anlaß für das Verlassen der Huari-Zentren waren; aber tatsächlich fehlen konkrete Beweise für diese Behauptung.

Unabhängig davon registriert man im Gebiet von Ayacucho in Epoche 3 eine starke Abnahme der Bevölkerungszahl sowie das Verlassen zahlreicher Siedlungen rund um die Stadt Huari seit Epoche 2. Im gesamten zentral-andischen Gebiet beobachtet man eine markante, wirtschaftliche Rezession; somit scheint Nasca an der Südküste zum ersten Mal unter dem Einfluß der Region von Ica zu stehen; an der Zentral-Küste werden Cajamarquilla und Maranga verlassen, während Pachacamac den Großteil der früheren Bedeutung verliert; Pikillaqta ist gänzlich verlassen.

Man nimmt an, daß die Krise im Reich zum Auftauchen neuer Machtzentren oder wirtschaftlicher Achsen führte, die sich entwickelten, als Huari verschwand.

Abschließend ist zu sagen, daß die politische Struktur von Huari in relativ kurzer Zeit verschwunden ist und daß die während der Existenz dieses Reichs errichteten Orte zum Großteil niemals wieder von jenen Gruppen benutzt wurden, die den durch das Verschwinden des Reiches freigewordenen Raum bewohnten. Es ist offensichtlich,daß das Verschwinden der politischen Struktur nicht zur Auslöschung zahlreicher Elemente führte, die zum Beispiel für die Entwicklung späterer imperialer Formen, wie jene der Inka, wesentlich sind; so sind das Kommunikationsnetz, das Tributsystem gegenüber dem Staat, die Lagersysteme und die Städteplanung einige der wesentlichen Elemente, die man bei den Inka wiederfindet und die das erste Mal dank des Huari-Reiches während des »Mittleren Horizonts« auftraten.

Denise Pozzi-Escot

286. GROSSES POLYCHROMES GEFÄSS

M.A. – Madrid 8315
Ton, H 59 cm, Ø 55 cm
Mittlerer Horizont,
ca. 700 – 1000 n. Chr.
Huari (Robles Moquo)
Herkunft Trujillo
Das sich nach oben erweiternde, becherförmige Gefäß mit flachem Standboden trägt eine in vier Zonen gegliederte Verzierung. Unterhalb des Gefäßrandes befinden sich Pflanzenmotive, darunter ein Mäander, gefolgt von einer plastischen Maske mit Gesichtsbemalung und Fangzähnen. Zuunterst zeigen sich verschiedenfarbige Rechtecke mit jeweils zwei Punkten.
Solche Gefäße wurden bei rituellen Anlässen zur Aufbewahrung der »chicha« verwendet.
Die Darstellung der Reliefmaske ähnelt dem Zentralmotiv des sog. Sonnentors von Tiahuanaco.

287. KÄSTCHEN MIT DECKEL

M.B.C.R. – Lima ACE. 3087
Ton, Baumwollschnüre
H 4,3 cm, L 9 cm, B 5,5 cm
Mittlerer Horizont, ca. 700 – 1000 n. Chr.
Huari
Dies ist ein sehr ungewöhnliches Objekt, da vergleichbare Behälter in der Regel aus Holz oder Schilfrohr gefertigt wurden.
Die für Huari typische Bemalung zeigt eine Reihe geometrisierter Felidenköpfe auf den Außenwänden und eine anthropomorphisierte Tiergestalt auf dem Deckel.
In dem Kästchen befanden sich Federn und Knochen.

288. TROMMEL
S.M.f.V. – München 89-31 1922
Ton, Baumwolle, Haut
H 45 cm, Ø 21 cm
Mittlerer Horizont,
ca. 700–1000 n. Chr.
Huari
Diese Trommel erinnert an Nasca-
Formen (Kat.-Nr. 240 und Kat.-Nr. 243),
jedoch bestehen einige Unterschiede.
Der abgerundete Boden der Trommel
ist in anderer Form ausgearbeitet
und unverziert, während sich der übrige
Dekor auf zwei trapezförmige Felder
beschränkt, die mit dem Kopf
eines Mischwesens bemalt sind.

289. GEFÄSS MIT ZWEI GRIFFEN

M.Ar.R. – Ica DA 18

Ton, H 31 cm, Ø 26 cm

Mittlerer Horizont, ca. 700–1000 n. Chr.

Huari (Küste)

Das Hauptmotiv, eine aufrecht stehende anthropomorphe
Figur, bedeckt die gesamte Vorderseite des Gefäßes.
Der Kopf ist plastisch hervorgehoben, während alle anderen
Motive farbig aufgemalt sind. Die Darstellung weist auf
Vorbilder wie den Stabgott von Chavín und das Zentralmotiv
vom Sonnentor in Tiahuanaco hin.

290. GROSSES POLYCHROMES GEFÄSS

M.Ar.R. – Ica DA 08/445

Ton, H 80 cm, Ø 60 cm

Mittlerer Horizont, ca. 700–1000 n. Chr.

Huari (Küste)

Dieses Gefäß hatte vermutlich die gleiche Funktion wie das in
Kat.-Nr. 286 bereits vorgestellte. Das Hauptmotiv auf dem
Gefäßkörper erinnert wieder an das Gesicht des Gottes vom
Sonnentor in Tiahuanaco, zu dessen Hauptmerkmalen die
deutlich sichtbaren Zähne und die »Tränenspur« unterhalb der
Augen zählen. Um den Hals trägt das Wesen eine axtförmige
Klinge aus Bronze, wie sie für die Tiahuanaco-Kultur typisch
ist, von der auch die Verbreitung dieser Legierung aus Kupfer
und Zinn ausging.

291. ACHT ANTHROPOMORPHE
FIGÜRCHEN
M.A. – Madrid 8851, 8827, 8861, 8859,
8858, 8836, 8834, 8855
Sammlung Juan Larrea
Türkis, H 2,2–4,1 cm
Mittlerer Horizont, ca. 600–1000 n. Chr.
Huari
Alle Figuren stehen aufrecht mit an den
Körper gepreßten Armen. Die Köpfe sind
mit besonderer Sorgfalt gestaltet,
die Kleidung und die Kopfbedeckung
stets variierend. Diese acht Figürchen
gehören zu einer Gruppe von 40,
die kreisförmig um einen Bronzenagel
und einige Muscheln angeordnet waren.
Es handelt sich um eine Weihegabe,
die im Boden eines Hauses von Pikillaqta
niedergelegt war.
Die individuelle Ausstattung läßt
vermuten, daß hier bewußt unterschiedliche Personen dargestellt werden sollten.

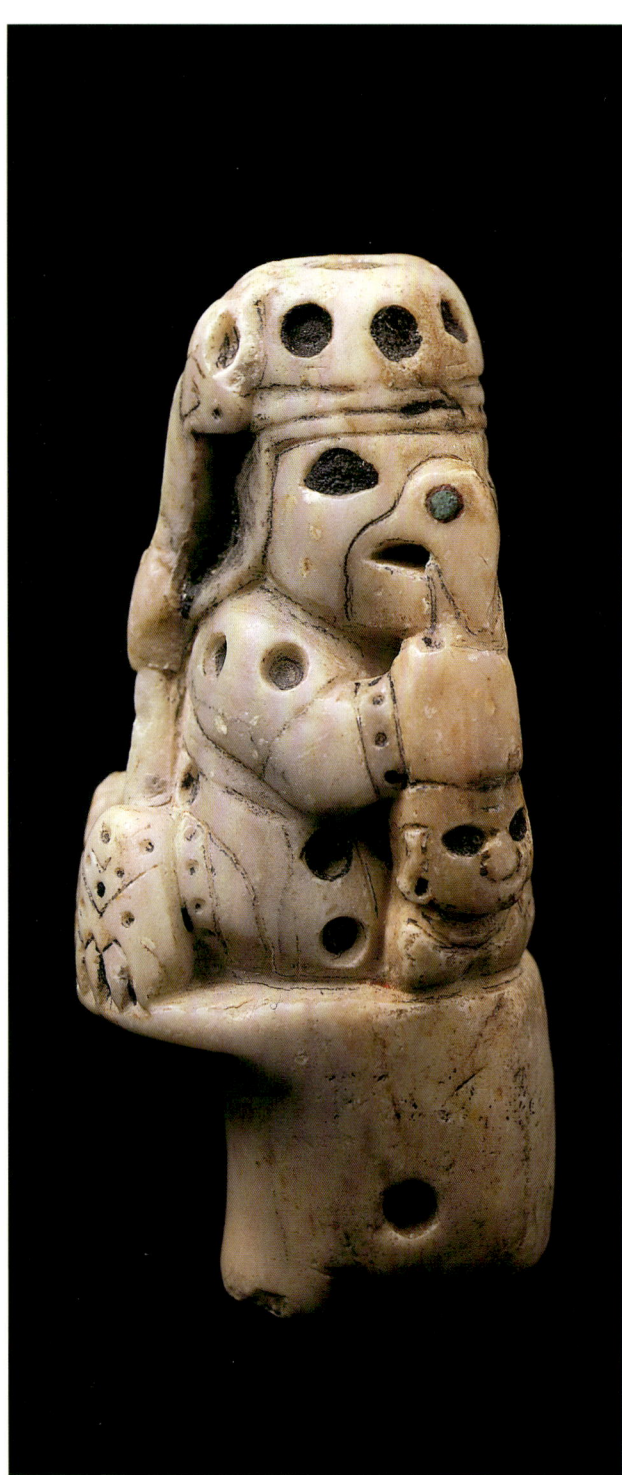

292. GRIFF EINER SPEERSCHLEUDER

R.P.M. – Hildesheim V. 5228

Kalzit, Türkis

H 8 cm

Mittlerer Horizont,

ca. 700 – 1000 n. Chr.

Huari

Thematisch steht diese Schnitzerei dem Spatel Kat.-Nr. 178 nahe. Ein anthropomorphisierter Raubvogel hält eine menschliche Figur mit der Rechten an den Haaren gepackt. Von einstigen Inkrustationen sind nur Reste erhalten, darunter die Türkiseinlage am Schnabel. Diese Darstellung ist ein Beispiel für das Fortbestehen einzelner Elemente der religiösen Ikonographie in verschiedenen Kulturen Perus.

293. FEDERGEWEBE

M.R.A.H. – Brüssel AAM 56.8

Baumwolle, Federn, 160 x 80 cm

Mittlerer Horizont,

ca. 700–1000 n. Chr.

Huari

Dieses prachtvolle, mit blauen und gelben Federn
geschmückte Gewebe wurde zusammen mit
über 100 weiteren Teilen in Tongefäßen in der
Region von Ocoña – La Victoria gefunden.
Die Länge der Teile spricht dagegen, daß es sich
um Kleidungsstücke handelt, eher ist anzunehmen,
daß sie als Wandschmuck eines Sakralraumes
Verwendung fanden.

294. PONCHO

S.M.f.V. – München X. 1034

Baumwolle, Federn, 193 x 110 cm

Mittlerer Horizont, ca. 700–1000 n. Chr.

Huari (?)

Der Poncho ist in zwei verschiedenfarbige Felder geteilt. Auf dem
rotgrundigen Feld sind zwei stilisierte
anthropomorphe Figuren zu erkennen,
die doppelköpfige Schlangenstäbe in
den Händen halten.

295. KAPPE

M.R.A.H. – Brüssel AAM 59.2 2/3

Wolle, Baumwolle,

H 9 cm, Ø 17 cm

Mittlerer Horizont,

ca. 700 – 1000 n. Chr.

Huari

Diese Art der Kopfbedeckung scheint nur bei den Huari in Gebrauch gewesen zu sein. Sie zeigt eine besondere Herstellungstechnik: Es handelt sich nicht um ein Gewebe, sondern um eine Stickerei mit bunten Fäden auf einem Untergrund aus gedrehten Schnüren.

296. MÜTZE MIT VIER ZIPFELN

M.R.A.H. – Brüssel AAM 46.7.284 2/2

Wolle, Baumwolle,

H 24 cm, L 16 cm

Mittlerer Horizont,

ca. 700 – 1000 n. Chr.

Huari

Diese Mütze ist aus mehreren Teilen zusammengesetzt.

Der geometrische Dekor ist in schrägen Reihen angeordnet und erinnert an die Kappe Kat.-Nr. 295.

297. POLYCHROMER BECHER

C.A.M. – Cleveland 63.476

Ton, H 22 cm

Mittlerer Horizont, ca. 600–1000 n. Chr.

Tiahuanaco IV

Während der Phasen III und IV hat die Tiahuanaco-Kultur ihren Einfluß ausgedehnt. Im Süden erreicht sie die Atacama-Wüste; im Norden wurde sie zum Ausgangspunkt gewisser ikonographischer Inhalte, zu deren Verbreitung die Huari-Kultur beigetragen hat. Mit der Tiahuanaco-Kultur kam es zu einem Wandel in den Gefäßformen, die unter anderem die Entwicklung des »kero« einleiteten.

298. POLYCHROME SCHALE

M.f.V.F. – Frankkfurt a. M.N. S. 35.442

Ton, H 10 cm, Ø 19 cm

Mittlerer Horizont, ca. 600–1000 n. Chr.

Tiahuanaco IV

Die Außenseite der Schale zeigt ein ähnliches Motiv wie die Verzierung der Trommel Kat.-Nr. 288. Auch hier entspringt dem mit Fangzähnen bewehrten Rachen ein Motiv, das einen Maiskolben darstellen könnte.

299. SCHNUPFTABLETT

R.P.M. – Hildesheim V. 3039

Schiefer, L 12,5 cm, B 5 cm

Mittlerer Horizont, ca. 600–1000 n. Chr.

Tiahuanaco

Das untere vertiefte Feld diente wahrscheinlich zur Aufnahme pulverisierter Halluzinogene, die mit einem Röhrchen geschnupft werden konnten. Der Griffteil zeigt von unten nach oben zwei Vogelköpfe mit Krone in Seitenansicht, vier Felidenköpfe und schließlich vier stilisierte Menschenköpfe in Frontalansicht, die von einer Art Federschmuck überragt werden.

300. SCHNUPFTABLETT

R.P.M. – Hildesheim V. 5521

Holz, L 11,5 cm, B 5,5 cm

Mittlerer Horizont, ca. 600–1000 n. Chr.

Tiahuanaco

Bei diesem Tablett sind die Griffe oberhalb des eingetieften Feldes figürlich als Felidenköpfe ausgestaltet.

Das Schnupfen von Halluzinogenen, die aus vielen Pflanzen gewonnen werden können, ist im ganzen Andenraum von Kolumbien bis Chile und im angrenzenden Amazonastiefland verbreitet.

SPÄTE ZWISCHENPERIODE

CA. 1000–1450 N. CHR.

Durch den Sturz des ersten gesamtperuanischen Reiches gelang es den alten Königreichen, sich wieder zu erheben und ihre alten Traditionen aufzunehmen. Gleichzeitig aber traten neue Dynastien auf – die der Späten Zwischenperiode. Im Gegensatz zur Frühen Zwischenperiode, bei der das gleiche Phänomen der territorialen Zerstückelung auftrat, ist hier die Aufteilung des Landes weniger bedeutsam. In der Zwischenzeit haben die neuen Staaten ihre Lehren aus dem Huari-Reich gezogen. Die neuen Städte wirken geplant und regelmäßig. Überdies bietet die Erfindung der Bronze im Mittleren Horizont und deren Anwendung in den neuen Königreichen die Möglichkeit für neue Bautechniken.

Unter all diesen Königreichen erscheint jenes von Chimú als das mächtigste. Sein Gebiet erstreckte sich über jenes der Moche und noch über deren Grenzen hinaus. Einige Historiker sind der Ansicht, daß die Führer der Chimús den verschiedenen, unter ihrer Herrschaft liegenden Küstentälern eine gewisse wirtschaftliche und kulturelle Freiheit ließen.

Dennoch zwangen die klimatischen Verhältnisse die Herrscher von Chimú, ein Verwaltungssystem durchzusetzen, das den Ackerbau kontrollierte und ganz besonders die Verteilung von Wasser regelte – ein in diesem Wüstenstrich kostbares Gut. Es hat den Anschein, daß auf Grund dieser Wasserbewirtschaftung die Ackerflächen in jener Zeit doppelt so groß waren wie heute. Diese Ausdehnung sowohl in demographischer als auch in territorialer Hinsicht hatte zur Folge, daß nicht nur die alten Städte der Huari größer, sondern auch neue gebaut wurden.

Unter diesen Städten ist Chan-Chan diejenige, die den Besucher am meisten beeindruckt. Auch wenn sie durch Winderosion und wilde Besitznahme durch die Einwohner des 20. Jahrhunderts zerstört ist, erstrecken sich immer noch 20 km² Ruinen über ein Gebiet, das wieder zur Wüste geworden ist. Mit dieser Ausdehnung war die Stadt die größte im prähispanischen Südamerika.

Der von den Chimú-Herrschern eingeführte Städtebau richtet sich nach einem ganz besonderen und eigenen Plan, wie er im übrigen Peru unbekannt war. Ein weitläufiger städtischer Komplex mit neun »Ciudadelas« oder »Palästen« liegt im Herzen des archäologischen Gebietes. Jede Einheit wird von einer beeindruckenden Mauer umgeben,

301. Ciudadela Tschudi:
Blick auf die Mauern, die mit
Tiermotiven verziert sind
Chimú-Kultur, Späte Zwischenperiode

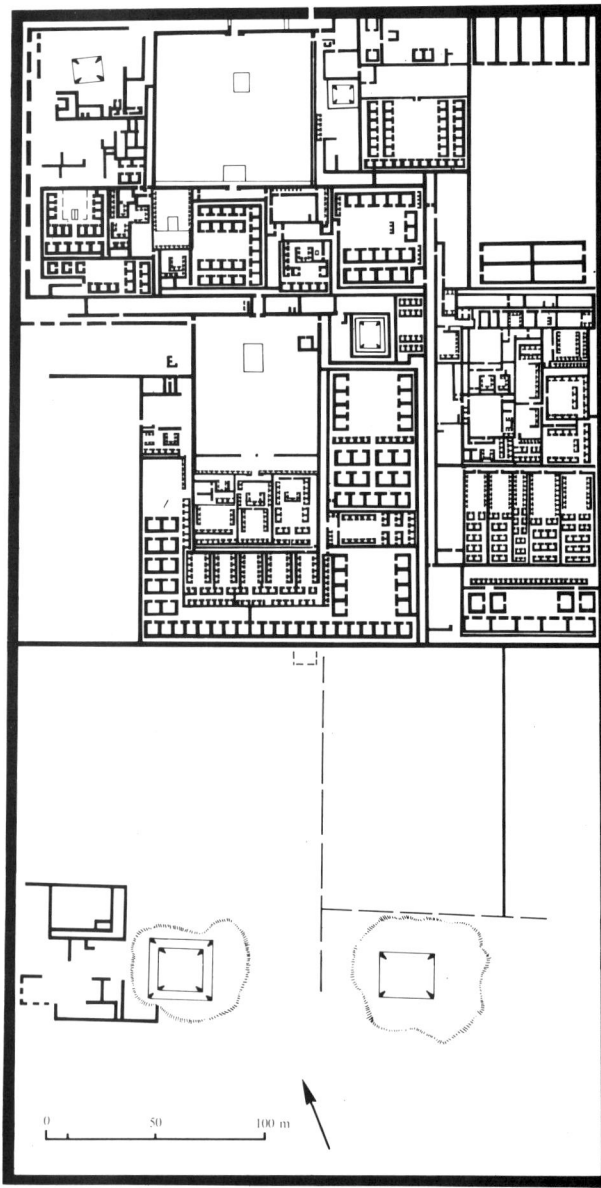

302. Plan der Ciudadela »Das Labyrinth«
Chimú-Kultur, Späte Zwischenperiode

die 9 m hoch, an der Basis 4 m dick ist und nur einen einzigen Eingang aufweist. Im Inneren dieser Ummauerung liegen die Paläste, die Tempel, die Wohnungen, die Zisternen, die Getreidespeicher, der Friedhof. Ein Straßennetz ermöglicht den Verkehr in diesem Häusergewirr, das manchmal von großen Plätzen unterbrochen ist (Bild 302). Die wichtigeren Gebäude sind auch mit besonderer Sorgfalt errichtet: die meisten sind mit Friesen aus Adobe verziert, die Vögel, Fische oder mythische Wesen darstellen (Bild 301).

Was war der Grund, warum diese Zitadellen so voneinander isoliert waren? Von den vielen Hypothesen ist keine wirklich fundiert, trotz der in den siebziger Jahren intensiv durchgeführten Ausgrabungen des Projektes Chan-Chan. Nach Ansichten der einen handelt es sich um Paläste, die nacheinander von den jeweiligen Königen erbaut wurden, ähnlich wie bei den Inkas, die alle ihre eigenen Paläste errichteten. Diese Annahme basiert auf der offenkundigen Autonomie eines jeden dieser Paläste, die jeweils sämtliche wirtschaftlichen und religiösen Funktionen in sich vereinigten. Andere Autoren vertreten die Meinung, daß diese Unterteilung einer Stadt in getrennte Einheiten einen leichteren Überblick und damit eine leichtere Kontrolle über wichtige Standesgruppen erlaubte, nämlich die der Priester, Amtspersonen, Krieger und Künstler. Die übrigen Einwohner lebten in eher bescheidenen Quartieren an der Peripherie der Paläste, wo sich auch die verschiedenen Huacas (Tempel) erhoben, wie die Huaca del Dragón oder die Huaca Esmeralda.

Eine weitere Hypothese nimmt an, daß jeder Palast einem Clan oder einem Geschlecht zu eigen war, etwa wie die Panacas von Cusco.

Wahrscheinlichkeits-Rechnungen haben übrigens ergeben, daß in diesem Gebiet 20 000 bis 30 000 Menschen wohnten.

Paradoxerweise weist das übrige Kunsthandwerk von Chimú bei weitem nicht die Qualität wie die Architektur auf. Nach der Unterbrechung durch die Huari-Kultur, die der Form die Polychromie vorzog, stellten die Töpfer der Chimú wieder monochrome Keramik mit Hochreliefarbeiten oder Flachreliefverzierungen her. Leider erreichte die Qualität dieser Keramik niemals wieder die jener Stücke, die in den Händen der Töpfer von Moche entstanden sind. Es genügt, wenn man sich bei einem Rundgang durch Säle oder Depots in

Museen von der Reichhaltigkeit dieser Produkte überzeugt. Wir stehen hier nicht mehr einer Kunst, sondern einer echten Industrie gegenüber. Nur die Gefäße, die für die herrschende Klasse gefertigt wurden, scheinen in manchen Fällen mit besonderer Sorgfalt hergestellt worden zu sein.

Die Bescheidenheit der Keramikkunst wird durch die Schönheit der Goldschmiedearbeiten aufgewogen, die in großen Mengen erzeugt und auch außerhalb der Grenzen des Königreiches Chimú geschätzt wurden.

Die von den Chimús geübte Expansionspolitik ermöglichte ihnen zu Beginn des 15. Jahrhunderts die Herrschaft über ein Territorium von 40 000 km², das von Tumbés bis zum Tal von Chancay reichte.

Gegen die Mitte des Jahrhunderts wurde die Bedrohung durch die Inka fühlbar. Zuerst stellte sich Capac Yupanqui, dann, gegen 1463, Topa Inca an die Spitze des Widerstandes der Bewohner gegen das Königreich von Chimú, indem sie das gesamte Bewässerungssystem zerstörten und die Wasserversorgung unterbanden. Wir befinden uns nunmehr unter der Regierung von Minchancaman; zum ersten Mal kennen wir dank der spanischen Chronisten, die uns über die Dynastien der damaligen Königreiche informieren, den Namen eines Herrschers.

An der mittleren Küste, gerade südlich der Grenze des Königreiches Chimú, herrschte die Chancay-Kultur im Gebiet der jetzigen Hauptstadt Lima. Der Herr von Cuismancu (unter dieser Bezeichnung scheint die Chancay-Kultur in manchen Dokumenten aus dem 16. Jahrhundert auf) konnte dem Druck der Chimú über das Tal von Pativilca hinaus standhalten. Der Herr von Chuquimancu regierte über die Region südlich von Lima, während der Herr von Chincha das alte Territorium von Nasca beherrschte.

Leider hat – wie wir bereits im Zusammenhang mit der Frühen Zwischenperiode vermerkt haben – das urbane Wachstum von Lima die Zerstörung von zahlreichen Überresten nach sich gezogen. Plünderungen archäologischer Stätten, fast schon im gewerblichen Stil, haben die Nekropole von Chancay unwiederbringlich zerstört. Trotzdem kann man sich noch immer ein Bild von der künstlerischen Leistung dieser Kultur machen; die Keramik, mit schwarzen Motiven auf cremefarbigem Grund, zeigt zoomorphe Figuren sowie menschliche Wesen – Männer und Frauen – dargestellt in Form

von Gefäßen (Chinas) oder Statuetten (Cuchimilcos). Die besonders üppigen Textilien sind in ihrer Qualität mit jenen aus Paracas vergleichbar, auch wenn die beiden Stilarten nicht die geringste Ähnlichkeit aufweisen.

Auf der Ostseite der Anden erbauten die Chachapoyas zwischen 1000 und 1400 n. Chr. die mächtige Festung von Kuelap. Am Fluß El Abiseo stehen Ruinen, deren Entstehung auf 1400 n. Chr. zurückgeht. Sie waren einst Rundhäuser, die mit Friesen von Vogelmenschen und Vögeln verziert sind.

Im Süden bewohnten die Collas die Ufer des Titicacasees, eine Gegend, die einst von Pukara, dann von Tiahuanaco beherrscht wurde. Sie waren die Erbauer der Chullpas von Sillustani, von Bestattungstürmen, die besonders am Umayosee auffallen.

Während der Späten Zwischenperiode lebte in Cusco eine Gruppe von Bergbewohnern, die allmählich aus ihrer Abgeschiedenheit heraustraten: die Inkas. Im Laufe des 13. und 14. Jahrhunderts eroberten sie langsam die umliegenden Gebiete und beherrschten schließlich unter Inca Roca und dann unter Viracocha Inca das gesamte Tal von Cusco. 1400 traten die Inkas erstmals auf der Bühne der Weltgeschichte auf.

S. Purin

PACATNAMÚ, EINE TEMPELSTADT AN DER MÜNDUNG DES RIO JEQUETEPEQUE

DER GEOGRAPHISCHE UND KULTURELLE HINTERGRUND

Der Jequetepeque ist einer von vielen Wasserläufen, die in den Kordilleren entspringen und im Pazifik münden. Nördlich von ihm folgen die Flüsse Zaña, Reque, Lambayeque und Leche, südlich Chicama und Moche. Alle bilden fruchtbare Oasen im sonst wüstenartigen peruanischen Küstenstreifen. Im Gegensatz zu den Regionen von Lambayeque und Moche sowie zu dem im Hochland gelegenen Tal von Cajamarca hat es am Río Jequetepeque nie eine große bekannte Kulturzone gegeben. Es war vielmehr stets Grenz- oder Durchzugsgebiet. Aufgrund der hervorragenden, sowohl der Pazifikküste folgenden als auch in die Sierra führenden Kommunikationsmöglichkeiten ergaben sich nicht nur aus ökonomischer Sicht durch regen Güteraustausch erhebliche Vorteile, sondern es waren auch kulturelle Wechselbeziehungen unausbleiblich, die diesen Landstrich für die gesamte nördliche Küstenzone zu einem Knotenpunkt von vielfältiger Bedeutung werden ließen. Im Zusammenwirken mit beachtlichen, die Ausweitung der Feldbauflächen fördernden hydrotechnologischen Fortschritten entstanden im unteren Talbereich zum Teil ausgedehnte Siedlungsgebiete. In deren Folge stieg Pacatnamú allmählich zum religiösen Zentrum auf – trotz seines fernen Standortes, weit-

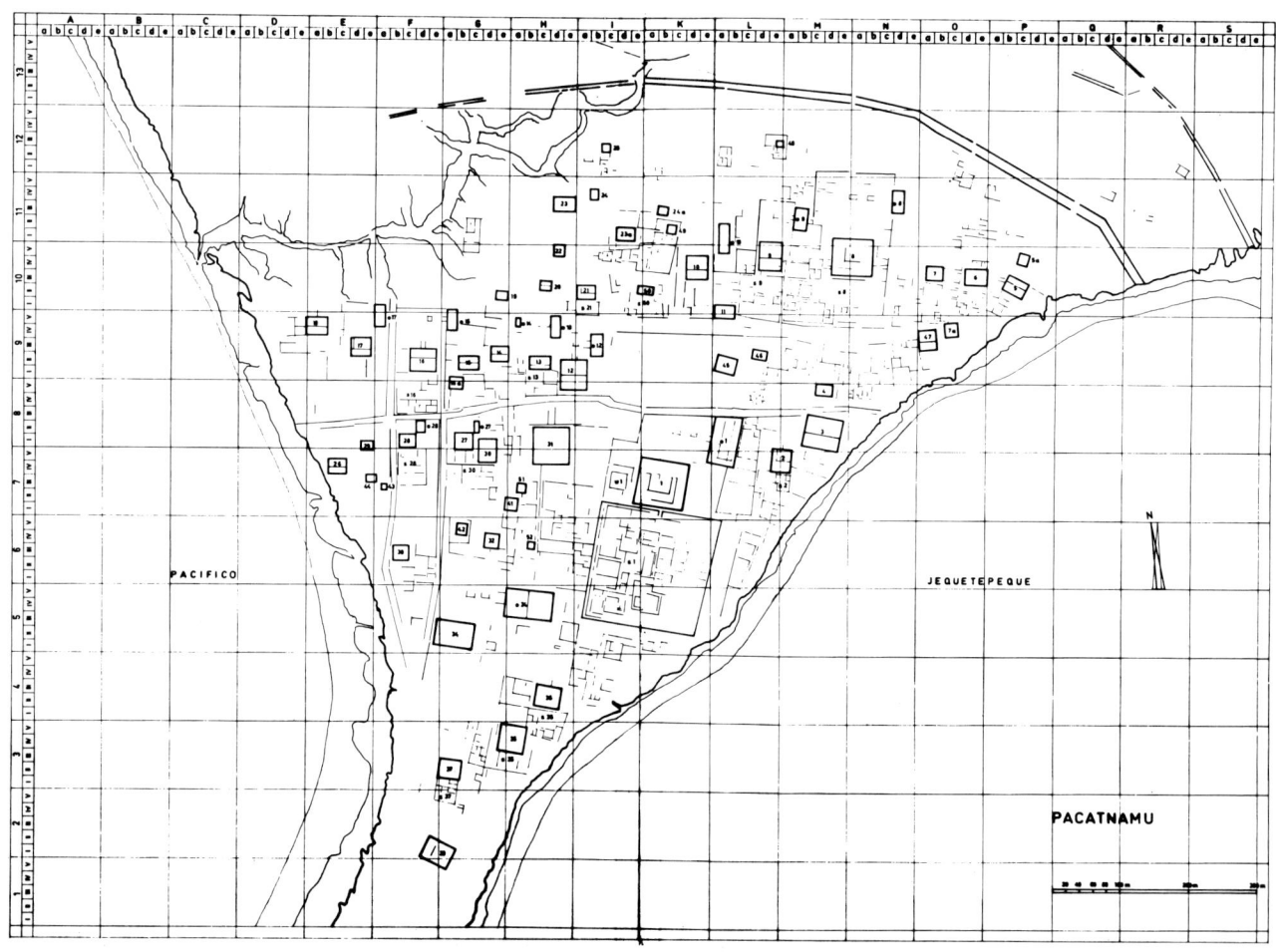

303. Stadtplan von Pacatnamú mit seinen Terrassenbauten

ab der interzonalen, die Flußoasen verbindenden Landverkehrswege. Es liegt nördlich der Mündung des Jequetepeque auf einem felsartigen, ca. 40 m über dem Pazifischen Ozean aufragenden Plateau, das an dieser Stelle eine schmale, südwärts weisende, im Westen zum Meer und im Südosten zur Talsohle steil abfallende Landzunge bildet (Abb. 303). Nördlich schließt eine ebene und vegetationslose, stellenweise durch Ausspülungen zerfurchte Pampa an. In Richtung Nordosten und Osten liegen im fernen Dunst die Ausläufer der Anden.

ENTSTEHUNGS- UND ENTWICKLUNGSZEIT

Welche Funktion Pacatnamú zur Zeit seiner ersten Nutzung besaß, ist noch nicht bekannt; möglicherweise wurden dort anfangs nur Tote begraben. Es gibt aber auch Schichten, die Brandstellen, Artefakte und Abfälle enthalten, wie sie bei einer Besiedlung anfallen. Massive Baumaterialien wie Steine oder Adobes (Lehmziegel) waren zumindest dort, wo gegraben wurde, für die untersten Strata nicht nachzuweisen. Einige Holzkohleproben, die aus Schichten nahe dem gewachsenen Boden entnommen wurden, sind durch C-14-Analysen in die erste Hälfte des 5. Jahrhunderts n. Chr. datiert worden. Man geht daher wohl nicht fehl, wenn man diese ersten, ungefähr im Stadtzentrum vorgefundenen Zeugnisse menschlicher Gegenwart etwa dem 4. Jahrhundert n. Chr. zuschreibt. Bezüglich der gebräuchlichen relativen Chronologie entspricht dies ungefähr der zweiten Hälfte der Frühen Zwischenperiode. Diese Zuordnung wird durch die ältesten, annähernd datierbaren Keramikfunde bestätigt, die diesem Zeitabschnitt angehören. Es handelt sich um eine derb gearbeitete, lokalspezifische Haushaltsware, die in zahlreichen Exemplaren im Jequetepequetal anzutreffen ist und deren Entwicklung sich mindestens ab dem Frühen Horizont verfolgen läßt. Die Nutzungsweise dieses Areals scheint über längere Zeit etwa gleichbleibend gewesen zu sein. In höher liegenden Schichten, jedoch immer noch unterhalb der ersten massiv errichteten Bauten, tauchten Fragmente einer Töpferware auf, die etwa den Phasen III oder IV der Mochekultur, das heißt dem letzten Drittel der Frühen Zwischenperiode zuzuordnen ist. Offenbar waren Angehörige anderer Ethnien aus den südlichen Nachbartälern zugezogen, die ihr Formenrepertoire mitbrachten.

In diese kulturell wahrscheinlich sehr fruchtbare Epoche dürften auch die ersten Sakralbauten zu datieren sein, die in Pacatnamú entstanden. Der älteste bisher nachgewiesene, aus Adobes errichtete Bau, die sogenannte Huaca 31, befindet sich annähernd im Stadtkern. Sie war zumindest zeitweilig zweistufig, wurde aber mehrfach verändert. Die erste Konstruktionsphase könnte dem beginnenden Mittleren Horizont, also dem Anfang des 7. Jahrhunderts n. Chr. zuzuschreiben sein, die letzte Umbauphase vermutlich dem Ende der Späten Zwischenperiode, gegen 1400 n. Chr. Wie viele solcher Gebäude in dieser für den Ort noch frühen Zeit entstanden sind, ist nicht bekannt. Ihre Anzahl war jedoch mit Sicherheit nicht groß, denn keine Grabung hat bisher weitere Hinweise auf Bauten aus dieser Periode geben können, obwohl nahezu an allen Stellen, an denen man in diese Kulturschichten gelangte, kontemporäre Gefäßfragmente zutage traten.

Mit dem Ende der Macht der Moches, ausgangs des Mittleren Horizonts, flaute offenbar die Wertschätzung für Pacatnamú ab. Ob das mit der beginnenden Dominanz der Huaris zusammenhing, ist zwar anzunehmen, bislang jedoch nicht zu klären gewesen. Zu spärlich sind sowohl in Pacatnamú als auch im gesamten Jequetepequetal entsprechende Fundobjekte dieser Kultur, als daß man ihr außer einem organisatorischen und ökonomischen auch einen ausgeprägten stilistischen Einfluß auf die lokalen Traditionen zubilligen könnte. Auffällig ist indessen, daß in Pacatnamú wohl zunächst keine neuen Bauten entstanden. Der Zerfall bestehender Anlagen und Sandverwehungen kennzeichnen diese Periode. Das legt zumindest den Schluß nahe, daß ein Wechsel in der herkömmlichen religiösen Vorstellung erfolgte, der auf Fremdeinwirkung beruht haben muß. Und in der Tat zeigen sich auf Keramiken und speziell auch Textilien nun Darstellungen von Göttern oder Dämonen, die unmißverständlich auf derartige Veränderungen hinweisen. Und in diesem religiösen Umfeld könnten motivtypologische Beziehungen zu Vorbildern aus dem Huari-Kulturkreis evident werden, denn die beiden nun auftretenden Hauptnumina – und von ihnen insbesondere die mit Vogelcharakteristika ausgestattete Figur – gehen vermutlich auf solche Ursprünge zurück (s. w. u.). Doch auch ein Naturereignis scheint schließlich zum zeitweiligen Niedergang der Stadt beigetragen zu haben. Bei-

304. Religiöser Komplex der Huaca 1 in Pacatnamú

spielsweise sind ältere Bauteile der Huaca 31 von einer Schwemmschicht aus Lehm überdeckt, die, wie man annimmt, ungefähr um 1100 durch verheerende Regengüsse, einen sogenannten Niño, hervorgerufen wurde. Die katastrophalen Auswirkungen sind auch an anderen Küstenorten Nordperus und in der Sierra festgestellt worden. In dem seinerzeit wohl größtenteils verlassenen Pacatnamú sind wahrscheinlich nur wenige der vormals zahlreichen Bewohner zurückgeblieben.

PACATNAMÚ IN DER SPÄTEN ZWISCHENPERIODE

Den Angaben Donnans folgend, könnte etwa um 1100–1150 n. Chr. eine Blütezeit mit anderen Architekturformen und neuen Adobeformaten eingesetzt haben (Donnan und Cock, 1986). Pacatnamú entwickelte sich als sakrales Zentrum, das etwa mit Pachacamac an der mittleren Küste vergleichbar war. Die große Masse der heute noch sichtbaren Bauten und die letztendlich erreichte Ausdehnung der Stadt entstanden anscheinend im

Verlauf der dann folgenden zwei Jahrhunderte. Die Nordzone besaß an der breitesten Stelle in der Ostwestrichtung eine Abmessung von knapp 2000 m. Dieses Areal betrifft einen Teil von Pacatnamú, der bislang kaum beachtet wurde, weil er nur wenige herausragende Bauten aufweist. Dennoch ist er zweifellos einst ein urbaner Bestandteil gewesen (Hecker, 1985). Erst in der Späten Zwischenperiode wurde er von dem südlichen Gebiet durch eine Stadtmauer separiert (s.w.u.), in deren Bereich die Ostwestausdehnung etwa 1430 m betrug. Das Terrain innerhalb der Mauern war annähernd 0,85 km² groß und wurde durch zwei von Osten nach Westen verlaufende Straßen in drei Sektoren geteilt. Ein dritter, nordsüdlich verlaufender wichtiger Verkehrsweg befand sich im äußersten Westen; er bildete anscheinend einst die alleinige, jetzt noch erkennbare größere Verbindung nach außerhalb in Richtung Norden. Im mittleren Stadtteil lag, ziemlich zentral, ein rechteckiger ausgedehnter Platz. Alle drei innerstädtischen Bezirke waren mehrheitlich in unterschiedlich große, unregelmäßig konturierte religiöse Komplexe gegliedert, die meist von Adobemauern umschlossen wurden. Offenbar gehörten nur kleinere Flächen und ebenso auch nur wenige Bauten nicht zum kulturellen Nutzungsbereich.

DIE STADTMAUERN

Die beiden frei zugänglichen Seiten der Tempelstadt, im Norden vor der Pampa und im Süden vor der flach abfallenden Plateauspitze, erforderten offenbar Schutzmaßnahmen. Die Mauer im Süden (auf Abb. 303 nicht erfaßt) ist durch die klimatisch bedingte starke Verwitterung schlecht erhalten und bisher nicht untersucht worden. Die Anlage im Norden, von der besonders die Osthälfte gut erhalten ist, war bis zu 8,50 m dick und massiv aus Adobes gebaut. Es markieren sich mehrere Durchgänge in nahezu regelmäßigen Abständen. An der Außenseite wurde die Anlage von einem stellenweise 8 m breiten Trockengraben begleitet, der die mehr als 4 m betragende Höhe der Mauer um weitere eineinhalb Meter vergrößerte. An einer Bresche, die in den vergangenen Jahrzehnten für eine breite Pistenführung durch die Befestigung geschlagen wurde, erkennt man im Mauerprofil eine nach innen doppelt abgestufte Konstruktionsweise. Dadurch entstand eine Art Wehrgang. In einer späteren Bauphase wurde die Abstufung durch Ausmauerung beseitigt, eine Maßnahme, die nach der Eroberung der Stadt durch die Chimús im 14. Jahrhundert getroffen worden sein könnte.

DIE RELIGIÖSEN ANLAGEN

Die Anzahl der religiösen Komplexe in Pacatnamú läßt sich mit knapp 50 beziffern. Im nördlichen und mittleren Stadtteil wurden sie, mit sehr wenigen Ausnahmen, in Ostwestrichtung aneinandergereiht; im südlichen Bezirk, der eine etwa dreieckige Grundfläche hat, lagen sie unsystematisch verteilt. Alle bestanden außer aus einem Hauptbau aus mehreren Nebenbauten und Hofgruppen (Abb. 304, Huaca 1 als Beispiel). Ihre Gestalt und Größe waren bei den einzelnen Anlagen zwar sehr unterschiedlich, indessen setzten sie sich stets aus den gleichen Komponenten zusammen, von denen aber gelegentlich aus Platzmangel manche fehlten.

Das jeweilige Hauptbauwerk (die »Huaca«) und somit der religiöse Brennpunkt fast eines jeden dieser Komplexe war ein nordwärts zwei- oder dreifach abgestufter Baukörper, auf dessen oberster und kleinster Stufe (oder Terrasse bzw. Plattform) der Tempel stand, der das eigentliche Heiligtum bildete. Alle Terrassen waren durch Rampen miteinander verbunden, welche mehrheitlich von Norden nach Süden anstiegen. Offenbar bestand für diese Hauptbauten, die den Tempel trugen, ein gewisser Planungs- und Baukanon, der freilich so oft variiert wurde, wie es Huacas in Pacatnamú gab, denn es ist kaum ein solches Bauwerk zu finden, das mit einem anderen gleicher Zweckbestimmung in allen Einzelheiten identisch wäre (Hecker, 1985: Fig. 13). Die Tempel waren nach Norden offen und in der Regel verhältnismäßig klein. Aufgrund einer 1962/63 von uns durchgeführten Grabung an der Huaca 16 in Pacatnamú konnte nachgewiesen werden, daß das dortige Heiligtum anscheinend größer war als üblich. Es öffnete sich ebenfalls nach Norden und hatte sechs runde Stützen (Hecker, 1991). Diese Tempel waren mit einem aus einer Holzkonstruktion bestehenden Dach versehen (Abb. 305). Die Eindeckung setzte sich aus einem Rohrgerüst mit darauf befestigten Matten und sich überlappenden Flechtstreifen aus Schilfblättern mit losen Enden zusammen.

Dem Hauptbau war fast immer ein Nordhof vorgelagert, in welchem häufig ein oder zwei Altäre vorhanden waren. Von diesem Nord- oder Altarhof führte in Richtung Süden eine Rampe auf die untere Terrasse der Huaca. Sofern der Komplex mit einer Nordmauer versehen war, befand sich in ihr häufig ein Eingang gegenüber der unteren Rampe der Huaca, wobei in vielen Fällen eine Übereinstimmung der Längsachsen zu beobachten ist.

Die Ostseite des Nordhofes wurde oft durch einen Bau begrenzt, der aufgrund seiner Plazierung die Bezeichnung Ostanlage erhielt. Diese in der Nordsüdrichtung zumeist langgestreckten Bauten erreichten selten die Höhe der Huaca, der sie zugeordnet waren, doch scheint eine gewisse Typisierung auch für sie bestanden zu haben. Es konnte eine einfache Plattform oder auch ein zweistufiges Bauwerk sein, welches – wie die Huaca – über Rampen zugänglich war. Die Ostanlagen waren jedoch westwärts ausgerichtet, und ihre Rampen, die ebenfalls im Nordhof begannen, stiegen daher nach Osten an. Bei vielen von ihnen koinzidierte die Rampenlängsachse mit der Ostwestachse des Altars. Das traf auch dann zu, wenn dieser Aufgang nicht in der Frontmitte der Ostanlage lag, sondern größtenteils nordwärts verschoben war.

An der Huacawestseite befand sich nahezu immer ein besonders abgegrenzter Hof, der gelegentlich mit einem Nord- und Südtor versehen war. In manchen Komplexen hatte in diesem Gelände

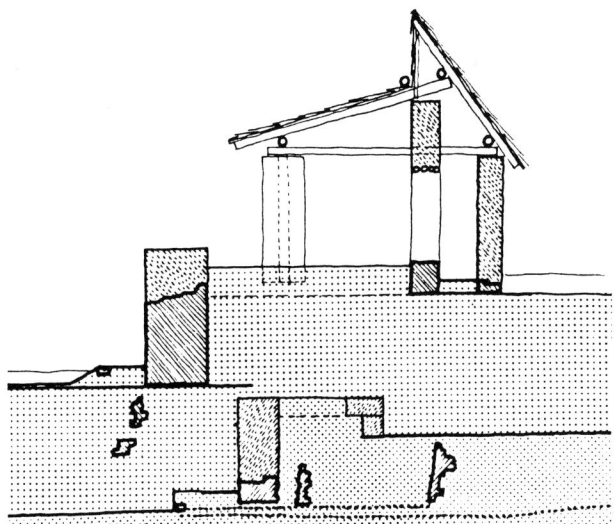

305. Ausschnittszeichnung eines Rekonstruktionsversuches vom Tempel der Huaca 16, basierend auf dem vollständig ausgegrabenen Grundriß, aufgefundenen Resten der Dacheindeckung und typischen Tempeldarstellungen auf Tongefäßen

auch eine vielfach gegliederte, ausgedehnte Hofgruppe Platz. Bei einigen Huacas konnte dort hingegen aus Raumnot nur ein schmaler Gang angeordnet werden, der die Verbindung vom Nordhof zu der sogenannten Südanlage gewährleistete.

Dieser letztgenannte Bestandteil der Komplexe beschloß fast bei jeder Huaca unterhalb ihrer Rückseite das ihr zugeordnete Terrain. In vielen Fällen gliederte sich die betreffende Fläche in unterschiedlich dimensionierte Räume und Höfe, die durch Passagen oder Korridore erreichbar waren. Meistens wurde dieses Südareal von besonders markanten Mauern umfaßt. Als herausragendes Beispiel sowohl für die mögliche Vielfalt der Raumgruppierungen als auch für die auffallend starke Umgrenzung ist die Südanlage der Huaca 1 anzusehen (Abb. 304).

Verschiedene Komplexe besaßen, wenn das umliegende Gelände es zuließ, östlich der Huaca oder im Südosten zusätzliche Hofgruppen, doch war das nicht die Regel.

Was die Orientierung der Huacas angeht, haben Untersuchungen ergeben, daß – abgesehen von einer Ausnahme und unwesentlichen Abweichungen einiger Bauwerke – alle Kultanlagen nach Norden ausgerichtet sind. Über die eventuelle Motivation wurden unterschiedliche Spekulationen geäußert, beispielsweise, daß ein Bezug auf einen bestimmten Berg im Norden vorliege, der als magisch-sakraler Richtpunkt angesehen worden sei. In einem solchen Fall würden aber einige Huacas zu starke Abweichungen aufweisen. Ubbelohde-Doering äußerte zum Thema (1959): »Fast alle Pyramiden von Pacatnamú sind nach Norden gerichtet, ebenso wie die Toten in den Gräbern. Der Norden war die heilige Richtung...« Dem steht wiederum entgegen, daß viele ähnliche Tempelanlagen an anderen Stellen des Jequetepequetals nicht nordwärts ausgerichtet sind und folglich vermuten lassen, daß eine bestimmte Richtung nicht zwingend erforderlich war.

Ohne eine der Meinungen verwerfen zu wollen, sind zumindest für Pacatnamú auch praktische Gründe nicht außer acht zu lassen. Ein gravierender Aspekt sind die dort herrschenden klimatischen Verhältnisse. Während bestimmter Jahres- und Tageszeiten wehen aus südlicher Richtung außerordentlich kräftige Winde, deren Entstehung mit der vormittäglichen Erwärmung des Bodens zusammenhängt und die viel Sand mit sich führen.

Es ist nicht vorstellbar, daß die offenen Tempelseiten diesen Witterungseinflüssen ausgesetzt wurden, und mit Sicherheit hätte bei einer derartigen Orientierung keine noch so robuste Dachkonstruktion lange standgehalten.

DIE BEWOHNER UND IHRE UNTERKÜNFTE

Obwohl Pacatnamú eine Stadt der Heiligtümer war, lebte dort sicher nicht nur Tempelpersonal. In der Späten Zwischenperiode könnte die Anzahl der Bewohner sogar beträchtlich gewesen sein. Einige Anzeichen sprechen dafür, daß sie ihre eigenen, wenn auch eventuell nur mäßig ausgedehnten Wohnbezirke hatten. Zum einen befand sich an der Ostseite des zentralen Platzes ein solches Viertel eng aneinandergeschachtelter kleiner Räumlichkeiten, die eindeutig Wohncharakter zu erkennen gaben (Herdstellen, Nahrungsreste, Fragmente von Kochtöpfen und anderen Gebrauchsgefäßen), und zum anderen lag anscheinend im Nordwesten der Stadt ein ähnlicher Bezirk, wie sich auch dort anhand von Siedlungsresten feststellen ließ.

Die Unterkünfte waren aus leichten Materialien hergestellt. Für die Wände bevorzugte man Qincha, eine Konstruktion aus Rohr oder Bambus, die an beiden Seiten mit einer dicken Lehmschicht verstrichen wurde. Holzpfosten stützten die Dächer, welche die gleiche Eindeckung besaßen wie weiter oben für die Tempel angegeben.

Über die Menschen der damaligen Zeit gaben Untersuchungen des Skelettmaterials, das 1937/38 von Ubbelohde-Doering aus den von ihm freigelegten Gräbern nördlich der Huaca 31 geborgen worden war, einige aufschlußreiche Informationen. Bezüglich der Körpergröße ließ sich beispielsweise sagen, daß sie bei den Frauen im Durchschnitt 148 cm und bei den Männern 160 cm betrug. Zur künstlichen Schädeldeformation wurde ermittelt, daß nur wenige der analysierten Schädel keine Deformierung aufwiesen. Die Behandlung, mit der bei beiden Geschlechtern im frühen Kindesalter begonnen wurde, entsprach der in der nördlichen Küstenregion üblichen fronto-occipitalen Form. Bei dieser Methode wurde am Hinterhaupt und auf der Stirn je ein Brettchen aufgelegt und beide zusammen festgeschnürt. Dadurch entstand allmählich an beiden Schädelpartien, je nach angewendetem Druck, eine mehr oder minder ausgeprägte Abplattung.

Ein natürliches somatisches Merkmal, das an den Kieferskeletten besonders auffiel, betraf die häufige Prognathie (vorgeschobener Kiefer). Sie erstreckte sich allerdings in keinem Fall auf den gesamten Kiefer, sondern lag hauptsächlich im Alveolarbereich. Der Anteil der prognathen Frauen lag um gut 11% höher als der der Männer, und allgemein war die Vorkiefrigkeit bei Erwachsenen merklich stärker vertreten als bei Kindern und Jugendlichen; sie bildete sich offenbar erst mit zunehmendem Alter.

Die Lebenserwartung überstieg nur in seltenen Fällen das vierte Jahrzehnt, wie sich anhand der Altersbestimmungen der Bestatteten ermitteln ließ. Der weitaus größte Anteil an Verstorbenen gehörte der Altersgruppe zwischen 20 und 40 Jahren an, mit einigem Abstand gefolgt von den Kindern bis zu 14 Jahren. Die wenigsten Toten waren Jugendliche zwischen 14 und 20 Jahren und Erwachsene zwischen 40 und 60 Jahren. Personen, die bei ihrem Ableben mehr als 60 Jahre alt waren, wurden überhaupt nicht angetroffen.

DIE BESTATTUNGEN

Eine Anzahl von Friedhöfen, die im Stadtbereich und in unmittelbarer Nachbarschaft angelegt worden sind, zeugt davon, daß Pacatnamú nicht nur ein Anziehungspunkt für zeremonielle Aktivitäten, sondern auch ein geschätzter Begräbnisplatz war. Leider wurden die entsprechenden Stellen fast ausschließlich von Grabplünderern entdeckt. Einer dieser innerstädtischen Bestattungsplätze war das nördliche Vorfeld der Huaca 31 sowie auch das Bauwerk selbst. Sein Zentrum ist von Huaqueros total zerstört worden. Es weist einen ungefähr 5 m tiefen Krater auf, der die unglaublichen Abmessungen von etwa 25 x 30 m besitzt. Wenn man sich nicht scheute, derartige Erdbewegungen per Schaufel durchzuführen, dann sind dort mit Sicherheit nicht nur Tote mit ärmlicher Beigabenausstattung gefunden worden.

Doch es sind auch bei kontrollierten Grabungen in diesem und einem anderen religiösen Komplex ungestörte Bestattungen mit in situ befindlichen Beigaben freigelegt worden. Dabei wurden mehr als 135 Tote angetroffen. Die ältesten datierten etwa aus der Zeit der Wende von der Moche III- zur Moche IV-Phase (Ubbelohde-Doering, 1983), die jüngsten aus der frühen Kolonialzeit (Hecker,

1991). Von den aus der frühesten Besiedlungszeit und der zweiten Hälfte der Frühen Zwischenperiode stammenden Gräbern waren drei wegen ihrer Beigaben für die Kenntnis bestimmter, in den alten Kulturen praktizierter handwerklicher Fertigkeiten besonders bemerkenswert. Sie gaben außerdem interessante Einblicke in die religiösen und magischen Vorstellungen in Verbindung mit dem Totenkult jener Epoche. Alle drei Gräber (E I, M XI und M XII) lagen etwa 4 m tief unter der Geländeoberfläche und besaßen einen senkrechten Einstiegsschacht, der zu einer horizontal abgewinkelten Kammer führte. Es waren durchweg Kollektivbestattungen, und die meisten der Toten wurden dorsal und gestreckt, in rechteckigen, aus einer Rohrart gefertigten Särgen beigesetzt.

Im Grab E I erregten vor allem die seltenen Moche-Textilien Aufsehen, die in damals noch leuchtenden Farben zum Teil mythische Szenen zeigten. Die religiös-magischen Vorstellungen der Küstenmenschen der Frühen Zwischenperiode bewegten sich in einem wahren Pantheon göttlicher und halbgöttlicher Wesen sowie menschen-, tier- und sogar pflanzengestaltiger Dämonen, die in komplexen Bildfolgen und in unzähligen Varianten auf vielen Tongefäßen und gelegentlich auch auf Geweben wiedergegeben worden sind. Keine andere als die Moche-Kultur hat mit ihrer Formen- und Dekorsprache so tiefgreifend und nachhaltig auf alle motivgeschichtlichen Entwicklungen der nachfolgenden Stile eingewirkt, was auch in Pacatnamú an den entsprechenden Keramiken und Textilien erkennbar war.

In dem obengenannten Grab wurde zudem eine Anzahl Gefäße geborgen, die aus der Frühen Zwischenperiode und dem Mittleren Horizont datierten (Hecker, 1984). Viele gehörten zur groben typischen Jequetepequeware; andere, recht derb gearbeitete Töpfe sind in ihrer Art bisher überhaupt nur in Pacatnamú gefunden worden. Auch einige stilreine Mochebehälter waren vorhanden, wie sie aus dem Moche-Kerngebiet bekannt geworden sind, und außerdem solche, die offensichtlich einer stilistischen Beeinflussung ausgesetzt waren, deren Ursprung noch nicht zu ermitteln war. Die sonst unüblichen Merkmale an derartigen Gefäßen waren einerseits bis zu 2 cm hohe Ringfüße, andererseits enge und hohe Ausgüsse mit Ösenhenkeln. Viele Töpfe waren reduziert (unter Drosselung der Sauerstoffzufuhr) gebrannt worden, wodurch ihre Oberflächen eine tiefschwarze Farbe annahmen.

In allen drei Gräbern wurden überdies Kupferbeigaben angetroffen, die verdeutlichten, daß dieses Metall zu jener Zeit einen hohen symbolischen Stellenwert besaß. Eine Zeremonialrassel, Mund- und Nasenmasken, Schmuckplatten, Armreifen, sogar Sandalen und viele weitere Objekte aus diesem Metall waren den Toten auf ihre Reise ins Jenseits beigegeben worden. Und für die Bestatteten dieser Kulturphase sind Skeletteile, die von früher Verstorbenen stammten, und Teile von rituell geopferten Kameliden (Alpakas, Lamas, Guanakos) offenbar von außerordentlicher Wichtigkeit gewesen, denn solche menschlichen und tierischen Überreste fanden sich in großer Menge sowohl innerhalb von Särgen als auch darauf und daneben oder, bei den sarglos Bestatteten, in engem Kontakt mit ihnen.

In der direkt auf die Moche-Periode folgenden Phase wurden zwar keine schuhförmigen Tiefgräber mehr angelegt, aber die alte Grablegungsform mit Rohrsärgen wurde noch eine Zeitlang beibehalten, obwohl veränderte Beigaben einen deutlichen kulturellen Wandel erkennen lassen. Kupferobjekte und Kamelidenknochen wurden seltener, menschliche Skeletteile bald gar nicht mehr als Totenbeigaben dargebracht. Nun tauchten hingegen die weiter unten zitierten (s. Abschnitt Weberei und Töpferei) blau-weißen Streifengewebe sowie geometrische Gewebemotive und modifizierte Webtechniken auf, und den Toten wurden Kochgefäße mit den gleichfalls weiter unten beschriebenen einfachen Dekoren beigegeben. Diese Situation war bei vier Bestattungen zu beobachten (Ubbelohde-Doering, 1983: Gräber D VI, L III, M II, M IX). Die Übergangsphase ist kulturhistorisch äußerst bemerkenswert, denn sie beweist eine kontinuierliche Weiterbesiedlung der Stadt und eine nur allmähliche Veränderung der Bestattungsbräuche ohne abrupten Bruch.

Mit großer Wahrscheinlichkeit erreichte das Jequetepequetal zwischen 800 und 900 n. Chr. aus dem Lambayequegebiet eine Welle generellen Einflusses, die vermutlich sogar weit darüber hinausführte und aufgrund eines Gestaltwandels einen neuen Kulturabschnitt einleitete. Die Rohrsärge verschwanden; die Toten wurden in mehrere, häufig außen verschnürte Gewebe gehüllt und in wannenartigen, flachen Mulden beigesetzt. Die ge-

streckte Rückenlage wurde dennoch beibehalten, und auch die Beine waren meistens gestreckt. Gelegentlich wurden sie aber trotz der Rückenlage angewinkelt, und zwar entweder zur Seite geneigt nebeneinanderliegend oder – mit weit nach oben gezogenen Unterschenkeln – gekreuzt. Auch einige wenige Hockergräber wurden in diesem Horizont angetroffen. In diesen Fällen lag vielleicht eine Anlehnung an Huari-Bestattungstraditionen vor.

WEBEREI UND TÖPFEREI

Den Berichten der spanischen Chronisten kann man entnehmen, daß die Weberei für das gesamte Jequetepequetal, welches anscheinend ein bevorzugtes Baumwollanbaugebiet war, ein Charakteristikum gewesen ist. Die Grabungen an den Huacas 16 und 31 haben besonders für diesen Handwerkszweig eindrucksvolle Zeugnisse erbracht, was sich durch die unterschiedlichsten Fertigungsweisen manifestierte. Zweifellos war die Leinenbindung die häufigste Webmethode, aber es sind auch zahlreiche andere belegt wie zum Beispiel die für geometrische Musterungen bevorzugte Ableitung der Leinenbindung oder die für Hemden benutzte einfache und komplizierte Dreherbindung sowie die zu gleichen Zwecken angewendeten verschiedenen Ajour- und Durchbruchtechniken; weiterhin die lancierten Dekore und vor allem die Schlitzwirkerei für Schmuckbänder und – als Höhepunkt dieser Technik – für szenenhafte Darstellungen.

Die Bekleidung für die Bevölkerung wurde generell aus Baumwolle hergestellt; Reste von gänzlich aus Wolle gearbeiteten Gewändern sind nur in äußerst seltenen Fällen angetroffen worden. Dagegen diente Wolle häufig als Schußmaterial für Schlitzwirkereien.

Ein charakteristisches Novum der Späten Zwischenperiode war unter anderem ein Dekor, der unzählige Varianten gestattete: auf weißem oder hellem Untergrund liegende, aus blauen Kettfäden gebildete Streifen, die in beliebigen Breiten sowie einzeln, paarweise oder in Gruppen zusammengefaßt und in verschiedenen Zwischenräumen angeordnet werden konnten. Diese Farbkombination wurde, obwohl seltener, auch umgekehrt – weiße Streifen auf blauem Grund – angewandt und ebenso modifiziert. Diese blau-weiße Musterungsart ist geradezu als Leitform für das Ende der Moche-Epoche und den Beginn einer neuen Kultur zu bezeichnen. Zwar gab es auch vorher Streifengewebe, aber für sie benutzte man eine Skala von Erdtönen von Weiß über Beige mit allen Ocker- und Braunnuancen und mit gelegentlich verwendetem Grün und Rot oder Orange. Diese Streifendekore sind offenbar zu allen Zeiten hauptsächlich großen Umschlagetüchern und gelegentlich Hemden vorbehalten gewesen.

Einen viel prächtigeren Schmuck wiesen andere Kleidungsstücke auf, die aus einem ungemusterten Hemd und aufgenähten, gesondert gefertigten Webteilen bestanden. Dies waren zum einen schmale, mit verschiedenfarbiger Wolle meist geometrisch gemusterte Bänder, die größtenteils an beiden Längskanten Schlaufenfransen besaßen. Sie wurden senkrecht wie waagerecht in bestimmten Abständen auf das Hemd genäht, so daß sich rechteckige oder quadratische Felder bildeten. Zum anderen wurden in Schlitzwirkerei vielfarbige Applikationsstücke gewebt, die menschengestaltige Figuren wiedergaben, bei denen es sich vorwiegend um göttliche Wesen und/oder deren Begleiter handelte. Solche Gewebe wurden in den Feldern zwischen den Bändern auf der Vorder- und Rückseite der Hemden befestigt.

Auf Textilien der Postmochezeit sind zwei Persönlichkeiten absolut dominierend: Der sogenannte »Stabgott« wurde stehend frontal mit ausgebreiteten Armen dargestellt, einen langen Stab oder ein anderes Attribut in jeder Hand haltend. Die andere Gestalt, welche oft nur angedeutete kleine Flügel an Schultern oder Oberarmen aufwies, bildete man entweder stehend frontal oder im Profil und laufend ab (s. z. B. auch Abb. 309). In diesem sogenannten »geflügelten Gott« vermutet man Naymlap, den legendären Gründer der Lambayeque-Dynastie, wie er auf dem berühmten Tumi (Zeremonialmesser) aus Ilimo oder auf Wandmalereien einer Ruine nahe Ucupe erscheint. Beide genannten Götterfiguren waren reich gekleidet, mit Ohrpflöcken und gelegentlich auch Halsschmuck versehen und mit großem Federbusch gekrönt. Ein derartiges kleines Gewebe mit dem »Stabgott« zeigt die Abb. 307. Das Fundstück stammt, wie auch die beiden folgenden Objekte, aus dem Schutt von Raubgrabungen nördlich der Huaca 31 und zeigt eine in Pacatnamú oft anzutreffende Gestaltungsweise. Die Götterfiguren sind aber oftmals nicht komplett dargestellt, sondern auf wesentliche Details reduziert worden, ohne daß nach früheren Vorstellun-

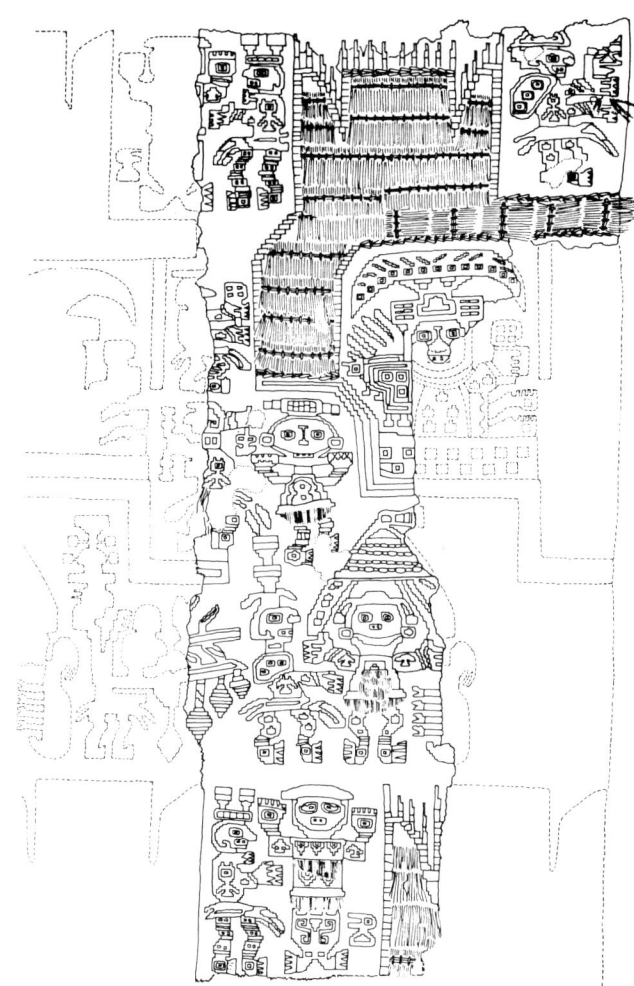

306. Vielfarbiges Gewebe in Schlitzwirkerei. Darstellung mehrfach wiederholter religiöser Szenen. Zentrales Motiv ist ein Tempel (vergleiche Abb. 305), in dem ein von Nebenfiguren umgebener Priester sitzt, der einen geflügelten Gott darstellt. Vermutlich für Pacatnamú typischer Lambayeque-Stil

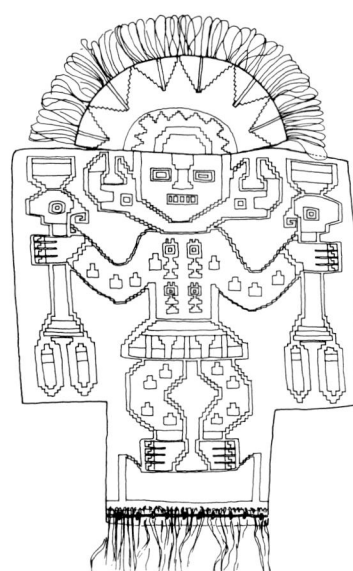

307. Vielfarbiges Applikationsgewebe in Schlitzwirkerei
Darstellung einer Gottheit. Vermutlich für Pacatnamú typischer
Lambayeque-Stil

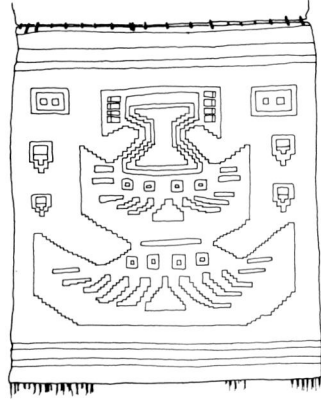

308. Mehrfarbiges Applikationsgewebe in Schlitzwirkerei
Darstellung einer Kopfbedeckung mit Federkrone als Symbol
einer Lambayeque-Gottheit

309. Eingeritzter Dekor auf einer kleinen Kalebasse
Darstellung einer geflügelten, laufenden Gottheit und
typischer, geometrischer Textilmuster

gen die Klarheit des Wiedergegebenen gemindert wurde oder verlorenging. So zeigte man statt der gesamten Gestalt in manchen Fällen nur die Kopfbedeckung mit der Federkrone sowie einige kleine Symbole (s. Abb. 308). Es gibt auch Applikationen, die nur aus einem stilisierten Antlitz mit großer, aus freistehenden Fransen gebildeter, halbkreisförmiger Krone und vom Gesicht herabhängenden, mehrstufigen Troddeln bestehen.

Von herausragender Qualität unter den altperuanischen Textilien sind die vielfarbigen Exemplare mit auf kleinstem Raum angeordneten Darstellungen komplizierter Szenen. Sie zeigen mit diversen menschlichen Figuren, häufig in mehreren Bildebenen übereinander und in horizontalen Wiederholungen, ganze Abläufe zeremonieller Handlungen. Sie sind meist extrem fein gefertigt und von hohem ikonographischem Aussagewert. Ein Teilstück eines derartigen Bildgewebes fanden wir 1962 während der Grabung an der Huaca 16 (Abb. 306). Einem seltenen Glücksfall war es zu verdanken, daß sich die unvollständige Abbildung durch die eines fast identischen Exemplars ergänzen ließ, welches Donnan nahezu 20 Jahre später etwa 500 m entfernt in der Südanlage der Huaca 1 antraf. Die gesamte, in drei Ebenen gegliederte Szenerie hat eine Folge von Ritualen zum Thema, die mit dem für die Lambayeque-Kultur typischen »geflügelten Gott« in Verbindung stehen, der auf der obersten Stufe einer Huaca Platz genommen hat. Besonders anschaulich ist das mit Schilfstreifen gedeckte Dach des Tempels dargestellt. Das leichte Material wurde überaus überzeugend durch Reihen hellbrauner hängender Wollfäden imitiert.

Doch nicht nur auf Geweben erscheint dieses geflügelte göttliche Wesen. Auf einer Kalebassenschale, die bei der Huaca 31 in einem der lambayequezeitlichen Hockergräber gefunden wurde (Ubbelohde-Doering, 1983: Grab O I), ist er im Lauf befindlich zu sehen (Abb. 309). Auf diesem Napf ist darüber hinaus als trennendes Motiv zwischen die figürlich dekorierten Felder je eine geometrische Streifengruppe eingefügt worden. Sie gibt eines der typischen Textilmuster dieser Periode wieder, zu denen auch eckige oder gerundete, mäandernde Wellen oder Voluten, wie bei den schmalen Seitenstreifen auf der Kalebasse, mit oder ohne gestuftem Kamm gehörten.

Hinsichtlich der Keramikherstellung sind für die Zeit nach dem Ende der Moche-Kultur, während der Späten Zwischenperiode, an Töpferware in Pacatnamú hauptsächlich drei Kategorien belegt (Zeremonialkeramik bisher jedoch ausschließlich in Fragmenten), und zwar 1. zahlreiche Gefäße der Lambayeque-Kultur (soweit erkennbar jedoch kein »Classico«), 2. eine besondere, von uns »Pacanga« genannte Keramik des Jequetepequetales, deren Aufkommen in den Mittleren Horizont datiert, die sich aber Anfang der Späten Zwischenperiode noch eine Zeitlang hielt, und 3. einige Bruchstücke von Cajamarca-Ware. Gegen Ende der Periode kamen außerdem Erzeugnisse der Chimú-Kultur auf. Objekte, die den so überaus eindeutigen Huari-Stil erkennen lassen würden, sind bisher für Pacatnamú nicht nachweisbar. Es hat den Anschein, als hätten sich die Träger dieser Kultur darauf beschränkt, ihre religiösen Sinngehalte und Ideen nach Norden zu verbreiten, ohne auch nur den Versuch zu machen, anderen Ethnien ihr sehr eigenes, zu intensiven Abstraktionen neigendes Dekorationsrepertoire zu vermitteln.

Die Zeremonialkeramik dieser Zeit, soweit sie bisher in Pacatnamú in Erscheinung trat, ließ offenbar die Darstellung der für die Lambayeque-Keramik charakteristischen Königsfigur (»el Rey«) völlig vermissen – ein Faktum, das generell für das Jequetepequegebiet zutrifft. In Pacatnamú waren vor allem Gefäße für den Hausgebrauch vorherrschend, von denen die Kochtöpfe in den meisten Fällen einfache Dekore besaßen. Für die Späte Zwischenperiode wurden zwei Verzierungsarten kennzeichnend: 1. die Schulterpartie bandförmig umlaufende Flachreliefs aus Model gepreßter linearer Motive in Wellen- oder Zickzackform oder als Geraden, mit eingestreuten Punkten; 2. mit Schlegeln aus Holz oder gebranntem Ton aufgeklopfte, sogenannte Paddle mark-Muster (spanisch: paleteado). Die einfachsten dieser Dekore zeigten Gitter, Quer-, Längs- oder Diagonalstreifen, Rauten und ähnliche Ornamente.

Die zuvor als Postulat angegebenen Daten für den Beginn des Lambayeque-Einflusses in Pacatnamú werden annähernd durch die Grabungen Ubbelohde-Doerings von 1962/63 bestätigt. Er fand, bis zu 1,50 m tief unter der Schwemmschicht des weiter oben genannten Niños (um 1100), Kochtöpfe, die denen aus den postmochezeitlichen Gräbern entsprachen, und außerdem Fragmente dunkelgrauer Gefäße aus der gleichen Zeit. Dadurch ist nachgewiesen, daß der Gebrauch die-

ser Töpferwaren vom Ende der letzten Moche-Phase bis um 1100 n. Chr. üblich gewesen ist. Schüsseln mit Ringfüßen, die gelegentlich eine Innenbemalung aufwiesen, gehörten in der Späten Zwischenperiode gleichfalls zum Standardrepertoire der Haushaltsgeschirre. Die Chimús verwendeten sie nicht mehr – sie bevorzugten Schüsseln ohne Standringe.

DAS ENDE DER SPÄTEN ZWISCHENPERIODE IN PACATNAMÚ

Die Okkupation des unteren Jequetepequetales durch die Truppen des Königs von Chimor, dessen Metropole Chan Chán etwa 120 km südlich im Mochetal lag, dürfte in Pacatnamú das Ende der Blütezeit eingeleitet und im gesamten nördlichen Küstengebiet den Abbruch der Lambayequevorherrschaft verursacht haben. Donnan vermutet diese militärische Aktion um 1370 n. Chr., und auch er schließt spekulativ nicht aus, daß die Tempelstadt dadurch allmählich ihre religiöse Bedeutung verlor. Dennoch wurden die Bautätigkeiten und die Wahrnehmung kultischer Handlungen fortgesetzt, wenn auch anscheinend in verringertem Maße. Zu den kultischen Anlagen dieser Epoche zählt beispielsweise die im Westteil der Stadt gelegene Huaca 16; sie datiert teils aus der Späten Zwischenperiode und teils aus dem Späten Horizont. Nach den Oberflächenfunden in der nördlichen Vorstadt zu urteilen, dürften außerdem zumindest von den dortigen Bauwerken viele ebenfalls aus dieser späten Zeit stammen.

Wolfgang Hecker und Giesela Hecker

BIBLIOGRAPHIE

Donnan C. u. Cock G., The Pacatnamú Papers, Volume 1. Los Angeles, 1986.

Hecker W. u. G., Erläuterung von Beigaben und Zeitstellung vorspanischer Gräber von Pacatnamú, Nordperu. In: Baessler-Archiv, Neue Folge, Band XXXII, 159–212. Berlin, 1984.

Hecker G. u. W., Pacatnamú y sus Constructiones. Centro Religioso Prehispánico en la Costa Norte Peruana. Frankfurt am Main, 1985.

Hecker G. u. W., Die Huaca 16 in Pacatnamú. Eine Ausgrabung an der nordperuanischen Küste. Berlin, 1991.

Ubbelohde-Doering H., Berichte über archäologische Feldarbeiten in Perú. II. In: Ethnos 1959: 1–2, pp. 1–32. Stockholm.

Ubbelohde-Doering H., Vorspanische Gräber von Pacatnamú, Nordperu. München, 1983.

310. GEFÄSS IN FORM EINES
ARCHITEKTURMODELLS

P.M.A.E. – Cambridge

T 1356 46-77-30/5101

Ton, H 22 cm, L 16 cm

Späte Zwischenperiode,
ca. 1100–1450 n. Chr.

Chancay (?)

Herkunft Cajamarquilla (Lima)

Chancay, ein kleines Königreich der
Späten Zwischenperiode, umfaßte die
Flußtäler von Pativilca und Chancay.
Im Norden schloß sich daran der
Herrschaftsbereich der Chimú und im
Süden die Einflußsphäre des großen
Zeremonialzentrums von Pachacamac
an. Das ausgedehnte Gräberfeld von
Chancay wird seit dem 19. Jh. regel-
mäßig von Raubgräbern («huaqueros»)
heimgesucht.

Zwar ist viel Material in Museen
vorhanden, doch ist es aus dem archäologischen Kontext herausgerissen.
Die an diesem Gefäß erkennbaren
architektonischen Formen unterscheiden
sich nicht wesentlich von den Vicús-,
Moche- und Chimú-Beispielen.

311. HOHER BECHER

M.R.A.H. – Brüssel AAM 68.7

Ton, H 25 cm, Ø 10,5 cm

Späte Zwischenperiode, ca. 1000 – 1450 n. Chr.

Chancay

Der Dekor dieses Bechers beschränkt sich auf das Relief
eines kleinen Affen. Die Wiedergabe des Tieres könnte darauf
hindeuten, daß auch in diesem Gebiet Handelsbeziehungen
zum tropischen Tiefland jenseits der Anden bestanden und
auch tropische Tiere zu den Tauschobjekten zählten.

312. a,b BEMALTES GEFÄSS

M.R.A.H. – Brüssel AAM 85.1

Ton, H 45 cm, Ø 36 cm

Späte Zwischenperiode, ca. 1000 – 1450 n. Chr.

Chancay (?)

Neben der einfarbig weißen und der schwarz auf weiß
bemalten Keramik stellten die Chancay zu Beginn der
Späten Zwischenperiode auch Gefäße mit polychromer
Verzierung her. Auf der flachen, runden Wandung ist
ein konzentrisch angeordneter Dekor aufgemalt, der geometrische und stilisierte Tiermotive miteinander verbindet.
Auf der Gefäßschulter sitzen zwei Affenfigürchen, die
durch Stege mit dem Gefäßhals verbunden sind.
Auf der Mündung ist seitlich jeweils ein Vogelpärchen
appliziert.

313. GROSSES GEFÄSS

M.R.A.H. – Brüssel AAM 46.7.85

Ton, H 57,6 cm, Ø 33,3 cm

Späte Zwischenperiode, ca. 1000–1450 n. Chr.

Chancay

Das hohe, eiförmige Gefäß trägt mit Ausnahme des unteren
Drittels einfache, dunkle Bemalung. Der Gefäßbauch ist in
vier mit Geraden und Wellenlinien bemalte Felder geteilt, an
die nach oben ein rautenförmiger Dekor mit kleinen Vogelfiguren anschließt. Dunkle Bemalung auf hellem Grund ist
ein typisches Merkmal der Chancay-Keramik.

314. MÄNNLICHE FIGUR
M.R.A.H. – Brüssel AAM 70.9
Ton, Baumwolle, Wolle,
H 44 cm, L 29,3 cm
Späte Zwischenperiode,
ca. 1000–1450 n. Chr.
Chancay

Dieses Figurenpaar, das vielleicht aus einer Werkstatt hervorging, diente sehr wahrscheinlich als Grabbeigabe. Die Gesichter tragen verschiedenartige Bemalung. Beide Figuren sind mit Textilfragmenten drapiert, was an die reiche Textilausstattung von Mumienbündeln erinnert.

315. WEIBLICHE FIGUR
M.R.A.H. – Brüssel AAM 70.8
Ton, Baumwolle, Wolle,
H 46 cm, L 29 cm
Späte Zwischenperiode,
ca. 1000–1450 n. Chr.
Chancay

316. ANTHROPOMORPHE FIGUR

M.f.Vo. – Wien 5876

Ton, Holz, Pflanzenfasern, Baumwolle,

H 33 cm, L 15,5 cm

Späte Zwischenperiode,

ca. 1000–1450 n. Chr.

Chancay

Dargestellt ist eine auf ein Traggestell
gebundene Person, die ein Gewand
aus Baumwolle trägt. Die Figur erlaubt
mehrere Deutungsmöglichkeiten:
Es könnte sich um einen Verstorbenen
auf einer Bahre handeln, ein Kind,
das auf eine Rückentrage geschnallt ist,
oder aber einen Kranken auf einer Trage.
Für jede der Möglichkeiten gibt es
Belege in der Ikonographie oder aus
archäologischen Zusammenhängen.
Max Uhle hat bei seinen Ausgrabungen
in Pachacamac eine Reihe ähnlicher
Figuren gefunden, die heute in Philadelphia aufbewahrt werden.

317. WEIBLICHE FIGUR

M.f.V. – Berlin VA 18062 K105

Ton, H 45 cm, L 19,2 cm

Späte Zwischenperiode,

ca. 1000–1450 n. Chr.

Chancay

Die sorgfältig hergestellte Figur weist
eine Reihe von Besonderheiten auf,
vor allem die Kopfbedeckung und die
reiche Schmuckausstattung, während
der Körper weitgehend nackt erscheint.
Tendenzen zur Stilisierung sind in
der Komposition, wie in den Details
erkennbar.

318. SCHEINKOPF EINES
MUMIENBÜNDELS

M.R.A.H. – Brüssel AAM 43.23

Holz, H 25 cm, B 20,5 cm

Späte Zwischenperiode,
ca. 1000 –1450 n. Chr.

Chancay

Dieses mit roter Farbe bemalte Gesicht
wird fälschlicherweise oft als Maske
bezeichnet. Vielmehr handelt es sich
um einen Scheinkopf, der das Gesicht
eines Toten darstellen sollte. Der Tote
wurde in zahlreiche Textilien eingewik-
kelt, so daß die ursprüngliche Körper-
form schließlich nicht mehr erkennbar
war; auf das unförmige Bündel wurde
dann der Scheinkopf gesetzt.

Bei den Chancay traten auch Mumienbündel mit Scheinköpfen aus Textilien
mit aufgemalten Gesichtszügen auf.
Diese Sitte beschränkt sich jedoch nicht
allein auf die Chancay-Kultur.

Die Nasca benutzten z. B. Holzköpfe,
die mit verschiedenfarbigen Federn
bedeckt waren, um die Gesichtszüge
anzudeuten. Solche Scheinköpfe sind
allgemein als Wiedergaben menschlicher Gesichter zu sehen.

319. MÜTZE MIT PERÜCKE

M.A.R. – Huaráz MAA 011

Wolle, Baumwolle, Haar, L 75 cm

Späte Zwischenperiode,
ca. 1000 –1450 n. Chr.

Chancay

Diese Mütze ist mit 67 Haarflechten versehen, deren Enden mit farbigen Fäden
umwickelt sind.

Vermutlich stammt dieses Stück aus
einem Grab der Zentralküste.

320. LAMAPAAR
M.R.A.H. – Brüssel AAM 81.21-81.22
Wolle, Baumwolle, Pflanzenfasern,
H 11,5 cm, L 25,5 cm;
H 11,5 cm L 12,5 cm
Späte Zwischenperiode,
ca. 1000–1450 n. Chr.
Chancay

Die Lamas sind aus Pflanzenfasern hergestellt und mit Wolle und Baumwolle umwickelt. Häufig ergänzen sich Figuren zur Darstellung ganzer Szenen. Diese Kameliden, die einzigen bekannten Lasttiere im vorspanischen Peru, stammen ursprünglich aus dem Hochland, wurden aber auch an der Küste gehalten, wie viele Abbildungen auf Gefäßen der Moche, Nasca und Chancay belegen.

321. FIGURENSZENE
M.R.A.H. – Brüssel AAM 81.23
Wolle, Baumwolle, Pflanzenfasern,
H 10 cm, L 30 cm
Späte Zwischenperiode,
ca. 1000–1450 n. Chr.
Chancay

Auch dieses Beispiel zeigt eine Alltagsszene: Zwei Personen und ein Hund oder ein junges Lama sitzen in einem Boot.

322. BAUM

C.R.D.B. – Antwerpen

Holz, Wolle, Baumwolle, Federn,

H 66 cm

Späte Zwischenperiode,

ca. 1000–1450 n. Chr.

Chancay

Derartige Baumdarstellungen finden
sich in der Chancay-Kultur häufig als
Grabbeigaben. Eigenartigerweise
scheinen die auf den Zweigen
angebrachten Vögel Papageien, Tiere
des tropischen Tieflandes, zu sein.

323. »UNKU«

M.R.A.H. – Brüssel AAM 46.7.343

Wolle, Baumwolle, H 36 cm, L 86 cm

Späte Zwischenperiode,

ca. 1000–1450 n. Chr.

Chancay

Herkunft Hazienda Umayo

Im Gegensatz zur längeren Tunika der
Frauen wurde der hemdartige »unku« von
Männern getragen. Die klimatischen
Bedingungen der Zentralküste haben
möglicherweise dazu beigetragen, daß
sich hier Textilien besser erhielten als in
anderen Regionen. Auch der Brauch,
die Verstorbenen in eine Vielzahl von
Stoffschichten zu wickeln, könnte eine
Konservierung begünstigt haben.
Dieses Männerhemd ist mit horizontalen
Bändern mit Stufenmotiven geschmückt.
Die Qualität der Textilarbeit ist mit der
von Paracas-Geweben vergleichbar.

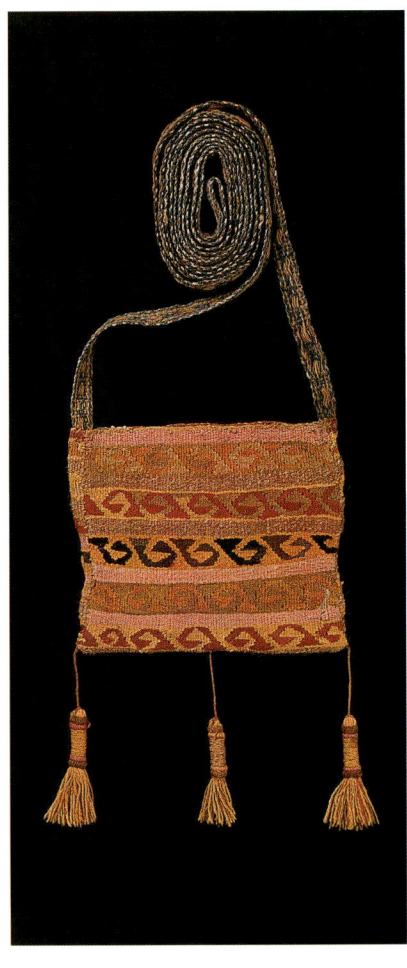

324. LENDENSCHURZ

M.f.Vo. – Wien 145.496

Wolle, Baumwolle,

L 101,5 cm, B 27,4 cm

Späte Zwischenperiode,

ca. 1000–1450 n. Chr.

Chancay (?)

Lendenschurze wurden
zwischen den Beinen
durchgezogen und mit
einem Gürtel um die Taille
verknotet.

325. TASCHE

M.R.A.H. – Brüssel AAM 46.7.324

Wolle, Baumwolle, 17 x 24 cm

Späte Zwischenperiode,
ca. 1000 – 1450 n. Chr.

Chancay

In den vorspanischen Kulturen
Perus finden sich zahlreiche Taschen
und Beutel mit den verschiedensten
Ausmaßen und für die unterschiedlichsten Zwecke. Viele von denen,
die als Grabbeigaben Verwendung
fanden, enthielten Koka-Blätter.

326. SANDALENPAAR UND GEWEBESTÜCK

M.is. – Pachacamac MSPACH – 001/90

Baumwolle, Pflanzenfasern, Stoff, 64 x 40 cm

Späte Zwischenperiode, ca. 1000–1100 n. Chr.

Ichimay

327. »CONOPA«

M.is. – Pachacamac TVP – 1.0162

Kalkstein, H 3,5 cm, L 4,7 cm

Späte Zwischenperiode,

ca. 1000–1100 n. Chr.

Herkunft aus dem Alten Tempel

von Pachacamac

»Conopas« sind kleine Skulpturen aus

Stein, die unter anderem Maiskolben,

Lamas und Alpakas darstellen und

Symbole für die Fruchtbarkeit von Feld

und Vieh waren. Diese »conopa« besteht

aus fünf Maiskolben, drei weiblichen

Brüsten und einer eingetieften Linie,

die vermutlich einen Bewässerungskanal

darstellen soll. Die kleine Skulptur könnte

auch eine »zaramama«, eine Maismutter,

symbolisieren, die Verkörperung einer

Gottheit, die vor allem von der

bäuerlichen Bevölkerung verehrt wurde.

Die »conopas« wurden zum Teil auch

an den Feldrändern eingegraben, um so

eine gute Ernte zu sichern.

329. GEFÄSS IN FORM EINES
ARCHITEKTURMODELLS

M.Ar.R. – Ica DA 496

Ton, H 16 cm, L 20,5 cm

Späte Zwischenperiode,

ca. 1100–1470 n. Chr.

Ica-Chincha

Auch in der Ica-Chincha-Kultur finden sich,
wie in den anderen Kulturen der nördlichen und
zentralen Küste, Gefäße, die Architekturmodelle
darstellen.

Wenn sie auch in geringer Zahl auftreten, lassen
sie doch einen Einblick in die Bauweise zu,
die kaum archäologisch nachweisbare Spuren
hinterlassen hat. Die terrassenförmige Anordnung
der Vordächer ist ein Hinweis auf die tatsächliche
Gestalt der Wohngebäude.

328. WEIBLICHE FIGUR

M.N.A.A. – Lima 20/794 C-54806

Ton, H 35 cm, B 15,7 cm

Späte Zwischenperiode,

ca. 1100–1470 n. Chr.

Ica-Chincha

Die Ica-Chincha-Kultur hat der Tradition
der südlichen Küste folgend nur wenige
Figuren dieses Typs hervorgebracht.

Die unbekleidete weibliche Gestalt hält
die Hände vorgestreckt, in einer Geste
der Entgegennahme oder Unterwerfung.

Die polychrom aufgemalten, geometrischen Motive, die größtenteils Körperbemalung wiederzugeben scheinen, sind
für die Ica-Chincha-Keramik typisch.

330. KUGELTOPF

M.Ar.R. – Ica DA 499

Ton, H 36 cm, Ø 34 cm

Späte Zwischenperiode,

ca. 1100–1470 n. Chr.

Ica-Chincha

Nur die Schulter des bauchigen Gefäßes
ist mit einem bandartigen Dekor verziert.
Das »geflügelte« Motiv könnte die Form
eines Metallschmucks wiedergeben.

331. BEMALTE KANNE

M.f.V. – Berlin VA 50725 K100

Ton, H 20,3 cm, Ø 18,5 cm

Späte Zwischenperiode,

ca. 1100–1470 n. Chr.

Ica-Chincha

Die verschiedenen geometrischen
Motive setzen sich überwiegend aus
Stufenhaken, Zickzacklinien und Kreisen
zusammen, die mehrfarbig bemalt sind.
Die Farbenpracht von Nasca wird hier
jedoch nicht erreicht.

332. BAUCHIGES GEFÄSS

M.Ar.R. – Ica DA 502

Ton, H 54 cm, Ø 44 cm

Späte Zwischenperiode, ca. 1100 – 1470 n. Chr.

Ica-Chincha

Bisher gibt es keine Erklärung dafür, warum sich in der Ica-Chincha-Keramik die ausgeprägte Vielfarbigkeit der vorangegangenen Epochen nicht fortsetzt. Die Ursache kann nicht im Huari-Einfluß gesehen werden, der zeitlich zwischen Nasca und Ica-Chincha liegt, da auch in dieser Zeit die polychrome Farbgebung der Nasca-Kultur beibehalten wurde. Möglicherweise wurde dieses Phänomen durch Erschöpfung der Rohstoffquellen hervorgerufen.

333. BAUCHIGES GEFÄSS

M.f.V. – Berlin VA 51218 K101

Ton, H 33,8 cm, Ø 27,7 cm

Späte Zwischenperiode, ca. 1100 – 1470 n. Chr.

Ica-Chincha

Dieses reich bemalte Gefäß ist durch mehrere horizontale Bänder mit geometrischen Mustern geschmückt. Eines zeigt eine Reihe stilisierter Vogelmotive.

334. BEMALTE SCHALE

M.f.Vo. – Wien 91018

Ton, H 7,6 cm, Ø 20,5 cm

Späte Zwischenperiode, ca. 1100 – 1470 n. Chr.

Ica-Chincha

Die eingezogene Wandung zeigt einen eindrucksvollen,
ornamentalen Dekor mit geometrischen Motiven.
Den Umbruch des Gefäßes umzieht ein Noppenband.
Qualitätsunterschiede in der keramischen Produktion sind,
ähnlich wie etwa in der Chimú-Zeit, deutlich erkennbar.

335. Zeremonialstab (?)

G.E.M. – Göteborg GEM 21.2.7

Holz, L 131 cm, B 9,5 cm

Späte Zwischenperiode, ca. 1100–1470 n. Chr.

Ica-Chincha

Der Schmuck dieses Stabes besteht aus einer Reihe von Treppenmotiven, die auf dem Schaft angeordnet sind, während die Spitze von einem Vogel mit langem Schnabel, vermutlich einem Pelikan, bekrönt ist. Diese an der Küste weit verbreitete Tierart wird häufig zusammen mit Fischen dargestellt. Der Stab könnte das Fragment eines Zermonialruders sein, worauf vergleichbare Schnitzereien hinweisen (siehe Kat.-Nr. 336 und Kat.-Nr. 337).

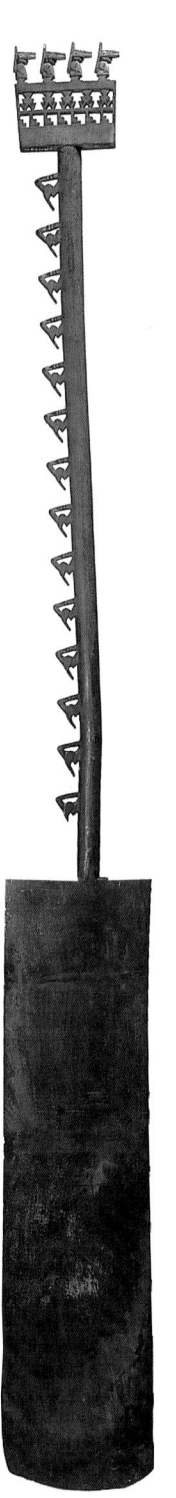

337. ZEREMONIALRUDER

R.J.M. – Köln, Sammlung Ludwig 103

Holz, L 204 cm

Späte Zwischenperiode,

ca. 1100–1470 n. Chr.

Ica-Chincha

Die besonders feine Schnitzarbeit am
Schaft des Ruders besteht aus einem
einzigen Wiederholungsmotiv, einem
fischenden Pelikan. Eine größere
plastische Figur des Vogels begrenzt
den Griff.

336. ZEREMONIALRUDER

R.J.M. – Köln, Sammlung Ludwig 104

Holz, L 204 cm, B 18,2 cm

Späte Zwischenperiode,

ca. 1100–1470 n. Chr.

Ica-Chincha

Objekte dieser Art werden wegen ihrer
Form als Ruder bezeichnet, doch weist
ihre Verzierung eher auf eine zeremonielle Verwendung hin. Anscheinend
wurden sie wie Pfosten aufgestellt,
um Grabstätten zu bezeichnen.
Der Schmuck dieses Ruders besteht aus
einer Reihe auf dem Schaft sitzender
Vögel und einem besonders feinen,
durchbrochen geschnitzten Griff, der von
vier anthropomorphen, maskierten
Figuren bekrönt wird.

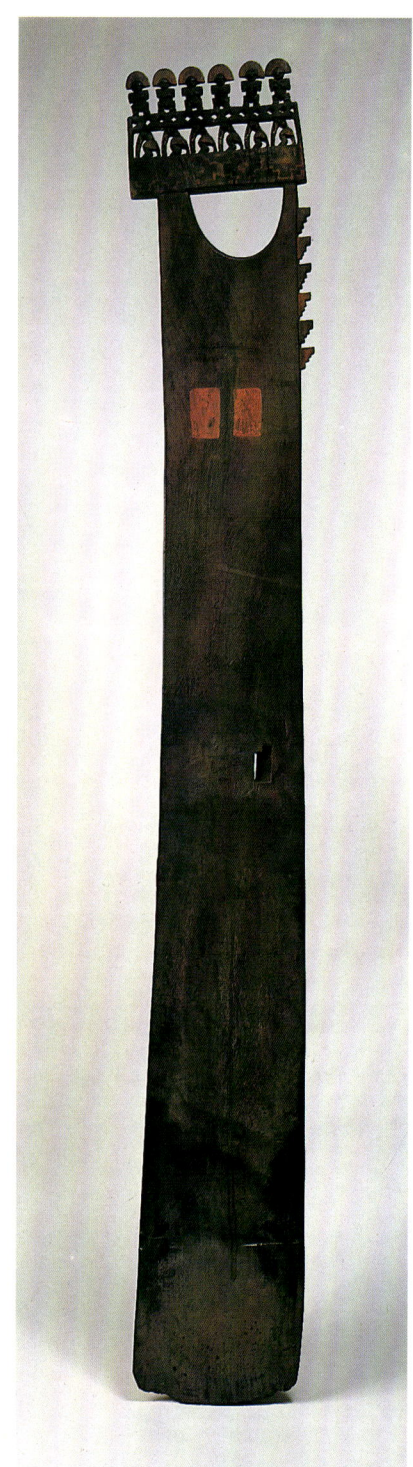

338. a, b ZEREMONIALRUDER

S.M.f.V. – München 358

Holz, L 192 cm, B 25 cm

Späte Zwischenperiode, ca. 1100 – 1470 n. Chr.

Ica-Chincha

Das Stück repräsentiert einen anderen Typ der Zeremonialruder, bei denen das Blatt direkt in den Griff übergeht.
Die feine, durchbrochene Schnitzerei zeigt eine Reihe von
sechs Pelikanen und darüber sechs anthropomorphe
Figuren mit großem Kopfputz. Auf dem Griff und dem Blatt
sind noch Spuren von Bemalung erhalten.

339. a,b ZEREMONIALRUDER

G.E.M. – Göteborg GEM 90.5.1

Holz, L 103,5 cm, B 17 cm

Späte Zwischenperiode, ca. 1100 – 1470 n. Chr.

Ica-Chincha

Einfacher ausgeführt ist dieses Ruder, auf dem kleineren
Griffstück sitzen drei fischfressende Pelikane.

340. a,b PERÜCKENARTIGE
KOPFBEDECKUNG
G.E.M. – Göteborg GEM 29.32.21
Haar, Wolle, Baumwolle, Gold,
L 125 cm, B 100 cm
Späte Zwischenperiode,
ca. 1100–1470 n. Chr.
Ica-Chincha
Wie die Kopfbedeckungen, waren
auch die Haare ein Mittel künstlerischen
Ausdrucks, vor allem an der Südküste,
wo zahlreiche Mumien mit besonderer
Haartracht erhalten geblieben sind. Die
aufwendige Fertigung verweist auf die
besondere Bedeutung dieser Kopfbe-
deckung. Die langen, feinen Haarflech-
ten, bedeckt von Strähnen aus roter
Wolle, sind am unteren Ende mit Wollfäden umwickelt, so daß ein schach-
brettartiges Muster entsteht.

341. ZYLINDRISCHER BECHER

M.f.V.F. – Frankfurt NS.35.485

Silber, H 21 cm, Ø 6 cm

Späte Zwischenperiode,
ca. 1100 – 1470 n. Chr.

Ica-Chincha

Die Metallarbeiten der Ica-Chincha-
Kultur sind nicht sehr zahlreich und
beschränken sich im wesentlichen
auf diese Becher mit stark stilisierten
Kopf- und Gesichtsformen.

342. GEWEBE MIT HANDDARSTELLUNGEN
R.J.M. – Köln, Sammlung Ludwig 99
Wolle, Baumwolle, 98 x 100 cm
Südküste
Das Gewebe weist 33 recht unterschiedliche Handdarstel-
lungen und zahlreiche Ausbesserungen auf. Unklar bleibt,
ob es sich um alte oder moderne Reparaturen handelt.
Auf vielen Textilien konnten Ausbesserungen nachgewiesen
werden, was auf eine besondere Wertschätzung hindeutet.

343. ZWEI KALEBASSEN ALS KALKBEHÄLTER

M.R.A.H. – Brüssel AAM 46.7.216 1/22/2

Kürbis, Holz, Knochen, H 16,4 cm

Späte Zwischenperiode, ca. 1000–1450 n. Chr.

Beide Stücke bestehen aus drei Teilen: dem eigentlichen
Körper aus einem kleinen Flaschenkürbis, dem aufgesetzten
Halsstück aus Holz oder Knochen und dem Verschluß aus den
gleichen Materialien. Die Verschlüsse sind mit spatelförmigen
Fortsätzen versehen, mit denen der Kalk aus den Behältern
entnommen werden konnte. Die »poporos«, wie die Kalebassen
lokal genannt werden, stehen im Zusammenhang mit dem
Genuß der Koka-Blätter. Um die Wirkstoffe dieser Pflanze
freizusetzen, wird eine gewisse Menge Kalk benötigt, der zusammen mit den Koka-Blättern gekaut wird. Solche Kalebassen
dienten täglichem Gebrauch, wurden aber auch bei rituellen
Anlässen verwendet und waren häufig verziert.

344. SARKOPHAGABDECKUNG
IN FORM EINES KOPFES
M.N.A.A. – Lima o. Nr.
Lehm, Stroh, Holz, H 65 cm, B 34,5 cm
Späte Zwischenperiode,
ca. 1100 – 1460 n. Chr.
Chachapoyas

345. DOPPELGEFÄSS MIT FIGURENSZENE

M.B. – Lambayeque MB 1024

Ton, H 17 cm, L 18,5 cm

Späte Zwischenperiode, ca. 1000–1200 n. Chr.

Lambayeque

346. GEFÄSS MIT FIGURENSZENE
P.M.A.E. – Cambridge
T 1368 46-77-30/4878
Ton, H 16 cm, L 20 cm
Späte Zwischenperiode,
ca. 1000–1200 n. Chr.
Lambayeque

347. DOPPELGEFÄSS MIT FIGURENSZENE
R.J.M. – Köln, Sammlung Ludwig 36
Ton, H 18,5 cm
Späte Zwischenperiode, ca. 1000–1200 n. Chr.
Lambayeque
Diese Szene zeigt eine Fellatio.
Auch die Lambayeque-Kultur setzte die Tradition erotischer
Figurengefäße weiter fort. Anders als die Chimú schließt
sie sich in der realistischen Wiedergabe der Szenen jedoch
stärker den Moche-Vorbildern an.

348. GEFÄSS MIT FIGURENSZENE

P.M.A.E. – Cambridge T 1358 46-77-30/5040

Ton, H 18 cm, Ø 19 cm

Späte Zwischenperiode, ca. 1000–1200 n. Chr.

Lambayeque

Nach einer Zwischenphase, in der es zu einer Vermischung von Huari- und Moche-Elementen gekommen war, zeigen die drei Lambayeque-Gefäße (Abb. 345, 346, 348) eine Rückkehr zur nördlichen Tradition plastischer Ausgestaltung. Auf dem Doppelgefäß (Abb. 345) wird eine Person, möglicherweise ein Verstorbener, von vier Männern in einer Sänfte getragen.
Das zweite Gefäß (Abb. 346) stellt zwei Personen auf einem Binsenboot (»caballito de totora«) dar, während das dritte (Abb. 348) in Form zweier Lamas und eines Vogels modelliert ist.

349. GEFÄSS IN FORM EINES ARCHITEKTURMODELLS

M.B.C.R. – Lima ACE. 914

Ton, H 21 cm

Späte Zwischenperiode, ca. 1000–1200 n. Chr.

Lambayeque

Dieses Gefäß scheint einen Zeremonialbau aus dem Lambayeque-Tal wiederzugeben. Die geometrische Verzierung der Wandung erinnert an Lehmreliefs als Architekturschmuck.

Beiderseits des Eingangs stehen zwei kleine Wächterfiguren.

350. GEFÄSS IN FORM EINES ARCHITEKTURMODELLS

M.B.C.R. – Lima ACE. 957

Ton, H 19 cm

Späte Zwischenperiode, ca. 1100–1450 n. Chr.

Chimú

Auch dieses Gefäß scheint Architekturformen der nördlichen
Küstenregion in starker Vereinfachung wiederzugeben.
Der Fries mit seinem Stufenmuster entspricht weitgehend
Kat.-Nr. 349.

351. ZEREMONIALLANZE

S.M.f.V. – München X. 857

Holz, L 63,5 cm

Späte Zwischenperiode, ca. 1000–1200 n. Chr.

Lambayeque

Das mit geschnitzten Reliefs verzierte Lanzenfragment wird
der Lambayeque-Kultur zugeschrieben. Die rautenförmige
Spitze wird durch ein Wellenband in zwei Hälften gegliedert.
Im unteren Teil steht eine anthropomorphe Figur mit reichem
Kopfschmuck, die mit jeder Hand ein Tier am Hals gepackt
hält, deren Kopfannexe sich mit dem Kopfschmuck verbinden.
Darüber erscheint im Profil ein geflügeltes Wesen mit einem
Stab in der Hand. Die beiden Hauptfiguren erinnern entfernt
an die Motive des Sonnentors von Tiahuanaco.

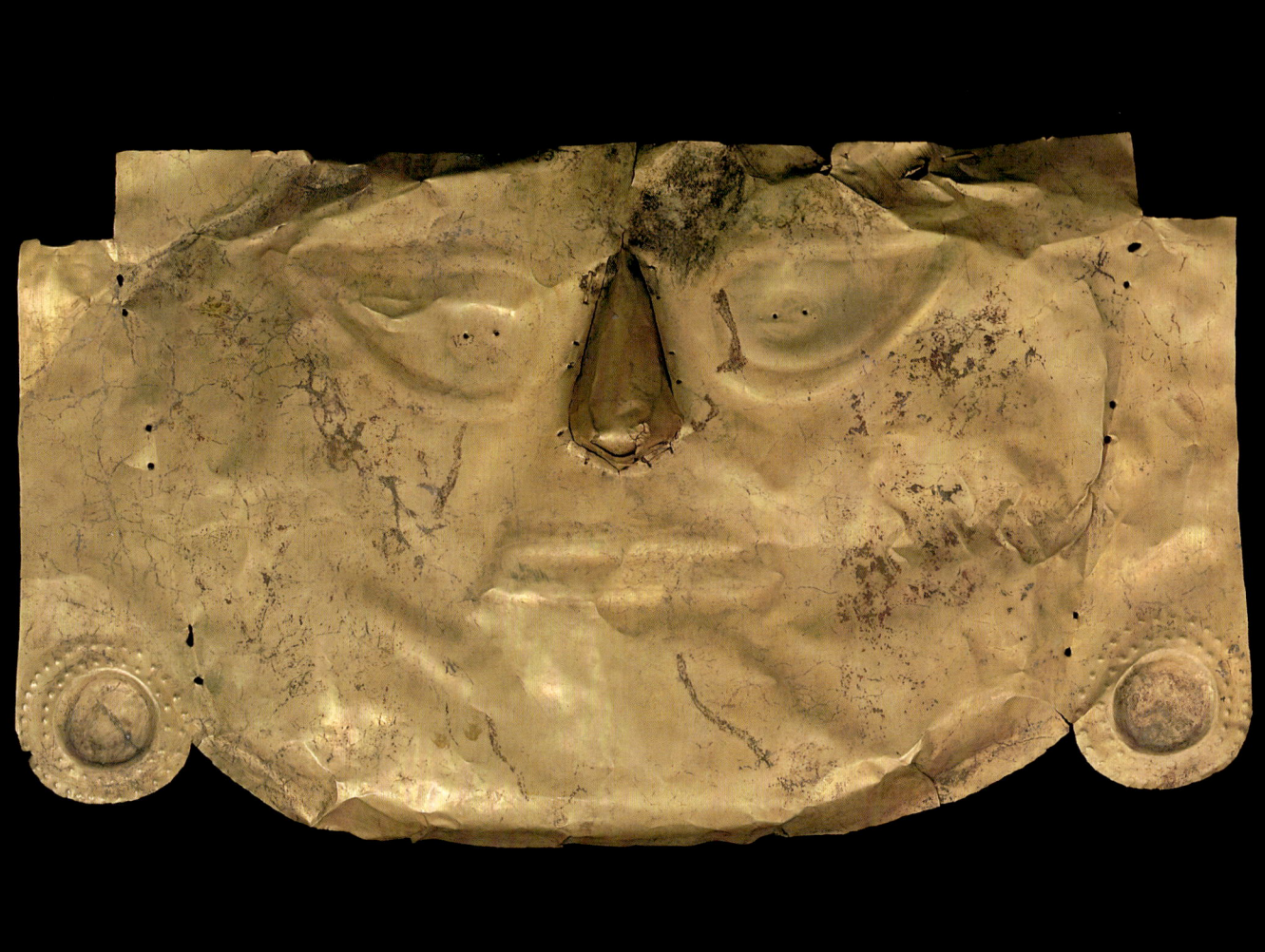

352. TOTENMASKE

M.R.A.H. – Brüssel AAM 68.2

Gold, H 22 cm, L 38 cm

Späte Zwischenperiode, ca. 1000–1200 n. Chr.

Lambayeque

Derartige Totenmasken finden sich in zahlreichen Sammlungen. Trotz einiger Unterschiede in den Proportionen und
Ausstattung mit zusätzlichen Schmuckelementen bleibt doch
der Eindruck von Einheitlichkeit und der Einhaltung eines
festen Formenkanons bestehen. Nicht alle Toten jedoch waren
mit derartigen Masken ausgestattet.

Mit Ausnahme der angefertigten und eingepaßten Nase sind
alle Gesichtszüge dieses Stückes als Flachrelief gestaltet.

Die nach außen spitz zulaufende Form der Augen, das »Flügel-
auge«, ist typisch für die Lambayeque-Kultur. Farbspuren
deuten darauf hin, daß die Maske ursprünglich rot bemalt war.

353. SCHMUCKSCHEIBE

M.B. – Lambayeque MB 146

Gold, Ø 11,1 cm

Späte Zwischenperiode, ca. 1000–1200 n. Chr.

Lambayeque

Im Zentrum der Scheibe steht eine Gestalt mit ausladendem
Kopfschmuck und einer beweglichen Maske. Das Gewand
ist ebenso wie die zwei kleinen Anhänger am unteren Saum mit
kleinen plastischen Buckeln verziert. In den erhobenen
Händen hält das Wesen ein becherartiges Gefäß, das an die
»kero« der Inka- oder Tiahuanaco-Zeit erinnert, und ein »tumi«.
Die eigentliche Scheibe wird von zwei konzentrischen
Kreisen mit getriebenem Perlrand eingefaßt. Die Figur und die
Scheibe sind zwei voneinander unabhängige Teile und mit
einem Niet verbunden. Auffällig sind auch die paarigen
Durchbohrungen des Scheibenrandes, die auf das Applizieren
auf Textilien in Zweitverwendung schließen lassen.

354. ZOOMORPHES SCHMUCKBLECH

M.B. – Lambayeque MB 53

Gold, H 27,2 cm, L 29,8 cm

Späte Zwischenperiode, ca. 1000–1200 n. Chr.

Lambayeque

Dieses Stück stellt einen Feliden dar, wie an dem mit zwei
Fangzähnen ausgestatteten Maul erkennbar ist, aus dem die
Zunge herausragt. Kopf und Körper wurden einzeln aus
Goldblech ausgeschnitten und getrieben.

Die beiden äußersten Punkte der Augen sowie die Ränder des
Blechs an Schwanz, Rücken und Pfoten weisen paarige
Durchbohrungen auf, die darauf hindeuten, daß es auf einer
textilen Unterlage aufgenäht war.

355. GEFÄSS MIT ZWEI GUSSRÖHREN
R.J.M. – Köln, Sammlung Ludwig 41
Gold, H 20 cm
Späte Zwischenperiode,
ca. 1000 – 1200 n. Chr.
Lambayeque

Diese beiden Gefäße wurden in der
Absicht nebeneinandergestellt, um die
Unterschiede und Ähnlichkeiten der
aus verschiedenen Materialien hergestellten, aber ansonsten gleichartigen
Stücke zu zeigen. Die Annahme, daß
die Chimú mit der Herstellung stark
glänzender, schwarzer Keramikgefäße
beabsichtigten, Metallgefäße zu imitieren, scheint sich an diesem Beispiel
aus Lambayeque zu bestätigen.

356. GEFÄSS MIT ZWEI GUSSRÖHREN
A.I. – Chicago 1955.2377
Ton, H 21,8 cm, L 18,4 cm
Späte Zwischenperiode,
ca. 1000 – 1200 n. Chr.
Lambayeque

357. HALSKETTE

M.B. – Lambayeque MB 127 (B)

Gold, Figuren H 6,5–7,5 cm

Späte Zwischenperiode, ca. 1000–1200 n. Chr.

Lambayeque

Alle neun figürlichen Glieder dieser Kette stellen dieselbe
Gestalt mit ausladendem Kopfputz dar. Jeweils zwei getrennt
getriebene Teile wurden zu einer Figur zusammengelötet.
Die 21 Hohlperlen wurden in gleicher Weise hergestellt.

358. GEFÄSS IN FORM EINES BEINES

M.f.V. – Berlin VA 3775 K109

Ton, H 19,5 cm, L 14 cm

Späte Zwischenperiode, ca. 1100 –1450 n. Chr.

Chimú

Stärker noch als die Lambayeque-Kultur griffen schließlich
die Chimú auf keramische Vorbilder der Moche-Zeit zurück.
Dieses Gefäß zeigt einen menschlichen Unterschenkel mit
einer geflochtenen Sandale am Fuß.

359. GEFÄSS IN FORM EINES
BEINES
M.A. – Madrid 172
Sammlung Martínez Compañón
Ton, H 18,2 cm, L 15,5 cm
Späte Zwischenperiode,
ca. 1100–1450 n. Chr.
Chimú
Auch dieses Gefäß zeigt einen Fuß,
der mit einer Sandale bekleidet ist.
Derartige Fußbekleidung, die aus
Pflanzenfasern oder aus Leder
hergestellt sein konnte, war in ganz
Peru verbreitet.

360. GEFÄSS IN FORM EINES ARMES
M.f.V. – Berlin VA 47547 K109
Ton, H 13 cm, L 25,2 cm
Späte Zwischenperiode,
ca. 1100–1450 n. Chr.
Chimú
Die dunkelgraue oder schwarze
Oberfläche dieser Gefäße geht auf eine
technologische Änderung bei der
Keramikproduktion zurück, dem
reduzierenden Brand unter Sauerstoff-
abschluß. Bis zum Mittleren Horizont
überwog die oxydierend, unter
Sauerstoffzufuhr, gebrannte Ware,
deren Oberfläche rötlich erscheint.

361. ANTHROPOMORPHES GEFÄSS

M.f.Vo. – Wien 162.917

Ton, H 22,5 cm, L 16,5 cm

Späte Zwischenperiode, ca. 1100–1450 n. Chr.

Chimú

Die sitzende ithyphallische Figur hält das erigierte Glied in der rechten Hand. Sie weist Mißbildungen an Brust und Rücken auf, eine Besonderheit, die auch bei einigen Holzfiguren der Chimú zu finden ist. Die Chimú griffen die erotischen Themen der Moche auf, wenn auch in weit geringerem Umfang.

362. ZOOMORPHES
GABELHALSGEFÄSS

M.R.A.H. – Brüssel AAM 4790

Ton, H 19,5 cm, L 18,5 cm

Späte Zwischenperiode,
ca. 1100 – 1450 n. Chr.

Chimú

Der Chimú-Keramik haftet, was Ausführung und Realismus betrifft, der Ruf
minderer Qualität an. Die Chimú kehrten
zu den tradierten Formen figürlicher
Keramik zurück, ohne jedoch qualitativ
die Moche-Vorbilder zu erreichen. Dies ist
nicht zuletzt auf eine Massenproduktion
mit Hilfe von Modeln zurückzuführen.
Daneben scheint jedoch ein kleiner Teil
von sorgfältig ausgearbeiteten Gefäßen für
die gesellschaftliche Elite der Chimú
hergestellt worden zu sein. Dieses Gefäß
in Form eines Vogels gehört ebenfalls in
diese Kategorie, obwohl einige Merkmale,
wie z. B. die Füße, stark stilisiert sind.

363. VIER SCHALEN MIT ANTHROPOMORPHEN FIGUREN

M.f.V. – Berlin

1) VA 19015 K110; H 7 cm, L 10,5 cm

2) VA 48729 K110; H 6,4 cm, L 9,2 cm

3) VA 4846 K110; H 6 cm, L 6 cm

4) VA 19016 K110; H 5,8 cm, L 7 cm

Ton, Späte Zwischenperiode, ca. 1100 – 1450 n. Chr.

Chimú

Die sitzenden Gestalten halten jeweils eine Schale. Bei der
Darstellung ganz rechts handelt es sich wahrscheinlich um eine
Frau, da sie ein Kind im Arm hält.

Vielleicht sind die beiden anderen Figuren mit ähnlichem
Kopfputz ebenfalls Frauendarstellungen.

364. GABELHALSGEFÄSS IN FORM EINES
SCHNECKENGEHÄUSES

M.R.A.H. – Brüssel AAM 39.129

Ton, H 23 cm, L 26,6 cm

Späte Zwischenperiode, ca. 1100–1450 n. Chr.

Chimú

Dieses Gefäß ist in seiner realistischen Ausformung ein
weiteres Beispiel für die qualitativ hohe Töpferkunst der
Chimú, vergleichbar der Vogeldarstellung Kat.-Nr. 362.
Oft wird die Frage gestellt, warum die Chimú-Töpfer so
viele schwarze Gefäße mit glänzender Oberfläche hergestellt
haben. Möglicherweise wollten sie Metallgefäße imitieren.

365. KOMPLEXES GEFÄSS

M.f.V. – Berlin VA 17133 K110

Ton, H 29 cm, L 19,5 cm

Späte Zwischenperiode,

ca. 1100–1450 n. Chr.

Chimú

Wie die Moche-Töpfer haben sich auch
die Chimú bei der Keramikherstellung
durch Vorbilder ihrer Umwelt anregen
lassen. Bei diesem Gefäß dienten
Flaschenkürbisse als Vorbild, Früchte,
von denen die meisten vorspanischen
Kulturen in vielfältiger Weise Gebrauch
machten. Sie dienten unter anderem
auch als Schwimmer für die Netze beim
Fischfang.

367. »PACCHA«

M.A. – Madrid 11111

Ton, H 6 cm, L 42 cm

Späte Zwischenperiode, ca. 1100–1450 n. Chr.

Chimú

»Pacchas« sind Gefäße zur Darbringung von Trankopfern, wobei die häufige Darstellung von Feldfrüchten, hier einer Bohnenschote, auf ihren Zusammenhang mit Fruchtbarkeitsriten verweist.

366. GEFÄSS MIT FIGURENSZENE

L.M. – Stuttgart M 30177

Ton, H 14,5 cm

Späte Zwischenperiode,

ca. 1100–1450 n. Chr.

Chimú

Sowohl die Form als auch die Komposition dieses Gefäßes sind für die Chimú-Keramik sehr ungewöhnlich.

Vier auf einer runden Platte stehende, anthropomorphe Figuren tragen eine flache Schale.

Unter der Schale befinden sich weitere kleine Figuren mit einer größeren in der Mitte, die vielleicht eine rituelle Handlung oder ein Opfer vollziehen.

368. ANTHROPOMORPHE FIGUR

M.R.A.H. – Brüssel AAM 5713

Holz, H 53,3 cm, B 17 cm

Späte Zwischenperiode,
ca. 1100 – 1450 n. Chr.

Chimú

Das Bild dieser Figur wurde vor allem durch den Zeichner Hergé bekannt, der es in einem seiner Abenteuercomics von »Tim und Struppi« (Der Arumbaya-Fetisch) verwendete, wobei er das Stück einem imaginären Volk zuordnete. Tatsächlich ist diese Holzfigur und eine ganze Reihe ähnlicher Beispiele den Chimú zuzuordnen. Im Gegensatz zu einigen in den palastartigen Komplexen von Chanchán (»ciudadelas«) und benachbarten Kultstätten (»huacas«) gefundenen Figuren stammt das Brüsseler Stück nicht aus gesichertem Kontext.

Die diesem Typus menschlicher Darstellung eigenen Charakteristika, wie z. B. die trapezförmige Kopfbedeckung und der dreieckige Lendenschurz, kennzeichnen auch die vorliegende Figur. Eintiefungen an Ohren, Augen, Fingern und Zehen weisen Reste eines schwarzen, organischen Materials auf, das zur Befestigung von Inkrustationen diente.

369. ANTHROPOMORPHE FIGUR
Tac. – Trujillo OV 24 Nr. 5/2851
Holz, H 53,5 cm, B 19,5 cm
Späte Zwischenperiode,
ca. 1100 – 1450 n. Chr.
Chimú
Herkunft aus der Huaca Tacaynamo
Obwohl der gesamte Habitus der
Figur an die vorangegangene erinnert,
besteht zumindest in der Art der
Verzierung ein Unterschied. Lediglich
Augen und Ohren tragen Inkrustationen,
während der gesamte Körper und die
Kleidung, mit Ausnahme des rot
bemalten Gesichts, von den vertikalen
Streifen in den Farben Rot, Braun, Gelb
und Creme bedeckt sind.

370. ANTHROPOMORPHE FIGUR
Tac. – Trujillo PV. 24/6
Holz, Perlmutt, H 54,2 cm, B 19,5 cm
Späte Zwischenperiode,
ca. 1100 – 1450 n. Chr.
Chimú
Herkunft aus der Huaca Tacaynamo
In gleicher Haltung und mit ähnlicher
Kleidung ausgestattet, zeigt diese Figur
im Vergleich mit der vorher beschrie-
benen reichere Muschelinkrustationen.
Der Körper ist schwarz und das Gesicht
wie üblich rot bemalt.

371. ANTHROPOMORPHE FIGUR
Tac. – Trujillo PV. 24/6/60
Holz, H 58,2 cm, B 19,4 cm
Späte Zwischenperiode,
ca. 1100 –1450 n. Chr.
Chimú
Herkunft aus der Huaca Tacaynamo
Zu den archäologischen Funden der
Huaca Tacaynamo bei Chanchán
gehören eine Reihe Holzfiguren, von
denen wiederum vier die gleiche
Haltung aufweisen. Der erhobene rechte
Arm hat Anlaß zu zwei Deutungen
gegeben: Zum einen werden in den
Figuren Jäger gesehen, die eine Waffe
schleudern, zum anderen Sänftenträger.
Der gesamte Körper dieses Beispiels war
ursprünglich mit inkrustierten Vogel-
motiven bedeckt. Es dürfte sich um den
Pelikan handeln, einen an der Küste
Perus weit verbreiteten Vogel.

372. ANTHROPOMORPHE FIGUR
Tac. – Trujillo PV. 24-6/12
Holz, Perlmutt, H 57 cm, B 20,5 cm
Späte Zwischenperiode,
ca. 1100 –1450 n. Chr.
Chimú
Herkunft aus der Huaca Tacaynamo
Diese Holzfigur ist wahrscheinlich eine
der wenigen, deren Einlegearbeiten zum
großen Teil erhalten geblieben sind.
Das Hauptmotiv der Inkrustationen ist
hier ein Fisch.
Die rote Gesichtsbemalung ist der
anthropomorphen Figur mit den drei
anderen Stücken der Huaca Tacaynamo
gemeinsam.

373. ANTHROPOMORPHE FIGUR

M.A.U.N. – Trujillo U 260
Balsaholz, H 44 cm, B 14 cm
Späte Zwischenperiode,
ca. 1100–1450 n. Chr.
Chimú

Eine weitere Gruppe von Holzfiguren
weist Mißbildungen an Brust und
Rücken auf. Gemeinsam sind ihnen
außerdem eine Schale, die sie in einer
Hand halten, sowie die rote Gesichtsbemalung und Inkrustationen in
Vogelform auf dem Oberkörper.

374. ANTHROPOMORPHE FIGUR

M.A.U.N. – Trujillo U 260
Balsaholz, Muschelschale,
H 44 cm, B 15 cm
Späte Zwischenperiode,
ca. 1100–1450 n. Chr.
Chimú

Diese Gestalt ist, wie die vorherge-
hende, mißgebildet. Der Bucklige hält
eine mit geometrischen Inkrustationen
versehene Schale in der rechten Hand
und versucht sie mit der linken abzu-
decken.
Die Kopfbedeckung, der Lendenschurz
und die Vogelornamente unterhalb
der Schultern stimmen bei beiden
Figuren überein. Der kurze, schaftartige
Sockel unterhalb der Füße deutet auf
eine besondere Art der Befestigung hin.

375. ANTHROPOMORPHE FIGUR
M.A.U.N. – Trujillo U 259
Balsaholz, H 40 cm, B 19 cm
Frühe Zwischenperiode,
ca. 1100–1450 n. Chr.
Chimú
Der schon durch die beiden zuvor
beschriebenen Stücke bekannte Bucklige ist hier sitzend mit gekreuzten
Beinen skulptiert. Die Schale mit dem
üblichen geometrischen Dekor
war ebenso wie Kopf und Körper
inkrustiert.

376. ANTHROPOMORPHE FIGUR
M.A.U.N. – Trujillo U 256
Balsaholz, Muschelschale,
H 50 cm, B 19 cm
Späte Zwischenperiode,
ca. 1100 – 1450 n. Chr.
Chimú
Der Habitus der Figur entspricht dem
der vorangegangenen, doch ist auf
zwei Besonderheiten hinzuweisen:
die halbkreisförmige Kopfbedeckung
und die volutenartigen Inkrustationen
auf dem schwarz bemalten Körper.
Der untere Rand der Kopfbedeckung
ist mehrfach durchbohrt, vermutlich
zur Befestigung von Zierelementen.

377. ANTHROPOMORPHE FIGUR
M.A.U.N. – Trujillo U 229
Holz, Muschelschale,
H 52 cm, B 17 cm
Späte Zwischenperiode,
ca. 1100–1450 n. Chr.
Chimú
Die Haltung dieses Stehenden
erinnert an die Beispiele Kat.-Nr. 369
bis Kat.-Nr. 372. In diesem Fall sind
jedoch der Lendenschurz, die Kopfbedeckung und der gesamte Körper
mit eingeschnittenen, tropfenförmigen
Dekorelementen bedeckt, während
das Gesicht wie üblich rot bemalt ist.

378. ANTHROPOMORPHE FIGUR
M.A.U.N. – Trujillo U 57
Holz, H 53 cm, B 16 cm
Späte Zwischenperiode,
ca. 1100–1450 n. Chr.
Chimú
Diese Skulptur mit Inkrustationen in
Vogelform auf Brust, Armen und Beinen
erinnert ebenfalls wieder an die Funde
der Huaca Tacaynamo. Die Haltung
der rechten Hand impliziert jedoch eine
andere Funktion. Die erhobene Rechte
könnte ein Zeichen von Macht und
Herrschaft sein.

379. ANTHROPOMORPHE FIGUR
M.A.U.N. – Trujillo U 57
Holz, H 79 cm, B 25 cm
Späte Zwischenperiode,
ca. 1100–1450 n. Chr.
Chimú

Obwohl diese große Holzfigur den
vorangegangenen stark ähnelt, weist sie
doch einige Details auf, die ihr eine
Sonderstellung geben, wie etwa die
Darstellung der Ohren und des
Ohrschmucks. Während es sich bei den
übrigen Stücken um eine einfache,
runde Form handelt, die mit einem
Perlmuttplättchen inkrustiert wurde ist
der Schmuck hier deutlich erkennbar
an den Ohrläppchen befestigt und
mit Schnitzwerk versehen. Ebenso
zeigen Gesicht, Hände und Füße stärker
ausgearbeitete Details als die anderen
Objekte. Eine weitere Besonderheit
ist der Gegenstand, den die Figur in
beiden Händen hält, vermutlich
ein hoher Becher, der bei Zeremonien
Verwendung fand.
Es wäre denkbar, daß hier der Teilnehmer einer Zeremonie, analog dem
auf Moche-Keramik dargestellten
Präsentationsthema, wiedergegeben ist.
Eine ähnliche Figur wurde auch in
einer Nische beim Hauptzugang der
»ciudadela« Rivero in Chanchán entdeckt.

380. SPINNROCKEN

M.f.Vo. – Wien 15.075

Holz, H 62,9 cm

Späte Zwischenperiode, ca. 1100–1450 n. Chr.

Chimú

Solche Gegenstände wurden oft als Zeremonialstäbe gedeutet.
Guaman Poma de Ayala hat diese Geräte in seiner »Nueva
Crónica y Buen Gobierno« abgebildet.
Einige in einem »acllahuasi« versammelte Frauen halten alle
ein Objekt, das dem hier ausgestellten gleicht, allerdings mit
einem aufgesetzten Bausch unversponnener Wolle.
Es handelt sich also um nichts anderes als einen Spinnrocken.

381. KASTEN

M.A.U.N. – Trujillo U 250

Holz

H 19 cm, L 36 cm, B 19 cm

Späte Zwischenperiode, ca. 1100–1450 n. Chr.

Chimú

Das Unterteil des Kastens ist aus einem Stück gefertigt.
Der Deckel trägt den gesamten Dekor. Die Verzierung ist auf
sechs Felder in zwei Reihen verteilt. Die oberen Felder sind
mit je zwei Tieren gefüllt, während die unteren, größeren
Felder nur jeweils eines enthalten. Die Tiere scheinen der
gleichen Spezies anzugehören. An den oberen Rändern der
Längsseiten des Kastens sind vier Durchbohrungen
angebracht, die ihre Entsprechung an den Deckelrändern
finden. Durch diese konnten Schnüre gezogen werden,
um den Kasten zu verschließen.

382. KÄSTCHEN

A.I. – Chicago 55.2008

Holz, H 8,9 cm, L 18,7 cm

Späte Zwischenperiode, ca. 1100–1450 n. Chr.

Chimú

Alle sichtbaren Flächen des Kästchens sind mit figürlichem und ornamentalem Relief bedeckt. Der Deckel trägt zwei große anthropomorphe Figuren in Frontalansicht mit reicher Ausstattung. Ähnliche Figuren, jedoch in Seitenansicht, erscheinen auf einer der Längsseiten; auf der gegenüberliegenden Seite ist ein aufrechtstehender Mann zwei Vögeln gegenübergestellt. Die figürlich gestalteten Felder werden von Dekorbändern mit Rauten-, Voluten- und Stufenhaken-Motiven begrenzt.

Aus Grabfunden sind ähnliche Kästchen bekannt, die hauptsächlich Webutensilien wie Spindeln, Nadeln und Garne enthielten.

383. KÜRBISSCHALE MIT INKRUSTATION

M.A.U.N. – Trujillo U 121

Kürbis, Perlmutt, H 8 cm, Ø 13 cm

Späte Zwischenperiode,

ca. 1100 –1450 n. Chr.

Chimú

Diese Schale verbindet geometrischen Dekor mit Einlegearbeiten. Runde Plättchen sind von allen Seiten von dreieckigen Inkrustationen umgeben. Den Randabschluß bildet ein Band von runden Einlagen.

384. KÜRBISSCHALE MIT INKRUSTATION

S.M.f.V. – München 188

Kürbis, Perlmutt, Ø 16,5 cm

Späte Zwischenperiode,

ca. 1100 –1450 n. Chr.

Chimú

Der Dekor dieser Schale ist ausgesprochen komplex. Das Zentralmotiv zeigt eine Gestalt mit anthropomorphen und zoomorphen Zügen. Um dieses herum sind sechs menschliche Figuren mit reichem Kopfputz so angeordnet, daß sie die Form des Gefäßes betonen. Die Zwischenräume sind mit kleinen Motiven und Fischen gefüllt.

385. SCHMUCKSCHEIBE

R.P.M. – Hildesheim V. 9444

Holz, Muschelschale, Türkis, Ø 9 cm

Späte Zwischenperiode, ca. 1100 – 1450 n. Chr.

Chimú

Eine anthropomorphe Figur mit ausladendem Kopfputz füllt
die Scheibe. Die mosaikartigen Einlagen aus unterschiedlichen
Materialien, wie Perlmutt, Türkis und Spondylus, kontrastieren
in Form und Farbe. Die reich geschmückte Zentralfigur wird
von zwei Vögeln flankiert.

386. FUSS EINES GEFÄSSES
R.P.M. – Hildesheim 9443
Holz, Muschelschale, Türkis, Stein,
H 12 cm
Späte Zwischenperiode,
ca. 1100–1450 n. Chr.
Chimú

Auf einem stufenförmigen Thron
sitzt eine anthropomorphe Figur in
feierlich erstarrter Haltung. Der Sitz
ist reich verziert. Die Inkrustation
besteht hauptsächlich aus Dreiecken,
Stufendreiecken, Rechtecken und
Kreisen. Vergleichbare Darstellungen
thronender Würdenträger sind bereits
aus der Moche-Keramik bekannt.

387. FEDERHELM

M.R.A.H. – Brüssel AAM 66.6

Federn, Pflanzenfasern, L 55,5 cm

Späte Zwischenperiode, ca. 1100 – 1450 n. Chr.

Chimú

Die nur aus weißen Federn bestehende Kopfbedeckung
hat eine Unterlage aus geflochtenen Pflanzenfasern.
Der halbkreisförmige Federaufsatz erinnert an den Kopfputz,
wie er sich bei vielen figürlichen Darstellungen in der
Keramik findet.

388. SCHMUCKSCHEIBE

M.R.A.H. – Brüssel AAM 70.10

Holz, Federn, Ø 13 cm

Späte Zwischenperiode, ca. 1100 – 1450 n. Chr.

Chimú

Vermutlich diente die hölzerne, mit Federn verzierte
Scheibe als Ohrschmuck einer Persönlichkeit von Rang.
Das zentrale Motiv besteht aus einer kleinen Figur mit
ausladendem Kopfputz, umgeben von konzentrisch
angeordneten, zweifarbigen Scheiben.

389. FEDERKRONE

M.A.U.N. – Trujillo U 2649

Silber, Federn, Pflanzenfasern, H 16 cm, Ø 8 cm

Späte Zwischenperiode, ca. 1100 – 1450 n. Chr.

Chimú

Dieser, vermutlich für ein Kind von hohem Rang bestimmte,
Schmuck besteht aus einem zylindrischen Körper aus Silber-
blech, auf dem verschiedenfarbige Federn aufgeklebt wurden.
Voluten in unterschiedlichen Farben bilden den Randabschluß.
Darüber ragt ein Kranz von leuchtend gelben Federn hinaus.
So wie die mexikanischen Handwerker waren auch die
Peruaner der vorspanischen Zeit Meister in der Anfertigung
von Federschmuck. Als Untergrund für bisweilen mosaikartige
Federarbeiten dienten verschiedene Materialien, wie Holz,
Binsengeflecht, Stoff oder Metall.

390. a–c BEKLEIDUNGSGARNITUR

R.J.M. – Köln

Wolle, Baumwolle,

Kopfband, 15 x ca. 430 cm

Hemd 180 cm

Rechteckiges Gewebe 214 x 120 cm

Späte Zwischenperiode, ca. 1100–1450 n. Chr.

Chimú

Vollständige Bekleidungsgarnituren finden sich in den
Sammlungen der Museen nur sehr selten.

Dieses Ensemble besteht aus drei Teilen: einem Kopfband,
das in der Art eines Turbans getragen wurde, wobei die
Enden über den Rücken herabhingen; einem Hemd oder
»unku« und einem großen rechteckigen Gewebe.

Die Maße des Stückes legen nahe, daß es um den Körper
gewickelt wurde.

391. EIN PAAR OHRSCHEIBEN

L.M. – Stuttgart M. 32357 I/a – M. 32357 I/b

Gold, Ø 7,5 cm

Späte Zwischenperiode, ca. 1100 – 1450 n. Chr.

Chimú

Aufwendiger Ohrschmuck findet sich häufig bei Darstellungen
bedeutender Gestalten. Die Vorderseite dieser Scheiben
zeigt drei umlaufende Bänder. Von innen nach außen lassen
sich ein Wellenband, ein Vogelfries und ein weiteres Band
figürlichen Ornaments unterscheiden.

392. HEMD

M.R.A.H. – Brüssel AAM 5815

Baumwolle, Silber, 76 x 80 cm

Späte Zwischenperiode,
ca. 1000 – 1450 n. Chr.

Chimú

Neben der Verwendung mehrfarbiger
Garne und dem Färben und Bemalen
von Stoffen gab es noch andere
Verzierungstechniken.
So sind z. B. auf dieses Baumwollhemd
kleine Fische aus Silberblech aufgenäht.

393. EIN PAAR ZIERBLECHE

M.R.A.H. – Brüssel AAM 5765 1/2 2/2
Silber, H 24 cm, B 13,5 cm
Späte Zwischenperiode,
ca. 1100 – 1450 n. Chr.
Chimú

Die beiden Schmuckbleche zeigen
in Treibarbeit hergestellte Tier- und
Pflanzenmotive. Eine ähnlich schlichte
Gestaltung ist typisch für die Metallarbeiten der Chimú, unter denen
sich, wie in der Keramik, nur wenige
qualitativ herausragende Stücke
finden.

394. PEKTORAL

M.R.A.H. – Brüssel AAM 46.7.25
Silber, L 24,5 cm
Späte Zwischenperiode,
ca. 1100 – 1450 n. Chr.
Chimú

Das halbmondförmige Silberblech
weist in der Mitte vier Durchbohrungen
auf, die zur Befestigung auf einer
textilen Unterlage, wahrscheinlich als
Brustschmuck, dienten.
Die getriebenen Figuren sind kaum
noch zu identifizieren, möglicherweise
ist unter anderem ein Fisch und ein
Vogel dargestellt.

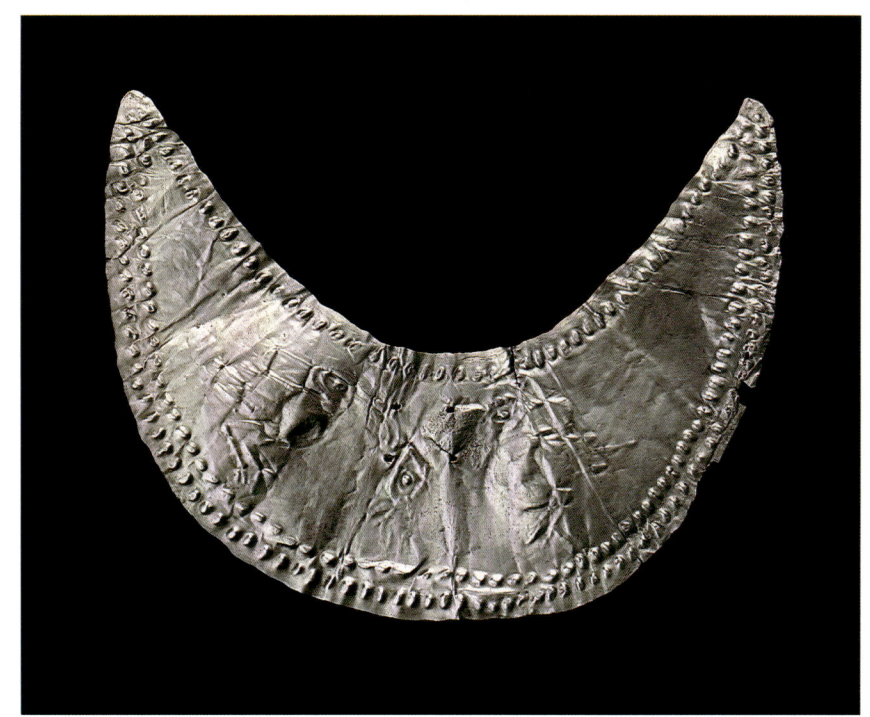

395. ZIERSCHEIBE

D.A.M. – Helsinki 962

Silber, Ø 33 cm

Späte Zwischenperiode,
ca. 1100–1450 n. Chr.

Chimú

Die Verzierung der großen Scheibe
aus Silberblech ist in konzentrischen
Kreisringen um einen halbkugel-
förmigen Buckel angeordnet.

Der äußere Kreis besteht aus einem
Fries sitzender, vierfüßiger Tiere
und kleinen Vögeln; der zweite aus
einer komplexen Reihung anthropomorpher Figuren in Frontalansicht,
die durch Vögel und vierfüßige Tiere
voneinander getrennt werden.

Auch den dritten Ring schmücken
anthropomorphe Frontalfiguren,
die mit Doppelkopfwesen alternieren.

Die Frontalfiguren im innersten
Kreisring tragen eine andere Kopfbedeckung.

Der kleinteilige, vielfigurige Dekor
erinnert an die Lehmreliefs mancher
Bauten in der Chimú-Region.

396. PINZETTEN

M.R.A.H. – Brüssel AAM 46.7.286

Silber, H 5 cm

Späte Zwischenperiode,
ca. 1100–1450 n. Chr.

Chimú

Unter den Grabbeigaben der Chimú-
Kultur finden sich häufig derartige
Pinzetten. Im alten Amerika wurden
sie vielfach von Männern benutzt,
die sie dazu verwendeten, sich die nur
spärlichen Barthaare auszuzupfen.

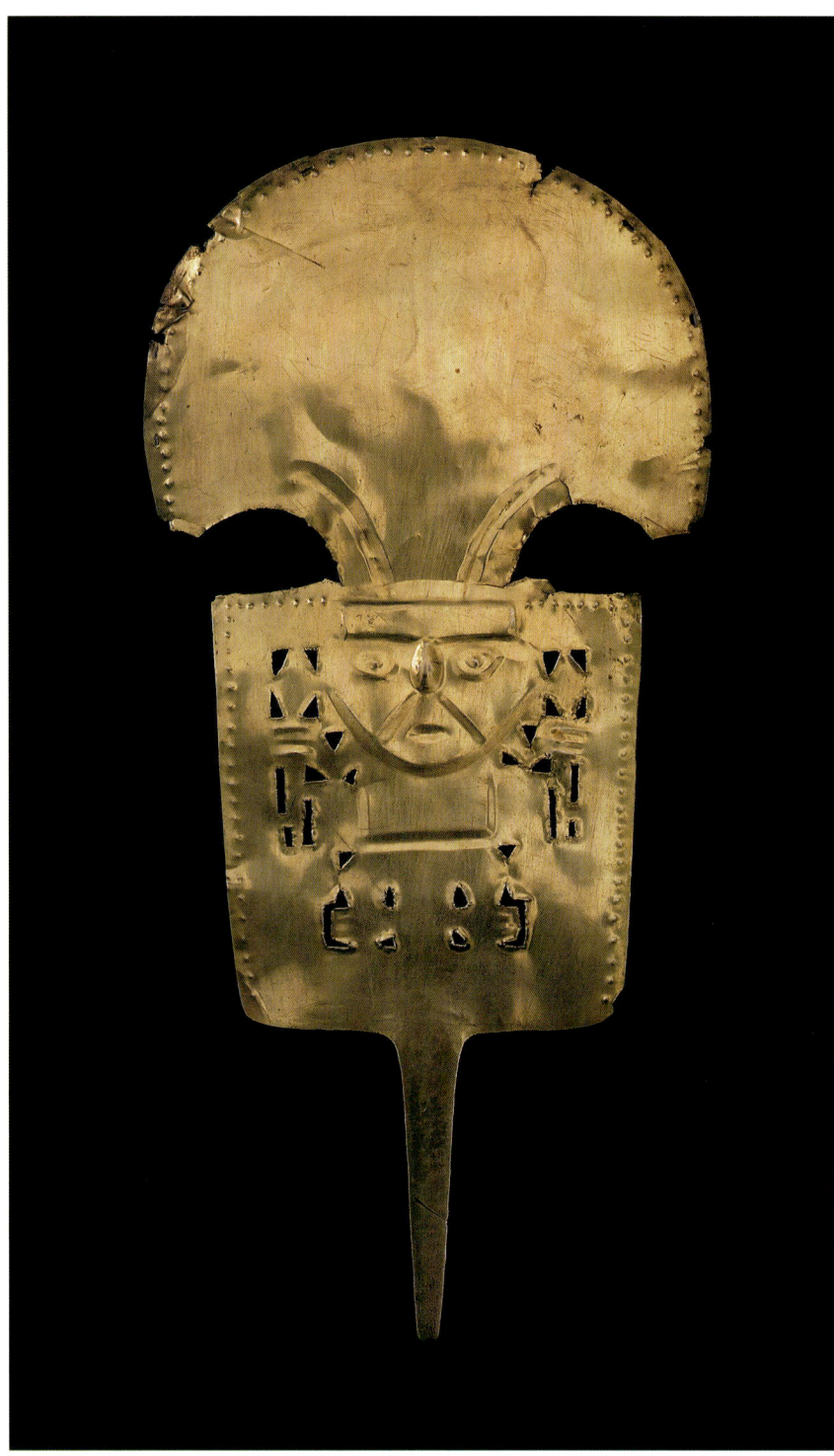

397. KOPFSCHMUCK

M.R.A.H. – Brüssel AAM 5788

Gold, H 27,5 cm, B 13 cm

Späte Zwischenperiode,

ca. 1100 – 1450 n. Chr.

Chimú

Dieses Goldblech wurde vermutlich
in eine Kopfbedeckung oder ein
Stirnband hineingesteckt.

Auf der rechteckigen Fläche ist in
einer Verbindung getriebener und
ausgestanzter Formen eine stehende,
anthropomorphe Gestalt mit Stäben
in den Händen (in der Art des
Stabgottes von Chavín) wiedergegeben.
Ihr ausladender Kopfputz bildet
zugleich einen wesentlichen Bestandteil
des Zierblechs.

398. SCHMUCKBLECH MIT
FIGURENSZENE

M.R.A.H. – Brüssel o. Nr.

Kupfer, versilbert, H 5 cm,
Späte Zwischenzeit,
ca. 1100–1450 n. Chr.

Chimú

Die Bedeutung der Darstellung ist
ungeklärt. Links außen dürfte eine
ursprünglich vorhandene dritte Figur
fehlen, was nicht nur aus der Beschädi-
gung, sondern auch daraus abzuleiten
ist, daß die in der Mitte stehende
Gestalt mit halbkreisförmigem Kopfschmuck in ähnlichen Darstellungen
stets von zwei anderen Figuren flankiert
wird. Die Szene wird außerdem durch
einige Gefäße ergänzt, unter anderem
ein Gabelhalsgefäß. Auf der Oberfläche
der getreppten Plattform, über der sich
die beiden anthropomorphen Figuren
erheben, sind weitere getriebene Motive
zu erkennen.

399. NASENSCHMUCK (»NARIGUERA«)

R.J.M. – Köln 47948

Gold, H 16,5 cm, B 17 cm
Späte Zwischenperiode,
ca. 1100–1450 n. Chr.

Chimú

Die komplexe Form dieses aus mehreren
getriebenen Blechen zusammengesetzten
Nasenschmucks ist ungewöhnlich.
Nasenschmuck scheint im vorspanischen
Peru nicht so beliebt gewesen zu sein
wie beispielsweise in Kolumbien.

400. MINIATURGEFÄSS

M.R.A.H. – Brüssel AAM 46.7.231

Bronze, H 10 cm, Ø 5,5 cm

Späte Zwischenperiode,

ca. 1100 – 1450 n. Chr.

Chimú

Die Bedeutung derartiger Miniaturgefäße, die unter den Metallarbeiten der Chimú zu finden sind, ist nicht geklärt.

Die Verwendung als Kinderspielzeug ist wenig wahrscheinlich, vielmehr sind Miniaturwiedergaben aus rituellem Kontext bekannt. Vermutlich wurden sie als Opfergaben niedergelegt.

401. MINIATURGEFÄSS MIT GABELHALS

M.R.A.H. – Brüssel AAM 46.7.230

Bronze, H 11,8 cm, Ø 5,4 cm

Späte Zwischenperiode, ca. 1100–1450 n. Chr.

Chimú

Dieses Gefäß ist ein Abbild der für die Nordküste typischen
Gabelhalsgefäße. Die Miniatur wurde aus mehreren Einzelteilen
angefertigt, die dann miteinander verlötet oder verschweißt
wurden. In der Mitte des Gefäßkörpers ist deutlich eine
solche Verbindungsnaht zu erkennen.

402. MINIATURGEFÄSS MIT GABELHALS

M.R.A.H. – Brüssel AAM 46.7.229

Bronze, H 11,4 cm, Ø 5,4 cm

Späte Zwischenperiode, ca. 1100–1450 n. Chr.

Chimú

Es wurden nicht nur verschiedene Gefäßformen hergestellt,
sondern auch verschiedene Metalle, oft wertvollere als Bronze,
verwendet. Die Herstellung von Gebrauchsgegenständen als
Miniaturen beschränkt sich aber nicht nur auf Metallarbeiten,
sondern es sind auch Keramiken bekannt.

Miniaturgefäße finden sich nicht nur in Peru, sondern auch
im vorspanischen Mexiko, beispielsweise in Teotihuacan.

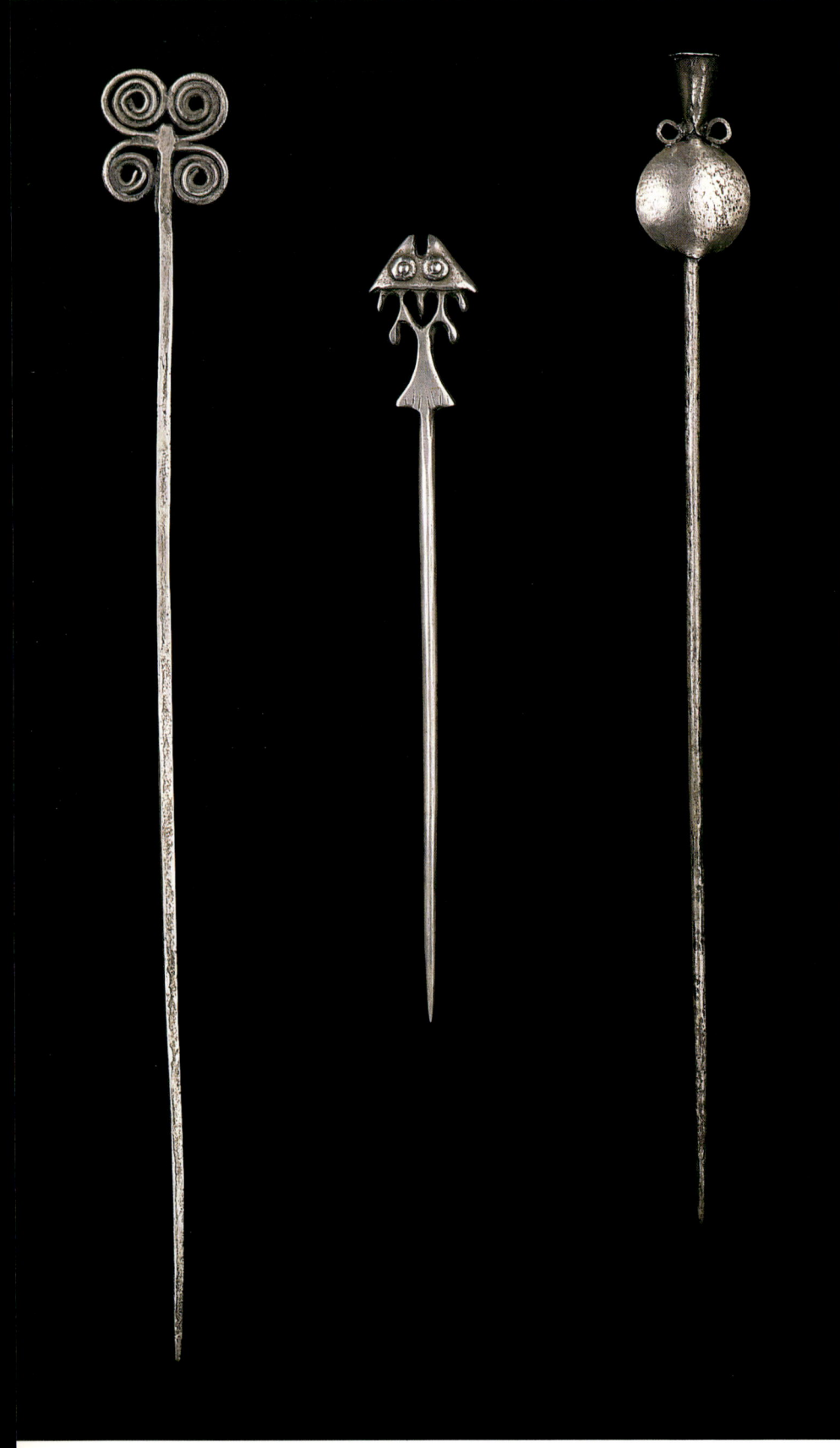

403. DREI SCHMUCKNADELN

M.R.A.H. – Brüssel

AAM 46.7.224 1/26-2/26-4/26

Silber, H 20,5 cm, 18,7cm, 12,5 cm

Späte Zwischenperiode,

ca. 1100 –1450 n. Chr.

Chimú

Diese zeitlich früher einzuordnenden
Schmucknadeln weisen alle unterschiedlich gestaltete Köpfe auf. Der erste wird
aus vier Spiralen gebildet, die in Klee-
blattform angeordnet sind; der zweite
zeigt einen Fisch, ein Motiv, das in
der Chimú-Ikonographie häufig auftritt,
und der dritte besteht aus einem
gefäßähnlichen Hohlkörper, in den eine
kleine Kugel eingeschlossen ist, so daß
ein klapperndes Geräusch erzeugt
werden kann.

404. OHRPFLOCK (?)

M.R.A.H. – Brüssel AAM 46.7.225

Bronze, H 26 cm

Späte Zwischenperiode,
ca. 1100–1450 n. Chr.

Chimú

Häufig wurde auch sehr großer Schmuck
von der Elite der Chimú-Gesellschaft als
Ohrschmuck getragen. Trotz seiner
Größe wurde der Schmuck durch das
Ohrläppchen gesteckt, das zuvor
erweitert wurde, indem nach und nach
immer größere und schwerere
Ohrpflöcke verwendet wurden.

Das Material variierte je nach sozialer
Stellung des Trägers, und das Tragen
von goldenem Schmuck war ein Privileg
der Oberschicht, während andere
Schichten Bronze oder versilbertes
Kupfer benutzten.

Bei diesem Stück, dessen zylindrischer
Teil mit einem Fischmotiv in Treibarbeit
verziert ist, könnte es sich jedoch auch
um das Fragment eines Musikinstru-
ments, eines sog. Rasselbechers,
handeln.

COLOMBIA

Quito

Equator

ECUADOR

Tumebamba (Cuenca)

PERU

Cajamarca

Taparaku
Huánuco Pampa
Tunsukancha
Pumpu
Tarma
Jauja

Machu Picchu

Lima
Pachacamac

Cuzco
Hatun-
Vilcas colla
Waman
Chucuito

BRAZIL

BOLIVIA

Lake Titicaca

La Paz
Paria

Pacific Ocean

Tupiza

Catarpe
La Paya

CHILE

Copiapo

Tambería
del Inca

0   500 km

Mendoza

Santiago

ARGENTINA

0°   E   0°

Huánuco Pampa
Cuzco

405. Ausdehnung und Straßennetz des Inka-Reiches
zum Zeitpunkt der Eroberung durch die Spanier

DER SPÄTE HORIZONT

CA. 1450–1533 N. CHR.

Nach dem Sieg über die Chancas, gegen 1440, nahm Inca Yupanqui den Namen »Pachacútec« an, das bedeutet »der Reformator der Welt«. Bis 1490 konnten der Herrscher und seine Nachfolger die Grenzen des Reiches bis nach Kolumbien im Norden und bis zum Fluß Maule (Chile) im Süden ausdehnen. Zu diesem Zeitpunkt bedeckte das Gebiet eine Fläche von 950 000 km².

Um ihre Macht zu stützen, bedienten sich die Inkas diverser Methoden. Sie zögerten nicht, die Bevölkerung mittels Deportationen zu vermischen, das Runasimi (Quechua) als offizielle Sprache einzuführen und das ganze Land mit einem Straßennetz zu überziehen, das die Spanier während ihrer Eroberung in größtes Erstaunen versetzte. Das Reich wurde durch eine Armee von Beamten organisatorisch erfaßt und kontrolliert. Die Beamten überwachten die Durchführung von gemeinnützigen Aufgaben, zählten die in den königlichen Spei-

406. Sacsayhuaman
Blick auf Zyklopenmauer. Inka-Kultur, Später Horizont

chern abgelieferten Güter und führten Volkszählungen durch.

Die Architektur der Inka hat im ganzen Reich Spuren ihrer Monumentalität hinterlassen. Noch heute beeindruckt sie den Besucher, der diese Werke zum ersten Mal sieht – wie könnte man auch nicht fasziniert sein von den Zyklopenmauern von Sacsayhuaman (Bild 406), angesichts der regelmäßigen Größe der Blöcke aus rosa Sandstein in den Zeremoniengebäuden von Pisac oder von der großartigen Landschaft, die von Machu Picchu beherrscht wird (Bild 407)!

Andererseits weisen die übrigen künstlerischen Formen wenig Neues auf. In der Keramik ist der Aribalo, ein großer Tonkrug mit spitzem Boden, die einzige neue Erfindung. Was die Metalle betrifft, nun – der Hunger der Spanier nach Gold, dem »Schweiß der Sonne«, hat dazu geführt, daß fast die gesamten Goldschätze der Inka verschwunden sind; es sind nur einige Figürchen aus Gold oder aus Silber und die Beschreibungen der spanischen Chronisten übriggeblieben, so daß man sich eine Vorstellung vom Reichtum dieser Kunst machen kann.

Nach dem Tod von Huayna Capac, der zweifellos an den Pocken gestorben ist, stritten seine Söhne Huascar und Atahualpa um die Herrschaft. Francisco Pizarro landete daher im Jahr 1532 mitten in einem Bürkerkrieg. Die alte Weissagung wurde wahr – der weiße, bärtige Gott Viracocha ist zurückgekehrt. Pizarro ließ Atahualpa gefangennehmen, Lösegeld erpressen und am 29. August 1533 erdrosseln. Eine Inka-Marionette, Manco II., wurde auf den Thron gesetzt. Er versuchte ein letztes Mal, die Fremden aus dem Reich zu vertreiben, und mußte sich ergeben, nachdem ihm der Versuch fast geglückt wäre. Das war im Jahre 1536. Das prähispanische Peru war tot, eine neue Ära begann.   *S. Purin*

407. Machu Piccu
Gesamtansicht. Inka-Kultur, Später Horizont

DIE INKA-GESELLSCHAFT

Die Inka-Gesellschaft war – wie auch die ihr vorangegangenen – stark hierarchisch organisiert. Eine führende Klasse, welche sich aus den Gründerfamilien (»Panaca«) rekrutierte, nahm im Inka-Staat eine privilegierte Stellung ein. Sie wurde von einzelnen Gruppen, die auch schon den ehemaligen Führern verbunden gewesen waren, unterstützt.

Die Priester der Sonnengottheit, hohe Militärs, Verwaltungsbeamte usw. wurden aus dieser Klasse ausgewählt. Auf einer hierarchisch niedrigeren Stufe waren jene Edelmänner diverser ethnischer Gruppen angesiedelt, die vom Inka-Reich erobert wurden. Im Zusammenhang mit diesen ist interessant anzumerken, daß die älteren Stämme im Vergleich zu den jüngeren eine viel größere Macht besaßen.

Das politische System der Inka hat sich nach dem Vorbild einer Reihe schon existierender soziopolitischer Schemata gebildet. In den Anden fand man als verbreitetste Organisationsform jene der Makro-Volksgemeinschaften vor. Unter der Führung eines Edelmannes von höchstem Rang waren Herrschaften zusammengefaßt, die ihrerseits wiederum aus einer Reihe von kleinen lokalen Cacicazgos oder Curacazgos aufgebaut waren.

Das Vokabular der einheimischen Sprachen wies eine Menge von Termini auf, die alle verschiedene soziale Ränge bezeichneten. Von den politischen Führern kleiner Volksgruppen bis hin zu den »Hatun Curaca« – hohen Persönlichkeiten,

408. Der Inka Manco Capac
(nach Guaman Poma de Ayala)

409. Die Coya, Gattin (und auch Schwester) des Inka
Auf diesem Bild wird Mama Occlo gezeigt, Gattin und
Schwester des Manco Capac (nach Guaman Poma de Ayala).

PRIMER·CAPITVLO·DELASMŎÏAS
ACLLA·COIAS

auasesa mamacona

mon jas las

410. Ausgewählte Frauen arbeiten im »Acclahuasi« für den Inka
(nach Guaman Poma de Ayala).

die über große Gebiete herrschten – war alles
abgedeckt.

Die Charakteristika der hierarchischen Ordnung in der Inka-Gesellschaft spiegeln sich im Sonnenkult wider – einer elitären Religion par excellence. Der Herrscher wurde als Sohn der Sonne
angesehen. Dies zog jedoch keinerlei religiös motivierte Auseinandersetzungen nach sich, da man allgemein anerkannte, daß der Herrscher in eine
Klasse mit diesem erblichen Privileg hineingeboren
wurde. Dennoch gab es manchmal auch Fälle, wo
die Inka per Sonderrecht erwählt wurden. Die
wenigen der Sonne geweihten Tempel haben
immer einen besonderen Kult beibehalten. Neben
der Inka-Elite und den Herren über große Herrschaften wurde – je nach Laune des Herrschers –
eine große Anzahl verschiedener anderer wichtiger
Persönlichkeiten bestellt: Verwaltungsbeamte, Aufsichtsbeamte, die verschiedenen Klassen von Priestern beiderlei Geschlechts, Wahrsager, Orakeldeuter etc.

Neben diesen privilegierten Klassen gab es
selbstverständlich auch andere – nämlich die den
Großteil der Bevölkerung repräsentierenden
»Volksklassen«, welche auch Zeugnis über die verschiedenartigen Berufsstrukturen abgaben. Die
meisten Bewohner von Tahuantinsuyu gehörten
der Klasse »Hatun Runa«, der »großen Menschen«,
an. Die Mehrheit der in den Anden lebenden Personen – Bauern, Landarbeiter und Hirten – erreichte diese Kategorie der »Hatun Runa« zum Zeitpunkt
ihrer Hochzeit. Das Paar stellte ab sofort eine häusliche Einheit dar und wurde in allen planerischen
Unternehmungen des Staates auch als solche
gewertet.

Aus den Reihen der »Hatun Runa« wurden auch
Soldaten, die an den Grenzen des Reiches kämpften, weiter die verschiedenen »Mitmaq«, welche
damit beauftragt waren, die Grenzregionen in
eroberten Gebieten zu überwachen, und nicht
zuletzt die Bauern, die in Regionen mit Arbeitskräftemangel geschickt wurden, rekrutiert. Die
»Mitmaq« brachen nie die Bande zu ihrer Heimat
ab, und sie wurden auch immer von ihren eigenen
Anführern begleitet.

Schließlich waren da noch die »Yana«, Diener,
die für den Inka, die Coya (Königin), die Sonne,
die Götter oder irgend einen hohen Herrn arbeiteten (Abb. 408,409). Im Unterschied zu den »Mitmaq«
brachen die »Yana« jeglichen Kontakt zu ihrer Heimat ab, um fortan ihren neuen Herren zu dienen.
Es muß in diesem Zusammenhang erwähnt werden, daß im Zuge der territorialen Ausbreitung die
Situation der Mitmaq sich jener der Yana mehr und
mehr anglich. Die Entfernungen waren so groß
geworden, daß es ersteren zunehmend erschwert
und schließlich unmöglich gemacht wurde, mit
ihren früheren Landsleuten Kontakt zu pflegen.

Kleine Mädchen zwischen acht und zehn Jahren wurden als »Mamacona« – das weibliche Pendant zu den »Yana« – zur Teilnahme an den »Acllahuasi« ausgewählt (Abb. 410). Ihre wichtigsten
Aufgaben bestanden darin, Kleider zu nähen und
bei Feiern und Zeremonien Getränke zuzubereiten. Auch sie teilten sich in verschiedene Kategorien: So gab es die »Yurac Aclla« (= Schwestern oder
Töchter von Inka-Herrschern), die als Priesterinnen der Sonnengottheit ihren Dienst im Tempel
versahen. Die »Huaycur Aclla« waren dazu bestimmt, Zweitfrauen der Inka oder aber als Ausdruck guter gegenseitiger Beziehungen wichtigen

einflußreichen Persönlichkeiten übergeben zu werden. Hierbei griff man jedoch nur auf die allerhübschesten Mädchen zurück. Die dritte hier zu nennende Kategorie umfaßt die »Paco Aclla« – Mädchen, welche als zukünftige Ehefrauen rangniederer Führer als Anerkennung für besondere Dienste bestimmt waren.

Diejenigen Mädchen schließlich, die sich weder auf edle Geburt noch auf Schönheit stützen konnten, die »Yana Aclla«, mußten allen hier Genannten dienen. Ein Chronist erwähnt auch noch die »Taqui Aclla«, die aufgrund ihres musikalischen Talents bei Festen mit Flöten- oder Tamburinspiel unterhielten (Abb. 411). Den untergeordnetsten Rang in der Gesellschaft nahmen die »Piña« = Kriegsgefangene ein. Da letztere von den Chronisten nicht erwähnt wurden, wissen wir von deren Existenz nur aus Wörterbüchern der Eingeborenensprache.

Was die Klassen des Volkes betrifft, so unterscheidet man vor allem in den Kulturen, die an der Küste angesiedelt waren, zwei wichtige Kategorien – jene der Fischer bzw. jene der Handwerker. Die entlang der Küstenstriche lebenden Fischer stellten eine von den restlichen gesellschaftlichen Gruppierungen, vor allem von den Bauern, getrennte Klasse dar (Rostworowski 1981). Sie wohnten in der Nähe größerer und kleinerer Häfen, in der Umgebung von Küstenmooren, welche damals in allen Tiefländern zu finden waren. Die Strände waren nicht für alle im gleichen Umfang zugänglich – jede Gruppe oder Sippe besaß einen Küstenabschnitt, über welchen sie frei verfügen konnte. Die Fischer besaßen keine landwirtschaftlich nutzbaren Flächen – eine Situation, die sich erst im Zuge der kolonialen Epoche änderte. Dennoch unterhielten die Fischer, deren Dörfer in unmittelbarer Nähe des Meeres – umringt von Mooren – lagen, enge Beziehungen zu der in den Tälern ansässigen bäuerlichen Bevölkerung. Obwohl die Fischer während des 16. Jahrhunderts ihre eigenen Anführer hatten – dies galt zumindest bis zu den Unruhen, welche durch Verfügungen des Vizekönigs entstanden, hingen sie dennoch von den Herren der jeweiligen Gutsherrschaften ab. Zwischen den küstennahen Ansiedlungen der Fischer und jener der Bauern bestand eine Wechselbeziehung bzw. gegenseitige Ergänzung.

Die Handwerker stellten vor allem innerhalb der Gesellschaften an der Küste eine wichtige

411. Musizierende Frauen («taqui aclla»)
spielen auf der Trommel (nach Guaman Poma de Ayala).

Gruppe dar. Aufgrund der herrschenden Spezialisierung im Handwerk kam es in einigen küstennahen Tälern vor, daß Gruppen von Handwerkern eine Reihe von Dingen produzierten, deren Herstellung in anderen Gegenden nicht zu beobachten war – eine Praxis, die wiederum in den Kulturen der Sierra unbekannt war. Zumeist lebten Schmiede und Töpfer der Sierra in Dörfern, ohne sich aber einzig und allein ihren erlernten Tätigkeiten zu widmen. Von einigen Dörfern weiß man, daß alle jene Menschen, die einer Herrschaft angehörten, sich zu einem bestimmten Zeitpunkt versammelten, um gemeinsam Stoffe oder Keramikgegenstände herzustellen.

Die Handwerker genossen einen Sonderstatus. Obwohl auch sie für den Staat arbeiten mußten, geschah dies jedoch immer nur in ihrer Eigenschaft als Schmied, Töpfer usw. Niemals mußten sie als Landarbeiter oder Soldaten zur Verfügung stehen. Die Regierung verlangte indes nach einer immer

AMOIONADORES DESTE REINO.
VVACAVCHO: CONARAQVI
INGA   INGA

412. Die privilegierten Handwerker, befreit von
anderen Frondiensten (nach Guaman Poma de Ayala)

größeren Zahl von Luxusgegenständen und von handwerklich gefertigten Gütern, deren Herstellung Spezialkenntnisse erforderte. Um diese Bedürfnisse des Staates zu befriedigen, schickte man fortan Handwerker nach Cusco bzw. in alle wichtigen Verwaltungszentren (Abb. 412).

Die von staatlicher Seite am stärksten umworbenen Handwerker waren Goldschmiede der Küstenregionen. Archivdokumente beweisen, daß die in Cusco lebenden angesehensten Familien aus den Küstentälern stammten. Dies wird beispielsweise durch die Tatsache belegt, daß man im nicht weit von der Hauptstadt entfernten »Zurite«, auf den Ländereien des Inka Huayna Capac, Mitglieder der ursprünglich vom Äquator stammenden Huancavilca-Gruppen ansiedelte, damit diese Gegenstände aus Silber fertigten. Andere – wie etwa eine große Zahl von Handwerkern, die ursprünglich in Atico an der Südküste beheimatet waren – wurden ebenfalls nach Cusco geschickt.

Unter den zahlreichen spezialisierten Handwerkern der Küste fallen jene Maler auf, die die Kleidungsstücke verzierten. Diese reisten von Tal zu Tal und behielten diese Praxis bis zum Ende des 16. Jahrhunderts bei. Wenige Informationen liegen über die Handwerker der Sierra vor. Einige waren auf die Herstellung von Keramikgegenständen oder Sänften für den Inka spezialisiert. Dennoch sind sie keiner spezifischen Volksgruppe zuteilbar, sondern waren Bauern. Außerdem muß man sie als zahlenmäßig unbedeutend werten – verglichen mit den in Zünften zusammengeschlossenen Handwerkern der Küste.

DIE DUALITÄT DER MACHT

Um die Gesellschaftsstruktur der Inka besser verstehen zu können, ist es nötig, ein früheres dualistisches System der Andenregion näher zu beleuchten. Zahlreiche Hinweise in den Archiven – richterliche Urteile, Steueraufzeichnungen und andere spanische Beweisstücke aus dem Bereich der Verwaltung – zeugen von der Existenz einer dualistischen Machtstruktur nicht nur innerhalb der Armee, sondern auch innerhalb der Einflußsphäre lokaler Herrscher. Diese Dualität war bereits im ursprünglichen Cusco zu finden, existierte also schon vor dem Aufschwung der Inka-Kultur. Da man dualistische Modelle und Schemata innerhalb der sozio-politischen Strukturen der Herrschaften nachweisen konnte, ist es wahrscheinlich, daß die Führer von Cusco sich in diesem Punkt nicht von anderen Volksgruppen unterschieden.

Jede Herrschaft im Inka-Staat teilte sich in zwei Hälften, was der autochthonen Vorstellung von Hoch und Tief, von Links und Rechts entsprach. Jede dieser Hälften wurde von einem Curaca oder Herrn regiert. Interessant ist, daß eine der beiden Hälften immer eine untergeordnete Stellung einnahm, wenn auch dieses Abhängigkeitsverhältnis von Ort zu Ort variierte. Das heißt, daß in einigen Gegenden das Hoch wichtiger war als das Tief und umgekehrt.

Dieses Organisationsmodell blieb jedoch nicht statisch an diesem Punkt stehen, sondern wies eine sehr große Komplexität in seiner Entwicklung auf. Eine Untersuchung über die Stadt La Paz (Relaciones Geograficas de Indias, 1885, Band 1172) bezieht sich auf die klassische dualistische Machtverteilung, welche für jede Gebietshälfte nicht nur einen

Herrscher, sondern auch noch einen sozial schlechter gestellten Kaziken vorsah. Diese Personen – »Gehilfen« oder »Assistenten« des Herrschers (Yanapaq) – formten das dualistische System in eine viergeteilte Organisation um.

Diese Feststellung findet sich durch ein Dokument bestätigt, welches von einem Besuch in Capachica im Jahre 1575 berichtet (Rostworowski 1986). Es erwähnt die Existenz zweier Herrscher pro Hälfte – was für jede Herrschaft vier Herren bedeutete. Eine Analyse der Tasa General des Vizekönigs Toledo (Cook 1975) zeigt, daß in sehr vielen Gegenden das Viermächteschema für Gutsherrschaften Gültigkeit besaß.

Wenn man zum Konzept der Machtverteilung auch noch das Konzept der räumlichen Organisation hinzufügt, erkennt man die wiederkehrende Dominanz der Zahl vier – dies gilt zumindest für große Teile der Andenregion. Während früherer Epochen von Cusco – als es noch den Namen Acamama trug (Guaman Poma 1936, f. 84) – war das Dorf in vier Abschnitte geteilt – in das Viertel des Kolibri, Quinti Cancha, jenes der Weber, Qhumbi Cancha, weiter in das Tabakviertel, Sairi Cancha, und schließlich in das Yarambuy Cancha. Letzteres bezeichnet ein Wohnviertel, das unzweifelhaft von Mischlingen der Quechuas und Aymares (Yaruntatha bedeutet: sich vermengen, Bertonio 1956) bewohnt war. Interessant ist, daß das Wort selbst in der Quechua-Sprache nicht vorkam, sondern allein bei den Aymaras verwendet wurde.

Die politische Stärkung bzw. der Anstieg der Manco-Capac-Gruppe vergrößerte den Zwist um die Verteilung des Raumes, wobei die Existenz der vier verschiedenen Viertel des Dorfes die Situation gut widerspiegelte. Der Viermächtestatus blieb jedoch dank folgender vier Herrscher, welche die Teilung der Macht im Zuge der zweiten Epoche aufrechterhielten, bestehen: Manco Capac, Tocay Capac, Pinahua Capac und Colla Capac.

Später, als der Inka-Staat entstand, vergrößerten sich die vier Sektionen des Gebietes und trugen die Namen: Chinchaysuyu, Antisuyu, Cuntisuyu und Collasuyu. Sie schlossen sich zum Tahuatinsuyu – »den vier untereinander geeinten Regionen« – zusammen. So blieb – den Notwendigkeiten der sozio-politischen Lage Rechnung tragend – die Vierteilung nicht nur im Bereich des Organisationsschemas der Macht, sondern auch im räumlichen Bereich fortbestehen.

413. Huayna Capac (nach Guaman Poma de Ayala)

DIE WAHL DES INKA UND DIE ARTEN DER ERBFOLGE

In der Andengesellschaft gab es ein entscheidendes Kriterium, das letztlich in der Frage der Erbfolge den Ausschlag gab. Ging es nun um die Bestimmung des Nachfolgers eines lokalen Führers oder um die Besetzung des Inka-Thrones selbst, entscheidend war, den tüchtigsten Aspiranten auf den Thron herauszufinden. Dabei war zweitrangig, ob es sich bei den Bewerbern um den Bruder, den Sohn der Schwester oder um den Sohn des verstorbenen Herrschers handelte. Interessant ist, daß sich die Chronisten immer von der europäischen Vorstellung der Nachkommenschaft leiten ließen, wobei sie in diesem Zusammenhang auf zahlreiche Widersprüche stießen. Das erklärt wiederum die Tatsache, daß auch heute noch Experten in der Frage der Nachfolge an der Präferenz der Erstgeborenen und an der Praxis des direkten Erbes an

414. Huascar (nach Guaman Poma de Ayala)

eheliche oder uneheliche Kinder festhalten, ohne jedoch diese Vorstellung im prähispanischen Umfeld näher zu betrachten.

Die staatliche Einführung eines Vizekönigs schrieb in der Frage der Erbfolge den kastilischen Modus vor. Dieses neue System, das in späteren Texten erwähnt wurde, zog bei den Einheimischen langwierige juristische Diskussions- und Entscheidungsprozesse nach sich.

Dank diverser Archivdokumente konnten einige Studien die verschiedenen Arten der Erbfolge in den Anden darlegen (Rostworowski 1961, 1962, 1983). An der Küste – sei es in den nördlichen oder zentralen Teilen – und in einigen Regionen der Sierra wurde dem Bruder und nicht dem Sohn des Verstorbenen der Vorzug gegeben, da man zuerst auf ein und dieselbe Generation zurückgreifen wollte, bevor man zur nächsten überging.

In anderen Gegenden war der Sohn der Schwester der Auserwählte. Untersuchungen über die Erbfolge bei den lokalen Herrschern geben uns Auskunft über den Modus der Machtübergabe bei den Inka. Dies ist umso aufschlußreicher, als man bedenken muß, daß die Entstehung des Inka-Staates spät erfolgte und die Inka vorher nur eine Volksgruppe unter vielen darstellten. Die Tradition, welche darin bestand, den »Tüchtigsten« seiner Söhne – das heißt anders ausgedrückt denjenigen, dem es gelang, die meisten einflußreichen Fürsprecher auf sich zu vereinen – an die Macht zu bringen, führte unweigerlich zur Günstlingswirtschaft, zu Intrigen und Gewaltverbrechen. Die Wahlen waren nicht so sehr von den besonderen Verdiensten als vielmehr von geheimen Machenschaften der Kandidaten und deren Familien geprägt. Die Chronisten berichten, daß das Nachfolgerverzeichnis der Inka von zyklisch aufflammenden Gewaltakten, die in Cusco stets nach dem Tod des Inka auftraten, zeugt. Sie stellen das Nachfolgeschema: Vater – Sohn nach europäischer Sitte dar, ohne sich bewußt zu werden, daß auch diese Unruhen und negative Emotionen auslösten. Wenn wir – ohne ins Detail zu gehen – in die von den Chronisten erwähnte Liste der Herrscher von Unter-Cusco Einblick nehmen, stellen wir fest, daß mehrere Persönlichkeiten nach ihrer Nominierung zurücktraten. Dies galt etwa für Manco Sapaco – den Nachfolger von Sinchi Roca – oder für Tarco Guaman, der Mayta Capac nachfolgen sollte. Die Chronisten berichten auch von Fällen, wo Inka ermordet (etwa Capac Yapanqui) oder vergiftet (Tupac Yapanqui) wurden (Cobo, Anello Oliva, Acosta). Die Inka von Unter-Cusco bewohnten alle den Sonnentempel, und es ist sogar möglich, daß sie dessen »Haupt-Priester« waren. Molina (1943) beschreibt den »Haupt-Priester« als »Diener oder Sklaven der Sonne«, während der Herrscher als »Sohn der Sonne« angesehen wurde.

Dagegen verfügte jeder Herrscher von Ober-Cusco über einen eigenen Palast, was ihn jedoch nicht vor ähnlichen Ausschreitungen schützte. Der Inka Roca wurde auf Wunsch der Sippen zum »Beschützer« erkoren (Samiento de Gamboa, 1943). Dessen Sohn wurde von den Sippen der Ayarmacas entführt, um sich an der Verlobten ihres Herrschers zu rächen, die diesen verließ, um den Inka von Cusco zu ehelichen. Als der Inka Roca seinen Sohn wieder befreite, nahm er diesen in die Regierung auf, um damit die Nachfolge zu sichern. Später – zur Zeit der Regentschaft Yahuar Huacac –

415. Der Inka Pachacútec, der echte Gründer des Reiches
(nach Guaman Poma de Ayala)

416. Topa Inca Yupanqui (nach Guaman Poma de Ayala)

wollte der Herrscher seinen eigenen Sohn zum Mitregenten ernennen. Dieser Plan wurde jedoch vereitelt, da der junge Inka von einer der Frauen seines Vaters, die wiederum ihrem eigenen Sohn diese Ehre angedeihen lassen wollte, ermordet wurde. Kurze Zeit später wurde Yahuar Huacac selbst Opfer einer Verschwörung. In der allgemeinen Verwirrung, die diesem Verbrechen folgte, erwählten die nun Geeinten auf Anraten einer Frau aus Ober-Cusco Viracocha zum Herrscher (Cieza de León 1942, Kap. XL). Als dieser älter wurde, machte er seinen Sohn Urco zum Mitregenten. In den letzten Jahren seiner Herrschaft verstärkte sich in Cusco die Bedrohung, die von der Chanca-Gruppe ausging. Um die territoriale Vorherrschaft selbst zu erlangen, war diese Bewegung mit Sicherheit schon seit langem in kriegerische Auseinandersetzungen mit den Inka verwickelt. Viracocha und sein Sohn überließen Cusco schließlich seinem

Schicksal und dem jungen Cusi Yapanqui die Würde der Verteidigung. Nach mehreren Siegen nahm dieser dann das Puyllu – das Insignum der Macht – an sich. Er betrachtete sich selbst als den »Tüchtigsten« von allen und änderte, wie es auch Brauch war, seinen Namen, wobei er fortan Inka Pachacútec Yapanqui hieß. Obwohl der Krieg gegen die Chancas sicherlich als legendenhaft gewertet werden kann, ist der Sieger – dessen Erfolge am Beginn des 15. Jahrhunderts anzusiedeln sind – als erster historischer Inka zu betrachten (Abb. 413–417).

Die Herrschaft von Pachacútec war lang. Er nominierte zuerst den Prinzen Amaru Yupanqui zum Mitregenten, der aber – als er sich als zu wenig kriegerisch erwies – zugunsten eines jüngeren Sohnes Tupac Yupanqui wieder abgesetzt wurde. Letzterer wurde ein großer Eroberer und Initiator der territorialen Expansion. Als er Mitregent wurde, heiratete Tupac Yupanqui eine seiner Schwestern, womit er auch die Tradition der inzestuösen Verbindungen bei den Inka aufnahm. Kurz nach Antritt der Herrschaft versuchte ein Bruder, ihm diese wieder streitig zu machen (Sarmiento de Gamboa, Santillán).

Die inzestuöse Heirat konnte die Intrigen und Machtkämpfe in der Frage der Nachfolge von Tupac Yupanqui nicht außer Kraft setzen. Anfangs beschloß der Inka, dem Sohn der Königin den Thron zu überlassen (Sarmiento de Gamboa), kurz vor seinem Tod änderte er jedoch seine Meinung und favorisierte nun Capac Guari, den Sohn einer seiner anderen Frauen.

Obwohl Capac Guari der Auserwählte war, wurde er nicht einmal Mitregent. Möglicherweise ereignete sich der Tod von Tupac Yupanqui zu rasch nach dessen Nominierung. Man kann sogar annehmen, daß der Inka, um den Wechsel in der Nachfolge zu verhindern, vergiftet wurde. Diese Palastintrige wurde von einem »Onkel« des Erbprinzen – vielleicht dem Bruder der Coya – aufgedeckt, und somit trat Huayna Capac die Nachfolge an. Der indianische Chronist Guaman Poma (1936: f. 113) deutet an, daß Huayna Capac für die Erlangung der Macht die Ermordung von zweien seiner Brüder anordnete.

Der Bruderzwist, der erneut beim Tode Huayna Capacs auftrat, ist uns nun schon hinlänglich bekannt. Jener fiel einer Pocken-, Masern- und Grippeepidemie zum Opfer. Den Erbprinzen Ninan Cuyuchi ereilte das gleiche Schicksal.

Der Krieg zwischen Huascar und Atahualpa wies in der Andengegend weder eine Novität auf, noch war er irgendwie ungewöhnlich, denn diese Art von Auseinandersetzungen wiederholte sich stets beim Ableben jedes Inka. Der einzige Unterschied bestand darin, daß es sich nun um einen Staat von kontinentalem Ausmaß und nicht mehr wie früher um irgendeine Herrschaft handelte.

Der »Tüchtigere« von zwei Anwärtern auf den Thron sollte der künftige Inka werden. Die Probleme dabei häuften sich jedoch, so daß man versuchte, die Institution der Mitregentschaft als Mittel zur Reduzierung der Kämpfe um die Macht zu installieren. Diese Vorgangsweise beobachtete man nicht nur bei den Inka, sondern auch in den kleinen Herrschaften von Lima an der Zentralküste. Mit der Gründung von Lima durch die Spanier regierte dort der Kazike mit einem seiner Söhne.

Eine zweite Methode, die Nachfolgezwistigkeiten besser in den Griff zu bekommen, bestand darin, den Erben am Tage der Machtübernahme mit einer seiner Schwestern zu verheiraten – dies, um den Thron durch die Einbringung des »männlichen« und des »weiblichen Teiles« der Nachkommenschaft zu stärken.

DIE EXPANSIONSPOLITIK DER INKA

Die rasche Expansion des Inka-Staates wurzelte im System der »Wechselbeziehung« und der »Wiederverteilung« bzw. in geringerem Ausmaß im »Tausch«, welcher vor allem in der Küstenregion praktiziert wurde. Zu Beginn gehörten die Inka nur einer Curacazgo unter einigen anderen an. Ihre Machtposition bildete sich erst im Zuge der aufeinanderfolgenden Siege über die Chancas aus. Der Chronist Betanzos erklärt, daß die ersten Schritte der Inka auf dem Weg zur Macht darin bestanden, den von ihnen besiegten Herrschern das System der »Wechselbeziehung« zu offerieren und sich mit ihnen durch Blutsbande zu vereinen. Dabei versammelte der Inka die Herren, bot ihnen öffentlich veranstaltete, rituelle Mahlzeiten und Geschenke an und verlangte schließlich von ihnen, verschiedene Arbeiten für das Gemeinwohl in Bereichen, in denen Arbeitskräftemangel herrschte, zu verrichten. Diese Vorgangsweise hatte oft die territoriale Annexion auf friedlichem Weg zur Folge, da den Edelmännern das Angebot zur »gegenseitigen Unterstützung« annehmbarer erschien als ein Krieg mit unsicherem Ausgang und fürchterlichen Auswirkungen für den Besiegten.

So verwirklichte sich die blitzschnelle Expansion der Inka, welche die regierenden Kreise auch zwang, pausenlos neue Versorgungskanäle aufzutun, um die besiegten Herren mit Produkten zu versorgen. Die enorme territoriale Ausweitung wies aber eine sehr zerbrechliche Basis auf, was auch den schnellen Zerfall des Reiches anläßlich der Okkupation durch die Soldaten Pizzaros erklärt.

Die lokalen Herrscher litten unter der Vorherrschaft der Inka, die sie um ihre besten Böden brachten, um sie der staatlichen Nutzung zuzuführen. Eine große Zahl ihrer Bevölkerung wurde zu »Mitmaq« oder »Yana«, die den Regierenden dienen mußten, »degradiert«. Diese Entwicklung führte dazu, daß in der Provinz zumeist sozial höher gestellte Persönlichkeiten fehlten. Den »Volksklassen« wurde verboten, in ihren Dörfern zu bleiben. Man schickte sie als Emigranten oder »Mitmaq« weg, damit sie künftig ihre Dienste dem Staat zur Verfügung stellten. Die Unzufriedenheit darüber war groß und mündete letztendlich in das Streben nach Unabhängigkeit. Die spanische Präsenz und nicht zuletzt die schrecklichen Kriege wurden von den Herren der »Provinzen« als geeignete Möglichkeit betrachtet, die Befreiung von der Knechtschaft der Inka voranzutreiben – eine Konstellation, die den Zerfall des Reiches in Gang setzte. In der Tat konnte die blitzschnelle Expansion der Inka nie ein nationales Identitätsgefühl wecken. Die verschiedenen Völker fühlten sich vielmehr ihren eigenen Dörfern, Herren, traditionellen Führern bzw. ihren eigenen Göttern verbunden und bauten nie eine positive Beziehung zum zweifelhaften und noch dazu weit entfernten Sohn der Sonne auf. Sie unterstützten also die spanischen Eroberer, was den Sturz der Inkaherrschaft stark beschleunigte. Selbst die später unter Manco II. angezettelte Rebellion schaffte es nicht, die einheimischen Völker wiederzuvereinigen.

Erst als auch diese das Elend und die Hoffnungslosigkeit unter der Regentschaft des Vize-Königs spürten, verbreitete sich eine nostalgische Stimmung, die Sehnsucht nach dem vergangenen Inka-Reich.

Maria Rostworowski

417. Atahualpa
(nach Guaman Poma de Ayala)

DIE ARCHITEKTUR DER INKA

Die Architektur, deren Spuren sich fast im gesamten Bereich des Inka-Territoriums finden, ist der Lieblingsbereich der Inka-Kunst. Sie entnimmt den frühen Andenkulturen zahlreiche technologische Elemente, aber sie ist durch ihren strengen und sehr einheitlichen Stil, der sie manchmal schon von weitem erkennen läßt, einzigartig.

Der auffällige Charakter der noch bestehenden Inka-Stätten liegt in der hohen Qualität der Bauwerke sowie in der Tatsache, daß sie nach archäologischen Maßstäben neuzeitlich sind. Selbst bei den ältesten unter ihnen sind seit der Zeit ihrer Entstehung und unseren Tagen nicht mehr als 6 Jahrhunderte vergangen.

Obwohl die meisten nach der Conquista verlassen worden waren, wurden sie doch nach wie vor in Ehren gehalten, mit Ausnahme einiger Bauten, die abgerissen wurden, damit man die behauenen Steine wiederverwenden konnte, aber auch um das Bild einer vergangenen Macht auszulöschen.

TECHNOLOGIE

Bei der Errichtung von Gebäuden aus Lehm, eher ein Charakteristikum der Küstenarchitektur als eines der Sierra, wird der rohe Ziegel (Adobe) eingesetzt, den die früheren Zivilisationen in reichem Maße für ihre Architektur verwendeten.

Die Bauten, die die Inka an der Küste errichteten, wie Tambo Colorado, Incahuasi oder der jüngste Trakt des großen Zeremonienzentrums von Pachacamac, nehmen diese jahrtausendalte Tradition des Rohziegels wieder auf. Dieser wirkt durch seine Mörtelbindung und die trapezförmigen Öffnungen und Nischen des »imperialen Stils« als eher strenge Architektur. Auch in manchen Gegenden der Sierra findet man den Adobeziegel als hauptsächliches Baumaterial, wie zum Beispiel im berühmten »Tempel des Viracocha« in Racchi, südlich von Cusco. In diesem Fall sind die Ziegelschichten über einer kleinen Grundmauer aus Stein angeordnet, die die Adobe vom Boden trennt. Sehr oft sind die Adobemauern mit einer feinen Schicht

418. Machu Picchu: Zum Schneiden vorbereiteter Stein
Das Verfahren besteht darin, daß in den Stein eingetriebene Holzpflöcke mit Wasser begossen werden, sodann anschwellen und dadurch den Stein sprengen.

Tonerde verputzt, die ihnen sowohl schöneres Aussehen als auch Schutz verleiht. Es hat nicht den Anschein, als ob dieser Verputz jemals geschmückt oder vielleicht sogar gleichmäßig aufgetragen worden wäre.

Obwohl die Lehmarchitektur einen wichtigen Teil der Inkabauten darstellt, sind doch die Gebäude aus Stein, besonders jene aus behauenen Steinen, die bemerkenswertesten und berühmtesten.

Die großen Blöcke wurden aus den Steinbrüchen mit einfachen Hilfsmitteln ausgebrochen, indem man sich die Diaklase, den natürlichen Felsbruch, zunutze machte. Sodann wurden sie aufgeladen und zu den Baustellen transportiert. Der Transport vom Steinbruch zur Baustelle erforderte eine große Anzahl von Hilfsarbeitern; man schätzt, daß zum Bewegen der größten Blöcke 2000 bis 2500 Menschen benötigt wurden.

Wie bei den anderen alten Zivilisationen benutzte man Ziehwege, die man mit nasser Erde oder mit Kieselsteinen für den Transport der mehrere Tonnen schweren Blöcke ausreichend gleitfähig machte. Wahrscheinlich verwendete man zur Erleichterung des Transports auch Holzschlitten oder Rundhölzer. Trotzdem darf man bei den auf diese Weise zurückgelegten Entfernungen nicht übertreiben. Gewiß kennt man Bauten, die aus Material errichtet wurden, das über mehrere Kilometer herangeschafft worden war; aber die ungefähr 35 Kilometer zwischen Rumiqolqa (Andesitsteinbruch) und Cusco gehören zu den längsten der bekannten Strecken.

Die Bauten von Sacsayhuaman oberhalb von Cusco, deren Mauerabsätze die Hauptstadt des Reiches überragten, wurden aus Blöcken errichtet, die größtenteils aus den Steinbrüchen von Huacay Pata stammen – aus einigen hundert Metern Entfernung. Das gleiche gilt für Machu Picchu und die umliegenden Bauten: Die Steine kommen aus demselben Granitmassiv, das im Herzen der Kordillere einen großen Einschluß bildet. Heute noch sieht man im oberen Teil der Anlage von Machu Picchu einen Steinbruch mit Blöcken, die noch im ursprünglichen Zustand vor dem Verladen herumliegen. An einem dieser Blöcke erkennt man eine Reihe von Löchern, die in einer geraden Linie gebohrt wurden. Mit dieser Technik wurde der Stein entlang der gewünschten Bruchstelle gesprengt. (Abb. 418)

In den letzten Jahren konnten durch experimentelle Untersuchungen zu diesem Thema die Hypothesen über die Vorbereitung der Blöcke bestätigt werden. Man benötigt ungefähr anderthalb Stunden, um einen Andesitblock mittlerer Größe (ca. 25 x 25 x 30 cm) mit Hilfe von Pflöcken und harten Steinen, die als Schlagwerkzeuge verwendet werden, in Form zu bringen. Das übrige, nämlich das Einsetzen jedes Elements, erfolgt durch fortschreitendes Anpassen mittels kleiner Nacharbeiten, damit die Blöcke so genau wie möglich aneinanderpassen (Protzen 1986).

Um hohe Mauern zu errichten, bedienten sich die Inka schiefer Ebenen aus Erde, die sie rampenförmig aufschütteten und nach Fertigstellung des Baus wieder abräumten. Die ersten Spanier konnten diese Technik beobachten, als sie von den eingeborenen Maurern, die man für den Bau der Kolonialkirchen von Cusco beschäftigte, angewen-

det wurde. Zu den Gerüsten hatten diese nämlich wenig Vertrauen.

Dieselben Chronisten beobachteten noch andere Einzelheiten in der Organisation von Bauten. Der Inkastaat hatte seine eigenen Architekten und Baustellenleiter, die den Baufortschritt überwachten, ebenso Steinbrucharbeiter und Maurer, die ganztags arbeiteten. Die Arbeiter, die die Trassierungs- und Instandhaltungsarbeiten durchführten, waren einfache Bauern, die dem Staat Arbeitsleistungen schuldeten. Diese Andenbauern, die ihre Häuser und Pflanzungsterrassen selber zu errichten pflegten, waren daher auch imstande, diese nicht sehr spezialisierten – aber unentbehrlichen – Aufgaben bei den Inkabaustellen auszuführen. Die auffallendsten Inkabauten sind aus behauenen Steinen errichtet, die manchmal mit Stoßfugen zusammengesetzt waren. Oft wurde eine besondere Technik eingesetzt, mit der man diese »Stoßfugenkonstruktion« perfekt imitieren konnte. In diesen Fällen wurden die Steine mit den Sichtflächen – und nur diese waren nach Fertigstellung des Bauwerkes sichtbar – nach außen genau und gerade übereinander angeordnet, während der innere Teil der Mauer mit Trümmern, Erdreich und grob zerschlagenem Gestein hinterfüllt wurde. Dieses vereinfachte, aber sehr ausgearbeitete Verfahren ermöglichte die Verkürzung der Bauzeit und gewährleistete dennoch den guten Zusammenhalt der Mauer (Abb. 419). Die Inka verwendeten für diese Bauten sehr harte Steine, wie den Andesit, und gaben den sichtbaren Seiten eine rechteckige oder polygone Form. Es sind die Gebäude dieses

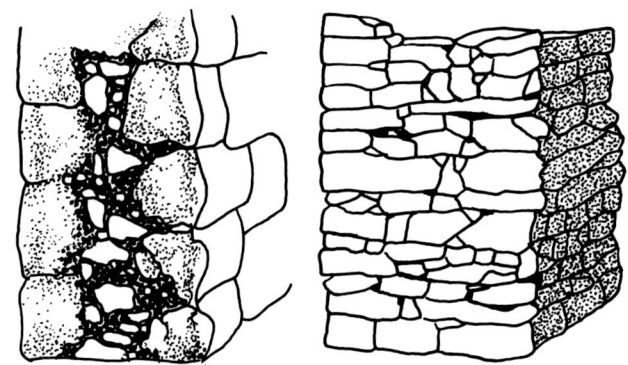

419. Füllmaterial aus Erde und Lehm
zwischen zwei Steinmauern mit Stoßfugen (nach Bouchard)

420. Mit Lehmmörtel verbundene Steine

421. Machu Picchu
Nach innen geneigte und nach oben verjüngte Mauern

Typs, die die Bewunderung der Konquistadoren hervorriefen und die auch heute noch die großartigen Fähigkeiten ihrer Erbauer bezeugen.

Jedenfalls bedienten sich die Inka bei den meisten ihrer Häuser und besonders bei den Bauernhäusern einfacherer Techniken. Die hier verwendeten Blöcke sind unbehauene Bruchsteine mittlerer Größe, auf einfachste Weise zerkleinert und mit Mörtel aus tonhaltigem Lehm verbunden (Abb. 420).

Die Mauern der Inka sind fast immer niedrig; offenbar hielt man hohe Bauten wegen der häufigen Erdbeben für zu gefährlich und ließ sie daher gar nicht zu. Diese Mauern weisen eine Eigentümlichkeit auf: Sie sind nach innen geneigt und sind oben etwas weniger breit als an der Basis, offensichtlich aus Gründen der Stabilität (Abb. 421). Bei manchen einfachen Konstruktionen mittlerer Größe sind die Mauern mehr als 80 cm dick, was ihnen eine nahezu unverwüstliche Festigkeit verleiht. Nur das Verlassen der Häuser und das Fehlen jeglicher Instandhaltung scheint der Grund für den jetzigen Zustand dieser mit so viel Sorgfalt errichteten Häuser zu sein.

Heute fehlen an fast allen Inkagebäuden die Abdeckungen. Nur einige wenige wurden restauriert (Abb. 422) und mit einer Art Grasdach gedeckt, ähnlich wie die ursprünglichen Dächer und die Dächer der traditionellen Bauernhäuser; man denkt bei ihrem Anblick an unsere Dächer aus Stroh oder Schilf. Tatsächlich verwendeten die Inka für ihre Dächer aus verschiedenen Gründen kein festes oder dauerhaftes Material. Sie verfügten für den Bau stabiler Gerüste nur über ganz wenig Holz, da die Zentralanden nur wenig bewaldet und die peruanische Küste wüstenartig und trocken ist. Außerdem stellen in einem Land, das von häufigen Erdbeben heimgesucht wird, »harte« Dächer eine wirkliche Gefahr dar. Hingegen sind die aus Pflanzen geflochtenen Dächer nicht nur leicht und isothermisch, sondern entsprechen auch den klimatischen Bedingungen der Anden. Nach den Beschreibungen der Chronisten ruhten die Dächer der Inkahäuser auf Gerüsten aus leichten Stangen, die untereinander mit Stricken oder Lianen verbunden waren (Abb. 423). Die Abdeckung bestand aus Ichu, einer Pflanze aus den Hochregionen der Anden, die auch heute noch zum Abdecken der Häuser in der Sierra verwendet wird (Abb. 424, 425).

422. Machu Picchu

Restauriertes Haus mit wiederhergestelltem Dach aus Pflanzen

423. Leichtes Gebälk (nach Bouchard)

424. Dach mit zwei Schrägen und abgerundeten Enden
(nach Bouchard)

425. Dach mit vier Schrägen (nach Bouchard)

DIE MORPHOLOGIE DER BAUTEN

Die Bauten der Inka waren in der Regel nach einem einfachen viereckigen Grundriß errichtet, mit einer Hauptfassade an der langen Mauerseite. Sehr selten nur war dieser Raum durch Trennwände in verschiedene Zimmer unterteilt. Diese Art findet man gelegentlich bei einigen größeren Gebäuden oder bei einem bestimmten Grundriß, wo eine Mauer das Gebäude der Länge nach in zwei Teile teilt. In diesem Fall bilden die beiden Mauern zwei gleiche Fassaden. Die einfachen Bauten umfaßten fast niemals mehrere Stockwerke: Sie sind ebenerdig, mit gestampften Fußböden. Oberhalb der Wohnebene gibt es oft einen Raum unter dem Dach, eine Art rudimentärer Plattform oder Gitterrost aus Stäben, der als Lagerraum diente.

Dieser Grundriß entspricht einer bäuerlichen Wohnanlage par excellence und findet sich auch heute noch, wenn auch leicht verändert, bei den der Tradition verhafteten Bauerngemeinden der Anden. Die Tätigkeiten der Bauern spielen sich fast immer im Freien und bei Tageslicht ab, so daß dieses Bauernhaus der Anden hauptsächlich als Unterstand dient, wo sich die Familie für die Nacht zusammenfindet. Außerdem gibt es noch sehr viel weitläufigere, sehr langgestreckte Gebäude (in der Quechuansprache oft Kallankas genannt), mehrere Dutzend Meter lang und rechteckig angelegt und durch mehrere Türen an der Fassadenseite zugänglich gemacht. Ihr Hauptzweck scheint darin bestanden zu haben, als zeitweilige Unterkunft für Durchreisende zu dienen, zum Beispiel für Truppen auf dem Weg zu einer anderen Garnison oder für Saisonarbeiter. Kreisförmige oder abgerundete Grundrisse sind selten: Einige solcherart errichtete Bauten sind sorgfältig erhalten. Sie stehen häufig an einem ausgewählten Platz, und dann immer nur einzeln an einem Ort. Die am häufigsten ausgesprochene Hypothese besteht darin, daß es sich um Bauten im Zusammenhang mit dem Sonnenkult handelt (Abb. 426). Andere runde Bauten, die jedoch eher roh erscheinen, dienten als Getreidespeicher und Zwischenlager. Die runden Qollqas waren besonders für die Aufnahme von Mais gedacht, während die viereckigen eher für andere Güter bestimmt waren. Diese Speicher sind im allgemeinen in einer Reihe an der Peripherie eines Ortes errichtet. Die Platzwahl erfolgte äußerst sorgfältig im Hinblick auf eine gute Konservierung ver-

426. Machu Picchu: Der Torreon, ein seltenes
Beispiel für einen Grundriß mit Rundungen

derblicher Waren. Außerdem sorgten genauestens
angebrachte Öffnungen für natürliche Belüftung.

Eine letzte Art von Rundbauten ist von den
Chullpas beeinflußt, das sind Begräbnistürme, die
von Menschen, die nicht zum Kulturkreis der Inka
gehörten, in den Hochebenen des Gebietes um
den Titicacasee errichtet worden waren (Abb. 427).
Die Inka übernahmen diese Form für denselben
Zweck, ohne sie allerdings im gesamten Reich einzusetzen. Das Interessante an diesen Türmen –
vom architektonischen Standpunkt gesehen – ist,
daß sie beweisen, daß die Inka das Prinzip des
falschen Gewölbes kannten und es mit Erfolg,
wenn auch nicht sehr oft, einsetzten.

Charakteristikum der Inkabauten sind die
Türen und manchmal auch die Fensteröffnungen in
Trapezform. Die Überlager können monolithisch
sein oder auch in bescheidenerer Form als Reihe
von ineinanderverschachtelten Holzblöcken. Die
Anzahl dieser Türen variiert; bei den einfacheren
Bauten ist in der Fassade nur eine einzige Öffnung

vorgesehen. Bei den wichtigeren Gebäuden sind
mehrere Türen entlang der Fassade verteilt. Diese
Eigenheit ist zweifelsohne durch die technische
Notwendigkeit bedingt, den Druck auf das Überlager zu verringern. Man findet dieselbe Trapezform
auch bei den in Reihen angeordneten Nischen an
der Innenseite der Mauern, die zum Aufbewahren
von Gegenständen dienten. Ihre große Anzahl
erklärt sich aus der Tatsache, daß die Inka keine
der üblichen Möbel besaßen, außer ganz wenigen
Sesseln und einigem Prunkmobiliar. Obwohl die
Verwendung der Trapezform nicht von den Inka
eingeführt worden war, wurde sie das für die Inka-
Architektur charakteristische Element.

In jenen Gebieten, die wärmer sind als die Sierra, findet man auch Gebäude, die über die gesamte Fassadenbreite offen sind. Vielleicht unterstützt
hier und da eine Säule oder ein kurzes Mauerstück
die Dachkonstruktion. Diese Bauten, die Masmas
genannt werden, dienten für die täglichen Aktivitäten und nicht als ständige Behausung.

Die architektonischen Formen sind daher eher unbeschränkt und zeigen auch keine Varianten. Infolge des kurzen Bestandes des Inkareiches gab es auch gar keine Möglichkeit irgendeiner stilistischen Entwicklung. Genauso wie die anderen Künste mußte sich auch die Architektur den strengen Regeln des Staates beugen.

DIE ANLAGEN

Die Grundrisse reflektieren vor allem das Bestreben, den umbauten Raum in praktischer und wirksamer Weise zu organisieren. Die Organisation wußten die Inka vorteilhaft in ihrer Wirtschaft wie auch bei ihren Eroberungszügen einzusetzen. Das bedeutet nun keineswegs, daß die Anlage ihrer Städte und Dörfer monoton gewesen wäre. Sie war lediglich von einer strengen, oft geometrischen Norm geleitet, die sich harmonisch in die Topographie einfügte und die Elemente ihrer natürlichen Umgebung mit einband (Abb. 428–431).

Die übereinanderliegenden Terrassen paßten sich den Krümmungen der Höhenlinien an. Gewisse Felsvorsprünge, die sicher als heilig angesehen und verehrt wurden, hat man in situ umbaut oder behauen. Wasserläufe wurden eingefangen und in Kanäle geleitet, um die Kulturterrassen zu bewässern oder das Wasser mit Hilfe von übereinander liegenden Brunnen in die Dörfer zu verteilen. Anlagen wie Cusco, Sacsayhuaman oder Ollantaytambo sind durch ihre gewaltigen Bauten und ihre Zyklopenmauern (Abb. 432) ein Beweis dafür, daß man ganz sicher nach einer auffälligen Wirkung suchte. Jedenfalls erregen auch die großen Bauwerke in den verschiedenen Provinzen mehr Bewunderung durch ihre Anordnung und ihre Strenge als durch ihre heroische Architektur.

Im allgemeinen bestehen die Inkaanlagen aus einer Ansammlung kleiner, einfacher und niedriger Gebäude, die oft in geschlossenen Vierteln, den Canchas, zusammengefaßt sind, was sehr gut die Suche nach Rationalisierung des städtischen Raums beweist. Eine Cancha, oder Kanka, bildet eine im allgemeinen geschlossene Einheit, bei der mehrere Bauten um einen nicht verbauten, viereckigen Platz angeordnet sind. Der Cancha-Typ, den man bei vielen Anlagen findet, umfaßt zwei Gruppen zu

427. Sillustani
Chullpas mit falschem Gewölbe

je vier identischen oder analogen Konstruktionen, die durch eine symmetrische Querachse verbunden sind, die durch die Hinterwand einer dieser Bauten verläuft. Durch eine Vervielfältigung dieser Canchas, die als eine Art Basismodul für den Städtebau dienen, entstehen die Viertel oder Sektoren der Inka-Dörfer und -Städte.

Bei manchen Anlagen kann man eine etwas komplexere Version erkennen: Der Cancha-Typ wird entlang einer zweiten, senkrecht zur ersten errichteten Symmetrieachse verdoppelt. Eine außergewöhnliche Anwendung dieses Prinzips wird durch die Gruppe der »drei Türen« in Machu Picchu verkörpert (Abb. 433), wo drei einfache Canchas aneinandergereiht und zu einer Einheit verbunden wurden, die allerdings infolge der Anordnung der drei Türen an den Seiten ein wenig atypisch ist.

Cusco war die tatsächliche Hauptstadt des Inkareiches, bis zu dessen letzter Phase, als Huayna, der sich an der Eroberung der südlichen Anden beteiligte, es vorzog, sich in Tumibamba niederzulassen. Trotz dieser Verlagerung der Macht behielt Cusco den Status einer Hauptstadt bei, und die Bewohner Cuscos erhoben immer noch den Anspruch auf dieses Vorrecht.

Cusco war nicht wie die früheren Hauptstädte aus der Vor-Inkazeit eine von hohen Mauern umgebene Stadt, bei der das Wohngebiet von der natürlichen Umgebung abgetrennt war. Cusco umfaßte ein Gebiet mit einem Radius von ungefähr 50 km, das von Grenzen oder Bezugspunkten (wie dem Tor von Rumi Qollqa im Süden) markiert war und mehrere konzentrische Sektoren einschloß. Im zentralen Kern, dem ältesten Teil, waren um die Plätze des Huacaypata und des Cusipata die Paläste der Inka, die wichtigsten Kultbauten und die Wohnungen des höchsten Adels gruppiert. Von diesen Plätzen gingen die Ceques aus, symbolische, in den Raum gezogene Linien, die das Reich teilten. Um diesen Kern herum lag der periphere Raum, bestehend aus bebautem Land und Terrassen. Dieser nicht verbaute Bereich trennte das Herz der Hauptstadt von einem urbanen Kranz, in dem die übrigen Edlen und Würdenträger des Inkareiches wohnten.

Verstreut im ländlichen Milieu, das an diese Stadtgebiete anschloß, befanden sich inmitten von Kulturland die Residenzen der regionalen Kaziken und die Wohnungen der aus allen Reichsgegenden

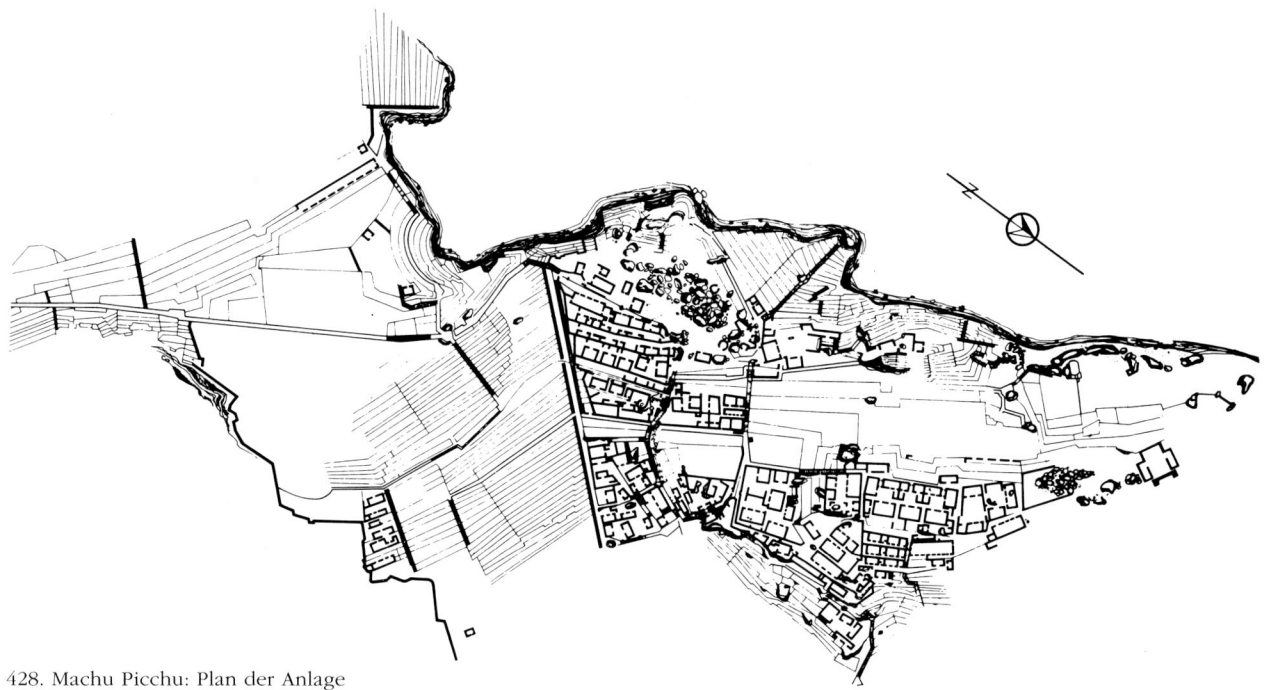

428. Machu Picchu: Plan der Anlage

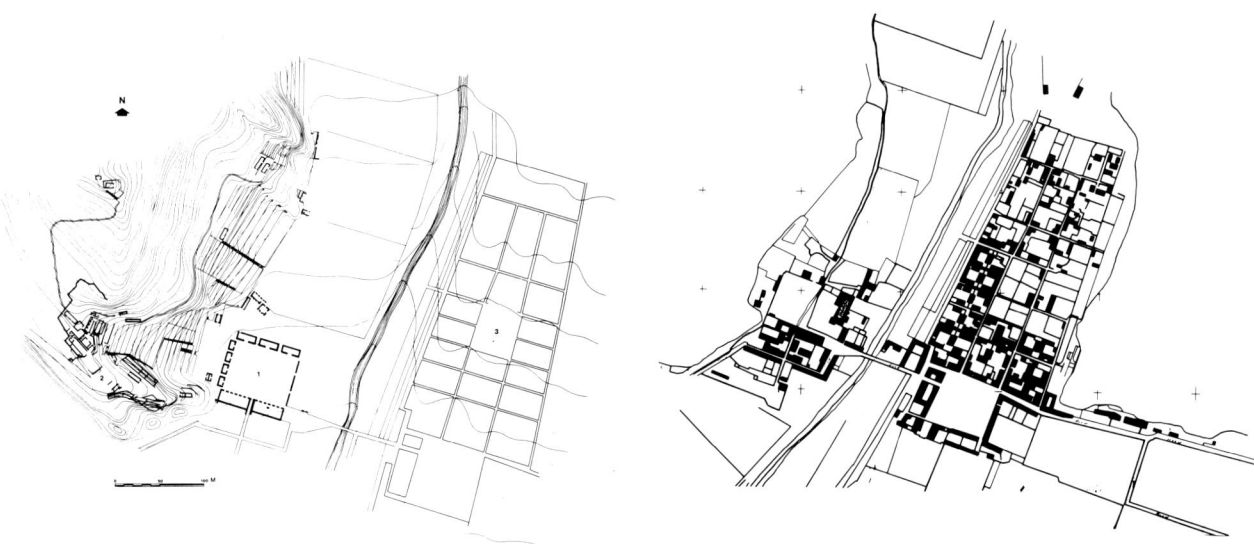

429. Ollantaytambo: Plan der Anlage

430. Ollantaytambo: Plan des Wohnviertels

gesandten Tributpflichtigen. Dieser Tribut bestand in Arbeitsleistungen, genannt Mita, die für jeden Erwachsenen Pflicht waren. Dieser Bereich repräsentiert in verkleinertem Maßstab sämtliche der Hegemonie der Inka unterworfenen Territorien.

Schließlich erstreckt sich noch über diesen Vorortebereich hinaus ein letzter bäuerlicher Siedlungsring, mit bebautem Land und kleinen Dörfern.

Man schätzt, daß die Gesamtbevölkerung dieses »Groß-Cusco« ungefähr 300 000 Einwohner umfaßte, die wie folgt verteilt wohnten:
– Kerngebiet: 15 000 bis 20 000 Einwohner
– periphere Viertel: 50 000 und mehr
– Vororte: 50 000 bis 110 000
– Landgebiete: 110 000 und mehr.

Trotz der unvermeidlichen Zerstörungen infolge des zunehmenden Wachstums der Stadt findet man die Überreste zahlreicher Gebäude dieser Reichshauptstadt, oftmals überbaut durch die Architektur der Kolonialherren. In den meisten Fällen handelt es sich um die Unterbauten höherer Gebäude, an die sich die Kolonialbauten anklammern. Man muß daher woanders nach einem unverfälschten Bild dieser Inka-Architektur suchen.

Das Tal von Vilcanota-Urubamba, »Heiliges Tal«, in der Nähe von Cusco, wurde von den Inka sehr schnell einverleibt, da diese sein günstiges Klima infolge der geringen Höhenlage schätzten.

Sie errichteten imponierende Kulturterrassen, indem sie die am günstigsten exponierten Hänge ausnützten. Außerdem erbauten die regierenden Inka weitere Residenzen für ihre Panaqas, die Verwandten des Inka-Herrschers, die die besondere Aufgabe hatten, nach seinem Tod seine Erinnerung zu ehren. Die Anlagen von Pisac (Abb. 434) und Huchuy Cusco (auch Xaqui Xahuana genannt) sind die wichtigsten Beispiele für solche Einrichtungen, an denen sich die Inka ansiedelten und richtige Wohn- und Ackerbaukomplexe gründeten. Die Gesamtzahl der in jeder dieser Anlagen erbauten Häuser ist relativ gering, was zu der Annahme führt, daß es sich hier wohl um besondere Einrichtungen handelt, die man nicht mit den herkömmlichen Dörfern vergleichen kann. Bei der Anlage Pisac sind vielleicht hundert Häuser in kleine Gruppen aufgeteilt errichtet worden, in Huchuy Cusco, das die »Residenz« der Panaqa des Herrschers Viracocha war, sind es noch weniger. In derselben Gegend befinden sich viele kleine ländliche Dörfer, die sich von diesen im weitesten Sinn »staatlichen« Einrichtungen sehr wohl unterscheiden.

Einige Dutzend Kilometer talabwärts, am Eingang einer Region, die den Übergang zwischen der Sierra und der Ceja de Montana bildet, schließt die Anlage von Ollantaytambo des »Heilige Tal« ab.

Der untere Teil der Anlage umfaßt eine Gruppierung, die oft als das Stadtmodell der Inka betrachtet wird. Sie besteht aus einigen nebeneinander liegenden Canchas und nimmt eine weite viereckige, ebene Fläche an den Ufern des Flusses ein. Darüber bezeugt eine eindrucksvolle Festung, die sicher einige religiöse Bauten enthält, die strategische Bedeutung, die die Inka diesem Ort beimaßen, der den unteren Zugang zum Tal beherrscht.

Hinter Ollantaytambo wird das heilige Tal enger, und der Fluß nimmt den Charakter eines Wildbaches an. Auch die Sierra veränderte sich allmählich und verschwindet vor der Piemontfläche Amazoniens. Hier in diesem Gebiet der Ceja de Montana, was wörtlich »Augenbraue des Waldes« bedeutet, gründeten die Inka eine Art »Ostmark« mit Doppelfunktion. Sie mußten zuallererst den oberen Teil des Tales und das eigentliche Gebiet um Cusco vor möglichen Einfällen nicht unterworfener Waldvölker schützen. Überdies bot ihnen diese Region, die wärmer war und tiefer lag, die Möglichkeit zur Kultivierung verschiedener »tropischer« Pflanzen, die sehr geschätzt waren, sich in der Höhe aber nicht akklimatisieren konnten. Sie schufen hier ein Netz von Städten und Dörfern, darunter das berühmteste von allen, Machu Picchu.

Nach fast vier Jahrhunderten der Vergessenheit wurden diese Stadt und die umliegenden Dörfer, die die Kolonialisationsfront bildeten, 1911 entdeckt. Sie zeigt einen etwas anderen Aspekt der Inka-Architektur, der an die Bedingungen von Natur und Umgebung angepaßt ist. Man erkennt den »imperialen« Stil, aber er findet sich in einer ungewohnten, üppigen, von der Feuchtigkeit und der Wärme begünstigten Pflanzenwelt.

Einige Details verraten diese Anpassung an das regnerische und warme Klima, wie die steileren Giebel oder die größere Anzahl der Öffnungen, anders als in der Sierra. Diese Anlagen, denen die Natur einen geheimnisvollen und zugleich grandiosen Anblick verleiht, zeigen auf vollkommene

431. Ollantaytambo

Die Gesamtansicht des Dorfes stammt noch aus der Inka-Zeit.

432. Ollantaytambo: Bau aus Monolithen

Weise, mit welcher Genialität die Inka-Bauherren in einer bestimmten Region auch mit schwierigen Bedingungen fertig wurden.

Die Ausdehnung der eroberten Gebiete bewog die Inka sehr schnell, einen Teil der in Cusco, der Hauptstadt, konzentrierten Macht zu dezentralisieren und regionale Verwaltungszentren zu schaffen, von denen aus die neuen, dem Reich einverleibten Provinzen leichter regiert werden konnten. Solche Verwaltungszentren entstanden oft aus bereits existierenden Städten, noch häufiger aber wurden sie von den Inka sowohl in der Sierra als auch an der Küste im ganzen errichtet.

Kurz vor der Eroberung durch die Spanier entwickelte sich aus diesen Zentren Tumibamba im Norden des Reiches sogar zum zweiten Sitz der Reichsmacht. Vilcashuaman, Jauja, Cajamarca, Huaytara und Huánuco Viejo in den peruanischen Anden und Tambo Colorado an der Küste waren die wichtigsten Zentren, ebenso wie Incallacta in Bolivien. Einige davon sind außergewöhnlich gut erhalten.

Das Zentrum von Huánuco Viejo, eines der am meisten erforschten, kann als Beispiel für die Architektur in den Verwaltungszentren der Inka gelten.

Diese regionalen Metropolen stellen ein theoretisches Modell dar, das die Gegenwart des Inka verkörpert, selbstverständlich mit lokalen Abweichungen, die sich aus der Anpassung der Architektur an das natürliche Milieu ergeben. Im Zentrum stehen die »offiziellen« Gebäude der Macht und der Verehrung, die die eroberten Völker respektieren mußten, auch wenn ihr eigener Stand und ihr eigener Glauben im allgemeinen von den Inka toleriert wurde.

Um diese mit großer Sorgfalt nach Art der schönsten Häuser in Cusco errichteten Bauten sind die Wohnungen der mit der Verwaltung der Region betrauten »Funktionäre« angeordnet. Hier findet man auch die Werkstätten, in denen die in jeder Region produzierten Rohmaterialien in Fertigprodukte umgewandelt wurden (zum Beispiel Stofftücher, die bei den Inka sehr stark in Gebrauch

433. Machu Picchu: Der Tempel mit den drei Fenstern
Mit Ausnahme der Türen findet man in Inkabauten nur sehr
selten Öffnungen.

waren, als Gewänder oder auch als Ehrengeschenke oder als Opfergaben für die Götter ihres Pantheons).

Der übrige Bereich dieser Zentren wird von den Quartieren der Garnison eingenommen, die die militärische Kontrolle ausübt, sowie von Lagerhäusern für die Zwischenlagerung der verschiedenen regionalen Produkte. Die Inka verfügten somit über wichtige Kontrollpunkte, die entlang der Verbindungsstraßen aufgeteilt waren.

Zwischen diesen großen regionalen Verwaltungszentren übernahmen kleine Kontrollposten, Tambos, an denen auch Garnisonen stationiert waren, die Bewachung der Straße und dienten zugleich als Zwischenrelaisstationen. Konvois und durchziehende Truppen machten hier Station, ebenso die Chasquis, die Boten, die die Verbindung zwischen Cusco und den regionalen Hauptstädten aufrecht erhielten.

In einigen Regionen des Reiches, die schwierig zu erobern und zu kontrollieren waren, findet man auch Festungen, Pukaras genannt. Es sind dies militärische Bauwerke in strategischer Anordnung und von Verteidigungsmauern geschützt, in denen die Soldaten des Inka stationiert waren. Oft überragten sie Talgründe und ermöglichten so die Überwachung von Truppenverlegungen.

Die Bauten der Inka entsprechen ganz gewiß den häufigsten Anforderungen an die Architektur: Wohnen, Verteidigen oder, noch häufiger, Festlegung eines heiligen, den Göttern geweihten Ortes. Wenn man aber die Meisterwerke dieser Architektur betrachtet, so spürt man, was sie eigentlich bewirken sollte: Respekt und Bewunderung für einen mächtigen Staat einflößen, der dachte, unzerstörbare Häuser als Kennzeichen seiner Herrschaft errichten zu können.

Jean-François Bouchard

434. Pisac: Das Heilige Viertel mit dem Intihuatana
(der Stein, an dem die Sonne angehängt wird), der auch
als Opferstein diente

435. »PACCHA«

M.A. – Madrid 10389

Ton, H 16 cm, L 26 cm

Später Horizont, ca. 1450 – 1533 n. Chr.

Chimú-Inka

Das Gefäß zeigt einen Papagei, der sich an eine große Frucht
klammert und auf sie einhackt. An der Schwanzspitze des
Papageis und am oberen Ende der Frucht befindet sich jeweils
eine Öffnung zum Einfüllen und Entleeren von Flüssigkeit.
Dieser »paccha« genannte Gefäßtyp ist im alten Peru häufig,
er wurde auch von den Inka bei Fruchtbarkeitsriten verwendet.

436. KOMPLEXES GEFÄSS
M.f.V. – Berlin VA 47848 K110
Ton, H 36 cm, B 12 cm
Später Horizont, ca. 1450–1533 n. Chr.
Chimú-Inka
Diese Keramik vereint zwei typische
Objekte der Inka-Kultur, den Grabstock
(»taclla«) und den Aryballos, eine von
den Inka entwickelte Gefäßform. Der
Hals des Aryballos ist als menschlicher
Kopf gestaltet.

437. GEFÄSS IN FORM EINES FUSSES
M.A. – Madrid 11078
Ton, H 13,2 cm, L 17,3 cm
Später Horizont, ca. 1450–1533 n. Chr.
Chimú-Inka
Der menschliche Fuß ist mit einer
Sandale bekleidet. Realistische
Darstellungen dieser Art sind für die
Chimú-Keramik nicht unüblich, doch
deutet der sich nach oben erweiternde
Gefäßhals auf Inka-Einfluß hin.

438. GEFÄSS IN FORM EINES
ARCHITEKTURMODELLS

M.A. – Madrid 10860

Ton, H 20,2 cm, L 14,5 cm

Später Horizont, ca. 1450–1533 n. Chr.

Chimú-Inka

Dieses Gefäß stellt ein geschlossenes
Gebäude mit U-förmigem Grundriß dar.
Vier Fenster weisen auf den Hof, die
Wände tragen geometrische Bemalung.
Das Satteldach ist typisch für eine regen-
reiche Zone, wie etwa die Sierra. Der
Gabelhals mit Vogelapplikationen ist ein
Element der Keramik der Nordküste, das
bis in die Inka-Zeit und darüber hinaus
zu finden ist.

439. ANTHROPOMORPHE »PACCHA«

A.I. – Chicago 1955.2411

Ton, H 23,8 cm, L 18,4 cm

Später Horizont, ca. 1450–1533 n. Chr.

Chimú-Inka

Herkunft aus dem Lambayeque-Tal

Die »paccha« zeigt eine Frau, die ihr Kind stillt und auf dem
Rücken einen Aryballos trägt. Es ist gut zu erkennen,
wie dieses Gefäß getragen wurde. Ein Tragband wurde durch
beide Henkel und über eine Knubbe auf der Gefäßschulter
gezogen. Die Knubbe hat meist die Form eines zoomorphen
Kopfes und verhinderte das Abrutschen des Bandes auf
der Gefäßwand. Der Traggurt konnte sowohl über der Brust
wie der Stirn verknotet werden. Unter den Füßen der Frau
befindet sich eine Ausgußtülle, die auf die Verwendung des
Gefäßes als »paccha« hinweist.

440. ZOOMORPHES GEFÄSS

P.M.A.E. – Cambridge 09-43-30/76008

Ton, H 9 cm, L 28 cm

Später Horizont, ca. 1450–1533 n. Chr.

Inka (?)

Die Randleiste und das schlichte Schuppenmuster ermöglichen
es, diese Fischdarstellung der Inka-Kultur zuzuordnen.

441. ARYBALLOS

M.R.A.H. – Brüssel AAM 5473

Ton, H 38 cm

Später Horizont, ca. 1450–1533 n. Chr.

Inka

Der Aryballos, wegen der Ähnlichkeit
mit dem antiken griechischen Gefäß so
genannt, ist ein erstmals in der Inka-
Kultur auftretender Gefäßtyp.
Der Dekor besteht vorzugsweise aus
geometrischen Motiven. Hier ist nur
ein einziges zoomorphes Element
zu erkennen, ein plastischer Tierkopf
auf der Schulter des Gefäßes, der
als Halterung des Tragbandes diente.
Die hohe Qualität der Ausführung
dürfte dem sozialen Rang des Besitzers
entsprochen haben.

442. FLORERO

M.A.U.N.S.A.A.C. – Cusco 2307

Ton, H 34 cm, Ø 14 cm

Später Horizont, ca. 1450–1533 n. Chr.

Inka

Wegen ihres hohen Halses wird diese
typisch inkaische Form, die sich aus
dem Aryballos ableitet, als Florero
(Blumenvase) bezeichnet. Der figürliche
Dekor stellt auf dem unteren Teil des
Gefäßkörpers eine Reihe von Frauen mit
Vögeln dar, während der obere mit
Blumenmotiven und einem plastischen
Felidenkopf verziert ist.

443. ZOOMORPHE SCHALE

M.A.U.N.S.A.A.C. – Cusco

Stein, H 5 cm, L 25 cm

Später Horizont, ca. 1450–1533 n. Chr.

Inka

Die Steinbearbeitung erreichte zur Inka-Zeit eine hohe Blüte. Dies zeigt sich nicht zuletzt in der Herstellung verschieden-artiger Steingefäße, die sicherlich für rituelle Zwecke Verwendung fanden. Darunter gibt es eine Vielzahl tiergestalti-ger Schalen und Mörser, welche häufig die Form von Fischen aufweisen.

444. ZOOMORPHE SCHALE

M.f.V. – Berlin VA 8590 K72

Stein, L 11,3 cm

Später Horizont, ca. 1450–1533 n. Chr.

Inka

Wie der Fisch ist auch die Krabbe ein Beleg für die Beziehung der Inka zur Küste. Diese Beziehungen konnten sicherlich dazu beitragen, Nahrungs-defizite in den Regionen des Hochlandes auszugleichen.

445. SCHALE IN FORM EINES KREUZES

M.f.V. – Berlin VA 8401 K72

Porphyr, H 8 cm, L 26, 9 cm, B 26 cm

Später Horizont, ca. 1450–1533 n. Chr.

Inka

Diese Form kann als geometrisches Symbol interpretiert werden, dessen ursprüngliche Bedeutung unbekannt ist. Daneben könnte es sich aber auch um die Darstellung der »cancha« handeln, des umschlossenen Hofes, eines Grund-elements inkaischer Raumordnung.

446. ANTHROPOMORPHER KOPF

S.M.f.V. – München X.6000

Stein, H 38 cm

Später Horizont, ca. 1450–1533 n. Chr.

Inka

Diese Skulptur wird allgemein der Inka-Zeit zugeschrieben und aufgrund des Kopfputzes und der Ohrscheiben als Bildnis eines Angehörigen der Inka-Dynastie interpretiert. Anthropomorphe Steinbildwerke der Inka-Kultur sind, abgesehen von einem Kopf aus dem Museo de América in Madrid, nicht bekannt, was auf die Zerstörung in der Frühen Kolonialzeit zurückzuführen sein dürfte. Sonst gibt es menschliche Darstellungen hauptsächlich in Form von Figurinen aus Gold und Silber.

447. SCHALE

M.A. – Madrid 8617

Stein, H 8,8 cm, L 21,5 cm

Später Horizont,

ca. 1450 – 1533 n. Chr.

Inka

Dieses steinerne Gefäß hat beiderseits Griffe in Form von Felidenköpfen.

448. SCHALE

M.A. – Madrid 8616

Stein, H 9,8 cm, L 22 cm

Später Horizont,

ca. 1450 – 1533 n. Chr.

Inka

Der obere Teil der blockartigen Griffe ist hier in Form gegenständig angeordneter Feliden gestaltet.

449. SCHALE

M.A. – Madrid 8897

Stein, H 13 cm, L 27,3 cm

Später Horizont,

ca. 1450 – 1533 n. Chr.

Inka

Die Außenwände dieses Gefäßes tragen stilisierte Schlangen und Griffe in Form von Felidenköpfen. Gefäße dieser Art bilden eine Gruppe von Gebrauchsgegenständen, die in Form und Größe variieren und verschiedensten Zwecken dienen konnten.

450. ZOOMORPHE SCHALE

S.M.f.V. – München 52.11.1

Stein, H 13 cm, L 33 cm

Später Horizont,

ca. 1450–1533 n. Chr.

Inka

Die klare Linienführung und die ausgewogenen Proportionen dieser Schale in Vogelgestalt zeugen von der hochentwickelten Steinbearbeitung der Inka. Möglicherweise handelt es sich um einen Raubvogel.

451. SCHALE

M.A.U.N.S.A.A.C. – Cusco 740

Stein, H 12 cm, Ø 57 cm

Später Horizont,

ca. 1450–1533 n. Chr.

Inka

Die Form des Gefäßes erinnert an die aus Stein oder Bronze hergestellten Köpfe der Keulen, die von den Inka-Kriegern verwendet wurden.

452. MODELL ODER SPIELBRETT

G.E.M. – Göteborg GEM 66.41.1

Holz, H 4 cm, L 16,5 cm, B 13,5 cm

Später Horizont, ca. 1450–1533 n. Chr.

Inka

Die tatsächliche Bedeutung dieser Objekte ist noch nicht
eindeutig geklärt. Es existieren zwei gegensätzliche
Hypothesen: nach der einen handelt es sich um Architekturmodelle, nach der anderen um Spiel- oder Rechenbretter,
bei denen Steine von Feld zu Feld verschoben wurden.

453. »PACCHA«

M.A. – Madrid 7572

Sammlung Juan Larrea

Holz, H 15,7 cm, L 68,5 cm

Später Horizont, ca. 1450–1533 n. Chr.

Inka

Die Schale in Vogelform hat im Boden eine Öffnung, durch
welche nach dem Prinzip der kommunizierenden Röhren
die Flüssigkeit durch einen Kanal im Inneren des Griffs bis in das
Tierchen unterhalb der Schale gelangt. Dann wird sie aus dem
Maul des Tieres in einen kleinen Trog davor gedrückt und läuft
weiter durch den gewundenen Kanal bis zum Griffende.
Die reiche Bemalung auf dem Griff zeigt stilisierte Chiwanway-
Blüten (Zephiranthes tubiflora), Gesichter und zwei Jaguarfiguren.
Den oberen Teil des Griffes zieren Chimpu-Chimpu-Blumen
(Fuchsia boliviana). Auf der Schale in Vogelform findet sich die
Darstellung eines sitzenden Inka mit Rangabzeichen und einer
»coya« mit Sullu-Sullu-Blumen (Bomarea uniflora). Des weiteren
sind Sonne und Mond mit anthropomorphen Gesichtern und
zwei Personen, ein Mann, der mit erhobenen Waffen ein Tier
verfolgt, und eine sitzende Frau mit zwei Bechern (»keros«) und
einem Aryballos dargestellt. Die »keros« wurden mit einem
Trankopfer gefüllt, das zuvor einem Aryballos entnommen und
dann in die »paccha« umgegossen wurde. Diese wiederum diente
dazu, der Erde das Trankopfer zu spenden. Es wurde sowohl
Wasser als auch »chicha« (Maisbier) vergossen.

454. ZOOMORPHE »PACCHA«

M.A. – Madrid 7575

Sammlung Juan Larrea

Holz

H 13 cm, L 39,5 cm

Später Horizont, ca. 1450−1533 n. Chr.

Inka

Das Gefäß ist der Gestalt eines Gürteltieres genau nach-
gebildet. Das Tier weist zwei Öffnungen auf: die eine
befindet sich auf dem Rücken, die andere am Schwanzende.
Es handelt sich hier um eine »paccha«, einen Gefäßtyp,
der im rituellen Kontext und speziell bei Trankopfern
Verwendung fand.

455. SCHALE MIT GRIFFEN

M.A. – Madrid 7563

Sammlung Juan Larrea

Holz, H 12,3 cm, L 25 cm

Später Horizont, ca. 1450–1533 n. Chr.

Inka

Die aus Holz gefertigte Schale ist mit zwei Griffen in Form
von Raubkatzenpranken versehen; Silberapplikationen
betonen den Rand. Sie trägt zwei unterschiedliche Szenen.
Die erste zeigt zwei Feliden mit einander zugewandten
Mäulern, aus denen ein Regenbogen aufsteigt, die zweite
drei bewaffnete Krieger. Die Verknüpfung von Raubkatze
und Regenbogen ist ein Motiv, das häufig auf jenen »keros«
zu finden ist, die Kampfszenen darstellen. Im allgemeinen
wird die Raubkatze als Beschützer des Inka interpretiert,
der Regenbogen bedeutet Glück und Wohlstand. Eindeutige
Gebrauchsspuren und die Form stellen dieses Gefäß mit
den üblicherweise aus Stein gefertigten Schalen gleich,
die unter anderem zur Aufbewahrung von Eingeweiden von
Opfertieren bei Wahrsagezeremonien verwendet wurden.

456. »KERO«

M.A.U.N.S.A.A.C. – Cusco 3778

Holz, H 23 cm, Ø 22 cm

Frühe Kolonialzeit, 1533–1550 n. Chr.

Auf der Gefäßwand finden sich alternierend vertikale Bänder
mit geometrischen Motiven unterhalb reliefierter Feliden-
figuren und Bänder mit figürlichen Motiven. Letztere zeigen
unter anderem Personen, die verschiedene Tätigkeiten
ausüben, wie z. B. die Feldarbeit mit Hilfe der »taclla«; Frauen,
die eine Flüssigkeit in große Behälter gießen; eine weitere
inmitten von Gefäßen und einen Mann mit einem weißen
Tier, vermutlich einem Lama.

457. HOLZGEFÄSS MIT TRÄGERFIGUREN

M.A. – Madrid 7564

Sammlung Juan Larrea

Holz, H 15 cm, Ø 11,5 cm

Später Horizont, 16. Jahrhundert

Inka

Die zylindrische Schale wird von zwei auf einem runden Sockel
hockenden Figuren getragen. Schnitzwerk und Malerei ergänzen
sich bei diesem Objekt, wobei die symmetrische Anordnung
der geschnitzten Figuren auf dem Gefäßkörper die gemalten Szenen
voneinander abgrenzt. Eine der Szenen zeigt zwei Krieger und
einen Vogel, der eine Schleuder und einen Beutel trägt, umgeben
von einer Chiwanway-Blüte (Zephiranthes tubiflora) und einer
Uchhu-Blume (Salvia oppositiflora). Die andere Szene zeigt einen
siegreichen Krieger, der einen Feind niederwirft.

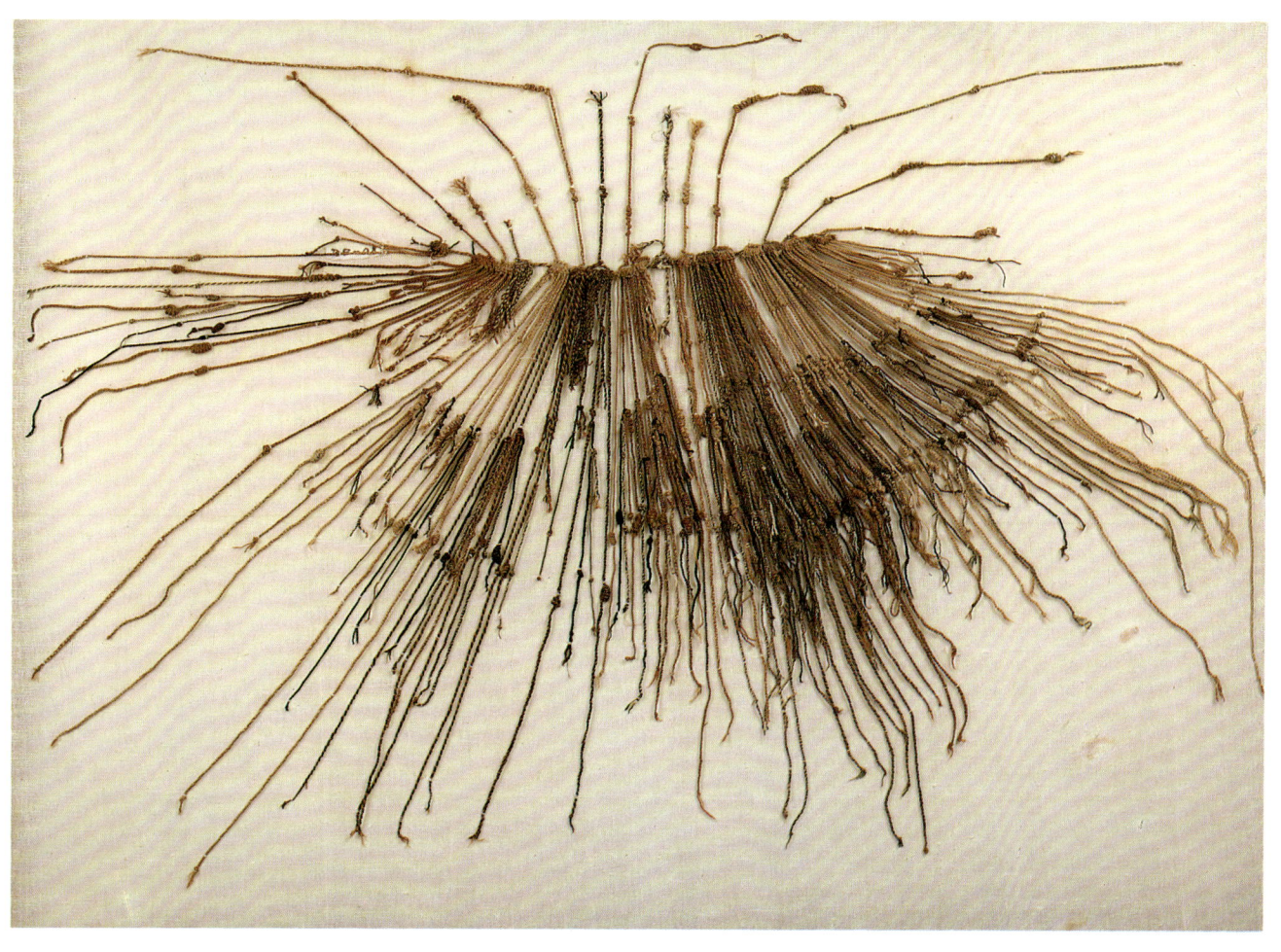

458. »QUIPU«

M.Ar.R. – Ica MRI – DB – 132

Wolle, L 90 cm, H 85 cm

Später Horizont, ca. 1450–1533 n. Chr.

Inka

Die »quipu« waren ein mnemotechnisches Mittel zur Erstellung
von Statistiken, etwa über geleistete Abgaben. Mit ihrer
Betreuung und Verwaltung war im Inka-Staat eine bestimmte
Gruppe von Beamten, die »quipucamayoc« beauftragt. Inhalte
wurden durch verschiedenfarbige Schnüre, Zahlenwerte
durch unterschiedliche Knoten wiedergegeben. Im Inka-Staat
scheint die Zahl 5 eine Basis für zahlreiche Rechenschritte
gewesen zu sein. Diese Art des Zählens ist noch heute in der
Sierra üblich.

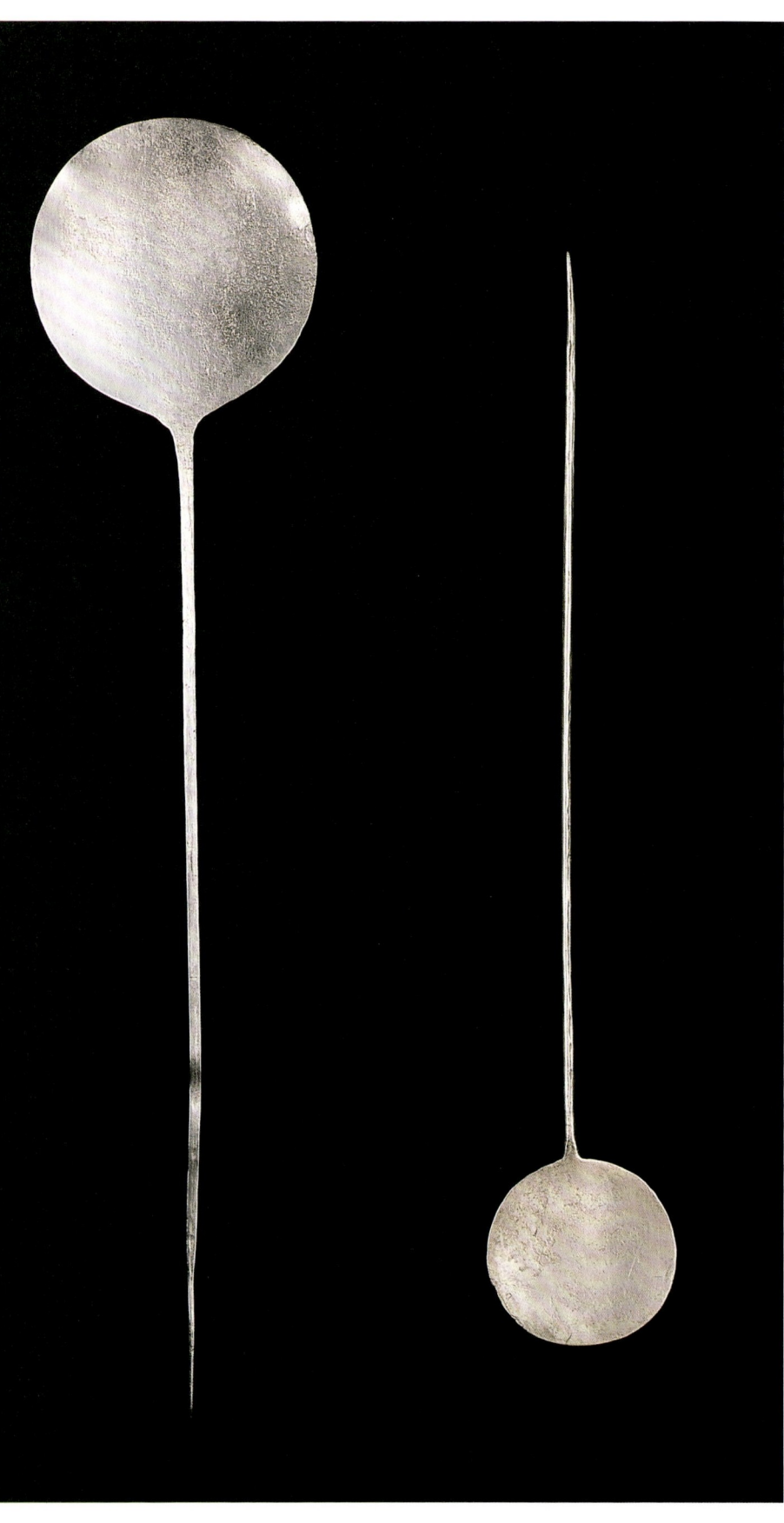

459. EIN PAAR »TUPUS«
M.R.A.H. – Brüssel AAM
46.7.224 24/26 – 46.7.224 25/26
Kupfer, versilbert, H 22 cm, 26 cm
Später Horizont,
ca. 1450 – 1533 n. Chr.
Inka (?)
Auch heute noch werden derartige
lange Schmucknadeln mit scheiben-
förmigen Köpfen von den Frauen des
Hochlands zur Fixierung des Schulter-
tuchs (»manta«) verwendet.
Diese unverzierten Nadeln wurden
offenbar in großer Zahl hergestellt
und finden sich überwiegend in
inka-zeitlichen Gräbern. Vor allem
in Sacsayhuaman fanden sich auch
»tupus« mit halbkreis- oder mond-
sichelförmigen Köpfen.

460. »TUMI«

M.R.A.H. – Brüssel AAM 4958

Bronze, H 16 cm, B 17,2 cm

Später Horizont,

ca. 1450–1533 n. Chr.

Inka

Der Begriff »tumi« erfuhr oft eine Bedeutungserweiterung im Vergleich zu seiner Verwendung bei den Inka. In der Quechua-Sprache wird mit »tumi« das Opfermesser mit der charakteristischen halbmondförmigen Klinge bezeichnet, die es von den übrigen Schneidegeräten unterscheidet. Nicht zufällig endet der Griff dieses »tumi« in einem Lamakopf: Bei einer der Hauptriten des Kalenderjahres der Inka, dem »Inti Raymi«, wurde ein Lama getötet, um aus seinen Eingeweiden die Zukunft zu lesen.

461. ANTHROPOMORPHE FIGUR
M.A.U.N.S.A.A.C. – Cusco 58/1755
Gold, H 5,5 cm, B 1,4 cm
Später Horizont,
ca. 1450 – 1533 n. Chr.
Inka
Herkunft aus Corihuayrachina, Provinz
Paucartambo (Cusco)
Die Hände der nackten Frauenfiguren
liegen betonend auf den Brüsten, das
geteilte Haar fällt frei über den Rücken.

462. ANTHROPOMORPHE FIGUR
M.A. – Madrid
Gold, Später Horizont,
ca. 1450 – 1533 n. Chr.
Inka
Diese Figur zeigt einen nackten Mann
mit einer Kopfbedeckung.
Die stark gedehnten Ohrläppchen lassen
auf einen vornehmen Mann schließen,
da nur hochgestellte Persönlichkeiten
(»orejones«) das Privileg hatten, schwere
Ohrgehänge zu tragen. Die Wölbung
auf der linken Wange zeigt an, daß er
gerade Koka-Blätter kaut.

463. ANTHROPOMORPHE FIGUR
M.A.U.N.S.A.A.C. – Cusco 3586
Silber, H 5,8 cm
Später Horizont,
ca. 1450 – 1533 n. Chr.
Inka
Herkunft aus Coylloriti, Provinz
Paucartambo (Cusco)
Auch dieses Stück zeigt einen nackten,
Koka kauenden Mann.

464. ANTHROPOMORPHE FIGUR

M.A. – Madrid 7461

Sammlung Juan Larrea

Silber, Später Horizont,

ca. 1450 – 1533 n. Chr.

Inka

Diese Hohlfigur zeigt einen aufrecht stehenden Mann, der die angewinkelten Arme auf die Brust gelegt hat.

Die durchbohrten und erweiterten Ohrläppchen sind deutlich zu erkennen.

Die leichte Wölbung der linken Wange deutet darauf hin, daß der Mann Koka-Blätter kaut.

465. a,b GRUPPE VON SECHS ANTHROPOMORPHEN
FIGUREN
M.A. – Madrid
Silber, H 5–7 cm
Später Horizont, ca. 1450–1533 n. Chr.
Inka

Die Herstellung dieser Figuren, die sich nur in wenigen
Details unterscheiden, war einem strengen Formenkanon
unterworfen. Die bei Ausgrabungen gefundenen Stücke
trugen ursprünglich gewebte Kleider und hatten Federn
oder Mais als Beigaben neben sich, wie z. B. eine Figur
aus Pachacamac, die im dortigen Museum aufbewahrt wird.
Aus diesem Grund werden derartige Figuren auch mit
steinernen »conopas« verglichen, die an den Rändern der
Felder vergraben wurden. Dementsprechend würden diese
Figürchen nicht die inkaische Gesellschaft widerspiegeln,
sondern göttliche Wesen verkörpern.

Neben massiven Exemplaren, die vermutlich durch Guß
in verlorener Form (cire perdue) hergestellt wurden,
treten auch Hohlfiguren auf, die aus getriebenen Einzelteilen zusammengelötet wurden. Möglicherweise sind
die unterschiedlichen Techniken darauf zurückzuführen,
daß die Metallhandwerker aus verschiedenen Landesteilen
stammten.

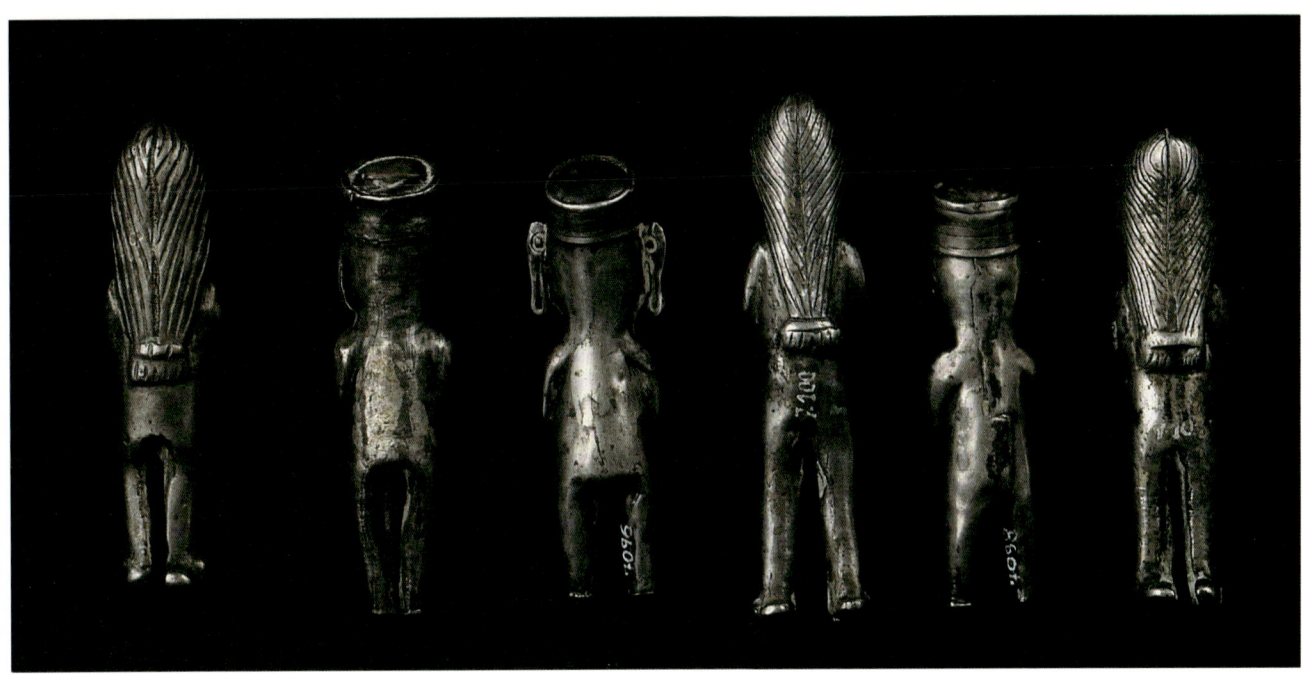

**466. ZWEI ANTHROPOMORPHE
FIGUREN**
M.A. – Madrid
Silber, Später Horizont,
ca. 1450–1533 n. Chr.
Inka
Trotz unterschiedlicher Größe weisen
beide Frauen viele Gemeinsamkeiten
auf: Sie nehmen die gleiche Haltung ein,
und ihr eng an der Stirn anliegendes,
gescheiteltes Haar fällt frei über den
Rücken. Die Illustrationen bei Guaman
Poma de Ayala zeigen alle Inka-Frauen,
die vornehmen und die bäuerlichen,
mit dieser Frisur.
Nur die »coya«, die Frau des Inka,
hat bisweilen den Kopf mit einem Stück
Stoff oder seltener mit ihrem Umhang
(»manta«) bedeckt.

467. ANTHROPOMORPHE FIGUR
M.A. – Madrid 7498
ehemalige, königliche Sammlung
Gold, H 16,4 cm, B 3,8 cm
Später Horizont,
ca. 1450 – 1533 n. Chr.
Inka
Diese Hohlfigur zeigt wie Kat.-Nr. 464
einen nackten, aufrecht stehenden Mann
mit durchbohrten Ohrläppchen. Wie
jene Figur kaut er Koka-Blätter und trägt
die gleiche, kegelstumpfförmige
Kopfbedeckung. Dieses Stück gehört
zu denen der königlichen Sammlung,
die 1755 vom Palacio Buen Retiro ins
Gabinete de Historia Natural überführt
wurden.

BIBLIOGRAPHIE

El descubrimiento y la conquista del Perú (De los papeles del arca de Santa Cruz), in *Crónicas iniciales de la conquista del Perú,* pp. 253–219, Buenos Aires, M. A. Guérin.

POPOL VUH, The Sacred Book of Ancient Quiché Maya, Recinos, Goetz, Morley Ed., University of Oklahoma Press, Norman, 1950.

Relación de las costumbres antiguas de los naturales del Pirú, in *Crónicas peruanas de interés indígena,* pp. 151–189.

Relación de idolatrías en Huamachuco por los primeros augustinos, in *Colección de libros y documentos referentes a la historia del Perú,* p. 11, Lima, 1918.

Rites et traditions de Huarochiri (ms du XVII s., traduit et commenté par Gerald Taylor). *Tres Testigos de la conquista del Perú,* Comte de Canille, Madrid, 1953.

ACOSTA F. J. de, *Historial natural y moral de las Indias* [1590], Fondo de Cultura Económica, Mexico, 1940.

ACOSTA J., *Histoire naturelle et morale des Indes occidentales,* Version française établie par J. Rémy-Zéphir, Paris, 1979.

ADOVASIO G., LINCH T., Preceramic Textiles and Cordage from Guitarrero Cave, in *American Antiquity,* Vol. 38, pp. 84–90, N°. 1., 1973.

ALDENFER M. S., Asana: un yacimiento arcaico al aire libre en el Sur del Perú, in *Trabajos Arqueólogicos en Moquegua, Perú,* pp. 91–104, Lima, 1990.

ALESSIO M., BELLA F., BACHECHI F., CORTESI C., University of Rome Carbon 14 Dates V, in *Radiocarbon,* N°. 9, pp. 346–367, Yale University, New Haven, 1967.

ALLEN C. J., The Nasca Creatures: Some Problems of Iconography, in *Anthropology,* N°. 5, pp. 43–70, New York, 1981.

ALLEN G., Dog of American Aborigenes, in *Bulletin of the Museum of Comparative Zoology,* Vol. 63, N°. 9, Harvard, 1920.

ALVA ALVA W., Frühe Keramik aus dem Jequetepeque-Tal, Nordperu, *Materialien zur Allgemeinen und Vergleichenden Archäologie,* Band 32, Verlag C. H. Beck, München, 1986.

ALVA ALVA W., Investigaciones en el complejo formativo con arquitectura monumental de Purulén, Costa Norte del Perú (Informe preliminar), in *Beiträge zur Allgemeinen und Vergleichenden Archäologie,* Band 8 (1986), pp. 283–300, Mainz, 1988.

ALVA ALVA W., Discovering the World's Richest Unlooted Tomb, in *National Geographic,* 174 (4), pp. 510–548, Washington D. C., 1988.

ALVA ALVA W., MENESES DE ALVA S., Los Murales de Cocupe en el valle de Zaña, Norte del Perú, in *Beiträge zur Allgemeinen und Vergleichenden Archäologie,* N°. 5, pp. 335–360, 1983.

ANDAGOYA P., *Relacíon y documentos,* Madrid, 1986.

ANDERS M., Wari Experiments in Startercraft: A View from Azangaro, in *Papers in Memory of Clifford Evans,* pp. 201–224, Monograph XXVII, Los Angeles, 1986.

ANDERSON E., *Plant, Man and Life,* University of California, Berkeley, 1952.

ANTON F., *Ancient Peruvian Textiles,* Thames and Hudson, London, 1987.

ANTZE G., *Trabajos en metal en el Norte del Perú,* Universidad Nacional Mayor de San Marco, Lima, 1965.

ARELLANO J., Algunos aportes al conocimiento de la metalurgia prehispanica en Bolivia, in *Boletín del Instituto Frances de Estudios Andinos,* Tomo XI, N°. 3–4, pp. 79–90, Lima, 1982.

ARISTIO H. U., Idea general del Perú, in *Mercurio Peruano* 1, Lima, 1970.

ARRIAGA P. J. de, *The Extirpation of Idolatry in Perú* [1621], Clark Keating, 1968.

ARRIAGA P. J. de, *La Extirpacion de la idolatría en el Perú* [1621], Imprenta Sanmarti, Lima, 1920.

ARRIAGA P. J. de, Extirpacíon de la idolatría del Perú, in *Crónicas peruanas de interés indígena,* pp. 191–277, 1968.

BAESSLER A., *Altperuanische Metallgeräte,* Berlin, 1906.

BANDELIER A. F., *The Indians and Aboriginal Ruins Near Chachapoyas, Northern Perú,* New York, 1907.

BANDELIER A. F., The Basin of Lake Titicaca, in *Bulletin of the American Geographical Society,* N°. 37(8), pp. 449–460, 1910.

BANDELIER A. F., *The Island of Titicaca and Coati,* New York, 1910.

BANDELIER A. F., The Ruins of Tiahuanaco, in *Proceeding of the American Antiquarian Society,* N°. 21(1), pp. 218–265, Worcester, 1911.

BANDELIER A. F., Los Indios y las ruinas aborígenas cerca de Chachapoyas en el Norte del Perú, in *Chaski,* Vol. I, N°. 2, pp. 13–59, Lima, 1940.

BANKMANN U., Bemerkungen zu einigen Skulpturen aus dem nordperuanischen Hochland, in *Atti del XL Congresso Internazionale degli Americanisti, Roma – Genova,* 3.–10. Settembre 1972, I., pp. 285–291, Genova, 1973.

BARAYBAR J. P., Cabezas – *trofeos de la Cultura Nasca: nuevas evidencias y un planteamiento,* 1987.

BAUDIN L., *L'Empire socialiste des Inka,* Paris, 1928.

BAUER B., in: Comentarios a SHADY, RUTH, "La Epoca Huari como interacción de las sociedades regionales", in *Revista Andina,* año VI, N°. 1, Cuzco, 1988.

BENFER R. A., Holocene Coastal Adaption Changing Demography and Health at the Fog Oasis of Paloma, Perú, 7800–7500 B. P., in *Andean Archaeology Papers in Memory of Clifford Evans,* pp. 45–64, Monograph XXVII, Los Angeles, 1986.

BENNET W. C., The Archeology of Central Andes,
in *Handbook of South American Indians*, N°. 2, pp. 61–147,
Washington, 1946.

BENNET W. C., Cultural Unity and Disunity in Titicaca Basin,
in *American Antiquity*, N°. 16(2), pp. 89–98, Washington, 1950.

BENNET W. C., Excavations at Wari, Ayacucho,
in *Yale University Publications in Anthropology*, N°. 49,
New Haven, 1953.

BENNET W. C., Lake Titicaca, in *Natural History*, N°. 34(8),
pp. 713–724, New York, 1934.

BENNET W. C., Excavations in Bolivia, in *Anthropological
Papers of the American Museum of Natural History*, N°. 35(4),
pp. 329–507, New York, 1936.

BENNET W. C., Excavations at Tiahuanaco, in *Anthropological
Papers of the American Museum of Natural History*, N°. 34(3),
pp. 359–494, New York, 1934.

BENNET W. C., BIRD J. B., Andean Culture History,
in *American Museum of Natural History Handbook*, N°. 15,
New York, 1949.

BENSON E. P., The Cult of Feline, in *Dumbarton Oaks
Research Library and Collections*, Washington, 1972.

BENSON E. P., *The Mochica. A Culture of Perú*, Thames and
Hudson, London, 1972.

BENSON E. P., A Man and a Feline in Mochica Art, in *Studies
in Pre-Columbian Art and Archaeology*, 14, Dumbarton Oaks,
Washington, 1974.

BENSON E. P., Dumbarton Oaks Conference on Chavín,
in *Dumbarton Oaks Research Library and Collection*,
Washington, 1971.

BENSON E. P., La problematica Tiwanaku en Chile:
vision retrospectiva, in *Revista chilena de Antropología*, N°. 1,
pp. 17–40, Santiago, 1978.

BEORCHIA NIGRIS A., El enigma de los santuarios indígenas
de Alta Montaña, in *Revista del Centro de Investigaciones de
Alta Montaña*, Tomo V, San Juan, 1984.

BERENGUER R. J., *Aspectos diferenciales de la influencia
Tiwanaku en Chile*, Tesis de Licenciatura, Universidad de
Chile, Santiago, 1975.

BERENGUER RODRIGUEZ J., La Problemática Tiwanaku en
Chile: visión retrospectiva, in *Revista Chilena de Antropología*,
1, pp. 17–40, Santiago, 1978.

BERGSOE P., The Gilding Process and the Metallurgy of
Copper and Lead Among the Precolumbian Indians,
in *Ingeniorvidens Kabelige Skrifter*, N°. A 46, København, 1938.

BERTONIO L., *Vocabulario de la lengua aymara* [1612],
La Paz, 1956.

BETANZOS J. de, *Suma y narración de los Incas* [1551], Atlas,
Madrid, 1968.

BETANZOS J., Suma y narración de los Incas,
in *Crónicas Peruanas de interés indígena, pp. 1–56, 1968.

BIRD, J. B., Pre-ceramic Art from Huaca Prieta, Chicama
Valley, in *Ñawpa Pacha 1*, pp. 29–34, Institute of Andean
Studies, Berkeley, 1963.

BIRD J. B., HYSLOP J., (ed.) und SKINNER M. D.,
The Preceramic Excavations at the Huaca Prieta, Chicama
Valley, Peru, *The American Museum of Natural History,
Anthropological Papers*, vol. 62, N°. 1, New York, 1985.

BIRD J. B., *Paracas Fabrics and Nasca Needlework*,
Washington, 1954.

BIRD R. and JUNIUS B., Gallinazo Maize from the Chicama
Valley, Perú, in *American Antiquity*, Vol. 45, N°. 2, pp.
325–332, Washington, 1980.

BIRD J. B., Preceramic Cultures in Chicama and Virú,
in *W. C. Bennet. A Reappraisal of Peruvian Archaeology*, N°. 4,
pp. 21–28, Menasha, 1948.

BIRD J. B., Spinning Procedure in the Andean Area,
in *The J. B. Bird Precolumbian Textiles Conference*, pp. 13–18,
Washington, 1979.

BIRD J. B., South American Radiocarbon Dates. Radiocarbon
Dating Assembled by F. Johnson, in *American Antiquity*, N°. 1,
vol. XVII, part 2, pp. 37–49, Salt Lake City, 1951.

BIRD J. B., Pre-ceramic Art from Huaca Prieta, Chicama Valley,
in *Ñawpa Pacha*, N°. 1, pp. 29–38, Berkeley, 1963.

BIRD J. B., Legacy of the Stingless Bee, in *Natural History*,
88–89, pp. 49–51, 1979.

BIRD J. B., MALHER J., America's Oldest Cotton Fabrics.
A Report on Textiles Made in Peru Prior to the Domestication
of the South American Cameloids, in *American Fabrics*, N°. 20,
pp. 73–78, 1952.

BISCHOF H., Zur Entstehung des Chavín-Stils in Alt-Peru,
in *Beiträge zur Allgemeinen und Vergleichenden Archäologie*,
Band 6, pp. 355–452, München, 1985.

BISCHOF H., Los relieves de barro de Cerro Sechín –
Evidencias de un culto marino en el antiguo Perú, in *Boletín
de Lima*, N°. 55, pp. 59–68, Editorial Los Pinos, Lima, 1988.

BLAGG M. M., *The Bizarre Innovation in Nasca Pottery*,
Thesis Art Department, University of Texas, Austin, 1975.

BLASCO BOSQUED C., RAMOS GOMEZ L., *Ceramica Nazca*,
Seminario Americanista, Valladolid, 1980.

BOLAÑOS A., Comentarios sobre la evidencia arqueológica en
la cuenca del Rio Cothauasi-Ocoña (ms.), 1986.

BONAVIA D., *Preceramico peruano: Los Gavilanes. Mar,
desierto y oasis en la historia del hombre*, Lima, 1982.

BONAVIA D., Factores ecológicos que han intervenido en la
transformación urbana a través de los últimos siglos de
la época precolombina, in *Urbanización y proceso social en
America*, pp. 79–97, Lima, 1972.

BONAVIA D., Die Ruinen von Albiseo,
in *Bild der Wissenschaft*, Heft 10, 6. Jahrgang, Oktober,
pp. 930–939, Stuttgart, 1969.

BONAVIA D., *La Ruinas del Albiseo*, Lima, 1968.

BONAVIA D., *Ricchata Quellccani, pinturas murales
prehispánicas*, Fondo del Libro del Banco Industrial, Lima,
1974.

BONAVIA D., *Mural Painting in Ancient Perú*,
Indiana University Press, Bloomington, 1985.

BONAVIA D., RAVINES R., La Ceja de selva: colonizadores y
avanzadas, in *Pueblos y Culturas de la Sierra central del Perú*,
pp. 90–99, Lima, 1972.

BONAVIA D., RAVINES R., El Preceramico andino:
evaluación y problema, in *Revista del Museo Nacional*, Tomo
XXXXVIII, pp. 23–60, Lima, 1972.

BRAGAYRAC D. E., GONZALES CARRE E., Investigaciones en
Wari, in *Gaceta Arqueológica Andina*, vol. 1, N°. 4–5, Lima,
1982.

BRAY W., Ancient American Metallurgy: Five Hundred Years
of Study, in *The Art of Precolumbian Gold: The Jan Mitchell
Collection*, pp. 76–84, London, 1985.

BRAY W., Ancient American Metalsmiths, in *Proceeding of the Royal Anthropological Institute of Great Britain and Ireland for 1971*, pp. 25–43, London, 1972.

BREWSTER-WRAH C., Spatial Patterning and the Function of a Huari Architectural Compound, in *Investigations of the Andean Past*, New York, 1983.

BROWMAN D. L., Tiwanaku: Development of Interzonal Trade and Economic Expansion in the Altiplano, in *B. A. R. International Series,* 194, pp. 117–142, 1984.

BROWMAN D. L., Cultural Primacy of Tiwanaku in the Development of Later Peruvian States, in *Dialogo Andino* 4: 59–71.

BROWMAN D. L., Tiwanaku Expansion and Altiplano Economic Patterns, in *Estudios Arqueológicos,* 5, pp. 107–120, 1980.

BROWMAN D. L., New Lights on Andean Tiwanaku, in *American Scientist* 69(4), pp. 408–419, 1981.

BROWMAN D. L., Prehispanic Aymara Expansion: the Southern Altiplano and San Pedro de Atacama, in *Estudios Atacameños,* 7, pp. 236–252, 1984.

BROWMAN D. L., The Temple of Chiripa (Lake Titicaca, Bolivia), in *El Hombre y la Cultura Andina*, tome II, pp. 808–817, Lima, 1978.

BRUHNS K. O., The Moon Animal in Northern Peruvian Art and Culture, in *Ñawpa Pacha,* N°. 14, pp. 21–39, Berkeley, 1976.

BRUNDAGE B. C., *Empire of the Inca*, University of Oklahoma Press, Norman, 1963.

BUENO MENDOZA A., La Zona arqueológica de Cajamarquilla, Valle del Rimac, in *Proceso,* N°. 4, pp. 17–21, Lima, 1971.

BUENO MENDOZA A., Imágenes arquitectónicas andinas, in *I Simposio "Arquitectura y Arqueología: pasado y futuro de la construcción en el Perú"*, pp. 75–83, Chiclayo, 1988.

BUNZEL R., *The Pueblo Potter*, Dover Publications, New York, 1972.

BURGER R. L., Concluding Remarks: Early Peruvian Civilization and Its Relation to the Chavín Horizon, in *Early Cerimonial Architecture in the Andes*, Washington D. C., 1985.

BURGER R. L., Resultados preliminares de excavaciones en los distritos de Chavín de Huántar y San Marcos, Perú, in *Arqueología Peruana*, pp. 133–155, Lima, 1979.

BURGER R. L., *The Occupation of Chavín, Ancash, in the Initial Period and Early Horizon*, Ph. D. Dissertation, University of California, Berkeley, 1978.

BURGER R. L., BURGER L. S., The Early Ceremonial Center of Huaricoto, in *Early Ceremonial Architecture of the Andes*, pp. 111–138, Washington D. C., 1985.

BURGER R. L., BURGER L. S., Ritual and Religion at Huaricoto, in *Archaeology*, N°. 33(6), pp. 26–32, 1980.

BURGER R. L., Unity and Heterogeneity Within the Chavín Horizon, in *R. W. Keatinge, Peruvian Prehistory. An Overview of Pre-Inca Society*, pp. 99–144, 1988.

BURGER R. L., The Radiocarbon Evidence for the Temporal Priority of Chavín de Huántar, in *American Antiquity*, vol. 46, N°. 3, pp. 592–602, Washington, 1981.

BURGER R. L., *The Prehispanic Occupation of Chavín de Huántar*, University of California Press, 1984.

CABELLO DE VALBOA M., *Miscelánea Antartica* [1586], U. N. M. San Marcos, Lima, 1951.

CABELLO VALBOA M., *Miscelánea antártica, una historia del Perú antiguo*, Universidad Nacional Mayor de San Marcos, Instituto de Etnología, Lima, 1951.

CALANCHA A. de la, *Crónica moralizada del origen de San Augustin en el Perú con sucesos egemplaros desta monarquia* [1638], Ignacio Pastor, Lima, 1982.

CAMACHO J. M., Tihuanacu, in *Boletin de la Sociedad Geográfica de La Paz,* N°. 49–50, pp. 11–150, La Paz, 1920.

CANE R. E., El Obelisco Tello de Chavín. Un intento de análisis iconográfico de sus elementos según el atlas de John H. Rowe, in *Boletin de Lima,* N°. 26, pp. 13–28, Lima, 1983.

CANZIANI J., *Asentamientos humanos y formaciones sociales en la Costa Norte del antiguo Perú*, Indea, Lima, 1989.

CANZIANI AMICO J., Análisis del complejo urbano Maranga Chayvilca, in *Gaceta Arqueológica Andina,* N°. 14, pp. 10–17, Indea, Lima, 1987.

CARDENAS M. M., *A Chronology of the Use of Marine Resources in Ancient Peru*, Publicación N°. 4 del Instituto Riva Aguero, Lima, 1979.

CARDICH A., *Civilización andina: su formación*, Lima, 1968.

CARDICH A., Lauricocha: Fundamentos para una prehistoria de los Andes Centrales, in *Studia Praehistorica*, t.3, Buenos Aires, 1964.

CARMICHAEL P. H., *Nasca Mortuary Customs: Death and Ancient Society on the South Coast of Peru*, Ph. D. Dissertation, Calgary, 1988.

CARMICHAEL P. H., Nasca Pottery Construction, in *Ñawpa pacha*, Vol. 24, Berkeley, 1989.

CARRASCO D., Kingship in Mesoamerica and South America, in *The Encyclopedia of Religion*, par Mircea Eliade, t. 8. s.v., New York/London, 1987.

CARRION CACHOT R., La cultura Chavín. Dos nuevas colonias: Kuntur Wasi y Ancón, in *Revista del Museo Nacional*, Vol. II.. N°. 1, pp. 99–172, Lima, 1948.

CARRION CACHOT R., Revisión del problema Chavín. Pruebas de la mayor antiguedad de Chavín sobre las culturas de la costa Peruana, in *Proceedings of the Thirty-Second International Congress of Americanists (Copenhagen, 1956)*, København, 1958.

CARRION CACHOT R., Ultimos descubrimiento en Chavín. La serpiente simbolo de las lluvias y de la fecundidad, in *Actas del XXXIII Congreso Internacional de Americanistas (San José, 1952)*, Vol. II, pp. 403–415, San José, 1959.

CAVATRUNCI C., L'influsso Huari nella ceramica di stile Nievería proveniente dalla Huaca Tello a Cajamarquilla, in *Atti del XL Congresso degli Americanisti*, Roma Genova 1972, pp. 329–332, 1972.

CERULLI E., Appunti sulla religione dell'antico Perú. L'iconografia religiosa di Chavín de Huántar, in *Studie Materiali di Storia delle Religioni*, vol. XXXIX, pp. 3–29, Roma, 1968.

CERULLI E., Cajamarquilla 1962–1967. Attività della Missione Archeologica Italiana in Perú, in *Annali di ricerche e studi di geografia*, anno XXIII, N°. 3, pp. 329–332, Genova, 1967.

CERULLI E., Cajamarquilla 1968: informazioni preliminari sugli scavi della Missione Archeologica Italiana in Perú, in *Verhandlungen des XXXVIII. Internationalen Amerikanisten-Kongresses*, Band I, pp. 145–163, Stuttgart – München, 1968.

CHANG T. T., Domestication and Spread of the Cultivated Rices, in *Foraging and Farming, The Evolution of Plant Exploitation*, pp. 408–417, London, 1989.

CHAUCHAT C., Early Hunter-gatherer on the Peruvian Coast, in *Peruvian Prehistory. An Overview of Pre-Inca and Inca Society*, pp. 41–66. Cambridge University Press, Cambridge, 1988.

CHAVEZ J. A., Milenarias expreciones artisticas de cazadores tempranos en Arequipa Arte parietal del Puntillo, in *Revista del Instituto Nacional de Cultura*, año II, Abril-Mayo 1989, Lima, 1989.

CHAVEZ S. J., Funerary Offerings from a Middle Horizon Context in Pomacanchi, Cuzco, in *Ñawpa Pacha*, N°. 22–23, pp. 1–48, Berkeley, 1987.

CHAVEZ K. L. M., Traditional Pottery of Raqch'i, Cuzco, Perú, in *Ñawpa Pacha*, Vol. 23–24, pp. 161–210, Berkeley, 1985.

CHILDE GORDON V., *Preistoria della società europea*, Sansoni, Firenze, 1958.

CIEZA DE LEÓN P., *Del Señorío de los Incas* [1550], Argentinas Solar, Buenos Aires, 1943.

CIEZA DE LEÓN P., *La Cronica del Perú* [1553], Peisa, Lima, 1973.

CIEZA DE LEÓN P., Primera parte de la Cronica del Perú [1553], in *Biblioteca de Autores españoles*, Vol. 26, Madrid, 1947.

CIEZA DE LEÓN P., *Cronica del Perú. Segunda Parte*, Academia Nacional de Historia, Fondo Editorial, Lima, 1985.

CIEZA DE LEÓN P., El Señorío de los Incas [1550], Lima, 1967.

CIEZA DE LEÓN P., El Señorío de los Incas, par M. Ballesteros, Madrid, 1985.

CLUTTON-BROCK J., Los origenes del perro, in *Ciencia y Tecnología*, Mexico, 1980.

COBO F. B., *Fundación de Lima, escripta por el Padre Bernabé Cobo de la Compañia de Jesús. Año 1639*, Tomo XCII, Madrid, 1964.

COBO F. B., *Historia del Nuevo Mundo* [1653], Madrid, 1956.

COBO F. B., Obras, in *Biblioteca de Autores Españoles*, 2 Vol., par Fr. Mateos, S. J., Madrid, 1964.

COE M. D., An Olmec Design on an Early Peruvian Vessel, in *American Antiquity*, Vol. 27, N°. 4, pp. 579–580, Salt Lake City, 1962.

CONKLIN W. J., Pucara and Tiahuanaco Tapestry: Time and Style in a Sierra Weaving Tradition, in *Ñawpa pacha*, N°. 21, pp. 1–44, Berkeley, 1983.

CONKLIN W. J., MOSELEY M. E., The Patterns of Art and Power in the Early Intermediate Period, in *Peruvian Prehistory*, pp. 145–163, Cambridge, 1988.

CONKLIN W. J., The Architecture of Huaca de los Reyes, in *Early Architecture of the Andes*, Washington, 1985.

CONRAD G. W., The Burial Platforms of Chan Chan: Some Social and Political Implications, in *Chan Chan: Andean Desert City*, M. E. Mosley, K. C. Day, pp. 87–117, Albuquerque, 1982.

COOK A. G., The Middle Horizon Ceramic Offering from Conchopata, in *Ñawpa Pacha*, N°. 22–23, Berkeley, 1987.

COOK N. D., *Tasa de la visita general de Francisco de Toledo*, Dir. Univ. de Bibl. y Publ., 1975.

D'HARCOURT R., La Céramique de Cajamarquilla-Nievería, in *Journal de la Société des Americanistes*, Tome XIV, pp. 107–118, Paris, 1922.

DAULSBERG P., SANTORO C., Sociedades y cazadores recolectores, in *Culturas de Arica*, pp. 17–34, Santiago, 1985.

DAVILA BRICEÑO D., Descripción y relación de la provincia de los Yauyos toda, Anan Ya uyos y Lorin Yauyos, in *Relationes Geográficas de las Indias*, Tomo I [1586], Madrid, 1881.

DAVIS M., *Chachapoyas. The Cloud People. An Anthropological Survey*, Ontario, 1985.

DAWSON L. E., Slip Casting: A Ceramic Technique Invented in Ancient Peru, in *Ñawpa Pacha*, vol. 2, pp. 107–211, Berkeley, 1964.

DE LAS CASAS E., La mejor ruta a Iquitos por el Río Huallaga, in *Boletín de la Sociedad Geográfica de Lima*, Tomo LI, pp. 51–69, Lima, 1934.

DE LAVALLE J. A., *Culturas Precolombinas: Chancay*, Banco del Credito del Perú, Lima, 1982.

DE LAVALLE J. A., *Culturas Precolombinas: Nazca*, Banco del Crédito del Perú, Lima, 1986.

DE MOLINA C., *Fabulas y ritos de los Incas* [1572], Imprenta Sanmarti, Lima, 1916.

DE VILLAGOMES D. P., *Exportaciones e instruccion acerca de las idolatrias de los Indios*, Imprenta Sanmarti, Lima, 1919.

DEMAREST A. A., Viracocha. The Nature and Antiquity of the Andean High God, *Peabody Museum Monograph*, N°. 6, Cambridge, 1981.

DEMAREST A. A., *Religion and Empire. The Dynamics of Aztec and Inca Expansionism*, Cambridge University Press, Cambridge, 1984.

DENEVAN W., Tipología de configuraciones agricolas prehispanicas, in *America Indígena*, Vol. 40, N°. 4, Mexico, 1980.

DIEZ DE SAN MIGUEL G., Visita hecha a la Provincia de Chucuito por… [1567], in *Documentos Regionales para la Etnologia y Etnohistoria Andina*, 1, pp. 1–287, Lima, 1964.

DILKE C., *Letter to a King. A Picture History of the Inca Civilization by Huaman Poma*, Allen and Unwin, London, 1978.

DISSELHOF H. D., Vicús, eine neu entdeckte altperuanische Kultur, in *Gebrüder Mann Verlag, Monumenta Americana*, 7, Berlin, 1971.

DISSELHOF H. D., *Le Civiltà Precolombiane*, Bompiani, Milano, 1983.

DONNAN C. B., *Moche Art and Iconography*, UCLA, Los Angeles, 1976.

DONNAN C. B., Early Ceremonial Architecture in the Andes, in *Dumbarton Oaks Research Library and Collection*, Washington D. C., 1985.

DONNAN C. B., *Moche Art of Perú*, Los Angeles, 1978.

DONNAN C. B., Moche Ceramic Technology, in *Ñawpa Pacha*, Vol. 3, pp. 115–134, Berkeley, 1965.

DONNAN C. B., La caza del venado en el arte Mochica, in *Revista del Museo Nacional*, Tomo XLVI, pp. 235–251, Lima 1982.

DONNAN C. B., An Early House from Chilca, Peru, in *American Antiquity*, Vol. 30, pp. 137–144, Salt Lake City, 1964.

DONNAN C. B., Cock G., *The Pacatnamu Papers*, Vol. 1, Los Angeles, 1986.

DONNAN C. B., MACKEY C. J., *Ancient Burial Patterns in the Moche Valley, Perú*, Austin – London, 1978.

DUVIOLS P., Un inédit de Cristóbal de Albornoz: la instrucción para descubrir todas las guacas del Pirú y su camayos y haziendas [ca. 1582], in *Journal de la Société des Américanistes*, N°. 56, pp. 7–39, Paris 1967.

DUVIOLS P., Los nombres quechua de Viracocha, supuesto "Dios creador" de los evangelizadores, in *Allpanchis*, N°. 10, 1977.

DUVIOLS P., La dinastía de los Incas: monarquía o diarquía? Argumentos heuristicos a favor de una tesis estructuralista, in *Journal de la Société des Américanistes*, N°. 66, pp. 67–83, Paris, 1979.

DUVIOLS P., Un symbolisme de l'occupation de l'aménagement et de l'exploitation de l'espace: le monolithe «huaca» et sa fonction dans les Andes pré-hispaniques, in *L'Homme*, N°. 19, 2, pp. 7–31, Paris, 1979.

DUVIOLS P., *Cultura andina y represión, procesos y visitas de idolatrías y hechicherías Cajatambo, siglo XVII*, Cuzco, 1986.

DUVIOLS P., Compte rendu de Conrad et Desmarest, "Religion and Empire", in *L'Homme*, N°. 99, pp. 150–151, Paris, 1986.

DUVIOLS P., Huari y llacuaz, agricultores y pastores, un dualismo prehispánico de oposición y complementaridad, in *Revista del Museo Nacional*, N°. 39, pp. 153–191, Lima, 1973.

DWYER J., The Chronology and Iconography of Paracas Textiles, in *Junius Bird Precolumbian Textiles Conferences*, pp. 105–127, Washington, 1979.

EARLE T. K., Lurin Valley, Perú: Early Intermediate Period Settlement Development, in *American Antiquity*, Vol. 37, N°. 4, pp. 467–477, Washington, 1972.

EARLS J., Evolucíon de la administracíon ecologica Inca, in *Andenes y Camellones en el Perú Andino*, pp. 23–57, Lima, 1983.

EARLS J., SILVERBLATT I., La realidad fisica y social en la cosmologia andina, in *Actes du XLII Congrès International des Américanistes*, Vol. 4, pp. 298–325, Paris, 1978.

EISLEB D., *Altperuanische Kulturen II: Nazca*, Museum für Völkerkunde, Berlin, 1977.

EISLEB D., *Altperuanische Kulturen III: Recuay*, Museum für Völkerkunde, Berlin, 1987.

ELERA AREVALO C., Untitled Report, in *Willay*, N°. 32–33, pp. 2–3, 1989.

EMERY J., *The Primary Structure of Fabrics*, Washington, 1980.

EMMERICH A., *Sweat of the Sun and Tears of the Moon: Gold and Silver in Precolumbian Art*, Seattle, 1965.

ENGEL F., *Paracas. Cien siglos de cultura peruana*, Imprenta Graficolor S. A., Buenos Aires, 1966.

ENGEL F., El complejo El Paraíso en el valle del Chillón, habitado hace 3500 años: nuevos aspectos de la civilización de los agricultores del pallar, in *Anales Científicos de la Universidad Agraria*, Vol. V, N°. 3–4, pp. 241–280, Lima, 1967

ENGEL F., *Ecología prehistorica andina. El hómbre, su establecimiento y el ambiente de los Andes. La vida en tierras áridas y semiáridas. Chil-ca. Pueblo 1*, Lima, 1988.

ENGEL F., Paloma, Village 613, in *Prehistoric Andean Ecology*, pp. 103–147, plates 1–35, Humanities Press, New York, 1980.

ENGEL F., *An Ancient World Preserved. Relics and Records of Prehistory in the Andes*, New York, 1976.

ENGEL F., Le complexe précéramique d'El Paraiso (Pérou), in *Journal de la Société des Américanistes* N. S., tome LV-1, pp. 43–96, Paris, 1966.

ENGEL F., A Preceramic Settlement on the Central Coast of Peru: Asia Unit 1, in *Transactions of the American Philosophical Society*, New Series, Vol. 53, part 3, pp. 1–139, Philadelphia, 1963.

ENGEL F., Sites et établissements sans céramique de la côte péruvienne, in *Journal de la Société des Américanistes, N. S.,* tome XLVI, pp. 67–155, Paris, 1957.

ENGEL F., Early Sites of the Peruvian coast, in *Southwestern Journal of Anthropology*, Vol. 13, N°. 1, pp. 54–68, Albuquerque, 1957.

ERICKSON C., Los Waru-Waru de Huatta, Puno, in *Gaceta Arqueologica Andina*, año 2, N°. 7, Lima, 1983.

ERICKSON C., Waru-Waru: una tecnología agrícola del Altiplano prehispanico, in *Andenes y Camellones en el Perú Andino*, pp. 59–84, Lima, 1987.

ERICKSON C. L., The Dating of Raised-field Agriculture in Lake Titicaca Basin, Peru, in *Prehispanic Agricultural Fields in the Andean Region*, Denevan, Mathewson, Knapp, Oxford, 1987.

ERICKSON C. L., Agricultura en camellones en la cuenca del lago Titicaca: aspectos técnicos y su futuro, in *Andenes y Camellones en el Perú Andino*, C. de la Torre, M. Burga, editores, pp. 331–350, Lima, 1986.

ERICKSON C. L., La investigación de los sistemas prehispánicos intensivos agrícolas y la organización social en la hoya del lago Titicaca, in *Informe preliminar presentado al Cirbm del Instituto Nacional de Cultura del Perú*, 1982.

ERICKSON C. L., Waru-waru: una technología agrícola del Altiplano pre-hispánico, in *Andenes y Camellones en el Perú Andino*, C. de la Torre y M. Burga, eds., Lima, 1986.

ESPINOZA S. W., Los Señoríos etnicos de Chachapoyas y la alianza hispano-chacha, in *Revista Historica*, Tomo XXX, pp. 224–333, 1967.

ESTETE M. de, Noticia del Perú [1535], in *Boletin Sociedad Ecuadoriana de Estudios Historicos Americanos*, N°. 3, Quito, 1918.

FAVRE H., *Les Incas*, PUF, Paris, 1972.

FEELEY-HARNIK G., Issues in Divine Kingship, in *Annual Review of Anthropology*, N°. 14, pp. 273–313, 1985.

FELDMAN R. A., La cerámica del periodo temprano de Moquegua, in *Trabajos arqueológicos en Moquegua, Perú*, N°. 1, pp. 227–235, Lima, 1990.

FELDMAN R. A., *Aspero, Perú: Architecture, Subsistence, Economy and Other Artefacts of a Preceramic Maritime Chiefdom*, Unpublished Ph. D. Dissertation, Harvard University, 1980.

FELDMAN R. A., Architectural Evidence for the Development of Non-egalitarian Social System in Coastal Peru, in *The Origins and Development of the Andean State*, pp. 9–14, Cambridge University Press, Cambridge, 1987.

FERNANDEZ DE OVIEDO G., *Historia General y Natural de las Indias* [1549], Guaraní, Asuncion, 1945.

FLORES OCHOA J., Los Pastores de Paratia, in *Instituto Indigenista Interamericano*, Serie Antropología Social, N°. 10, Mexico, 1968.

FLORNOY B., Trabajos de la Misión francesa del Amazonas en la región Angulo (cerca de Chachapoyas). Informe 2, in *Boletín de la Sociedad Geográfica de Lima*, N°. 60, pp. 17–25, Lima, 1944.

FOCACCI G., ERICES S., Excavaciones en túmulos de San Miguel de Azapa (Arica, Chile), in *Boletín de Prehistoria de Chile*, N°. Special, pp. 47–62, Santiago, 1973.

FORD R., The Process of Plant Food Production in Prehistoric North America, in *Ford Anthropological Papers*, Ann Arbor, Michigan, pp. 1–18, ed. by Richard, 1985.

FRANCO INOJOSA J. M., Informe sobre los trabajos de la Misión Kidder en Pukará, Perú, in *Revista del Museo Nacional*, N°. 9(1), pp. 128–136, Lima, 1940.

FUCHS P. R., *Neue Forschungen zur formativzeitlichen Besiedlungsgeschichte Cerro Sechíns, Peru*, Dissertation, Freie Universität Berlin, 1990.

FUNG PINEDA R., Excavaciones a Pacopampa, Cajamarca, in *Revista del Museo Nacional*, N°. 41, pp. 129–207, Lima, 1975.

FUNG PINEDA R., Las Aldas: su ubicación dentro del proceso histórico del Perú antiguo, in *Dédelo. Revista de Arte e Arqueología*, año V, 9–10, Sao Paulo, 1969.

FUNG PINEDA R., The Late Preceramic and Initial Periods, in *Peruvian Prehistory*, pp. 67–96, Cambridge University Press, Cambridge, 1988.

GARAYCOCHEA I., Potencial agricola de los camellones en el Altiplano Puñeno, in *Andenes y Camellones en el Perú Andino*, pp. 241–251, Lima, 1987.

GARCIA ROSELL C., *Diccionario Geográfico del Perú*, Minerva, Lima, 1972.

GARCILAZO DE LA VEGA I., *Commentarios reales de los Incas* [1609], Tomo I–IV, U.N.M. San Marcos, Lima, 1967.

GAYTON A. H., The Uhle Collection from Nievería, in *University of California Publications in American Archaeology and Ethnology*, Vol. 21, N°. 8, pp. 305–329, Berkeley, 1927.

GEMONAL U., Chontalí: un centro historico y arqueológico, in *Pakamuros*, 2, pp. 8–12, Jaén, 1982.

GEMONAL U., El monolito del nor-oriente peruano, in *Pakamuros*, 3, pp. 17–21, Jaén, 1983.

GILMORE R. M., Fauna and Ethnozoology of South America, in *Bureau of American Ethnology Bulletin*, N°. 146(3), pp. 345–464, Washington, 1950.

GILMORE R., Fauna and Ethnozoology of South America, in *Handbook of South American Indians*, Bulletin 143, Vol. 6, Washington, 1950.

GOLDSTEIN P., FELDMAN R., *Tiwanaku and its Antecedents in the Moquegua Valley*, New Orleans, 1986.

GOLSON J., The Origin and Development of New Guinea Agriculture, in *Prehistoric Food Production in North America*, Ed. Harris, Hillman, Unwin, London, 1989.

GONZALES CARRE E., *Historia Prehispánica de Ayacucho*, Ayacucho, 1982.

GRAULICH M., Myths of Paradise Lost in Pre-Hispanic Central Mexico, in *Current Anthropology*, N°. 24, 5, pp. 575–588, 1983

GRAULICH M., *Mythes et rituels du Mexique ancien préhispanique*, Bruxelles, 1987.

GRIEDER T., *The Art and the Archaeology of Pashash*, Austin, London, 1978.

GRIEDER T., BUENO MENDOZA A., *La Galgada, Perú. A Preceramic Culture in Transition*, University of Texas Press, Austin, 1988.

GROSSMAN J. W., An Ancient Gold Worker's Tool Kit: The Earliest Metal Technology in Peru, in *Archaeology* N°. 25(4), pp. 270–275, 1972.

GROTTANELLI C., An Overview, in *Encyclopedia of Religion*, Mircea Eliade, New York, 1987.

GUAMAN POMA DE AYALA F., *Nueva Cronica y Buen Gobierno* [1613], Facsimilé, Paris, 1936.

GUTIERREZ DE SANTA CLARA P., Quinquenarios o historia de las guerras civiles del Perú [1544–1548] y de otros sucesos de las Indias, in *Cronica del Perú 2–4*, Biblioteca de Autores Españoles, Madrid, 1964.

GUTIERREZ FLORES P., Padrón de los mil indios ricos de la provincia de Chucuito [1574], in *Diez de San Miguel [1567]*, pp. 305–306, Lima, 1964.

GUTIERREZ FLORES P., RAMIREZ ZEGARRA J., Documentos sobre Chucuito [1574], in *Historia y Cultura*, N°. 4, pp. 5–48, Lima, 1964.

GUTIERREZ R. et al., *Arquitectura del Altiplano Peruano*, Universidad Nacional del Nordeste, 1979.

HAEBERLY J., Twelve Nasca Panpipes: A Study, in *Ethnomusicology*, Vol. 23, N°. 1, pp. 57–74, Sidney, 1979.

HAMY J., Les Collections péruviennes du Doctor Macedo, in *Revue d'Ethnographie*, N°. 1(1), pp. 68–71, Paris, 1882.

HARCOURT R. d', *Textiles of Ancient Peru and Their Techniques*, University of Washington Press, Seattle, London, 1974.

HARNER M., *The Jivaro: People of the Sacred Waterfalls*, Natural History Press, Garden City, 1972.

HARRIS D. R., An Evolutionary Continuum of People–Plant Interaction, in *Foraging and Farming. The Evolution of Plant Exploitation*, Harris, Hillman, Unwin, London, 1989.

HARRIS D. R., HILLMAN G. C., *Foraging and Farming. The Evolution of Plant Exploitation*, Ed. Harris, Hillman, Unwin, London, 1989.

HAUDRICOURT A. G., HEDIN L., *L'Homme et les plantes cultivées*, Ed. A.M. Métallié, Paris, 1987.

HAWKES J. G., Taxonomic Studies of the Tuber-bearing Solanums. I. Solanums tuberosum and the Tetrapoid Species Complex, in *Proceedings of the Linean Society of London*, N°. 166, pp. 97–144, London, 1956.

HAWKES J. G., The History of the Potato, in *Journal of the Royal Horticultural Society*, N°. 92, pp. 207–224, 249–252, 288–302, 364–365, 1967.

HECKER G. und W., Erläuterung von Beigaben und Zeitstellung vorspanischer Gräber von Pacatnamú, Nordperú, in *Baessler-Archiv*, Neue Folge, Band XXXII, pp. 159–212, Berlin, 1984.

HECKER G. und W., *Pacatnamú y sus Constructiones. Centro Religioso Prehispánico en la Costa Norte Peruana*, Frankfurt/Main, 1985.

HECKER G. und W., *Die Huaca 16 in Pacatnamú. Eine Ausgrabung an der nordperuanischen Küste*, Berlin, 1991.

HEISER J. C. B., Domestication of Cucurbitaceae: Cucurbita and Lagenaria, in *Foraging and Farming. The Evolution of Plant Exploitation*, Ed. Harris, Hillman, Unwin, London, 1989.

HEISER C. B., NELSON D. C., On the Origin of Cultivated Chenopodia (Chenopodium), in *Genetics*, N°. 78, pp. 503–505, 1974.

HELMS M. W., Precious Metals and Politics: Style and Ideology in the Intermediate Area and Perú, in *Journal of Latin American Lore*, N°. 7, pp. 215–238, 1981.

HEUSCH L. de, Pour une dialectique de la sacralité du pouvoir, in *Le pouvoir et le Sacré*, Annales du Centre d'étude des Religions, N°. 1, pp. 15–47, ULB, Bruxelles, 1962.

HEUSCH L. de, *Essai sur le symbolisme de l'inceste royal en Afrique*, Bruxelles, 1959.

HOCQUENGHEM A. M., *Iconografía mochica*, Lima, 1987.

HORKHEIMER H., *Alimentación y obtención de alimentos en el Perú prehispanico*, U.N.M. San Marcos, Lima, 1973.

HURTADO DE MENDOZA L., Cazadores de las puñas de Juxin y Cerro de Pasco, Perú, in *Estudios atacarmeños*, N°. 8, p. 198, Chile, 1987.

HYSLOP J., *The Inka Road System*, Academic Press, London, 1984.

IMBELLONI J., *Civiltà andine*, Sansoni, Firenze, 1960.

IRIARTE BRENNER F., Algunas apreciaciones sobre los Huanchos, in *Antiguo Perú espacio y tiempo*, pp. 259–263, Mejia Baca, Lima, 1960.

ISBELL W. H., City and State in Middle Horizon Huari, in *Peruvian Prehistory. An Overview for Pre-Inca and Inca Society*, pp. 164–189, 1988.

ISBELL W., Conchopata, Ideological Innovator in Middle Horizon IA, in *Ñawpa Pacha*, N°. 22–23, Berkeley, 1987.

ISBELL W. H., Huari Urban Prehistory, in *Current Archaeological Projects in the Central Andes. Some Approaches and Results*, pp. 95–131, BAR International Series 210, Oxford, 1984.

ISLA E., GUERRERO D., Socos: un sitio Wari en el valle del Chillon, in *Gaceta Arqueológica Andina*, año IV, N°. 14, Lima, 1987.

IZUMI S., TERADA K., *Excavations at Kotosh, Peru. A report of the Third and Fourth Expeditions 1963 and 1966, Andes*, 4, University of Tokyo Press, Tokyo, 1972.

IZUMI S., TOSHIHIKO S., *Excavations at Kotosh, Peru*. University of Tokyo Expedition, 1960, Andes 2, Kadokawa Publishing Co., Tokyo, 1963.

IZUMI S., CUCULIZA P. J., KANO C., *Excavations at Shillacoto, Huánuco, Peru*, The University Museum, University of Tokyo, Bulletin N°. 3, Tokyo, 1972.

JAKOBSEN J., SCHJELLERUP I., Cazadores de cabezas in sitios pre-incas de Chachapoyas, Amazonas, in *Revista del Museo Nacional*, Tomo XLVIII, pp. 139–186, Lima, 1986.

JENNINGS J. D., *Ancient South Americans*, San Francisco, 1963.

JENSEN A. E., *Das religiöse Weltbild einer frühen Kultur*, August Schröder Verlag, Stuttgart, 1948.

JENSEN A. E., *Mythos und Kult bei Naturvölkern*, Franz Steiner Verlag, Wiesbaden, 1960.

JEREZ F. de, Verdadera relación de la conquista del Perú y del Cuzco, in *Historiadores primitivos de Indias*, N°. 2, pp. 319–343, BAE, Madrid, 1947.

JIJON Y., CAAMAÑO J., *Maranga: contribución al conocimiento de los aborigenes del valle del Rímac, Perú*, Prensa Catolica, Quito, 1949.

JIMENEZ BORJA A., SAMANIEGO ROMAN L., *Guía de Sechín*, CASMA, 1973.

JOHNS T., A Chemical-ecological Model of Root Domestication in the Andes, in *Foraging and Farming. The Evolution of Plant Exploitation*, Ed. Harris, Hillman, Unwin, London, 1989.

JONES J., Mochica Works of Art in Metal: A Review, in *Pre-Columbian Metallurgy of South America*, pp. 53–54, Washington, 1979.

KAN M., The Feline Motif in Northern Peru, in *The cult of the Feline. A Conference in Pre-Columbian Iconography*, pp. 69–85, Washington, 1972.

KANO C., The Origins of the Chavín Culture, in *Dumbarton Oaks Studies in Pre-Columbian Art and Archaeology*, N°. 22, pp. 1–87, Harvard University, Washington, 1979.

KATZ F., *The Ancient American Civilization*, New York – Washington, 1974.

KATZ L., *Art of the Andes: Pre-Columbian Sculptured and Painted Ceramics from the Arthur M. Sackler Collections*, Washington, 1983.

KAUFFMANN DOIG F., Sarcófagos pre-incas en los Andes Amazónicos Peruanos, in *Kuntur. Perú en la Cultura*, N°. 1, pp. 4–9, Lima, 1986.

KAUFFMANN DOIG F., *El Perú arqueológico. Tratado breve sobre el Perú preincaico*, Lima, 1976.

KAUFFMANN DOIG F., *Investigaciones arqueológicas en los Andes Amazonicos 1980–1988*, Lima, 1988.

KAUFFMANN DOIG F., Sarcófagos antropomorfos en el Alto Amazonas (informe preliminar), in *Boletín de Lima*, N°. 35, pp. 46–48, Lima, 1984.

KAUFFMANN DOIG F., *Los dioses andinos: hacia una caracterización de la religiosidad fundamentada en testimonios arqueológicos y en los mitos*, Lima, 1986.

KAUFFMANN DOIG F., *Manual de Arqueología Peruana*, Peisa, Lima, 1978.

KAUFFMANN DOIG F., Pacullo y figuras antropomorfas de madera en el Antisuyo, in *Cielo Abierto*, N°. 29, pp. 49–52, Lima, 1984.

KAUFFMANN DOIG F., *Los mausoleos de Usator en los Andes Amazónicos*, Lima, 1986.

KAUFFMANN DOIG F., EIELSON J. E., *Culturas precolombinas – Chavín Formativo*, Colección Arte y Tesoros del Perú (Lavalle, José A. de, and Werner Lang, eds.), Lima, 1981.

KAUFFMANN DOIG F., Indians of the Andes, in *The Encyclopedia of Religions*, N°. 13, pp. 465–472, Mircea Eliade, New York, 1987.

KAUFFMANN DOIG F., Arquitectura zoomorfa: la ciudad del Cusco, con anotaciones acerca de la arquitectura e la iconografía Chavín, in *Boletín de Lima*, N°. 38, pp. 27–34, 1985.

KAULICKE P., Untitled Report, in *Willay*, N°. 29–30, pp. 13–15, 1989.

KAULICKE P., *Pandanche, un caso del Formativo en los Andes de Cajamarca*, Seminario de Historia rural andina, Lima, 1975.

KEATINGE R. W., *Peruvian Prehistory. An Overview of Pre-Inca and Inca Society*, Cambridge, 1988.

KENDALL A., Inca Planning North of Cuzco Between Anta and Machu Picchu and Along the Urumbamba, in *BAR International Series 421*, 1988.

KIDDER A. V., Some Early Sites in the Northern Lake Titicaca Basin, in *Papers of the Peabody Museum of American Archeology and Ethnology*, N°. 27(1), Cambridge, 1943.

KIDDER A. V., The Position of Pucará in the Titicaca Basin Archaeology, in *A Reappraisal of Peruvian Archaeology, Memoir 4 of the Society for American Archaeology*, pp. 87–89, Menasha, 1948.

KIDDER A. V., Digging in the Titicaca Basin, in *Peruvian Archaeology, Selected Readings*, pp. 133–145, Peek Publications, 1967.

KOLATA A., Tiwanaku, Portrait of Andean Civilization, in *Bulletin of the Field Museum of Natural History*, N°. 53(8), pp. 13–18, Chicago, 1982.

KOLATA A., The South Andes, in *Ancient South Americans*, pp. 241–285, W. H. Freeman Company, San Francisco, 1983.

KOLATA A., The Agricultural Foundations of the Tiwanaku States: A View from the Hearthland, in *American Antiquity*, N°. 51(4), pp. 748–762, 1986.

KOLATA A., Tiwanaku and its Hinterland, in *Archaeology*, N°. 40(1), pp. 36–41, 1987.

KOSOK P., *Life, Land and Water in Ancient Peru*, Long Island University Press, New York, 1965.

KROEBER A. L., Proto-Lima. A Middle Period Culture of Peru, in *Fieldiana: Anthropology*, Vol. 44, N°. 1, Chicago, 1954.

KROEBER A. L., Paracas Cavernas and Chavín, in *American Archaeology and Ethnology 40*, N°. 8, University of California, Berkeley, Los Angeles, 1953.

KROEBER A. L., Peruvian Archaeology in 1942, in *Viking Fund Publication in Anthropology*, N°. 4, 1944.

KUBLER J., Towards Absolute Time: Guano Archaeology, in *A Reappraisal of Peruvian Archaeology*, pp. 29–50, Menasha, 1948.

KVIETOK P., *Andean Panpipes: A Study in Cultural Technology* (ms), 1987.

LANGLOIS L., Utcubamba. Investigaciones arqueologícas en este valle del departamento de Amazonas, in *Revista del Museo Nacional*, Tomo VIII, N°. 2, pp. 191–249, Tomo IX, N°. 1, pp. 33–72, Lima, 1939.

LANNING E. P., American Aboriginal High Cultures: Perú, in *Actas y Memorias, XXXVI Congreso Internacional de Americanistas, España 1964*, Vol. 1, pp. 187–191, Sevilla, 1966.

LANNING E. P., *Perú Before the Incas*, Prentice Hall Inc., 1967.

LANNING E. P., An Early Ceramic Style from Ancón, Central Coast of Perú, in *Ñawpa Pacha*, N°. 1, pp. 47–70, Berkeley, 1963.

LANNING E. P., *Perú Before the Incas*, Prentice Hall, Englewood Cliffs, 1988.

LANNING E. P., A Ceramic Sequence for the Piura and Chira Coast, North Perú, in *University of California Publications in American Archaeology and Ethnology*, Vol. 46, N°. 2, Berkeley, 1963.

LANNING E. P., Cerámic Archaeology of the Andes, in *Quaternaria*, vol. VIII, pp. 133–138, Roma, 1966.

LARCO HOYLE R., Escultura lítica del Perú precolombino, in *Orígenes del Arte Peruano*, N°. 2, Instituto Arte Contemporaneo, Lima.

LARCO HOYLE R., *Los Mochicas*, t.1–2, Lima, 1938–1939.

LARCO HOYLE R., *Los Cupisniques*, Trabajo presentado al 27 Congreso Internacional de Americanistas, Sesión de Lima, Lima, 1941.

LATCHMAN R. E., Atacameño Archeology, in *American Anthropologist*, N°. 38, pp. 609–619, 1936.

LATCHMAN R. E., Los Animales domésticos en la America Precolombina, in *Publicación del Museo de Etnología y Antropología de Santiago*, 3, Santiago, 1922.

LATHRAP D. W., The Moist Tropics, the Arid Lands, and the Appearance of Great Art Styles in the New World, in *Art and Environment in Native America*, Special Publications, N°. 7, pp. 115–158, The Museum, Texas Tech University, Lubbock, 1974.

LATHRAP D. W., "Jaws": The Control of Power in the Early Nuclear American Ceremonial Centre, in *Early Ceremonial Architecture in the Andes*, pp. 241–267, 1985.

LATHRAP D. W., The Tropical Forest and the Cultural Context of Chavín, in *Dumbarton Oaks Conference on Chavín*, pp. 73–100, 1971.

LATHRAP D. W., *The Upper Amazone*, Thames and Hudson, London, 1970.

LATHRAP D. W., *Les Trésors de l'Amérique Précolombienne*, Genève, 1964.

LATHRAP D. W., Our Father the Cayman, Our Mother the Gourd: Spinden Revisited, or a Unitary Model for the Emergence of Agriculture in the New World, in *Origins of Agriculture*, pp. 713–751.

LATHRAP D. W., DOUGLAS J., *Variation in Anthropology: Essays in Honor of John McGregor*, Urbana, 1973.

LAURENCICH-MINELLI L., *Antichi tessuti peruviani*, Electa, Milano, 1984.

LAURENCICH-MINELLI L., I mosaici di piume del Perú precolombiano attraverso i reperti museali, in *Archeologia, Scienza e Società nell'America precolombiana*, Atti del Convegnio Internazionale degli Americanisti di Biella, 1985, pp. 107–108, Brescia, 1986.

LAURENCICH-MINELLI L., *Perú Precolombiano. Testimonianze per un'indagine storica ed archeologica*, Esculapio, Bologna, 1987.

LAURENCICH-MINELLI L., *Arte, storia e simboli del Perú precolombiano*, Colorno, 1986.

LAURENCICH-MINELLI L., *Terrecotte del Perú Precolombiano. Civiche raccolte d'arte applicata, Castello Sforzesco*, Milano, 1984.

LAURENCICH-MINELLI L., *Arte e rituali nell'antico Perú*, Modena, 1980.

LAURENCICH-MINELLI L., *Cosmologia e cultura degli Incas*, C.U.S.L., Bologna, 1986.

LAVALLEE D., Una Collección de cerámica de Pachacamac, in *Revista del Museo Nacional*, Tomo XXXIV, pp. 220–246. Lima, 1966.

LAVALLEE D., L'Occupation préhistorique de l'abri de Telarmachay (Pérou): Un aspect original de la néolithisation andine, in *Compte-rendus de l'Académie des inscriptions et Belles-Lettres*, Avril-Juin 1988, pp. 266–288, Paris, 1986.

LAVALLEE D., Domestication et sédentarisation dans la région andine, in *Grand Atlas de l'Archéologie*, pp. 360–361, Paris, 1985.

LAVALLEE D., L'Occupation préhistorique des hautes terres andines, in *L'Anthropologie*, No. 69(3), pp. 409–430, Masson, Paris, 1986.

LAVALLEE D., LUMBRERAS L. G., *Le Ande dalla preistoria agli Incas*, Rizzoli, Milano, 1986.

LAVALLEE D., WHEELER J., Le Milieu et les hommes, in *Telarmachay: chasseurs et pasteurs des Andes I,* tome 1, CNRS-IFEA, Paris, 1985.

LECHTMAN H., Temas de metalurgía andina, in *Tecnología Andina,* R. Ravines Compilador, Instituto de Estudios Peruanos, Lima, 1978.

LECHTMAN H., Style in Technology – Some Early Thoughts. *Material Culture: Styles, Organization and Dynamics of Technology,* pp. 3–20, 1975, Proceedings of the American Ethnological Society, Merill, 1977.

LECHTMAN H., Traditions and Styles in Central Andean Metallurgy, in *The Beginning of the Use of Metals and Alloys,* pp. 344–378, Cambridge, 1988.

LECHTMAN H., The Gilding of Metals in Pre-Columbian Peru, in *Application of Science in Examination of Works of Art,* pp. 38–52, Museum of Fine Arts, Boston, 1973.

LECHTMAN H., Pre-Columbian Surface Metallurgy, in *Scientific American,* 250(6), pp. 56–63, 1984.

LECHTMAN H., Ancient Methods of Gilding Silver: Examples from the Old and New World, in *Science and Archeology,* pp. 2–30, MIT Press, Cambridge, 1971.

LECHTMAN H., Andean Value Systems and the Development of Prehistoric Metallurgy, in *Technology and Culture,* N°. 25(1), pp. 1–36, 1984.

LECHTMAN H., Copper-arsenic Bronzes from the North Coast of Peru, in *The Research Potential of Anthropological Museum Collections,* pp. 77–121, New York: Annals of the New York Academy of Sciences, Vol. 376, New York, 1981.

LECHTMAN H., Issues in Andean Metallurgy, in *Pre-Columbian Metallurgy of South America,* Dumbarton Oaks Research Library and Collections, pp. 1–40, Washington, 1979.

LECHTMAN H., ANTONIETA E. and EDWARD J. B., New Perspectives on Moche Metallurgy: Techniques of Gilding Copper at Loma Negra, Northern Peru, in *American Antiquity,* N°. 47(1), pp. 3–30, 1982.

LENNON T. J., CORNEJO G. M., CHURCH W. B., *Informe final. Investigaciones sobre los recursos culturales en el Parque Nacional Rio Abiseo,* Boulder, 1987.

LEON A., Algunas concideraciones sobre los camélidos en los Andes, in *Boletín del Museo de Historia Natural Javier Prado,* N°. 3, pp. 95–105, Lima, 1939.

LEON A., *Les Auchenidés. Notes philogéniques et zoologiques. Etude zootechnique,* D.V.M. Dissertation, Alfort, 1932.

LERCHE P., *Häuptlingstum Jalca. Bevölkerung und Ressourcen bei den vorspanischen Chachapoya, Perú,* Berlin, 1986.

LEVI-STRAUSS C., Le Serpent au corps rempli de poissons, in *Actes du XXVIIIe Congrès des Américanistes (Paris 1947),* pp. 633–636, Paris, 1948.

LEVI-STRAUSS C., Le Cru et le cuit, in *Mythologiques 1,* Paris, 1964.

LIZARRAGA F. R., Descripción de las Indias [1605], Loayza, Lima, 1946.

LLAGOSTERA A., Caza y pesca maritima (9000 a 1000 A.C.), in *Culturas de Chile. Prehistoria. Desde sus orígines hasta los albores de la Conquista,* pp. 57–79, Andrés Bello, Santiago, 1989.

LOPEZ DE GOMARA F., *Historia General de las Indias* [1552], Espasa Calpo, Madrid, 1941.

LOPEZ DE GOMARA F., *Historia general de las Indias,* 2 Vols., Barcelona, 1965.

LOTEN H. S., Burial Tower 2 and Fort A, Marcahuamacucho, in *Trent University Occasional Papers in Anthropology,* N°. 3, Peterborough, 1987.

LOTHROP S. K., Gold Artifacts of the Chavín Style, in *American Antiquity,* N°. 16(3), pp. 226–240, 1951.

LOTHROP S. K., Gold Ornaments of the Chavín Style from Chongoyape, Peru, in *American Antiquity,* N°. 6(3), pp. 250–262, 1941.

LOTHROP S. K., Inca Treasure as Depicted by Spanish Historians, Los Angeles, 1938.

LOTHROP S. K., Gold and Silver from Southern Peru and Bolivia, in *Journal of the Royal Anthropological Institute* LXIII, pp. 305–325, London, 1937.

LOTHROP D. W., Gift of the Cayman: Some Thoughts on the Subsistence Basis of Chavín, in *Variations in Anthropology: Essays in Honour of John Mc.Gregor,* pp. 91–105, 1973.

LOZA BONIFAZ E., GILES SAEZ J., Estudio sobre la evolución del Gossypium barbadense Linneo, in *Anales Cientificos,* Vol. IX, N°. 1–2, pp. 1–17, Lima, 1971.

LUMBRERAS L. G., El Imperio Wari, in *Historia del Perú,* Toma II, Mejia Baca, Lima, 1981.

LUMBRERAS L. G., Arqueología de la America Andina, Milla Batres, Lima, 1981.

LUMBRERAS L. G., *Chavín de Huántar en el nacimiento de la civilización andina,* Ediciones Indea, Lima, 1989.

LUMBRERAS L. G., *La Arqueología como ciencia social,* Histar, Lima, 1974.

LUMBRERAS L. G., La Cultura de Wari, Ayacucho, in *Etnologia y Arqueologia,* año I, N°. 1, pp. 130–227, Lima, 1960.

LUMBRERAS L. G., Proyecto de investigaciones arqueológicas en Puno, in *Pakupampu,* N°. 3, pp. 58–67, La Paz, 1971.

LUMBRERAS L. G., Los reinos post-Tiwanaku en el area altiplanica, in *Revista del Museo Nacional,* N°. 40, pp. 55–85, Lima, 1974.

LUMBRERAS L. G., La Alimentación vegetal en los origenes de la civilización andina, in *Perú Indígena,* N°. 26, pp. 254–273, Lima, 1967.

LUMBRERAS L. G., Acerca del desarrollo cultural en los Andes, in *Mesa Redonda de Ciencias Prehistóricas y Antropológicas II,* pp. 125–154, Lima, 1969.

LUMBRERAS L. G., Panorama histórico de la arqueologia Peruána, in *Actas y Trabajos del II Congreso Nacional de Historia del Perú,* Vol. I, pp. 3–16, Lima, 1959.

LUMBRERAS L. G., Algunos problemas de arqueologia peruana, in *Antiguo Perú: Espacio y Tiempo,* pp. 129–148, Mejia Baca, Lima, 1960.

LUMBRERAS L. G., Esquema arqueológico de la sierra central del Perú, in *Revista del Museo Nacional,* N°. 28, pp. 63–117, Lima, 1959.

LUMBRERAS L. G., Espacio y cultura en los Andes, in *Revista del Museo Nacional,* N°. 29, pp. 222–246, Lima, 1960.

LUMBRERAS L. G., *The Archaeology of Andean America,* Lima, 1989.

LUMBRERAS L. G., Excavaciones en el Templo Antiguo de Chavín (Sector R): informe de la Sexta Campaña, in *Ñawpa pacha,* N°. 15, pp. 1–38, Berkeley, 1977.

LUMBRERAS L. G., *Los Templos de Chavín. Guia para el visitante,* Lima, 1970.

LUMBRERAS L. G., *Las Fundaciones de Huamanga,* Nueva Educación, Lima, 1974.

LUMBRERAS L. G., *The Peoples and Cultures of Ancient Peru,* Smithonian Institution Press, Washington D. C., 1974.

LUMBRERAS L. G., CISNEROS L., Arqueologia del antiguo Perú, in *Historia General del Ejercito Peruano,* Tomo I, Primera parte, pp. 3–234, Lima, 1980.

LUMBRERAS L. G., MUJICA E., Kallamarka: relaciones con Pukara y Paracas, in *Gaceta Arqueológica Andina,* N°. 1(3), p. 8, Lima, 1982.

LUMBRERAS L. G., MUJICA E., 50 Años de investigaciones en Tiwanaku, in *Gaceta Arqueológica Andina,* N°. 1(3), pp. 6–7, Lima 1982.

LYNCH T., La Antiguedad del hombre en Sudamérica, in *Quaternary Research,* N°. 4, pp. 356–377, 1970.

LYNCH T., *Guitarrero Cave. Early Man in the Andes.* Ed. Academic Press, New York, 1980.

LYNCH T., Camelid Pastoralism and the Emergence of Tiwanaku Civilization in the South-Central Andes, in *World Archaeology,* N°. 15(1), pp. 1–14, Cambridge, 1983.

LYON P. J., Female Supernaturals in Ancient Peru, in *Ñawpa Pacha,* N°. 16, pp. 95–140, Berkeley, 1978.

MACEDO J. M., *Catalogue d' objets archéologiques du Pérou de l'ancien Empire des Incas,* Imprimerie Hispano-Américaine, Paris, 1881.

MACNEISH R. S. (and others), *Prehistory of the Ayacucho Basin,* 3 vols, University of Michigan Press, 1983.

MARCOS J., NORTON P., *Primer Simposio de correlaciones antropológicas andino-mesoamericano,* Guayaquil, 1982.

MARISCOTTI DE GORLIZ A. M., Pachamama Santa Tierra, contribución al estudio de la religión autóctona en los Andes centro-meridionales, in *Indiana Beiheft,* N°. 8, Berlin, 1978.

MASON J. A., *The Ancient Civilization of Peru,* Harmondsworth, 1957.

MASSEY S., Antiguo centro Paracas-Animas Altas, in *Culturas Precolombinas: Paracas,* pp. 134–160, Lima, 1983.

MASSON L., Rehabilitación de los andenes en la comunidad de San Pedro de Casta, Lima, in *Consejo Nacional de Ciencia y Technologia,* pp. 207–216, Lima, 1987.

MASSON L., Experiencias en San Pedro de Casta, in *Andeneria, Conservacion de Suelos y Desarrollo Rural en los Andes Peruanos,* pp. 25–29, Lima, 1986.

MATHEWSON C. H., A Metallurgical Description of Some Ancient Bronzes from Machu Picchu, in *American Journal of Science,* N°. 40, pp. 525–616, 1915.

MATIENZO J. de, *Gobierno del Perú,* Tomo XI, (1575), Lima–Paris, 1967.

MATOS MENDIETA R., A Formative Period Painted Pottery Complex at Ancón, in *American Antiquity,* Vol. 33, pp. 226–235, 1968.

MATOS MENDIETA R., Prehistoria y ecología humana en la punas de Junín, in *Revista del Museo Nacional,* tomo XLI, pp. 37–79, Lima, 1975.

MC EWAN G., Investigaciones en la cuenca del Lucre, Cusco, in *Gaceta Arqueológica Andina,* año III, N°. 9, Indea, Lima, 1984.

MC EWAN G., The Middle Horizon in the Valley of Cuzco, Peru. The Impact of the Wari Occupation of the Lucre Basin, in *BAR International Series 372,* Oxford, 1987.

MEJIA XESSPE M. T., Mitología del Norte Andino peruano, in *América Indígena,* Vol. XII, N°. 1, pp. 235–251, Mexico, 1952.

MEJIA XESSPE T., Kausay, El alimento de los Indios, in *Technología Andina,* R. Ravines Compilador, Instituto de Estudios peruanos, p. 205, Lima, 1978.

MENZEL D., Pottery Style and Society in Ancient Peru: Art as a Mirror of History in the Ica Valley, 1350–1570, in *University of California,* Berkeley, 1976.

MENZEL D., Style and Time in the Middle Horizon, in *Ñawpa Pacha,* N°. 2, pp. 1–105, Berkeley, 1964.

MENZEL D., The Archaeology of Peru and the Work of Max Uhle, in *R. H. Lowie Museum of Anthropology, University of California,* Berkeley, 1977.

MENZEL D., *La Cultura Huari,* Lima, 1968.

MENZEL D., ROWE J. H., DAWSON L. E., The Paracas Pottery of Ica: A Study in Style and Time, in *University of California Publications in American Archaeology and Ethnology 50,* Berkeley, Los Angeles, 1964.

METRAUX A., *Les Incas,* Paris, 1962.

MOHR CHAVEZ K. L., Marcavalle: The Ceramics from an Early Horizon Site in the Valley of Cuzco, Perú, and Implication for South Highland Socio-economic, in *Tesis de Doctorado,* University of Pensylvania, University Microfilm, 1977.

MOHR CHAVEZ K. L., Excavation in Cuzco-Puno Area of South Highland Perú, in *Expeditions,* N°. 11(2), pp. 25–48, 1969.

MOHR DE CHAVEZ K., Resumen de los trabajos arqueológicos realizados en Marcavalle, un sitio correspondiente a Horizonte temprano en el Valle del Cuzco, in *Arqueología del Cuzco,* pp. 1–12, Lima, 1982.

MOLINA C. el A., *Relacion de muchas cosas acaecidas en el Perú* (1552), Madrid, 1968.

MOLINA C. E. A. de, Relación de muchas cosas acaecidas en el Perú, in *Crónicas peruanas de interés indígena,* pp. 57–95, 1968.

MOLINA C. de, *Ritos y fabulas de los Incas,* Buenos Aires, 1959.

MOLINA C. de, Relacion de las Fabulas y ritos de los Incas (1575), in *Pequeños Grandes Libros de la storia Americana,* serie I, N°. 4, Lima, 1943.

MONTESINOS F., *Memorias antiguas historiales del Perú,* Cambridge, 1920.

MONTESINOS F., *Memorias antiguas historiales y politicas del Perú,* Luis A. Pardo, Lima.

MORALES D., Excavaciones en las Salinas de San Blas, in *III Congreso Peruano "El Hombre y la Cultura Andina",* Tomo I, Lima, 1978.

MOSELEY M. E., Fortificaciones prehispánicas y la evolución de tácticas militares en el Valle de Moquegua, in *Trabajos Arqueológicos en Moquegua,* Tomo I, 1988.

MOSELEY M. E., Peru's Golden Treasures, in *Field Museum of Natural History,* Chicago, 1978.

MOSELEY M. E., The Maritime Foundation of Andean Civilization, in *Cummings Archaeology Series,* Cummings Publishing Company, Menlo Park, 1975.

MOSELEY M., WILLEY G., Aspero, Peru: A Reexamination of the Site and Its Implication, in *American Antiquity*, Vol. 38, N°. 4, pp. 452–468, 1973.

MOSTNY G., La Momia del Cerro El Plomo, in *Boletín del Museo Nacional de Historia Natural*, N°. 27(1), Santiago, 1957.

MUELLE J. C., Las Cuevas y pinturas de Toquepala, in *Mesa Redonda de Ciencias Prehistóricas y Antropológicas*, Tomo II, p. 186, Universidad Catolica del Perú, Lima, 1969.

MUELLE J., Restos hallados en una tumba en Nievería, in *Revista del Museo Nacional*, Tomo IV, pp. 135–152, Lima, 1935.

MUJICA E., Malanche 1: un poblado complejo en medio ambiente de Lomas, in *Documentos de Arquitectura y Urbanismo*, Año 2, Vol. 1, N°. 2–3, p. 7, Lima, 1988.

MUJICA E., Peculiaridades del proceso histórico temprano en la cuenca norte del Titicaca: una propuesta inicial, in *Boletín del Laboratorio de Arqueología*, N°. 2, pp. 75–122, Ayacucho, 1988.

MUJICA E., Cusipata: una fase pre-Pukara en la cuenca norte del Titicaca, in *Gaceta Arqueológica Andina*, N°. 13, pp. 22–28, Lima, 1987.

MUJICA E., Altiplano-Coast Relationships in the South-Central Andes: From Indirect to Direct Complementarity, in *Andean Ecology and Civilization*, S. Masuda, I. Shimada y C. Morris, eds., pp. 103–104, Tokio, 1985.

MUJICA, E., Nueva hipótesis sobre el desarrollo temprano del altiplano del Titicaca y sus áreas de interacción, in *Arte y Arqueología*, N°. 5–6, pp. 285–308, 1978.

MUJICA E., RIVERA M. A., LYNCH T., Proyecto de estudio sobre la complementaridad económica Tiwanaku en los valles occidentales del Centro-sur Andino, in *Chungara*, N°. 11, pp. 85–109, Arica, 1983.

MUJICA E., WHEELER J., Producción y recursos ganaderos prehispánicos en la Cuenca del Titicaca, Perú, in *Trabajo de campo 1979–1980*, Ms., 1981.

MUÑOZ OVALLE I., El Período formativo en el Norte Grande, in *Culturas de Chile. Prehistoria. Desde sus Orígenes hasta los Albores de la Conquista*, pp. 107–128, Andres Bello, Santiago, 1989.

MUÑOZ OVALLE I., Las Sociedades costeras en el litoral de Arica durante el periodo Arcaico Tardio y sus vinculaciones con la costa peruana, in *Chungara*, N°. 9, pp. 124–151, Arica, 1982.

MURRA J. V., *La Organización económica del estado Inca*, Siglo XXI, Mexico, 1975.

MURRA J. V., La Función del tejido en varios contextos sociales en el estado Inca, in *100 Años de Arqueologia en el Perú*, Lima, 1970.

MURRA J. V., *Formaciones económicas y politicas del mundo andino*, Lima, 1975.

MURRA J. V., Una Apreciación etnológica de la Visita, in *Visita hecha a la Provincia de Chucuito por Garci Diez de San Miguel el año 1567*, pp. 421–444, Lima, 1964.

MURRA J. V., Cloth and Its Function in the Inca State, in *American Anthropologist*, Vol. 64, N°. 4, pp. 710–728, 1962.

MURUA F. M. de, *Historia General del Perú – Origen y descendencia de los Incas* (1631), (ms.), Madrid, 1895.

McCOWN T. D., Pre-Incaic Huamachuco. Survey and Excavations in the Region of Huamachuco and Cajabamba, in *American Archaeology and Ethnology*. Vol. 39, N°. 4, Berkeley, Los Angeles, 1945.

McEWAN C., MARIA I. S., Que fueron a hacer los Incas a la costa central del Ecuador?, in *Relaciones interculturales en el área ecuatorial del Pacífico durante la época precolombina*, pp. 163–185, Oxford, 1989.

NUÑEZ L., Hacia la producción de alimentos y la vida sedentaria (5000 A.C.–900 D.C.), in *Culturas de Chile, Prehistoria. Desde sus Origenes hasta los Albores de la Conquista*, pp. 81–105, Andres Bello, Santiago, 1989.

NUÑEZ L., *La agricultura prehistórica en los Andes meridionales*, Antofagasta, 1974.

NUÑEZ ATENCIO L., Informe arqueológico sobre una muestra de posibile narcotico del sitio Patillos I (provincia de Tarapacà, Norte del Chile), in *Etnografiska Museet Arstryck*, 1967–1968, pp. 83–90, Göteborg, 1968.

O'NEALE L., Weaving, in *Handbook of South American Indians*, Bull, 143, pp. 97–105, Washington, 1949.

OCHOA C. M., *Los Solanum tuberíferos silvestres del Perú*, Lima, 1962.

OEHM V., *Investigaciones sobre minería y metalurgia en el Perú prehispànico, una visión crítica actualizada*, Bas. 12, Estudios Americanistas, Bonn, 1984.

OLARTE W., Algunos aspectos de la agricultura andina bajo riego, in *Avances de Investigación 19*, Cuzco, 1988.

ONERN, *Inventario, evaluación y uso racional de los recursos naturales de la Costa: Cuenca del Rio Grande*, Vol. 1–2, Lima, 1971.

ONUKI Y., Untitled Report, in *Willay*, N°. 32–33, pp. 11–15, 1989.

ORTIZ RESCANIERE A., *De Adaneva a Inkarrí (una visión indigena del Perú), Retablo de Papel*, Lima, 1973.

ORTLOFF C., La Ingeniería idraulica Chimú, in *La Tecnologia en el Mundo Andino*, p. 91, Mexico, 1981.

PACHACUTI YAMQUI J. de S. C., Relación des Antiguedades deste reyno del Perú, in *Crónicas Peruanas de interés indígena*, pp. 279–319, 1968.

PALACIOS F., Tecnología del pastoreo, in *La tecnología en el Mundo Andino*, p. 217, Mexico, 1981.

PANOFSKY E., *Introductory Studies in Iconology: Humanistic Themes in the Art of Renaissance, 3–31*, Oxford University Press, New York, 1939.

PAREDES R. M., *Mitos, supersticiones y supervivencias populares de Bolivia*, La Paz, 1920.

PARSON J. R., An Estimate Size and Population for Middle Horizon Tiahuanaco, Bolivia, in *American Antiquity*, N°. 33(2), pp. 243–245, 1968.

PARSON J., PSUTY N., Chacras hundidas y subsistencia prehispanica en la costa del Perú, in *Tecnología en el Mundo Andino*, p. 51, Mexico, 1981.

PARSONS L. E., Peruvian Mortuary Art, in *Archaeology*, Vol. 15, N°. 3, pp. 146–151, New York, 1962.

PATTERSON T. C., Early Cultural Remains on the Central Coast of Perú, in *Ñawpa Pacha*, N°. 4, pp. 145–153, Berkeley, 1966.

PATTERSON T. C., Highland South America: Current Research, in *American Antiquity*, N°. 32(1), pp. 143–144, 1967.

PATTERSON T. C., The Huaca La Florida, Rimac Valley, Peru, in *Early Ceremonial Architecture in the Andes*, Washington, 1985.

PATTERSON T. C., Chavín: An Interpretation of Its Spread and Influence, in *Dumbarton Oaks Conference on Chavín*, pp. 29–48, 1971.

PATTERSON T. C., LANNING E. P., Changing Settlement Patterns on the Central Peruvian Coast, in *Ñawpa Pacha*, N°. 2, pp. 113–123, Berkeley, 1968.

PAULSEN A. C., A Middle Horizon Tomb, Ica Valley, Peru, in *Ñawpa Pacha*, N°. 6 (1968), pp. 1–6, 1969.

PAULSEN A. C., *A Moche-Nasca Connection*, Paper Presented to the 51st. Annual Meeting of the Society for American Archaeology, New Orleans, 1986.

PEARSALL D. M., Adaptations of Prehistoric Hunter-gatherer to the High Andes: The Changing Role of Plant Resources, in *Foraging and Farming. The Evolution of Plant Exploitations,* Ed. Harris, Hillman, Unwin, London, 1989.

PEASE G. Y. F., Los Incas, in *Historia del Perú,* Vol. II, Mejia Baca, Lima, 1980.

PEASE G. Y. F., *Del Tawantisuyu a la historia del Perú*, Lima, 1989.

PERNES J., La génétique de la domestication des céréales, in *La Recherche*, Vol. 14, N°. 146, pp. 911–919, Paris, 1983.

PETERSEN G., Minería y metalurgia en el antiguo Perú, in *Arqueológicas*, N°. 12, Lima, 1970.

PICKERSGILL B., Cytological and Genetical Evidence on the Domestication and Diffusion of Crops Within the Americas, in *Foraging and Farming. The Evolution of Plant Exploitation*, pp. 426–429, Ed. Harris–Hillman–Himan, London, 1989.

PICKERSGILL B., HEISER C. B., Origins and Distribution of Plant Domesticated in the New World Tropics, in *Origins of Agriculture*, pp. 803–835, Mouton Publishers, Den Haag, 1977.

PIMENTEL SPISSU V., *Petroglifos en el Valle Medio y Bajo de Jequetepeque, norte del Perú*, Materialien zur Allgemeinen und Vergleichenden Archäologie, Band 31, Verlag C. H. Beck, München, 1986.

PIMENTEL V., GURMENDI, *Lima: Museo Nacional de Antropología,* Instituto Nacional de Cultura, Lima, 1981.

PIZARRO H., Carta de Hernando Pizzaro a los oidores de la Audiencia de Santo Domingo, in *Tres testigos...*, pp. 47–65, 1953.

PIZARRO P., *Relación del descubrimiento y conquista de los reynos del Perú (1571),* Guillermo Lohmann Villena, Lima, 1978.

PIZARRO P., Relación del descubrimiento y conquista de los reinos del Perú, in *Crónicas del Perú*, V, pp. 159–242, BAE, Madrid, 1963.

POLLARD ROWE A., Textiles from the Burial Platform of Las Avispas at Chan Chan, in *Ñawpa pacha*, N°. 18, pp. 81–149, Berkeley, 1980.

POLLARD ROWE A., *Warp Patterned Weaves of the Andes*, Washington, 1977.

POLO J. T., La piedra de Chavín, in *Boletín de la Sociedad Geográfica de Lima*, Vol. IX, N°. 4–6, pp. 192–231; N°. 7–9, pp. 262–290, Lima, 1899.

POLO DE ONDEGARDO J., Relación de los fundamentos acerca del notable daño que resulta de no guardar a los indios de sus fueros (1571), in *Colección de libros y Documentos referentes a la Historia del Perú*, serie I, Tomo 3, Lima, 1916.

POLO DE ONDEGARDO J., Informe... al licenciado Brivisca de Muñatones... (1561), in *Revista Historica*, Vol. 13, pp. 125–196, Lima, 1940.

PONCE SANGINES C., Ceramica tiwanacota, in *Revista Geográfica Americana*, N°. 28 (170), pp. 204–214, Buenos Aires, 1947.

PONCE SANGINES C., Informe de Labores, in *Centro de Investigaciones Arqueológicas en Tiwanaku*, Publicación N°. 1, 1961.

PONCE SANGINES C., Tiwanaku: espacio, tiempo y cultura. Ensayo de síntesis arqueológica, in *América Indígena*, N°. 32, pp. 717–772, 1972.

PONCE SANGINES C., La ciudad de Tiwanaku, in *Arte y Arqueología*, N°. 1, pp. 1–10, La Paz, 1969.

PORTUGAL ORTIZ M., PORTUGAL ZAMORA M., Investigaciones Arqueológicas en el valle de Tiwanaku, in *Arqueología en Perú y Bolivia*, II, pp. 243–283, La Paz, 1977.

PORTUGAL ZAMORA M., PORTUGAL ORTIZ M., Qallamarka, nuevo yacimiento arqueológico descubierto cerca a Tiwanaku, in *Arte y Arqueología*, N°. 3–4, pp. 195–216, La Paz, 1975.

POSNANSKI A., *Una Metrópoli prehistórica en la América del sur*, Berlin, 1914.

POSNANSKI A., Tiahuanacu, la cuna del hombre americano, J. J. Agustin, New York, 1945.

POSNANSKI A., *Guía general ilustrada para la investigación de los monumentos prehistóricos de Tiahuanaco e islas del Sol y la Luna*, La Paz, 1912.

POSNANSKI A., *Tiahuanacu y la civilización prehistórica en el Altiplano andino*, La Paz, 1911.

POZORSKI T., El Complejo del Caballo Muerto: los frisos de barro de la Huaca de los Reyes, in *Revista del Museo Nacional*, N°. 41, pp. 211–251, Lima.

POZORSKI S. G., Prehistoric Diet and Subsistence of the Moche Valley, in *World Archaeology*, Vol. 11, N°. 2, pp. 163–184, Routledge Kegan Paul, London, 1979.

POZORSKI T., The Caballo Muerto Complex and Its Place in the Andean Chronological Sequence, in *Annals of the Carnegie Museum of Natural History*, N°. 52, pp. 1–40, Pittsburgh, 1983.

POZORSKI S., POZORSKI T., Alto Salaverry: A Peruvian Coastal Preceramic Site, in *Annals of Carnegie Museum of Natural History*, art. 19, pp. 337–335, Vol. 48, Pittsburgh, 1979.

POZORSKI S., POZORSKI T., *Early Settlement and Subsistence in Casma Valley*, Iowa City, 1987.

POZORSKI S., POZORSKI T., Recent Excavations at Pampa de las Llamas-Moxeke, a Complex Initial Period Site in Peru, in *Journal of Field Archaeology*, Vol. 13, N°. 4, pp. 381–401, The Association for Field Archaeology, Boston, 1986.

POZORSKI T., POZORSKI S., Chavín, the Early Horizon and the Initial Period, in *The Origins and Development of Andean State*, pp. 36–46, Cambridge University Press, Cambridge, 1987.

POZZI-ESCOT D., CARDOZA C. R., *El Consumo de camélidos entre el Formativo y Wari en Ayacucho*, Indea-UNSSCH, Ayacucho, 1986.

POZZI-ESCOT D., Excavaciones en Conchopata, in *Gaceta Arqueológica Andina*, Vol. I., Indea, Lima, 1982.

POZZI-ESCOT D., Conchopata: un poblado de especialistas durante el Horizonte Medio, in *Bulletin de l'Institut Français d'Etudes Andines*, Vol. XIV, Lima, 1985.

PRESCOTT W. H., *History of the Conquest of Peru*, New York, 1961.

PROULX D. A., The Nasca Style, in *Art of the Andes: Pre-Columbian Sculptured and Painted Ceramics from the Arthur M. Sackler Collections*, pp. 87–105, Washington, 1983.

PROULX D. A., Nasca Trophy Heads: Victims of Warfare or Ritual Sacrifice? Culture in Conflict: Current Archaeological Perspectives, in *Proceedings of the 20th Annual Chacmool Conferences*, pp. 73–85, Calgary, 1989.

PROULX D. A., *Nasca Gravelots in the Uble Collection from the Ica Valley, Peru*. Research Report 5, 1970.

PROULX D. A., Headhunting in Ancient Peru, in *Archaeology*, N°. 24, pp. 16–21, 1971.

PROULX D. A., Local Differences and Time Differences in Nasca Pottery, in *Archaeology* 5, University of California Press, Berkeley, 1968.

PULGAR VIDAL J., *Geografía del Perú*, Lima, 1946.

PURIN S., Construction de trois vases noirs mochicas, in *Bulletin des Musées royaux d'Art et d'Histoire*, Vol. 56, N°. 1, pp. 95–104, Bruxelles, 1985.

PURIN S., Utilisation des rayon–X pour l'observation des traces de fabrication sur cinq vases mochicas, in *Bulletin des Musées royaux d'Art et d'Histoire*, Vol. 54, N°. 2, pp. 5–20, Bruxelles, 1983.

QUEVEDO F., La Agricultura en la Sierra, in *Gran Geografía del Perú, Naturaleza y Hombre*, Tomo 5, p. 31, Manfer, Barcelona, 1987.

QUILTER J., Architecture and Chronology at El Paraíso, Peru, in *Journal of Field Archaeology*, Vol. 12, pp. 279–297, 1985.

RAIMONDI A., *El Perú. Historia de la geografía del Perú*, Tomo II, Imprenta del Estado, Lima, 1965.

RALPH E. K., University of Pennsylvania Radiocarbon Dates III, in *American Journal of Science Radiocarbon*, Supplement 1, pp. 45–58, 1959.

RAMIREZ ZEGARRA J., Información que hizo… corregidor de la Provincia de Chucuito… de la taza que pagauan los Yndios…, in *Manuscrito Contaduría 1787*, Archivo de Indias, Sevilla, 1975.

RAVINES R., Sobre la formación de Chavín: Imágenes y símbolos, in *Boletín de Lima*, N°. 35, pp. 27–45, Lima, 1984.

RAVINES R., Panorama de la Arqueología Andina, in *Instituto de Estudios Peruanos*, Lima, 1982.

RAVINES R., ISBELL W., Garagay: sitio ceremonial temprano en el valle de Lima, in *Revista del Museo Nacional*, vol. XLI, pp. 253–272, Lima, 1975.

REED C. A., *Origins of Agriculture*, Mouton Publishers, Den Haag, Paris, 1977.

REICHLEN H. und P., Recherches Arquéologiques dans les Andes du haut Utcubamba, in *Journal de la Société des Américanistes*, N°. 39, pp. 219–246, Paris 1950.

REICHLEN H., Etude technologique de quelques objets d'or de Lambayeque, Pérou, in *Journal de la Société des Américanistes de Paris*, N.S. 33, pp. 119–154, Paris, 1941.

REICHLEN H. und P., Recherches Archéologiques dans les Andes de Cajamarca: Premier rapport de la Mission Etnologique Française au Pérou Septentrional, in *Journal de la Société des Américanistes*, N. S. 38, pp. 137–174, Paris, 1949.

RICE P., *Pottery Analysis: A Sourcebook*, University of Chicago Press, Chicago, 1987.

RICH J., *Prehistoric Hunters of the High Andes*, Academic Press, New York, 1980.

RICH J., The Character and Context of Highland Preceramic Society, in *Peruvian Prehistory*, pp. 3–40, Cambridge University Press, Cambridge, 1988.

RICHARDSON J. B. III., The Preceramic Sequence and the Pleistocene Post-Pleistocene Climate of Northwest Peru, in *Human Variation in Anthropology, Illinois Archaeological Survey*, pp. 199–211, 1973.

RICHARDSON J. B. III., Early Man on the Peruvian North Coast, Early Maritime Exploitation and the Pleistocene and the Holocene Environment, in *Early Man in America from a Circumpacific Perspective*, New Alberta Press, Edmonton, 1978.

RICHARDSON J. B. III., Modeling the Development of Sedentary Maritime Economies of the Coast of Peru: A Preliminary Statement, in *Annals of the Carnegie Museum*, Vol. 50:5, pp. 149–150, Pittsburgh, 1981.

RICHARDSON J. B. III., The Chira Beach Ridges, Sea Level Change and the Origins of the Maritime Economies on the Peruvian Coast, in *Annals of the Carnegie Museum*, Vol. 52, pp. 265–276, Pittsburgh, 1983.

RICK J., *Cronología, clima, y subsistencia en el Precerámico Peruano*, Indea, Lima, 1983.

RIOS M., Quonchopata: exámen de la metalurgia Wari, in *Gaceta Arqueológica Andina*, año IV, Lima, 1987.

ROARK R. P., From Monumental to Proliferous in Nasca Pottery, in *Ñawpa Pacha*, *N°. 3, pp. 1–92, Berkeley, 1965.*

ROE P. G., A Further Exploration of the Rowe Chavín Seriation and Its Implications for North Central Coast Chronology, in *Studies in Pre-Columbian Art and Archaeology*, N°. 13, Washington D.C., 1974.

ROLLINGS H. B., RICHARDSON J. B., SANDWEISS D., The Birth of El Niño: Geoarchaeological Evidence, in *Geoarcheology*, Vol. 1, N°. 11, pp. 3–15, 1986.

ROMERO E., El incendio de Pajatén, in *El Comercio*, N°. 68, 978, 20-X, p. 2, Lima, 1965.

ROMEROS C. A., *Informaciones acerca de la Religión y Gobierno de los Incas*, Noticias bibliograficas, P. 19, Lima, 1918.

ROOT W. C., Metallurgy, in *Handbook of South American Indians*, N°. 5, pp. 205–225, Washington, 1949.

ROSAS H., Investigaciones arqueológicas en la cuenca del Chotano, in *Actas del XLI Congreso Internacional de Americanistas*, Mexico, 1976.

ROSAS H., RUTH S., Pacopampa: un complejo temprano del periodo formativo Peruano, in *Arqueología y Sociedad*, N°. 3, pp. 1–16, 1970.

ROSTWOROWSKI DE DIEZ CANSECO M., *Recursos naturales renovables y pesca, Siglos XVI y XVII*, Lima, 1981.

ROSTWOROWSKI DE DIEZ CANSECO M., Dos probanzas de Don Gonzalo. Curaca de Lima (1555–1559), in *Revista historica*, Tomo XXXIII, Lima, 1982.

ROSTWOROWSKI DE DIEZ CANSECO M., La Tasa de Capachica de 1575, in *Revista Historica*, Tomo XXXV, 1986.

ROSTWOROWSKI DE DIEZ CANSECO M., *Historia del Tawantinsuyu*, Lima, 1988.

ROSTWOROWSKI DE DIEZ CANSECO M., *Estructuras andinas del poder. Ideologia religiosa y politica*, Lima, 1983.

ROSTWOROWSKI DE DIEZ CANSECO M., *Curacas y sucesiones. Costa Norte*, Imprenta Minerva, Lima, 1961.

ROSTWOROWSKI DE DIEZ CANSECO M., Succession, Cooption to Kingship and Royal Incest Among the Inca, in *Southwestern Journal of Anthropology*, N°. 16, pp. 417–427, 1960.

ROWE J. H., El Arte de Chavín, estudio de su forma y su significado, in *Historia y Cultura*, Vol. 6, pp. 249–276, Lima, 1973.

ROWE A. P., *Costumes and Featherwork of the Lords of Chimor: Textiles from Peru's North Coast*, Washington, 1984.

ROWE J. H., Machu Picchu a la luz de los documentos del Siglo XVI, in *Kuntur: Perú en la Cultura*, N°. 4, pp. 12–20, 1987.

ROWE J. H., Sitios históricos en la región de Pucará, Puno, in *Revista del Instituto Arqueológico*, N°. 10–11, pp. 66–75, 1942.

ROWE J. H., The Adventure of Two Pucara Statues, in *Archaeology*, N°. 11(4), pp. 125–131, 255–261, 1958.

ROWE J. H., Archaeological Explorations in Southern Perú, 1954–1955. Preliminary Report on the Fourth University of California Archaeological Expedition to Perú, in *American Antiquity*, N°. 22(2), pp. 135–151, 1956.

ROWE J. H., Inca Culture at the Time of the Spanish Conquest, in *Handbook of South American Indians*, 2, pp. 183–330, Washington D.C., 1946.

ROWE J., Max Uhle, 1856–1944: A Memoir of a Father of Peruvian Archaeology, in *American Archaeology and Ethnology*, N°. 46(1), Unviersity of California Press, Berkeley, 1954.

ROWE J. H., Los Origenes del culto al creador entre los Incas, in *Wayka*, N°. 4–5, pp. 73–93, Cuzco, 1971.

ROWE J. H., Stages and Periods in Archaeological Interpretation, in *Southwestern Journal of Anthropology*, N°. 18, pp. 40–54, 1962.

ROWE J. H., Religión y imperio en el Perú antiguo, in *Antropologia Andina*, N°. 1–2, pp. 5–12, Cuzco, 1976.

ROWE J. H., *Chavín Art: An Inquiry into Its Form and Meaning*, The Museum of Primitive Art, New York, 1962.

ROWE J. H., El Arte de Chavín: estudio de su forma y su significado, in *Historia y Cultura*, N°. 6, pp. 249–276, Lima, 1972.

ROWE J. H., Cultural Unity and Diversification in Peruvian Archaeology, in *Men and Cultures. Selected Papers*, by F. H. C. Wallace, pp. 627–631, Philadelphia, 1960.

ROWE J. H., BRANDEL C. T., Pucara Style Pottery Design, in *Ñawpa pacha*, N°. 7–8, pp. 1–16, Berkeley, 1971.

RUIZ DE ALARCON H., Tratado de las supersticiones y costumbres gentilicas que hoy viven entres los Indios naturales de esta Nueva España, in *Anales del Museo Nacional de Historia*, N°. 6, pp. 123–124, 1892.

RUIZ DE ARCE J., Advertencias de Juan Ruiz de Arce a sus sucesores, in *Tres testigos…*, pp. 67–115, 1953.

RUIZ ESTRADA A., *La Alfarería de Cuélap. Tradición y cambio*, Universidad Nacional Mayor de San Marcos, Lima, 1972.

RUTLEDGE J. W., GORDON R. B., The Work of Metallurgical Artificers at Machu Picchu, Perú, in *American Antiquity*, N°. 52(3), pp. 578–594, 1987.

RYE O. S., Pottery Technology, Principles and Reconstruction, in *Manuals of Archaeology*, N°. 4, Washington, 1981.

RYE O. S., Pottery Manufacturing Techniques: X-Ray Studies, in *Archaeometry*, Vol. 19, pp. 205–211, 1977.

SABOGAL WIESE J. R., *El Maiz en los Andes*, Lima, 1981.

SALAZAR-BURGER L., BURGER R. L., La araña en la iconografía del Horizonte Temprano en la costa norte del Perú, in *Beiträge zur Allgemeinen und Vergleichenden Archäologie*, Band 4, pp. 213–253, München, 1982.

SALLNOW M., *Pilgrims of the Andes. Regional Cults in Cuzco*, Smithsonian Inst. Press, Washington D. C., London, 1987.

SALOMON F., *Native Lords of Quito in the Age of Incas*. University Press, London, Cambridge.

SAMAME M., La Minería, in *Geografía del Perú. Naturaleza y Hombre*, Tomo 5, p. 31, Manfer y Mejia Baca, Barcelona, 1987.

SAMANIEGO L., VERGARA E., BISHOF H., New Evidence on Cerro Sechín, Casma Valley, Perú, in *Early Ceremonial Architecture in the Andes*, pp. 165–190, Washington, 1985.

SANDWEISS D. H., The Beach Ridges at Santa, Peru: El Niño, Uplift and Prehistory, in *Geoarchaeology*, Vol. 1, N°. 1, pp. 17–28, 1986.

SANDWEISS D., ROLLINS H., RICHARDSON, Landscape Alteration and Prehistoric Human Occupation on the North Coast of Peru, in *Annals of the Carnegie Museum*, Pittsburgh, 1983.

SANTA CRUZ PACHACUTI YAMQUI J., Relación de antiguedades deste Reyno del Perú (1613), in *Coléccion de Libros y Documentos referentes a la Historia del Perú*, Tomo IX-2, Lima, 1927.

SANTILLAN F. de, Relación del origen, descendencia politica de los Incas (1563), in *Colección de Libros y Documentos referentes a la Historia del Perú*, Tomo IX, 2, Lima, 1927.

SANTILLAN H. de, Relación del origen, descendencia, politica y gobierno de los Incas, in *Crónicas Peruanas de interés indígena*, pp. 97–149, 1968.

SARMIENTO DE GAMBOA P., *Historia de los Incas* [1572], Emecé, Buenos Aires, 1943.

SAVOY G., *Antisuyu*, New York, 1971.

SAWYER A. R., *Mastercraftsmen of Ancient Perú*, New York, 1968.

SAWYER A. R., Paracas and Nasca Iconography, in *Essays of Pre-Columbian Art and Archaeology*, pp. 269–316, Harvard University Press, Cambridge, 1961.

SAWYER A. R., The Feline in Paracas Art, in *The Cult of the Feline*, pp. 91–112, 1972.

SCHAEDEL R. P., Stone Sculpture in the Callejón de Huaylas, in *W. C. Bennet. A Reappraisal of Peruvian Archaeology*, N°. 4, Menasha, 1948.

SCHAEDEL R. P., *An Analysis of Central Andean Stone Sculpture*, Yale University, Ann Arbor, 1952.

SCHJELLERUP I., Cochabamba – an Inca Administrative Centre in the Rebellious Province of Chachapoyas, in *International Congress of Americanists, Manchester 1982*, pp. 161–187, Manchester, 1984.

SCHJELLERUP I., Observations on Ridged Fields and Terracing Systems in the Northern Highlands of Perú, in *Tools–Tillage*, Vol. 2, pp. 100–121, 1985.

SCHLESIER K. H., Stilgeschichtliche Einordnung der Nazca-Vasenmalereien: Beitrag zur Geschichte der Hochkulturen des vorkolumbischen Peru, in *Annali Lateranensi*, N°. 23, pp. 9–236, Topografia Poliglotta Vaticana, Città del Vaticano, 1959.

SCHREIBER K., Prehistoric Roads in the Carhuarazo Valley, Peru, in *Current Archaeological Projects in the Central Andes. Some Approaches and Results*, BAR International Series 210, Oxford, 1984.

SCHULER-SCHÖMIG I. von, *Werke indianischer Goldschmiedekunst,* Berlin, 1972.

SCOTT D. A., Fusion Gilding and Foil Gilding in Pre-Hispanic Colombia and Ecuador, in *Metalurgia de America Precolombina,* pp. 310–325, Bogota, 1986.

SEILER-BALDINGER A. M., *Classification of Textiles Techniques,* Ahmedabad, 1979.

SELER E., Die buntbemalten Gefäße von Nazca im südlichen Peru und die Hauptelemente ihrer Verzierung, in *Gesammelte Abhandlungen zur Amerikanischen Sprach- und Altertumskunde,* pp. 169–338, Verlag Behrend, Berlin, 1923.

SELER E., *Peruanische Alterthümer, besondere altperuanische Gefäße der Chibcha und der Tolima und Cauca-Stämme etc.,* Dr. E. Martens & Cie, Berlin, 1893.

SENEZE V., NOETZLY J., Sur les momies découvertes dans le Haut Pérou, in *Bulletin de la Société d'Anthropologie de Paris,* N°. 12, pp. 640–641, Paris, 1877.

SESTIERI P. C., Scavi della missione archeologica italiana in Perú, in *Bolletino d'Arte,* anno XLVIII, Serie IV, N°. 1–2, pp. 166–182, Roma, 1963.

SESTIERI P. C., Scavi a Cajamarquilla, Peru, in *Atti del XL Congresso Internazionale degli Americanisti. Roma-Genova, 1972,* Vol. I, pp. 325–327, Roma-Genova, 1973.

SESTIERI P. C., Excavations at Cajamarquilla, Perú, in *Archeology,* Vol. 17, N°. 1, pp. 12–17, New York, 1964.

SESTIERI P. C., Cajamarquilla, Perú. The Necropolis of Huaca Tello, in *Archaeology,* Vol. 24, N°. 2, pp. 101–106, New York, 1971.

SESTIERI P. C., Un Vaso configurato da Cajarmarquilla (Perú), in *Bolletino d'Arte,* anno XLIX, serie IV, N°. 3, pp. 246–249, Roma, 1964.

SHADY SOLIS R., La Interacción regional durante la epoca Huari, in *I Simposium «Arquitectura y Arqueología: pasado y futuro de la construcción en el Perú»,* pp. 86–97, Chiclayo, 1988.

SHADY SOLIS R., La Epoca Huari como interaccion de las sociedades regionales, in *Revista Andina,* N°. 11, pp. 67–133, Cuzco, 1988.

SHADY R., *Bagua: una sequencia del periodo formativo en la cuenca interior de Utcubamba,* Universidad Nacional Mayor de San Marcos, Lima, 1971.

SHAEDEL R. P., Monolithic Sculpture in the Southern Andes, in *Archaeology,* N°. 1(2), pp. 66–73, 1948.

SHAFFER A. L., Cathartidae in Moche Art and Culture, in *Flora and Fauna Imagery in Precolumbian Cultures: Iconography and Function,* pp. 29–68, Oxford, 1983.

SHAFFER A. L., *A Monster-headed Complex of Mythical Creatures in Loma Negra Metalwork,* Berkeley, 1981.

SHAFFER A. L., Impressions in Metal: Reconstructing Burial Context at Loma Negra, Perú, in *Recent Studies in Andean Prehistory and Protohistory,* pp. 95–119, 1986.

SHEPARD A. O., *Ceramics for the Archaeologist,* Washington D. C. 1985.

SHIMADA H., Horizontal and Vertical Dimensions of Prehistoric States in North Perú, in *The Origins and the Development of the Andean States,* pp. 130–144, Cambridge University Press, Cambridge, 1987.

SHIMADA M., SHIMADA I., Prehistoric Llama Breeding and Herding on the North Coast of Peru, in *American Antiquity,* Vol. 50, N°. 1, pp. 3–26, 1985.

SHIMADA I., EPSTAIN S., CRAIG A., Batan Grande: A Prehistoric Metallurgical Center in Perú, in *Science,* N°. 216, pp. 952–959, 1982.

SILVERMAN H. H., *Cahuachi: An Andean Ceremonial Centre,* Ph. D. Dissertation, Austin, 1986.

SIMMONS G. G., The Grain Chenopods of the Tropical American Highlands, in *Economic Botany,* N°. 19, pp. 23–25, 1965.

SMITH jr, EARLE C., Plant Remains from Guitarrero Cave, in *Guitarrero Cave. Early Man in the Andes,* pp. 87–119, 1980.

SMITH Jr., EARLE C., Vegetation and Land Use Near Guitarrero Cave, in *Guitarrero Cave. Early Man in the Andes,* pp. 65–83. Academic Press, New York, 1980.

SOTOMAYOR J. F., El Estilo Maranga: apuntos y preliminares para su estudio y classificación, in *Antiguo Perú: espacio y tiempo,* pp. 241–250, Mejia Baca, Lima, 1960.

SQUIER E. G., *Perú: Incidents of Travel and Exploration in the Land of Incas,* MacMillan & Co., London, 1877.

SQUIER E. G., Observations on the Geography and Archaeology of Perú, in *Journal of the American Geographical Society of New York,* N°. 3, pp. 258–282, New York, 1873.

SQUIER E. G., *Un Viaje por Tierras Incaicas. Cronica de una expedición arqueológica (1863–1865),* Los Amigos del Libro, La Paz, Cochabamba, 1974.

STANISH C., *Post-Tiwanaku Regional Economies in the Otora Valley, Southern Perú,* Tesis por el Doctorado, Chicago, 1985.

STEWARD J., METRAUX A., Tribes of the Peruvian and Ecuadorian Montaña, in *Handbook of South American Indians,* Vol. III, Washington, 1948.

STEWART J. H., The Andean Civilizations, in *Handbook of South American Indians,* Vol. 2, Bulletin 143, Washington D. C., 1946.

STIGLICH G., *Diccionario Geografico del Perú,* Torres Aguirre, Lima, 1922.

STRONG W. D., Paracas, Nasca and Tiahuanacoid Cultural Relationships in South Central Perú, in *Memoirs of the Society for American Archaeology.* N°. 13, 1957.

STRONG W. D., The Uhle Pottery Collections from Ancón, in *University of California Publications in American Archaeology and Ethnology,* Vol. 21, N°. 4, pp. 135–190, Berkeley, 1925.

STUMER L. M., Development of Peruvian Coastal Tiahuanacoid Styles, in *American Antiquity,* Vol. 22, N°. 1, pp. 59–69, Salt Lake City, 1956.

STUMER L. M., Contactos foráneos en la arquitectura de la Costa central, in *Revista del Museo Nacional,* Tomo XXVII, pp. 11–30, Lima, 1958.

STUMER L. M., Playa Grande: A Primitive Elegance in Pre-Tiahuanaco Perú, in *Archaeology,* Vol. 6, N°. 1, pp. 42–48, Brattleboro, 1953.

STUMER L. M., Cerámica negra de estilo Maranga, in *Revista del Museo Nacional,* Tomo XXVI, pp. 272–289, Lima, 1957.

SULLIVAN L. E., *Icanchu's Drum, an Orientation to Meaning in South American Religions,* New York, London, 1988.

TABIO E., *Excavaciones en la Costa Central del Perú (1955–1958),* Academias de Ciencia, La Habana, 1965.

TASCHINI M., L'Industria litica pre-incaica di Cajamarquilla (Perú), in *Bullettino di Paletnologia Italiana,* Vol. 77, pp. 187–224, Roma, 1968.

TELLO J. C., Origen y desarrollo de las civilizaciones prehistóricas andinas, in *Actas del Congreso Internacional de Americanistas, 1939*, N°. 1, pp. 589–720, Lima, 1942.

TELLO J. C., Paracas-Primera parte–Publicacion del Proyecto 81 del programa 1941–1942 de The Institute de Andean research de Nueva York, Lima, 1959.

TELLO J. C., Vaso de piedra de Nazca. Primeros indicios de una cultura semejante a la de Chavín en la región central del Perú, in *Chaski*, N°. 1, pp. 27–48, Lima, 1940.

TELLO J. C., Sobre el descubrimiento de la cultura Chavín, in *Páginas Escogidas*, Lima, 1967.

TELLO J. C., Wira Kocha, in *Inca*, Vol. 1, N°. 1, pp. 93–320; N°. 3, pp. 583–606, Lima, 1923.

TELLO J. C., Discovery of Chavín Culture in Peru, in *American Antiquity*, Vol. 9, N°. 1, pp. 135–160, Menasha, 1943.

TELLO J. C., *Arqueología del valle de Casma. Culturas: Chavín, Santa o Huaylas Yunga y sub-Chimú*, Archivo Julio C. Tello de la Universidad Nacional Mayor de San Marcos, Publicación Antropológica, Vol. 1, Imprenta de la Universidad Nacional Mayor de San Marcos, Lima, 1956.

TELLO J. C., *Chavín: cultura matriz de la civilización andina*. Primera Parte. Con revisión de Toribio Majía Xesspe. Archivo Julio C. Tello de la Universidad Nacional Mayor de San Marcos, Publicación Antropológica, Vol. 2, Imprenta de la Universidad Nacional Mayor de San Marcos, Lima, 1960.

TERADA K., Excavations at la Pampa in the North Higlands of Peru, in *Report 1, University of Tokyo Press*, Tokyo, 1982.

TERADA K., ONUKI Y., *The Formative Period in the Cajamarca Basin, Peru, Excavations at Huacaloma and Layzon, 1982, Report 3*, University of Tokyo Press, Tokyo, 1985.

THOMPSON D. E., Prehistory of the Uchuamarca Valley in the North Higlands of Perú, in *Actas del XLI Congreso Internacional de Americanistas*, Vol. II, pp. 99–106, Mexico, 1976.

TOPIC T. and J. R., Agricultura en Chan Chan, in *Chan Chan Metrópoli Chimú*, Lima, 1980.

TOPIC T. L. and J. R., Huamacucho Archaeological Project: Preliminary Report on the Third Field Season, June-August 1983, in *Trent University Occasional Papers in Anthropology*, N°. 4, Peterborough, 1984.

TOPIC J. R. and T. L., *Proyecto Arqueológico Huamachuco: informe preliminar sobre la segunda temporada junio-agosto 1982*, Lima, 1983.

TOPIC J. R., A Sequence of Monumental Architecture from Huamacucho, in *Perspectives on Andean Prehistory and Protohistory: Papers from the Third Annual Northeast Conference of Andean Archaeology and Ethnohistory*, Cornell University, 1986.

TOPIC J. R., TOPIC T. L., El Horizonte Medio en Huamachuco, in *Revista del Museo Nacional*, tome XLVII, Lima, 1986.

TOPIC T. L., TOPIC J. R., Huamacucho Archaeological Project: Preliminary Report on the Third Field Season, June–August 1983, in *Trent University Occasional Papers in Anthropology*, N°. 4, Peterborough, 1984.

TOPIC J. R., TOPIC T. L., *Proyecto Arqueologico Huamacucho: informe preliminar sobre la segunda emporada junio-agosto 1982*. Report to the Instituto Nacional de Cultura, Lima, 1983.

TORRES E., CLEMENT C., CLARK N., TELLO, Entierro Precerámico doble en llo, Perú: reporte preliminar, in *Trabajos Arqueológicos en Moquega, Perú*, pp. 177–183, Lima, 1990.

TOSI J. A. Jr., *Zonas de vida natural en el Perú*, Washington D. C., 1960.

TOWNSEND R., Deciphering the Nazca World: Ceramic Images from Ancient Peru, in *Museum Studies*, N°. 11(2), pp. 116–139, Chicago, 1985.

TRIMBORN H., Religions du sud de l'Amérique Centrale, du nord et du centre de la Région andine, in *Les Religions améridiennes*, pp. 121–212, Paris, 1962.

TROLL K., Die geografischen Grundlagen der Anden-Kulturen und des Inca-Reiches, in *Ibero-Amerikanisches Archiv*, N°. 5., pp. 258–294, 1931.

TROLL K., Los fundamentos geográficos de las civilizaciones andinas y del Imperio incaico, in *Revista de la Universidad de Arequipa*, N°. 7 (9), Arequipa, 1933.

TSCHOPIK H. Jr., The Aymara, in *Handbook of South American Indians*, Vol. II, pp. 501–573, Washington D. C., 1946.

TSCHOPIK H. Jr., *Magia en Chucuito. Los Aymara del Perú*, Mexico, 1968.

TUSHINGHAM A. D., FRANKLIN U., TOOGOOD, *Studies in Ancient Peruvian Metalworking*, History, Technology and Art Monograph 3, 1979.

UBBELOHDE-DOERING H., *On the Royal Highways of the Incas*, Amsterdam, Tübingen, 1966.

UBBELOHDE-DOERING H., Berichte über archäologische Feldarbeiten in Perú, II, in *Ethnos* 1–2, pp. 1–32, Stockholm, 1959.

UBBELOHDE-DOERING H., *Vorspanische Gräber von Pacatnamú, Nordperu*, München, 1983.

UCEDAS S., Los Primeros pobladores del area Andina Central, in *Yunga, Revista de Estudios Históricos Sociales*, Año 1, N°. 1, Trujillo, 1987.

UCKO P. J., Foreword, in *Foraging and Farming. The Evolution of Plant Exploitation*, pp. 9–18, London, 1989.

UHLE M., Guía general ilustrada de Tiahuanaco y islas del Sol y de la Luna, in *Revista Chilena de Historia y Geografia*, N°. 6, pp. 467–479, Santiago, 1912.

UHLE M., Aus meinem Bericht über die Ergebnisse meiner Reise nach Südamerika 1899–1901, in *Proceedings of the 14th International Congress of Americanists Stuttgart, 1904*, 2, pp. 581–592, Stuttgart, Berlin, Leipzig, 1906.

UHLE M., The Nazca Pottery of Ancient Peru, in *Proceedings of the Davenport Academy of Sciences*, N°. 13, pp. 1–16, Davenport, 1914.

UHLE M., Zur Chronologie der alten Kulturen von Ica, in *Journal de la Société des Américanistes de Paris*, tome X, fasc. II, pp. 341–367, Paris, 1913.

UHLE M., STUBEL A., *Ruinenstätte von Tiahuanaco im Hochland des alten Perú*, Breslau, 1892.

UHLE M., *Pachacamac: Report of the William Pepper, M. D., LLD., Peruvian Expedition of 1896*, Philadelphia, 1908.

UNAUE H., Disertación sobre el aspecto, cultivo, comercio, virtudes de la famosa planta del Perú nombrada Coca, in *El Mercurio Peruano 1794*, Fascimilar, Lima, 1966.

UNGENT D., The Potato. What is the Botanical Origin of this Important Crop Plant, and How Did It First Become Domesticated?, in *Science*, N°. 170, pp. 1161–1166, 1970.

URBANO E., *Wiracocha y Ayar, héroes y funciones en las sociedades andinas, Cuzco, 1981.*

URTEAGA H. H., *El Imperio incaico*, Imprenta GIL S. A., Lima, 1931.

URTEAGA H. H., *El Fin de un imperio*, Lima, 1935.

URTON G., *At the Crossroads of the Earth and the Sky. An Andean Cosmology,* University of Texas Press, Austin, 1981.

VALCARCEL L. E., Informe sobre las exploraciones arqueológicas en Pukará, in *Revista Universitaria del Cuzco*, N°. 15(48), pp. 14–21, Cuzco, 1925.

VALCARCEL L. E., Arte antiguo Peruano. El personaje mítico de Pukara, in *Revista del Museo Nacional*, N°. 1, pp. 18–31, Lima, 1932.

VALCARCEL L. E., El gato de agua, in *Revista del Museo Nacional*, N°. 1(2), pp. 3–27, Lima, 1932.

VALCARCEL L. E., Cerámica y litoescultura de Pukara (Puno), in *Revista del Museo Nacional*, N°. 4(1), pp. 25–28, Lima, 1935.

VALCARCEL L. E., New Links in the Record of Ancient Peruvian Culture, in *The Latest Archaeological Discoveries in Perú*, pp. 21–26, 1938.

VASTAN I., Did the Inca Weavers Use an Upright Loom? in *The Junius C. Bird Precolumbian Textile Conference,* pp. 233–238, Washington, 1979.

VAZQUEZ DE ESPINOSA A., *Compendio y descripción de las Indias oocidentales*, BAE, Madrid, 1969.

VAZQUEZ DE ESPINOSA A., *Compendium and Description of West Indies* (1626), Washington, 1942.

VILLAR CORDOVA P. E., *Las Culturas prehispanicas del Departamento de Lima*, Lima, 1935.

VREELAND J., KAUFFMANN DOIG F., Una Tela monumental del área de Pajaten (Albiseo) in *Revista del Museo Nacional*, Lima, 1989.

W. VON HAGEN V., *Highway of the Sun*, La Plata, 1975.

WALLACE D. T., Cerrillos, an Early Site in the Ica Valley, Perú, in *American Antiquity*, 1962.

WALLACE D. T., The Process of Weaving Development of the Peruvian Coast, in *The Junius C. Bird Pre-Columbian Textile Conference*, pp. 27–50, Washington D. C., 1979.

WALLACE D. T., *Tiahuanaco Horizon Styles in the Peruvian and Bolivian Highlands*, Ph. D. Thesis in Anthropology, 1957.

WARDWELL A., *The Gold of Ancient America,* New York Graphic Society, Greenwich, 1968.

Washington J., El Sistema cultivo en quocha, in *Andenes y Camellones en el Perú Andino*, pp. 107–126, Lima, 1987.

WEIR G. H., DERING J. P., The Lomas of Paloma: Human–Environment Relations in a Central Peruvian Fog Oasis: Archaeobotany and Palynology, in *Andean Archaeology. Paper in Memory of Clifford Evans*, pp. 189–244, Monographs XXVII, Los Angeles, 1986.

WEISS P., El Perro Peruano sin pelo (perro Chino, Viringo, Ccala o Ccalato), in *Publicaciones del Museo Nacional de Antropologia y Arqueologia*, Serie: Paleobiologia N°. 1, 1976.

WENDT W. E., Die präkeramische Siedlung am Rio Seco, Peru, in *Baessler Archiv*, Neue Folge, Band 11, Heft 2, pp. 225–275, Berlin, 1964.

WHEELER, J. C., On the Origin and Early Development of Camelid Pastoralism in the Andes, in *Animals and Archaeology 3. Early Herders and their Flocks*, pp. 395–210, Oxford, 1984.

WHEELER-PIRES FERREIRA, KAULICKE J., Domesticacion de camélidos en los Andes centrales durante el periodo precerámico, in *Journal de la Société des Américanistes*, N°. 54, pp. 156–165, Paris, 1977.

WIENER C., Amazone et Cordillières 1879–82, in *Le Tour du Monde*, pp. 385–400, Paris, 1884.

WIENER C., *Pérou et Bolivie*, Librairie Hachette et Cie, Paris, 1880.

WILLEY G. R., The Early Great Styles and the Rise of the Pre-Columbian Civilizations, in: *American Anthropologist*, n. s., Vol. 64, N°. 1, pp. 1–14, Menasha, 1962.

WILLEY G. R., *An Introduction to American Archaeology, volume II: South America*, New Jersey, 1971.

WILLEY G., The Chavín Problem: A Review and Critique, in *Southwestern Journal of Anthropology*, Vol. 7, N°. 2, pp. 103–144, Albuquerque, 1951.

WILLIAMS LEON C., A Scheme for the Early Monumental Architecture of the Central Coast of Perú, in *Early Ceremonial Architecture in the Andes*, pp. 227–240, Washington, 1985.

WILLIAMS LEON C., Arquitectura y urbanismo en el antiguo Perú, in *Historia del Perú, Tomo VIII, Perú Republicano y Proceso e Instituciones,* pp. 369–585, Juan Mejia Baca, Lima, 1980.

WING E., La Domesticacion de Animales en los Andes. in *Allpanchis Phuturinqa*, Cusco, 1975.

WOLFE E. F., The Spotted Cat and the Horrible Bird: Stylistic Change in Nasca 1–5 Ceramic Decoration, in *Ñawpa Pacha*, N°. 19, pp. 1–62, Berkeley, 1981.

WYRTKI K., STROUP E., PATZERT W., WILLIAMS Q., Prediction and Observing El Niño, in *Science*, Vol. 191, N°. 4225, pp. 343–346, 1976.

YACOVLEFF E., La Deidad primitiva de los Nasca, in *Revista del Museo Nacional*, N°. 1(2), pp. 103–160, Lima, 1932.

ZAGARRA J., Irrigación y técnicas de riego en el Perú precolombino, in *Tecnologia Andina*, pp. 107–116, Lima, 1978.

ZARATE A. de, Historia del descubrimiento y conquista de la provincia del Perú, in *Biblioteca de Autores Espagnoles*, Vol. 26, Madrid, 1955.

ZEVALLOS QUIÑONES J., Introducción al estudio etnohistórico de Chachapoyas (ms.), Trujillo, 1989.

ZUIDEMA T., The Relationship Between Mountains and Coasts in Ancient Peru, in *The Wonder of Man's Ingenuity,* Mededelingen van het Rijksmuseum voor Volkenkunde, N°. 15, Leiden, 1962.

zusammengestellt von Maria Longhena

LEIHGEBERVERZEICHNIS
ABBILDUNGSNACHWEIS

Wir danken folgenden Museen für ihre Leihgaben:

Peru:
Museo de Arte, Lima (M.d.A. – Lima)
Museo Nacional de Antropologia y Arqueologia, Lima
(M.N.A.A.–Lima)
Museo del Banco Central de Reserva, Lima (M.B.C.R. – Lima)
Museo Nacional de la Cultura Peruana, Lima (M.N.C.P. – Lima)
Museo Arqueológico de la Universidad Nacional Mayor de San
Marcos, Lima (M.A.U.N.M.S.M. – Lima)
Museo Brüning, Lambayeque (M.B. – Lambayeque)
Museo Arqueológico de la Universidad Nacional, Trujillo
(M.A.U.N. – Trujillo)
Museo Arqueológico Regional, Huaraz (M.A.R. – Huaraz)
Museo de sitio, Pachacamac (M.is. – Pachacamac)
Museo Arqueológico Regional, Ica (M.Ar.R. – Ica)
Museo Arqueológico de la Universidad Nacional San Antonio
de Abad del Cusco (M.A.U.N.S.A.A.C. – Cusco)
Huaca Tacaynamo, Trujillo (Tac. – Trujillo)

Europa:
Musées royaux d'Art et d'Histoire (M.R.A.H. – Brüssel)
Bernisches Historisches Museum, Bern (B.H.M. – Bern)
Collection Robert De Beule, Antwerpen (C.R.D.B. – Antwerpen)
Didrichsen Art Museum, Helsinki (D.A.M. – Helsinki)
Göteborgs Etnografiska Museet, Göteborg (G.E.M. – Göteborg)
Museo Preistorico ed Etnografico »Luigi Pigorini«, Rom
(M.P.E. – Rom)
Linden-Museum, Stuttgart (L.M. – Stuttgart)
Museo de América, Madrid (M.A. – Madrid)
Museum für Völkerkunde, Berlin (M.f.V. – Berlin)
Museum für Völkerkunde, Frankfurt/Main (M.f.V.F. – Frankfurt)
Museum für Völkerkunde, Wien (M.f.Vo. – Wien)
Rautenstrauch-Joest-Museum und Sammlung Ludwig, Köln
(R.J.M. – Köln)
Rietberg Museum, Zürich (R.M. – Zürich)
Rijksmuseum voor Volkenkunde, Leiden (R.v.V. – Leiden)
Roemer- und Pelizaeus-Museum, Hildesheim
(R.P.M. – Hildesheim)
Staatliches Museum für Völkerkunde, München
(S.M.f.V. – München)
University Museum, Manchester (U.M. – Manchester)

Kanada:
Musée des Beaux-Arts/Fine Arts Museum, Montréal
(M.B.A.F.A.M. – Montréal)

USA:
Art Institute, Chicago (A.I. – Chicago)
American Museum of Natural History, New York
(A.M.N.H. – New York)
The Brooklyn Museum, Brooklyn N.Y. (B.M. – Brooklyn)
The Cleveland Art Museum, Cleveland (C.A.M. – Cleveland)
Peabody Museum of Archaeology and Ethnography, University
of Harvard, Cambridge Mass. (P.M.A.E. – Cambridge)
Textile Museum, Washington D.C. (T.M. – Washington)

Die meisten Fotos stellte Dirk Antrop
für Imschoot, uitgevers s.a., her.

Die übrigen Abbildungen stammen von:
American Museum of Natural History, New York: 205
Bischof, H.: 6–14
The Brooklyn Museum, Brooklyn N.Y.: 50
Burger Hillel: 126, 156, 167, 168, 170, 231, 232, 251,
260–262, 273, 274, 316, 346, 348, 440
The Cleveland Art Museum, Cleveland: 51, 297
Didoni, U.: 41, 44, 45, 47, 114, 164, 217, 366, 391
Guaman Poma de Ayala: 408–417
Hashimoto, R.: 123, 143, 153, 171, 173, 177, 356, 382, 439
Hecker, G. und W.: 303–309
Massey, S.: 57
McClelland, D.: 80 b
Merrett, B.: 229
Mommaerts, R.: 295, 322
Mujica, E.: 62
Museokova: 36, 234, 241, 242, 395
Purin, S.: 281, 418, 420–422, 426, 431–433
Ravines, R.: 16–21
Terade und Onuki: 4
Textile Museum, Washington D.C.: 225
Universität Tokio, Andenexpedition: 3
University Museum, Manchester: 236